Artur Jussupow / Mark Dworetski

# Effektives Endspieltraining

## Geheimnisse und Tipps für Fortgeschrittene aus der Dworetski-Jussupow-Schachschule

Joachim Beyer Verlag

ISBN 978-3-95920-027-1

6. Auflage 2021



Ein Imprint des Schachverlag Ullrich, Zur Wallfahrtskirche 5, 97483 Eltmann



Herausgeber: Robert Ullrich

# Inhalt

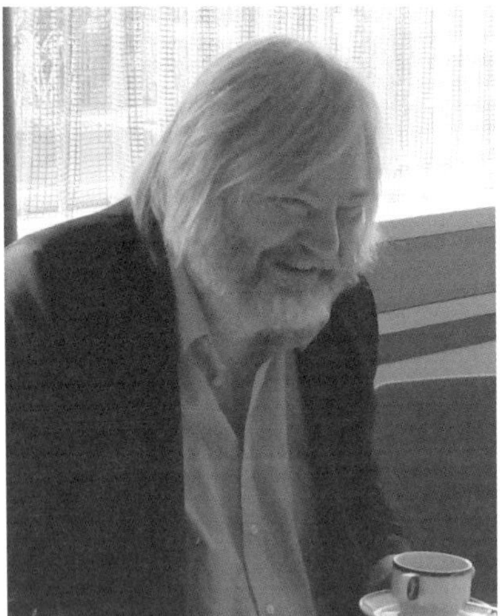 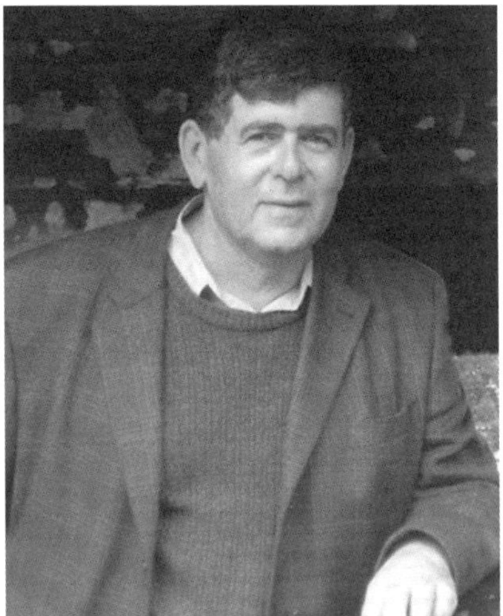

Artur Jussupow (links) und Mark Dworetski

# Vorwort

Vielleicht kennen Sie, verehrter Leser, bereits die ersten beiden Bücher, die auf Materialien der Dworetski-Jussupow-Schule für begabte junge Schachspieler basieren: „Der selbständige Weg zum Schachprofi“ und „Effektives Eröffnungstraining“. Dann sind Ihnen auch die wichtigsten Prinzipien bekannt, von denen wir uns leiten lassen.

Wir haben einige thematische Veranstaltung durchgeführt, die dieser oder jener Richtung der Vervollkommnung im Schach gewidmet waren. Das Ziel der Seminare lag keineswegs in der Vermittlung konkreten Wissens – dafür hatten wir viel zu wenig Zeit. Weit wichtiger war es, Fehler im Spiel der Schüler aufzudecken und ihnen zu helfen, sie zu vermeiden, die effektivsten Wege des Schachstudiums zu demonstrieren und mit allgemeinen Gesetzmäßigkeiten, Ideen und Methoden der Kampfesführung bekannt zu machen.

Jetzt liegt das dritte Buch vor Ihnen. Seine Grundlage bildet unsere Arbeit in der dritten Seminar der Schule, die der Vervollkommnung in der Meisterschaft des Endspiels und der Schachtechnik gewidmet war.

In jüngster Zeit ist die Bedeutung des Endspiels stark gewachsen. Das Reglement von Turnieren hat sich wesentlich geändert – Partien werden heute kaum noch vertagt. Die häusliche Analyse fällt weg, man muss seine Entscheidungen am Schachbrett treffen. Ohne ausgezeichnete Kenntnisse und ohne das Verständnis der Endspielgesetze ist es schwer, diese Aufgabe zu bewältigen, besonders wenn man die angestaute Müdigkeit aus dem vorangegangenen Kampf berücksichtigt. ***Fehler im Endspiel sind die letzten in der Partie, und man kann sie nicht mehr korrigieren!*** Es ist klar, dass die Bedeutung der Meisterschaft im Endspiel und in der Schachtechnik in unserer Zeit stark gewachsen ist.

In meinem Bücherregal habe ich viele solide Monographien zur Theorie des Endspiels. Ist es vielleicht möglich, sich die gesamten darin enthaltenen Informationen anzueignen und in Erinnerung zu behalten? Es stellt sich heraus, dass dies gar nicht notwendig ist. Wenn Sie den ersten Teil des Buches gelesen haben, werden Sie sehen, dass Ihr „eigenes“ System der Endspielkenntnisse sehr kompakt und unkompliziert für die Aneignung und die Erinnerung sein kann und muss. Sie werden erkennen, wie es zu gestalten ist, und Sie werden einige wichtige Kapitel der Theorie des Turm- und Leichtfigur-Endspiels kennen lernen.

Der zweite Teil befasst sich mit der Analyse schwieriger praktischer Endspiele. Eine solche Untersuchung hilft, Endspielerkenntnisse zu vertiefen und zu festigen, fördert die Entwicklung von notwendigen Charakter- und Denkeigenschaften eines jeden Schachspielers.

Die technische Realisierung des erreichten Vorteils macht vielen Schachspielern Schwierigkeiten. Um die Meisterschaft auf diesem Gebiet zu erhöhen, bedarf es der Entwicklung einiger wichtiger Fertigkeiten bei der Suche und Erarbeitung von Lösungen. Das sind nicht reine Schachfertigkeiten, sondern sozusagen „schachpsychologische“ Fertigkeiten.

Die Vervollkommnung der Technik wird im dritten Teil des Buches betrachtet. Dort geht es sowohl um die Theorie dieser Frage als auch um ihre praktische Anwendung. Dazu erfolgte eine kritische Auswahl von Partien junger Schachspieler sowie von Begegnungen auf höchstem Großmeisterniveau.

Der abschließende Teil des Buches ist traditionell der Analyse der Kreativität der Lernenden gewidmet.

Praktisch alle Schachspieler, die ich trainiert habe, verfügten über eine hohe Technik und konnten sich im Endspiel vorzüglich orientieren. Das bedeutet, dass die in diesem Buch beschriebenen Arbeitsmethoden die Prüfung durch die Zeit bestanden haben. Ich hoffe, dass sie auch Ihnen von Nutzen sein werden.

Mark Dworetski

# TEIL I

## Theorie des Endspiels

Mark Dworetski

# Wie man das Endspiel studiert

Mark Dworetski

Viele junge Schachspieler „schwimmen“ im Endspiel. Sie möchten ihre Meisterschaft in diesem Partiestadium erhöhen, wissen aber nicht richtig, wie sie das tun sollen. In der Schachliteratur wird fast nichts über Methoden des selbständigen Studiums der Theorie des Endspiels ausgesagt. Wir wollen versuchen, diese Lücke teilweise zu schließen.

Es lassen sich zwei Hauptrichtungen zur Vervollkommnung im Endspiel hervorheben:

1. Das Studium der Theorie (die fortschreitende Belesenheit, die Ergänzung des Bestandes an Endspielkenntnissen).
2. Die Vervollkommnung der allgemeinen Technik der Endspielführung.

Es ist klar, dass beide Dinge eng miteinander verbunden sind und ein Fortschritt in der einen Richtung unausbleiblich auch einen Fortschritt in der anderen Richtung zur Folge hat. Wir wollen sie dennoch einzeln betrachten.

## 1. Das Studium der Theorie

Zur Erweiterung des Kenntnisstandes ist es notwendig, die verschiedenen Typen von Endspielen systematisch zu studieren. Eine traditionelle Einteilung nach dem Material ist hier durchaus angebracht. Wenn wir folgerichtig z.B. die Bauern-, Springer- oder Damenendspiele betrachten, so eignen wir uns die spezifischen Merkmale der einzelnen Arten an.

Alle Endspielpositionen kann man bedingt in „klare“ und „problemhafte“ Stellungen einteilen. Uns bekannte Positionen, bei denen wir schon vorher die Einschätzung und den richtige Vorgehensweise des Handelns kennen, nennen wir „klare“ Stellungen. Bitte beachten Sie, nur uns bekannte Stellungen und nicht allgemeine Theorien des Endspiels. Verschiedene Schachspieler haben eine unterschiedliche Anzahl an einfachen Stellungen im Kopf. Alle übrigen gehören zu den Problemstellungen. Bei ihnen demonstrieren wir nicht unsere eigenen Kenntnisse, sondern wir kämpfen, suchen nach den besten Zügen, rechnen Varianten aus, kurz gesagt, wir spielen.

Es ist die naive Meinung verbreitet, dass die Beherrschung der Theorie des Endspiels mit der Kenntnis einer Vielzahl von klaren Positionen identisch ist. Aber braucht man überhaupt einen großen Vorrat an konkreten Kenntnissen? Denn klare Stellungen (außer den elementarsten) entstehen in der Praxis äußerst selten.

Am häufigsten muss der Schachspieler in Problemsituationen kämpfen. Er muss die in ihnen wirkenden allgemeinen Endspielgesetze und häufigeren Gesetzmäßigkeiten, die Methoden der Kampfesführung und typischen Einschätzungen studieren. Dies alles bildet zusammen mit den wesentlichsten klaren Stellungen auch das in sich geschlossene System unserer Endspielkenntnisse.

Ich unterstreiche noch einmal: Die Anzahl der Stellungen, die man genau kennen muss, ist relativ gering. Lediglich bei Turmendspielen ist es notwendig, drei bis vier Dutzend konkrete Positionen genau zu kennen; bei anderen Endspielarten braucht man weniger. Bei ihrem Studium ist es oft nicht unbedingt notwendig, sich in komplizierte Analysen zu vertiefen. Es genügt, wenn man sich lediglich die wichtigsten Schlussfolgerungen merkt.

Nehmen wir z. B. das Turmendspiel mit f- und h- Bauern. Es kommt recht selten vor, aber es kommt eben vor, so dass es nützlich wäre, einige Vorstellungen davon zu haben. Die ganze Theorie dieses Endspiels zu erlernen, erscheint kaum zweckmäßig, dazu ist sie zu kompliziert. Was soll nun ein Schachpraktiker aus dieser Theorie übernehmen?

In erster Linie die Information, dass derartige Endspiele in der Regel remis enden. Es ist nutzbringend, praktische Beispiele zu prüfen, die die Hauptideen der Verteidigungsführung zeigen.

**Gligorić – Smyslow**
**Moskau 1947**

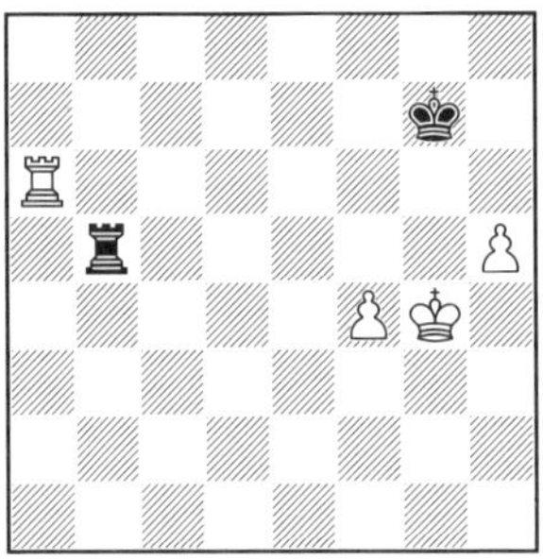

Der schwarze Turm steht ausgezeichnet auf der 5. Reihe und hindert den weißen König daran, sich vorwärts zu bewegen. Auf 1. f5 folgt 1. ... ♖b1, und Schwarz droht mit einer Serie von Schachs auf der Grundreihe.

**1. ♖g6+ ♔f7!**

Ebenfalls nicht verloren hätte 1. ... ♔h7, aber in diesem Falle wäre die Verteidigung bedeutend schwieriger gewesen.

**2. ♖g5 ♖b1!**

Für derartige Situationen ist der Rückzug des schwarzen Turmes typisch – von hier aus bewahrt er sich die Möglichkeit, dem feindlichen König sowohl auf der Vertikalen als auch auf der Horizontalen Schach zu bieten.

**3. ♖c5**

Im Falle von 3. h6 ist 3. ... ♖g1+? 4. ♔f5 ♖h1 5. ♖g7+ falsch, und die Abdrängung des schwarzen Königs auf die 8. Reihe führt zur Niederlage. In der schwierigen Situation hilft der abwartende Zug 3. ... ♖a1!, z. B.: 4. ♖h5 (4. ♔f5 ♖a5+, 4. h7 ♖g1+ 5. ♔f5 ♖h1) 4. ... ♔g8 5. f5 ♔h7.

**3. ... ♔f6 4. ♖c6+ ♔g7!**

Die Hauptgefahr für Schwarz besteht in der Zurückdrängung seines Königs auf die 8. Reihe. Das wäre auch nach 4. ... ♔f7? 5. ♔g5 ♖g1+ 6. ♔f5 ♖h1 7. ♖c7+ passiert.

**5. ♔g5 ♖g1+! 6. ♔f5 ♖a1 7. ♖c7+** (7. ♖g6+ ♔f7) **7. ... ♔h6 8. ♖e7 ♖b1 9. ♖e8 ♔g7 10. ♖e5 ♖a1 11. ♖d5 ♖f1** (kein schlechter Zug, obwohl es vollkommen ausreichend wäre, den Turm in der Ecke zu halten) **12. ♖d4 ♖a1 13. ♖d6 ♖a5+ 14. ♔g4 ♖a1**

Durchaus möglich wäre auch 14. ... ♖b5 mit Rückkehr zu unserer Ausgangsposition.

**15. ♖e6 ♖g1+ 16. ♔f5 ♖a1 17. h6+ ♔h7! 18. ♖d6 ♖a2 19. ♔g5 ♖g2+ 20. ♔f6 ♔:h6 21. ♔e7+ ♔h7 22. f5 ♖e2+ 23. ♖e6 ♖a2 24. f6 ♖a8! 25. ♔f7 ♔h6**

Es ist eine theoretisch wichtige Stellung entstanden, die in das System unserer genauen Kenntnisse schon früher hätte einbezogen werden müssen, beim Studium der Endspiele mit Turm und Bauer gegen Turm.

**26. ♖e1 ♖a7+ 27. ♖e7 ♖a8**

Am einfachsten ist es, den Turm auf der 8. Reihe zu halten und den weißen König nicht dorthin zu lassen. Möglich ist aber auch 27. ... ♖a1 28. ♔f8 ♔g6 29. f7 ♔f6! 30. ♔g8 ♖g1+! mit Remis. Aber 27. ... ♖a6? verliert – in der angeführten Variante hat Schwarz kein Schach auf der g-Linie.

**28. ♖d7 ♔h7 29. ♖d1 ♖a7+ 30. ♔e6 ♖a6+ 31. ♖d6 ♖a8 32. ♖d4 ♔g8 33. ♖g4+ ♔f8. Remis.**

Die Durchsicht eines solchen Endspiels hilft uns, einige allgemeine Schlussfolgerungen zu ziehen. Wir wissen bereits, wo Schwarz seinen Turm platzieren muss. Den König hält man am besten auf f7, solange keine Gefahr besteht, dass er auf die letzte Reihe zurückgedrängt wird, wie I. Maiselis aufgezeigt hat. Dann kann er auf g7 bleiben, in der Folge auch auf h6 und den weißen Bauern angreifen.

Selbstverständlich sind bei Weitem nicht alle Stellungen mit dem f- und h-Bauern unentschieden. Die wichtigste Ausnahme wurde schon mehrfach erwähnt – beim König, der auf der letzten Horizontale abgeschnitten ist, verliert Schwarz in der Regel.

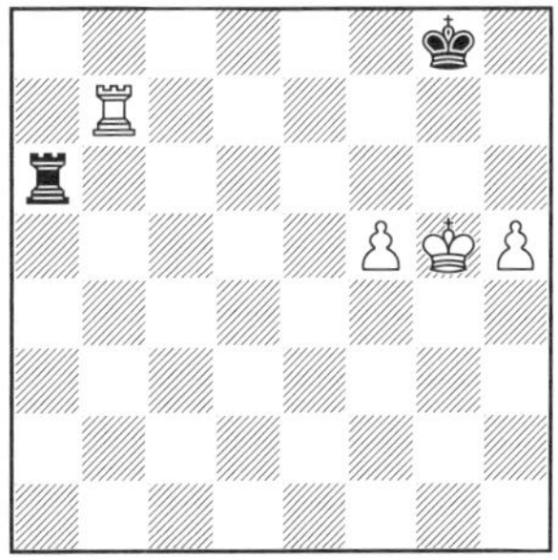

**1. f6 ♖a1 2. ♖g7+ ♔h8** (2. ... ♔f8 3. h6 mit unvermeidlichem h6-h7)

**3. ♔g6 ♖g1+ 4. ♔f7 ♖a1 5. ♖g8+ ♔h7 6. ♖e8 ♖a7+ 7. ♔f8** und **8. f7.**

Es genügt, diese Variante ein einziges Mal am Brett zu Ende zu spielen und schon braucht man sich nicht mehr daran zu erinnern, zumal Weiß auch über alternative Wege verfügt, die zum Sieg führen.

Das ist bereits alles, woran ein Schachpraktiker bei diesem Endspieltyp denken muss. Wie Sie sehen, ist es nicht so viel und auch nicht so schwer!

Betrachten wir nun ein anderes, etwas umfangreicheres Kapitel – die Theorie der Endspiele, in denen der Turm gegen die Bauern kämpft. Grundlage für das Studium kann jedes einschlägige Nachschlagewerk sein, z. B. die Monographie von I. Maiselis „Turm gegen Bauern“, herausgegeben im Jahre 1956 (Endspielbücher veralten im Gegensatz zu Eröffnungsbüchern fast nie). In der Arbeit werden etwa 400 Stellungen beleuchtet. Es ist klar, dass wir die gesamte Informationsfülle nicht auswendig lernen und im Gedächtnis behalten können. Wir müssen die für einen Praktiker wichtigsten Endspiele auswählen, auf die er sich stützen kann.

Doch wie soll man das Wichtigste auswählen? Gerade darin liegt das Hauptproblem. Hier zeigt sich der ganze Intellekt eines Schachspielers, sein Vermögen, mit dem Buch zu arbeiten, zu verallgemeinern und Schlüsse zu ziehen. Es helfen auch Erkenntnisse (selbst noch so vereinzelte), die bereits vorhanden sind, und die eigene praktische Erfahrung auf dem zu erlernenden Gebiet.

Der Kampf im Endspiel „Turm gegen Bauern“ trägt äußerst dynamischen Charakter. Jedes Tempo beeinflusst auf entscheidende Weise den Ausgang des Duells. Folglich gibt es hier keine große Strategie, keinen Kampf der Pläne und tiefer Gesetzmäßigkeiten (wie z. B. in Endspielen mit verschiedenfarbigen Läufern). Es gibt auch fast keine genauen Stellungen, auf die gestützt, wir uns von konkreten Berechnungen befreien könnten. Die Hauptrolle spielt die Kenntnis typischer Verfahren, die helfen, schneller den richtigen Zug ausfindig zu machen und Varianten sicherer zu berechnen.

Diese Methoden eignet man sich am besten mit Hilfe elementarer Stellungen an, in denen sie angewendet werden und wo ihre Wirkung nicht durch überflüssige analytische Einzelheiten getrübt wird. Einen genauen Plan kann man bisweilen vergessen, die Vorstellung von einem Verfahren aber bleibt. Mitunter erweist sich eine ähnliche Stellung – ein Verfahrensträger – gleichzeitig auch durch eine genaue Position als wichtig für uns. In diesem Fall müssen wir sie uns natürlich merken.

Betrachten wir also die einfachsten Schemata, die Hauptverfahren, die im Endspiel „Turm gegen Bauern“ wirken.

## Abschneiden des Königs

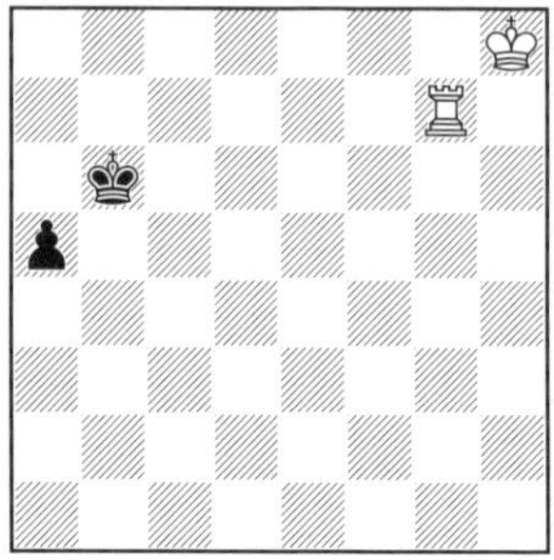

Weiß siegt, indem er **1. ♖g5!** spielt. Wenn der Bauer bis nach a3 gelangt, kann er später durch ♖a3 vernichtet werden (bzw. beim Bauern auf a2 – durch ♖g1 und ♖a1). Ist Schwarz am Zug, dann gibt es nach 1. ... ♔b5(c5)! Remis. Das Abschneiden des Königs auf der 4. Reihe durch den Zug 2. ♖g4 bringt Weiß nichts, wie man sich unschwer überzeugen kann.

## Bauernumwandlung in einen Springer

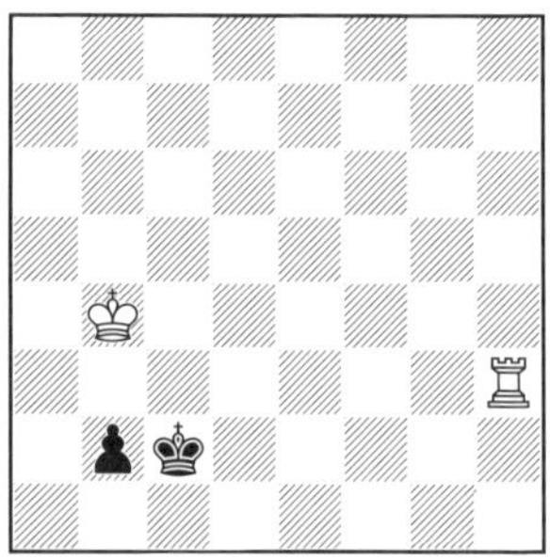

**1. ♖h2+ ♔c1 2. ♔c3 b1♘+! 3. ♔d3 ♘a3 4. ♖a2 ♘b1!** mit Remis, aber nicht 4. ... ♘b5? (in Endspielen „Turm gegen Springer“ darf man den Springer nicht vom König trennen). Zum Remis führt



**Gligoric – Smyslow,** Moskau 1947

auch 1. ... ♔b1 2. ♔b3 ♔a1! 3. ♖:b2, Patt. Aber bei einem Läuferbauern bzw. einem Zentralbauern rettet Schwarz nur die Springerumwandlung.
Bei einem Turmbauern hilft jedoch diese Variante schon nicht mehr.

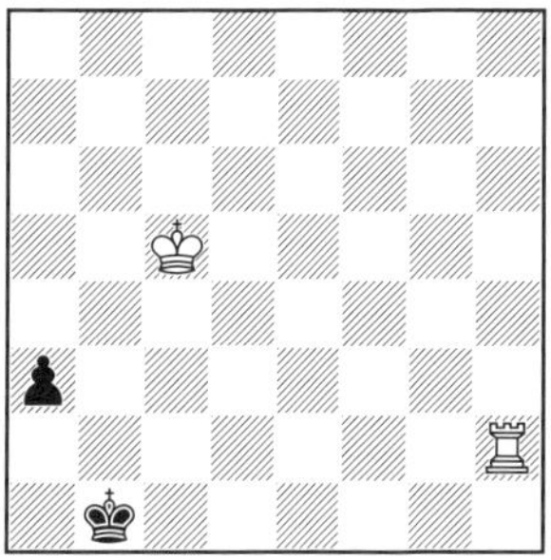

**1. ♔b4(c4) a2 2. ♔b3 a1♘+ 3. ♔c3,** und Schwarz ist in Zugzwang.
Es sei bemerkt, dass, wenn Schwarz noch den Bauern b5 hätte, er trotzdem nicht helfen könnte: 3. ... b4+ 4. ♔:b4 ♘c2+ 5. ♔c3 ♘e3 6. ♔d3 ♘d5 7. ♖h4 und der vom König getrennte Springer geht bald zu Grunde.

## Patt

Einen äußerst wichtigen Fall von Patt haben wir uns bereits angesehen. Hier nun ein weiteres Beispiel.

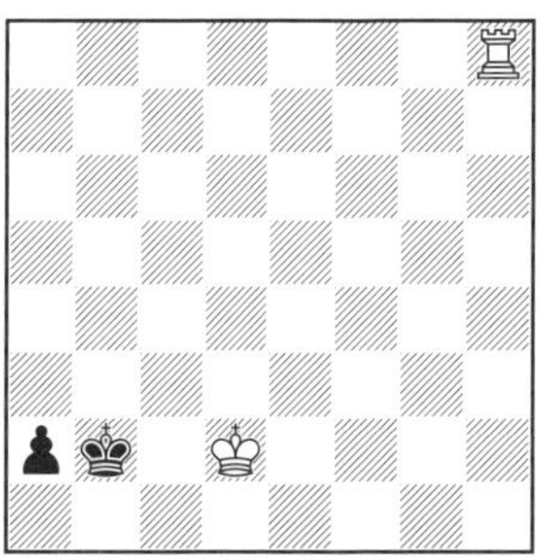

**1. ♖b8+ ♔a1!** mit Remis, aber nicht 1. ... ♔a3? 2. ♔c2! a1♘+ 3. ♔c3 ♔a2 4. ♖b7

## Zwischenschach zwecks Tempogewinn

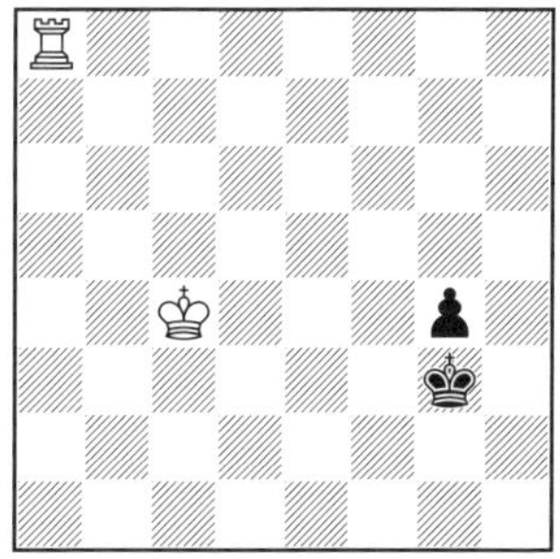

**1. ... ♔f2 2. ♖f8+!**
Zum Remis führt 2. ♔d3? g3 3. ♖f8+ ♔e1!
**2. ... ♔e2 3. ♖g8! ♔f3**
Dank dem Zwischenschach gelang es, den König um ein Feld zurückzuwerfen – von f2 nach f3.
**4. ♔d3 g3 5. ♖f8+ ♔g2 6. ♔e2** usw.

## „Fernhalten des feindlichen Königs“

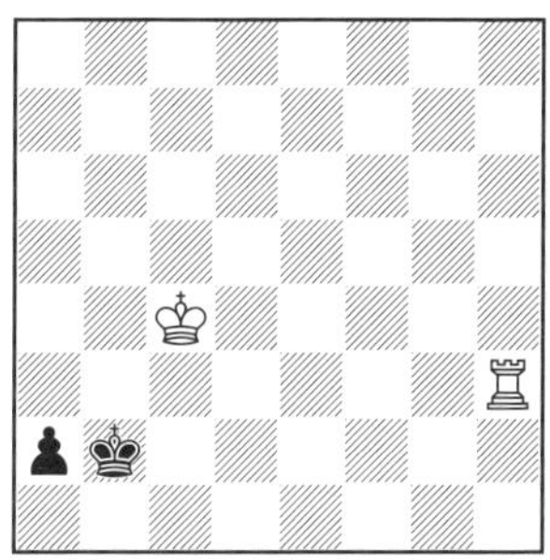

**1. ♖h2+ ♔a3!**
Ohne den König an den Bauern herankommen zu lassen, erreicht Schwarz Remis.

Falsch ist 1. ... ♔b1? 2. ♔b3 a1♘+ 3. ♔c3. Wie Sie sehen, gelingt es mitunter, wenn man sich mit neuen Verfahren vertraut macht, früheren Lehrstoff zu rekapitulieren (in diesem Fall – die Bauernumwandlung in einen Springer). Betrachten wir nun ein etwas komplizierteres Beispiel.

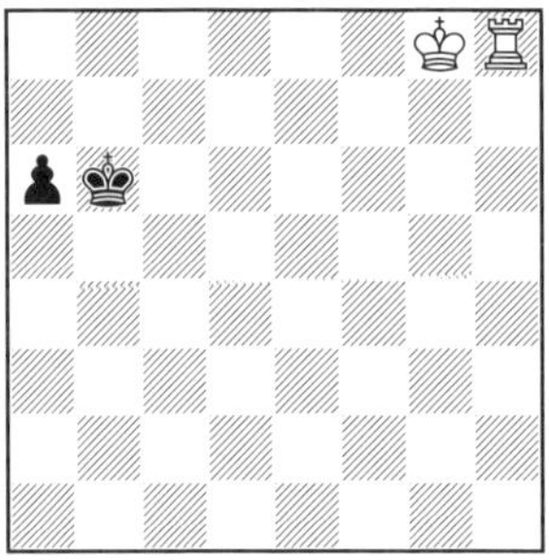

1. ... a5? taugt angesichts 2. ♖h5! nichts – dieses Verfahren kennen wir bereits. Schlecht ist auch 1. ... ♔b5? 2. ♔f7 a5 3. ♔e6 a4 4. ♔d5. Rettung bringt nur **1. ... ♔c5!**, wodurch eine Annäherung des feindlichen Königs an den Bauern verhindert wird.

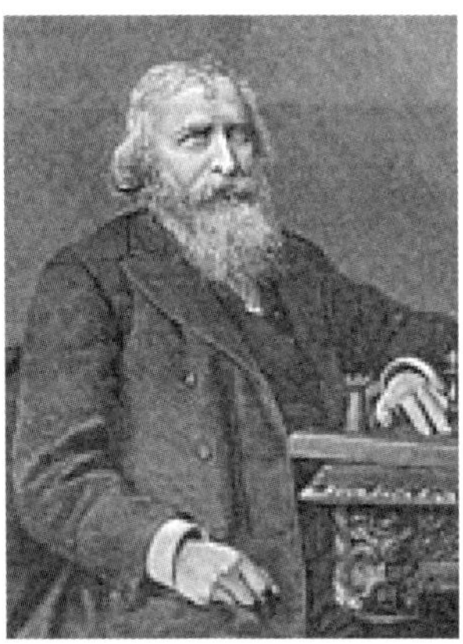

*Bernhard Horwitz (†1885)*

## Umgehung

Die Ideen des „Fernhalten des feindlichen Königs" und der „Umgehung" kommen in folgender berühmter Studie von R. Réti (1928) klar zum Ausdruck.

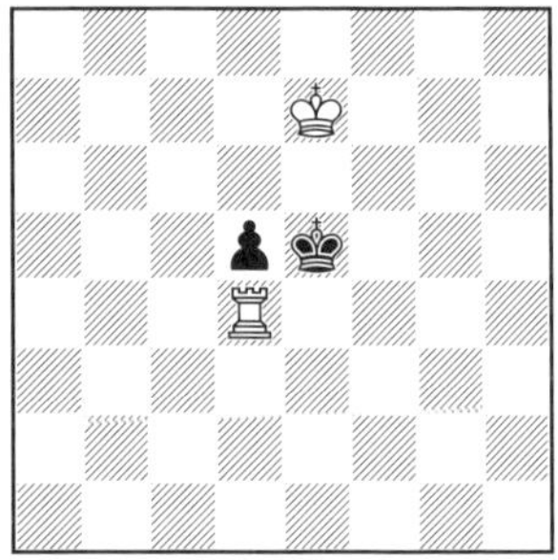

**1. ♖d2(d3)!! d4 2. ♖d1! ♔d5 3. ♔d7!**, und Schwarz ist in Zugzwang:
Auf 3. ... ♔c4 entscheidet 4. ♔e6, und wenn 3. ... ♔e4, so 4. ♔c6.
Falsch ist 1. ♖d1? d4 2. ♔d7 (2. ♔f7 ♔e4 3. ♔e6 d3) 2. ... ♔d5! (Schwarz verhindert die Umgehung) 3. ♔c7 ♔c5! (3. ... ♔c4? 4. ♔d6! d3 5. ♔e5), und Weiß gerät in Zugzwang.

Gehen wir nun zu den Stellungen über, in denen der Turm gegen zwei miteinander verbundene Freibauern kämpft.

## Mattdrohungen gegen den feindlichen König

Wenn die Bauern weit vorgerückt sind (zwei schwarze Bauern auf der 3. Reihe bzw. einer auf der 2. und ein anderer auf der 4. Reihe), dann kann sie der Turm nicht aufhalten. Mitunter gelingt jedoch die Rettung, wenn der an den Rand des Bretts gedrängte feindliche König verfolgt wird.

**B. Horwitz, J. Kling**
**1851**

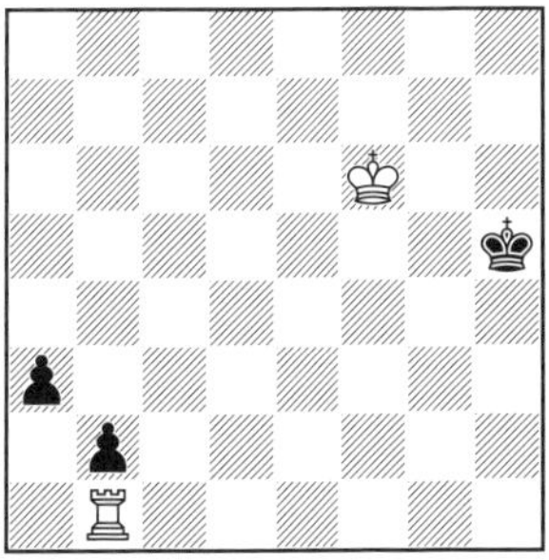

**1. ♔f5 ♔h4 2. ♔f4 ♔h3 3. ♔f3 ♔h2 4. ♔e3! ♔g2**
Nach 4. ... ♔g3 5. ♖g1+ ♔h4 6. ♔f4 ♔h3 7. ♔f3 ist 7. ... ♔h2?? 8. ♖b1 schlecht, Schwarz verliert infolge Zugzwangs.
**5. ♔d3 ♔f3 6. ♔c3 a2 7. ♔:b2** (bzw. 7. ♖f1+) mit Remis.

## Zwischenschach vor dem Schlagen des Bauern

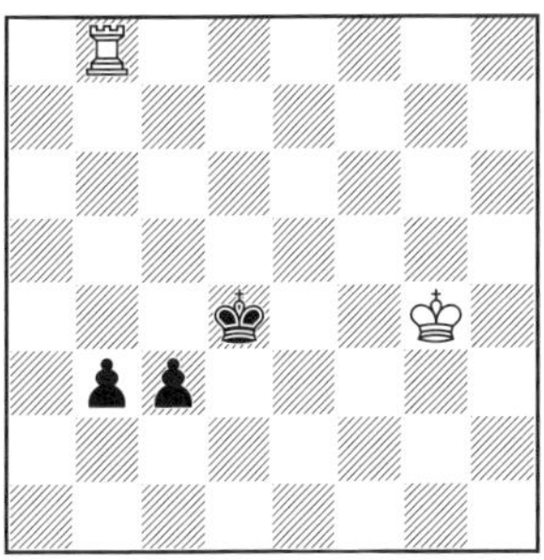

In dieser Situation gab G. Fridstein, der Weiß hatte, 1954 in Riga gegen A. Lutikow auf. Er prüfte nur die Variante 1. ♖:b3 c2 2. ♖b4+ ♔d5 3. ♖b5+ ♔d6 4. ♖b6+ ♔c7, wonach Schwarz gewinnt, übersah aber das rettende Zwischenschach **1. ♖b4+!**
Hier sei angemerkt, dass verschiedene Schachspieler auf Grund ihrer unterschiedlichen Erfahrung und ihres ungleichen Wissens verschiedenartige Methoden und Gesetzmäßigkeiten anwenden.
Im eben betrachteten Beispiel muss die Aufmerksamkeit auf das Manöver gelenkt werden, durch das der schwarze König nach 1. ♖:b3? den Schachs ausweicht.
Die beste Stellung für den Turm ist hinter dem am weitesten vorgerückten Bauern.

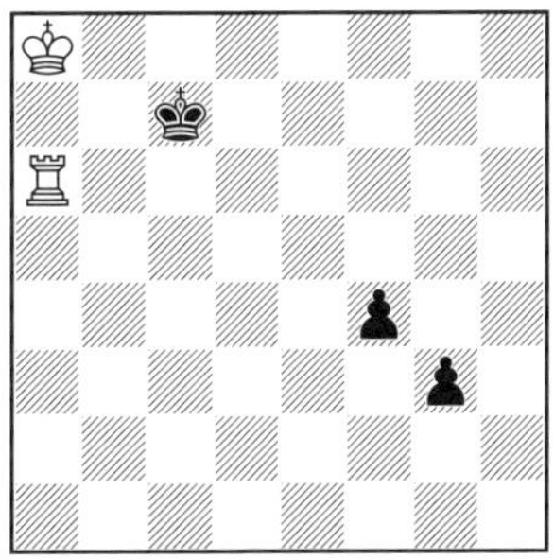

**1. ♖g6! ♔d7 2. ♖g4! g2! 3. ♖:g2 ♔e6 4. ♖g5!**
Weiß gewinnt dank der Tatsache, dass der schwarze König auf der sechsten Reihe bleiben muss und somit von der Unterstützung des Bauern abgeschnitten ist.

In dem Buch von Maiselis wird eine Stellung Sosins angeführt, die sich von der obigen nur dadurch unterscheidet, dass der weiße König auf a7 steht. In diesem Falle gibt es nach 1. ♖g6! ♔d7 noch eine zweite Lösung: 2. ♔b6 ♔e7 3. ♔c5 ♔f7 4. ♖g4 ♔f6 5. ♔d4! (5.

♖:f4+? ♔g5 6. ♖f8 ♔g4 7. ♔d4 g2) 5. ... ♔f5 6. ♖g8, und Weiß gewinnt.
Steht der König jedoch auf a8, so schlägt eine analoge Variante schon nicht mehr durch: 1. ♖g6! ♔d7 2. ♔b7 ♔e7 3. ♔c6 ♔f7 4. ♖g4 ♔f6 5. ♔d5 ♔f5 6. ♖g8 f3! 7. ♔d4 (7. ♖:g3 ♔f4 8. ♖g8 f2; 7. ♖f8+ ♔g4 8. ♔e4 f2 9. ♔e3 ♔h3 mit Remis) 7. ... f2 8. ♔e3 f1♘+!

## Welcher Bauer gezogen werden muss

**Maróczy – Tarrasch**
**San Sebastian 1911**

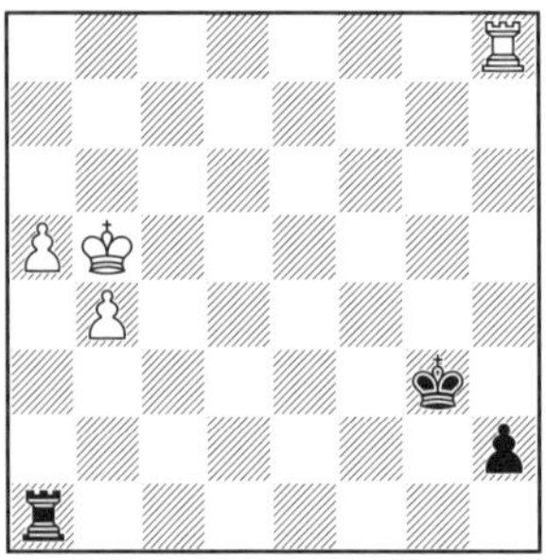

Leicht gewinnt **1. ♖:h2 ♔:h2 2. ♔a6!** (Weiß kann auch sofort 1. ♔a6! ziehen) **2. ... ♔g3 3. b5 ♔f4 4. b6 ♔e5 5. b7 ♖b1 6. ♔a7 ♔d6 7. b8♕+**
Beachten Sie den Zug 2. ♔a6! Erstens rückt Weiß den Bauern nach vorn, hinter dem der Turm nicht steht. Zweitens ist der zurückbleibende Bauer so weit vom feindlichen König entfernt, dass dieser ihn nicht mehr angreifen kann. Fehlerhaft wäre 1. a6? wegen 2. ... ♔g3 3. ♔b6 ♔f4 4. a7 ♔e5 5. ♔b7 ♔d5 6. b5 ♔c5, und der schwarze König hat sich mit Erfolg an den b-Bauern herangepirscht. Oder 4. b5 ♔e5 5. ♔a7 ♔d6 6. b6 ♖b1! 7. ♔b7 (7. b7 ♔c7) 7. ... ♔c5.
In der Partie geschah 1. ♔c6? ♖c1+ 2. ♔b6 ♖c4! (droht mit der Überdeckung 3. ... ♖h4) 3. ♖:h2 ♖:b4+ 4. ♔c5 ♖a4 5. ♔b5 ♖:a5+ und Remis.

Man kann den Erfahrungsschatz typischer Methoden noch ausweiten, doch wir wollen es fürs erste bei diesen gebräuchlichsten Verfahren belassen. Einige der erwähnten Ideen wirken nicht nur in Endspielen des betrachteten Typs. So gehört der Turm zum Beispiel in fast allen Fällen hinter den am weitesten vorgerückten Bauern, wenn er gegen zwei verbundene Freibauern kämpft.

**Aljechin – Tartakower**
**Wien 1922**

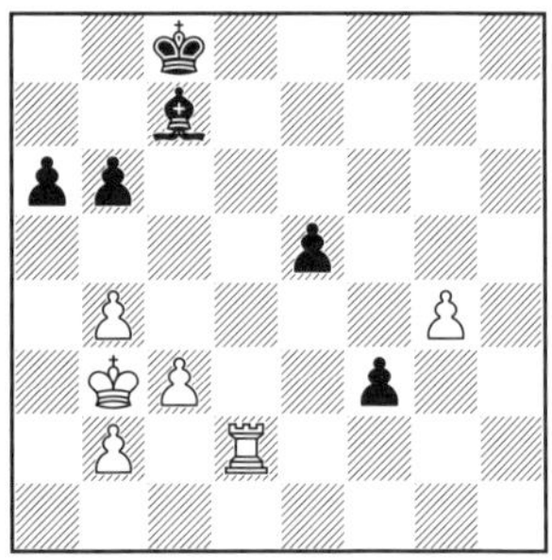

Aljechin analysierte die natürlichen Fortsetzungen 36. ♔c2, 36. ♔c4, 36. g5 sowie 36. ♖h2 und wies nach, dass sie höchstens zum Remis reichen. Es gewinnt nur der phantastische Zug **36. ♖d5!!**, und seine Idee wird genau erklärt:
*„Die Varianten, die diesen auf den ersten Blick seltsamen Zug erklären (der Turm attackiert den geschützten Bauern und gestattet es dem anderen, vor-*

*zurücken), erweisen sich als einfach, wenn man ihre Grundidee erkennt. Die schwarzen Bauern sind ungefährlich:*

1) *wenn sie sich auf Feldern der gleichen Farbe wie der eigene Läufer befinden, weil der weiße König sie dann leicht aufhalten kann, zum Beispiel 36. ... f2 37. ♖d1 e4 38. ♔c2 ♗f4 39. ♖f1 und 40. ♔d1;*
2) *wenn der Turm sie von hinten ohne Tempoverlust angreifen kann: 36. ... e4 37. ♖f5 ♗g3 38. g5 e3 39. ♖:f3 e2 40. ♖e3"* (A. Aljechin)

Es macht Sinn, auch Endspiele anzusehen, die mit den studierten eng verwandt sind. Im gegebenen Fall scharfe Turmendspiele, die in einen Partieschluss „Turm gegen Bauern" übergehen. Dabei begegnen uns bereits bekannte Verfahren.

**Aljechin – Bogoljubow**
**19. Wettkampfpartie 1929**

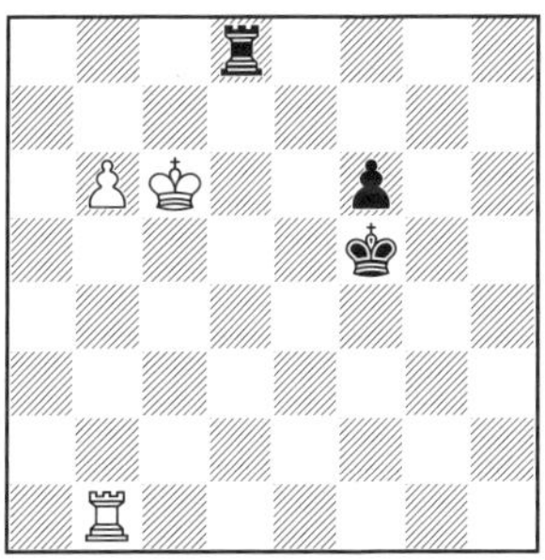

In der Partie geschah 70. ... ♔g4? 71. b7 f5 72. b8♕ ♖:b8 73. ♖:b8, und Weiß gewann leicht, indem er seinen König dem feindlichen Bauern annäherte. Bogoljubow konnte sich jedoch mit **70. ... ♔e4!** retten, weil sein König dann dem Widerpart den Weg abgeschnitten hätte.

Wir machen Sie jetzt mit weiteren Verfahren in scharfen Turmendspielen bekannt. Das wichtigste von ihnen ist die **Überdeckung**. Beim Studium des Endspiels Maróczy – Tarrasch haben wir schon ein einfaches Beispiel davon gesehen. Jetzt folgt ein bedeutend komplizierteres.

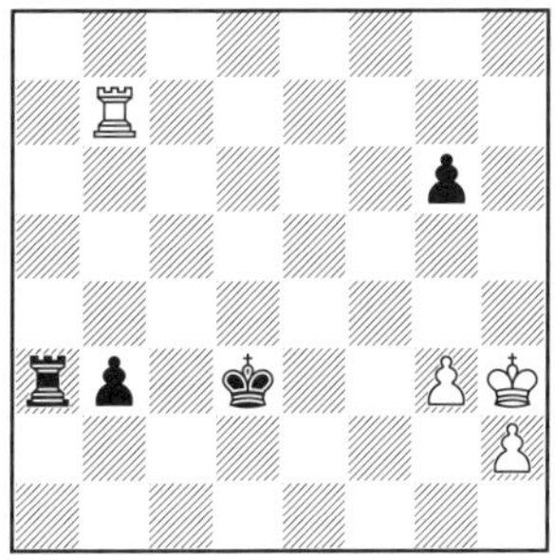

Diese Stellung konnte sich in der Partie Lapin – Utjazki (Brjansk 1965) ergeben. Nach **1. ... ♔c2 2. ♖c7+** führt nur der von Utjazki gezeigte paradoxe Zug **2. ... ♔b2!!** zum Gewinn, der mit einer Überdeckung verbunden ist. Auf 3. ♔g4 entscheidet zum Beispiel 3. ... ♖a5! 4. ♖c6 ♔a3! 5. ♖:g6 b2 6. ♖b6 ♖a4+ und 7. ... ♖b4.

**3. ♖c6 ♖a4! 4. ♖:g6 ♔a3** (gut ist auch 4. ... ♔c3 oder 4. ... ♔a2)

**5. ♖b6** (5. ♖f6 b2 6. ♖f1 ♖c4 7. ♖b1 ♖c1) **5. ... b2** (droht mit der Überdeckung 6. ... ♖b4) **6. ♖:b2 ♔:b2 7. g4 ♔c3 8. ♔h4 ♔d4 9. ♔g5 ♔e5 10. h4 ♔e6** mit Gewinn.

Dank der Überdeckungsdrohung zwang Schwarz den Gegner dazu, seinen Turm für einen Bauern herzugeben. Nach dem schablonenhaften 2. ... ♔b1? wäre die Überdeckung nicht mehr möglich, und Weiß kann mit dem Schlagen warten, bis der Bauer das Feld b1 erreicht. Von dort aus hat es der schwarze König weiter zur anderen Brettseite. 3. ♔g4 b2 (3. ... ♖a5 4. ♖c6 b2 5. ♖:g6 ♔a2 6. ♖b6 mit Remis) 4. ♔g5 ♔a1 (4. ... ♖b3 5. ♔:g6 oder 5. g4) 5. ♖b7 b1♕ 6. ♖:b1+ ♔:b1.

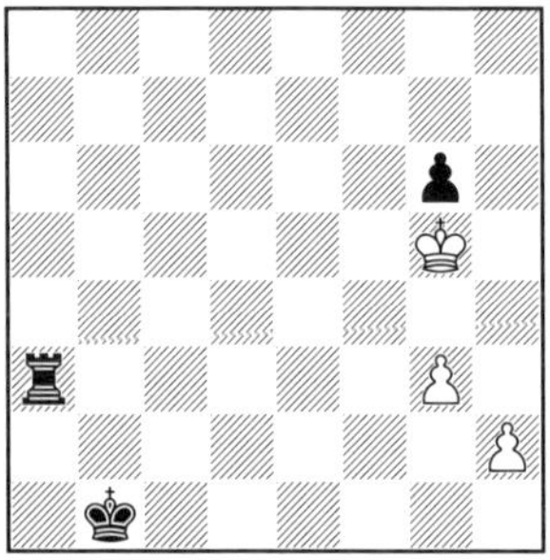

Jetzt erreicht Weiß auf anderem Wege sofort Remis. Es ist nützlich, die entstehenden Varianten anzusehen, da wir auf diese Weise unsere Kenntnisse im Endspiel „Turm gegen Bauern“ auffrischen und festigen. Trotz der scheinbaren Einfachheit muss man genau aufpassen, damit sich keine Fehler einschleichen.

1) 7. ♔:g6 ♔c2 8. g4 ♔d3 9. h4 ♔e4 10. h5 ♔f4 11. h6 ♖a6+ 12. ♔h5+ und Remis (Fernhalten des feindlichen Königs). Es ist lustig, dass Utjazki hier 12. ♔g7? ♔g5 13. h7 ♖a7+ 14. ♔g8 ♔g6 15. h8♘+ ♔f6 16. g5+ ♔:g5
17. ♘f7+ vorschlägt. Wir wissen aber schon, dass Schwarz nach 17. ... ♔f6 18. ♘d6 ♔e6 laut Theorie gewinnen muss.
2) 7. ♔:g6 ♔c2 8. h4 (nach Ansicht Utjazkis verliert dieser Zug) 8. ... ♖:g3+ 9. ♔f6 ♖h3 10. ♔g5 ♔d3 11. h5 ♔e4 12. h6 ♔e5 13. ♔g6 ♔e6 14. ♔g7! (nicht aber 14. h7? ♖g3+ 15. ♔h6 ♔f7 16. h8♘+ ♔f6) 14. ... ♔e7 (14. ... ♖g3+ 15.♔f8!) 15. h7 ♖g3+ 16. ♔h8! und Rettung dank der Pattmöglichkeit.
3) 7. g4 ♔c2 8. h4 ♖g3 9. ♔f4! ♖h3 10. ♔g5 ♔d3 11. h5 gh 12. gh ♔e4 13. h6 ♔e5 14. ♔g6 ♔e6 15. ♔g7! mit Remis wie in der vorherigen Variante.

Es geht darum, dass eigene Endspielwissen auf rationellste Art und Weise aufzubauen. Das geschieht durch Herausfiltern der gebräuchlichsten Methoden des Kampfes und der wichtigsten Stellungen.
Eine andere Sache ist, das Material möglichst gut zu erschließen und zu festigen. Hier kommt man ohne die Kenntnis von zusätzlichen Beispielen nicht mehr aus. Dazu gehören auch komplizierte Endspiele aus der Praxis. Nützlich ist es deshalb, eine Serie von Übungsaufgaben zum studierten Thema zu lösen. Meine wichtigste Empfehlung jedoch ist, selbständig jene Endspiele zu untersuchen, bei denen Sie Schwierigkeiten haben.
Was bringt die eigenständige Analyse von Endspielstellungen?

1) Wir lernen neue Ideen und Verfahren kennen, die unser schachliches Wissen erweitern und bereits vorhandene Informationen präzisieren.
2) Nach der Analyse einer großen Materialmenge verstehen wir besser, welche Momente typisch und wichtig sind und deshalb in unser „System“ einbezogen werden müssen, und welche dagegen zufälligen Charakter haben. Im Ergebnis dessen

wird unsere Endspielsicht genauer, ökonomischer, und uns entgeht zugleich nichts Wesentliches.

3) Es wächst unsere analytische Meisterschaft.
4) Bisweilen entsteht bei manchen der Eindruck, dass ihnen die Geheimnisse des Schachs in den Grundzügen bekannt sind und es ihnen nicht schwer fällt, in den meisten Fällen den besten Zug zu finden. Man darf nur nicht „patzen" und muss die Eröffnungen lernen. Die Analyse hilft, sich von diesen Illusionen zu befreien, und sie zeigt, welch gewaltiger ideeller Reichtum den scheinbar einfachsten Stellungen innewohnt. Sie befreit von Überheblichkeit und unterstützt das Erwerben äußerst wichtiger Eigenschaften wie Genauigkeit, Gewissenhaftigkeit und Arbeitsliebe.
5) Die Analyse der eigenen Partien ermöglicht es dem Schachfreund, objektiv die Unzulänglichkeiten seines Spiels zu ermitteln.
6) Manchmal führt die Analyse zu interessanten Ergebnissen, die schöpferischen Genuss mit sich bringen.

Beim Blättern im „Informator" stieß ich auf ein Endspiel, das von meinem Schüler Alexej Drejew kommentiert wurde.

**Drejew – Moskalenko**
**Jungmeisterturnier**
**Lwow 1985**

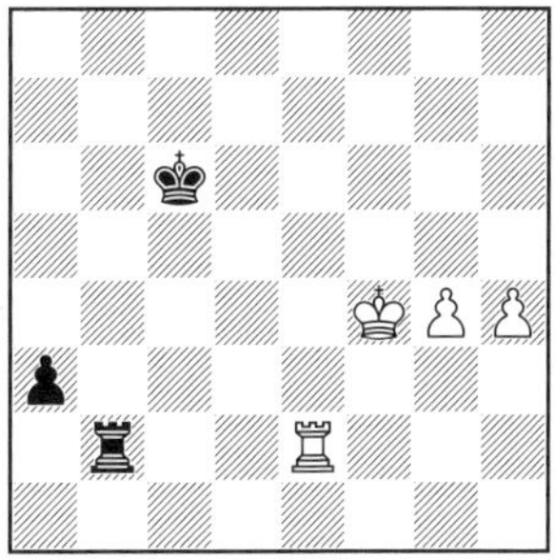

Nur zum Remis führt 1. ♖e1? a2 2. ♖a1 ♔d7 oder 1. ♖e3? ♖b4+ 2. ♔f5 ♖a4 3. ♖e1 a2 4. h5 (4. ♖a1 ♔d7) 4. ... a1♕ 5. ♖:a1 ♖:a1.

**1. ♖e6+!**

Der schwarze König am Scheidewege. In der Partie ging er zum Königsflügel, und Weiß gewann leicht, nachdem er seinen Turm hinter den feindlichen Freibauern gestellt hatte: 1. ... ♔d7 2. ♖a6 a2 3. g5 ♔e7 4. ♔g4 ♔f7 5. ♔h5 ♖h2 6. ♖a7+ ♔e6 7. ♔g6 ♖b2 8. h5 ♖b8 9. h6 ♖g8+ 10. ♔h5 ♔f5 11. ♖a5+. Schwarz gab auf.

Hartnäckiger ist **1. ... ♔b5.**

Im „Informator" wird diese Analyse angeführt: 2. ♖e5+!! ♔b6 (2 ... ♔b4 3. ♖e8 ♔b5 4. ♖b8+! und 5. ♖a8) 3. ♖e3! (alle Zeichen sind vom Kommentator) 3. ... ♖b4+ 4. ♔f5 ♖a4 5. h5 a2 6. ♖e1 a1♕ 7. ♖:a1 ♖:a1 8. h6 ♔c7 9. g5! ♔d7 (9. ... ♖h1 10. g6! ♖:h6 11. g7 ♖h5+ 12. ♔f4 ♖h4+ 13. ♔f3 ♖h3+ 14. ♔g2) 10. h7 ♖h1 11. g6 mit Gewinn.

Leider erweist sich die ganze Variante als eine wahre Fehler-Komödie, deren Ursache das natürliche, aber in diesem Falle falsche Bestreben Drejews ist,

seinen Turm unbedingt hinter den Freibauern des Gegners zu platzieren.
Nach 9. g5 rettet sich Schwarz mittels 9. ... ♖h1! (der Turm geht hinter den am weitesten vorgerückten Freibauern) 10. g6 ♖h5+! (denken Sie an das Endspiel Fridstein – Lutikow) oder 10. ♔g6 ♔d7 11. ♔h7 ♔e6 12. g6 ♖g1! (das sahen wir bereits in einer Variante des Endspiels Maróczy – Tarrasch).
Weiß muss seinen Turm nicht hergeben. Anstelle von 5. h5? gewinnt 5. ♖e1! a2 6. ♖a1 ♔c7 7. h5 ♔d7 8. h6.
Zuvor aber irrte sich Schwarz. Remis ergibt 4. ... a2! (anstelle von 4. ... ♖a4?) 5. ♖a3 ♖b5+ 6. ♔g6 ♖a5 7. ♖:a2 ♖:a2 8. h5 ♔c6.
Und dennoch ist das Endspiel für Weiß gewonnen! Er darf seinen Turm nur nicht nach e3 stellen. Die richtige Zugfolge lautet:
**2. ♖e1! a2 3. ♖a1 ♔c6 4. h5 ♔d6 5. h6 ♖h2** (5. ... ♔e6 6. h7 ♖b8 7. ♖:a2 ♔f6 8. ♖h2 ♖h8 9. ♖h6+ ♔g7 10. ♔g5) **6. ♔g5/f5!**
(nicht aber 6. h7? ♖:h7 7. ♖:a2 ♖h8! 8. g5 ♔e6 9. ♖a7 ♖h1 oder 8. ♖e2 ♖f8+ 9. ♔g3 ♖g8 mit Remis) **6. ... ♔e7 7. ♔g6** (möglich ist auch 7. h7) **7. ... ♔f8 8. h7,** und Weiß behält die Oberhand.
Bleibt noch, das Schach auf e5 zu untersuchen, das keine zwei Ausrufungszeichen, sondern eher ein Fragezeichen verdient.
Prüfen wir einmal 2. ♖e5+?! ♔b4!? Auf 3. ♖e8? spielt Schwarz nicht 3. ... ♔b5?, sondern 3. ... a2! Zum schnellen Remis führt 4. ♖a8 ♖c2! mit der Drohung 5. ... ♖c4+ 6. ... ♖c5(c3)+ und 7. ... ♖a5(a3). Wenn 4. ♖b8+, so folgt 4. ... ♔c4 (oder 4. ... ♔c3) 5. ♖a8 ♖b4! (droht mit der Überdeckung ♔b3+ und ♖a4) 6. ♖:a2 ♔b3+ 7. ♔f5 ♔:a2 8. h5 ♖b5+! (der König muss unbedingt auf das ungünstige Feld h4 getrieben werden – was auf Grund des weiten Aktionsradius des Turms kein Problem ist) 9. ♔g6 ♖b6+ 10. ♔g5 ♖b5+ 11. ♔h4 ♖b1! (jetzt geht der Turm hinter die Bauern) 12. h6 (12. g5 ♔b3 13. g6 ♖g1!) 12. ... ♖h1+ 13. ♔g5 ♔b3 14. ♔g6 ♔c4 15. g5 ♔d5 16. ♔h7 ♔e6 17. g6 ♖g1! mit Remis.
Nach 2. ♖e5+?! ♔b4!? muss der Turm dennoch auf die erste Reihe zurückkehren. Daraus folgt, dass das Schach keinen Sinn hatte.
Wir haben deshalb noch die Variante 3. ♖e1 a2 4. ♖a1 ♔b3 5. h5 ♖b1 6. ♖:a2 ♔:a2 zu analysieren.
Fehlerhaft wäre jetzt 7. h6? ♖h1 8. g5 ♔b3 mit Remis.
Der Gewinn ist allerdings noch immer möglich: 7. g5! ♖h1 8. g6! oder 7. ... ♖f1+ 8. ♔g4! (8. ♔e5? ♖h1!) 8. ... ♔b3 9. g6.

Im Jahre 1976 fand in Moskau die sowjetische Landesmeisterschaft statt. Mein Freund Boris Gulko hatte bereits in der ersten Runde eine Hängepartie gegen Großmeister Mark Taimanow. Es handelte sich um ein kompliziertes Turmendspiel, und er bat mich, die Abbruchstellung mit ihm zu analysieren. Wir wälzten Theoriebücher, aber das, was wir dort entdeckten, reichte uns nicht. Also mussten wir unsere eigenen Ideen einbringen. Wir fanden nur folgendes typische Beispiel.

 **Drejew – Moskalenko,** Jungmeisterturnier, Lwow 1985

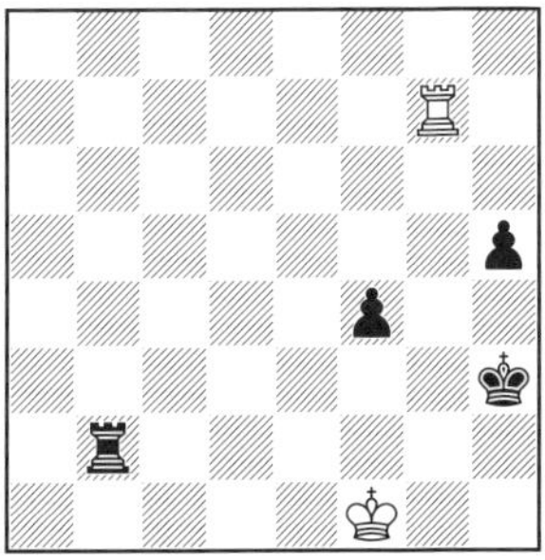

Der weiße König wird auf der Grundreihe festgehalten. Folgt daraus, dass der Anziehende verlieren muss? Es zeigt sich, dass dem nicht so ist, da auch der schwarze Monarch nicht sehr günstig – auf der h-Linie – platziert ist.

**1. ♔g1! h4 2. ♖g8 f3 3. ♖f8 ♔g3** (oder 3. ... ♖g2+ 4. ♔f1! ♔g3 5. ♖g8+ ♔h2 6. ♖f8) **4. ♖g8+ ♔f4 5. ♖f8+ ♔e3 6. ♖e8+ ♔d3 7. ♖d8+ ♔e2 8. ♖e8+ ♔d1 9. ♖f8(e3)** und Remis.

Ist Schwarz aber am Zuge, dann gewinnt er, indem er dem feindlichen König das wichtige Feld g1 streitig macht.

**1. ... ♔h2! 2. ♖g8**

Im Falle von 2. ♖f7 oder 2. ♖h7 entscheidet 2. ... ♔g3.

**2. ... h4 3. ♖g7**

Auf 3. ♖g4 geschieht 3. ... h3 4. ♖:f4 ♔g3 5. ♖f8 ♖b1+ 6. ♔e2 h2.

**3. ... h3 4. ♖g8 f3** (oder 4. ... ♖g2) mit Gewinn.

**Taimanow – Gulko**
**UdSSR-Meisterschaft, Moskau**
**1976**

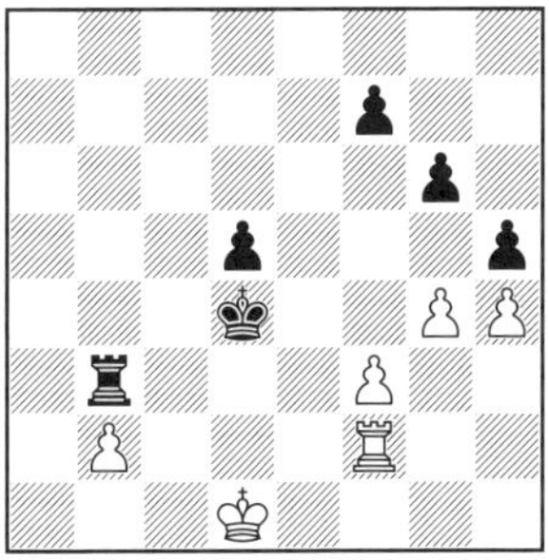

**42. ... ♔e3** (der Abgabezug) **43. ♖e2+ ♔:f3 44.gh gh 45. ♖e5 ♔g4**

Schlechter ist 45. ... ♖:b2 46. ♖:h5! ♔e4 47. ♖h8, und Weiß erreicht den Remishafen.

**46. ... ♖:d5 ♖:b2 47. ♔e1**

Nach 47. ♖d4+ ♔g3 48. ♔e1 f5 49. ♖d5 f4 50. ♖g5+ (50. ♖:h5 ♖b1+ 51. ♔d2 f3) spielt Schwarz nicht 50. ... ♔f3? 51. ♖:h5, sondern einfach 50. ... ♔:h4! 51. ♖g8 ♔h3 52. ♔f1 ♔h2! und erhält eine Gewinnstellung, weil sein König nach h2 vordringen konnte.

Jetzt sind wir am Kulminationspunkt des ganzen Endspiels angelangt.

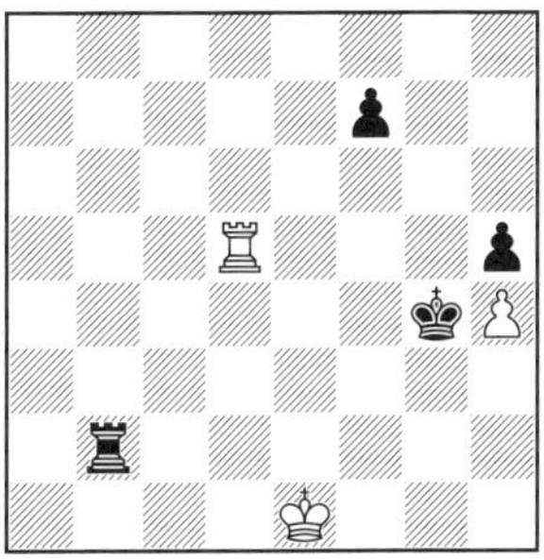

Fehlerhaft wäre hier der natürlich aussehende Zug 47. ... f5?
Nach 48. ♔f1 ♖h2 49. ♔g1 ♖:h4 50. ♔g2 f4 51. ♖d3 ergibt sich die „übliche" Remis-Stellung mit f- und h-Bauer, wobei der schwarze Turm außerdem noch ungünstig steht.
Auf 48. ... f4 folgt 49. ♖g5+ ♔:h4 50. ♖g8 ♔h3 51. ♔g1 mit Remis, weil der weiße König das Feld g1 erreicht hat. Wenn 49. ... ♔f3 (anstelle von 49. ... ♔:h4) erfolgt, dann erwidert Weiß 50. ♔g1 ♖b1+ 51. ♔h2 ♔f2 52. ♖:h5 f3 53. ♖a5 ♔f1 54. ♔g3 f2 55. ♖a2 ♖b3+ 56. ♔g4, und Weiß gibt seinen Turm für den f-Bauern her.

**47. ... ♔:h4! 48.♖d7**

Auch nichts hilft 48. ♖f5 ♖b7 49. ♔f1 (49. ♔f2 ♔g4 50. ♖f6 h4)
49. ... ♔g4 50. ♖f2 ♖b1+! 51. ♔g2 f5. Damit der eigene König nicht auf der Grundreihe festgehalten werden kann, muss Weiß mit seinem Turm auf die zweite Reihe gehen, wo er ziemlich passiv steht. Schwarz gewinnt danach leicht durch das Vorrücken des Freibauern.

**48. ... f6!!**

Nur so! Im Falle von 48. ... f5? 49. ♖g7 endet das Spiel remis:
49. ... ♔h3 50. ♔f1 ♔h2 (sonst geschieht 51. ♔g1) 51. ♖g5.

**49. ♔f1**

Nichts hilft 49. ♖g7 wegen 49. ... ♖b5! 50. ♔f2 ♖f5+ 51. ♔e3 (51.♔g2 ♖g5+) 51. ... ♔h3 mit leichtem Sieg. Schwarz zieht einfach König und h-Bauer nach vorn, überdeckt die g-Linie mit dem Turm, und der weiße König ist zu weit vom Randbauern entfernt.

**49. ... ♔g4**

Die Stellung von Schwarz ist bereits gewonnen, und zwar ohne große Mühe, weil der weiße König auf der Grundreihe bleiben muss und sein Widerpart nicht auf der h-Linie festgehalten werden konnte.

**50. ♖g7+ ♔f5 51. ♖h7 ♔g6 52. ♖h8 f5 53. ♖g8+ ♔f6 54. ♔g1 f4 55. ♔f1 ♔f5 56. ♔g1 h4 57. ♖g7 ♔e4 58. ♖a7 ♔f3 59. ♖a3+ ♔g4**

Diese Stellung ist uns schon vom einleitenden Abschnitt über Turmendspiele mit f- und h-Bauer bekannt.

**60. ♖a8 ♔g3 61. ♖g8+ ♔f3 62. ♖h8 ♖b1+ 63. ♔h2 ♔f2 64. ♖:h4 f3 65. ♖a4 ♔f1.** Weiß gab auf.

Nach 66. ♔g3 f2 67. ♖a2 ♖b3+ 68. ♔h2 wollte Gulko auf dem schnellsten Wege – mit 68. ... ♖f3! – gewinnen. Gut ist auch das lehrbuchhafte 68. ... ♖e3 69.♖b2 ♖e8 70. ♖b1+ ♔e2 71.♖b2+ ♔f3 72. ♖b3+ ♖e3 73. ♖b1 ♖e1.
Nichts bringt Schwarz der Zug 69. .... ♔e1?? (anstelle von 69. ... ♖e8!), wie einst Capablanca in vergleichbarer Stellung spielte. Nach 70. ♖b1+ ♔e2 konnte seine Gegnerin Vera Menchik mit dem offensichtlichen Zug 71. ♔g2! Remis erreichen. Aber sie griff mit 71. ♖b2+?? fehl und konnte die Partie nach 71. ... ♔f3 aufgeben. Dieser kuriose Fall passierte 1929 in Hastings. Er zeigt, wie aufmerksam man selbst bei der Behandlung einfachster Endspiele vorgehen muss.

Noch eine interessante Stellung für die Endspieltheorie erhielten Gulko und ich, als wir 46. ♔c2 (anstelle von 46. ♖:d5) analysierten. Wir sahen uns folgende, nicht unbedingt forcierte Variante an:
46. ... ♖b5 47. ♖g5+ ♔:h4 48. ♖f5 ♖b7 (Aufmerksamkeit verdient 48. ... ♔g4 49. ♖:f7 h4) 49. ♖:d5 ♔g4 50. ♖d4+ ♔g5 51. ♔d3 (offensichtlich stärker ist

51. ♖d8) 51. ... ♖:b2 52. ♔e3 h4 53. ♔f3 h3 54. ♖g4+ ♔f5 55. ♖f4+ ♔e6 56. ♖h4 h2 57. ♖h6+ ♔e5 58. ♖h8 ♖c2 59. ♖h4 (es drohte ♔e5-d4-c3-b2-c1 usw.) 59. ... f5 60. ♔g3.

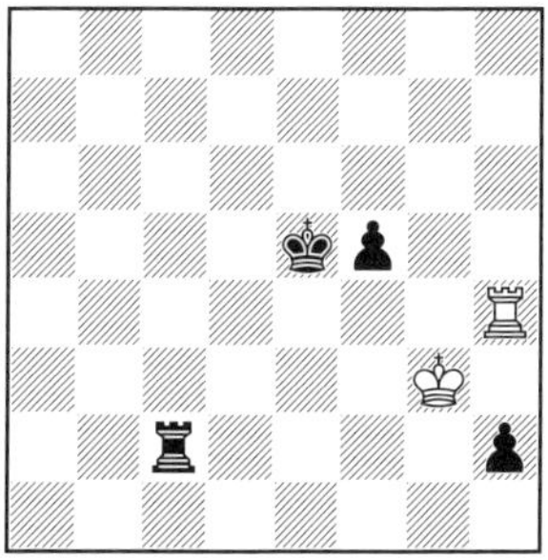

Das naheliegende 60. ... f4+? führt nicht zum Gewinn: 61. ♔f3 ♖c3+ 62. ♔g2 ♔e4 63. ♔:h2 (63. ♖h8!) 63. ... ♖c2+ 64. ♔h3! (64. ♔g1? ♔e3 65. ♖h8 ♖c1+ 66. ♔h2 f3 67. ♖e8+ ♔f2 68. ♖a8 ♔f1) 64. ... ♔f3 65. ♖h8 ♖c7 66. ♖h6 (66. ♔h2? ♔f2) 66. ... ♖e7 67. ♖h8 ♔f2 68. ♖a8! f3 69. ♖a2+ ♖e2 70. ♖a1 (oder 70. ♖a8 ♔f1 71. ♔g3 f2 72. ♔f3! ♔g1 73. ♖g8+) mit Remis.

Stellen wir uns jetzt vor, dass Weiß am Zuge ist. Er muss 61. ♖h8 spielen (61. ♔f3 verbietet sich wegen 61. ... ♖c1! 62. ♖:h2 ♖c3+), und der schwarze König kann vorrücken, um sich – nachdem er seinen Turm umkurvt hat – auf der ersten Reihe dem h-Bauern zu nähern.

Angemerkt sei, dass der schwarze Turm auf jeden Fall das Feld c2 besetzen muss. Wenn er auf d2 oder e2 steht, ist der weiße Turm schon nicht mehr gezwungen, die vierte Reihe zu verlassen (der Anziehende hat das Manöver ♔f3!). Befindet sich der schwarze Turm auf b2, so wird der Weg des Königs über den Damenflügel an seiner Figur vorbei ziemlich lang.

Mit anderen Worten – wir haben auf dem Brett eine Stellung mit beiderseitigem Zugzwang. Für Schwarz am Zuge gilt es, den Zugzwang auf Weiß abzuwälzen.

**60. ... ♖d2 61. ♔f3 ♖a2** (61. ... ♖d1? 62. ♖:h2 ♖d3+ 63. ♔e2)

**62. ♔g3 ♖c2!! 63. ♖h8** (63. ♔f3 ♖c1!)

**63. ... ♔e4 64. ♖e8+ ♔d3 65. ♖d8+**

Auf 65. ♖h8 folgt 65. ... ♖e2! mit der Absicht 66. ... ♔d2.

**65. ... ♔c3 66. ♖h8** (66. ♖c8+ ♔d2 oder 66. ... ♔b2)

**66. ... ♖e2!**

Im Falle von 66. ... ♔b2? 67. ♔f4 ♔c1 68. ♔:f5 ♔d1 69. ♔g4 kommt der schwarze König zu spät.

**67. ♔f4 ♔d2 68. ♔:f5 ♔e1 69. ♔g4 ♔f1 70. ♔g3 ♔g1**

Der schwarze König ist wiederum als erster am Ziel.

## 2. Vervollkommnung der Technik

Wir sprechen jetzt davon, wie die technische Meisterschaft erhöht werden kann. Zu diesem Zweck muss man Aufgaben studieren, die für alle (oder für viele) Typen von Endspielen Allgemeingültigkeit haben. Das betrifft zum Beispiel die wachsende Bedeutung des Königs am Partieende, des Zugzwangs, die Rolle der Oppositionsfelder, die Zweckmäßigkeit von Vereinfachungen usw.

Besonders wichtig ist es, das Wesen des Endspiels zu erfassen und einen optimalen Plan auszuarbeiten, wie es abzuschließen ist. Dabei müssen die hier wirkenden schachlich-psychologi-

**Taimanow – Gulko,** UdSSR-Meisterschaft, Moskau 1976

schen Gesetzmäßigkeiten berücksichtigt werden.
Man lernt am meisten, wenn man sich praktische Partien ansieht, in denen große Meister des Endspiels agierten. Als Beispiel mag die folgende von Großmeister Ulf Andersson dienen.

**Andersson – Franco**
**Buenos Aires 1979**
**Englisch**

**1. ♘f3 ♘f6 2. c4 g6 3. ♘c3 d5 4. cd ♘:d5 5. e4 ♘:c3 6. dc**
Andersson liebt das Endspiel und behandelt es ausgezeichnet. Deshalb tauscht er schon in der Eröffnung gern die Damen.
**6. ... ♕:d1+ 7. ♔:d1 f6 8. ♗e3 e5 9. ♘d2** (9. ♗c4!?)
**9. ... ♗e6 10. ♗c4 ♗:c4**
Logischer sieht 10. ... ♔f7 aus, aber auch dann bekommt Schwarz nach 11. ♔c2 ♘d7 12. b4 leichte Schwierigkeiten: 12. ... ♘b6 13. ♗b3 oder 12. ... h5 13. g3 mit der Absicht 14. f4.
**11. ♘:c4 ♘d7**

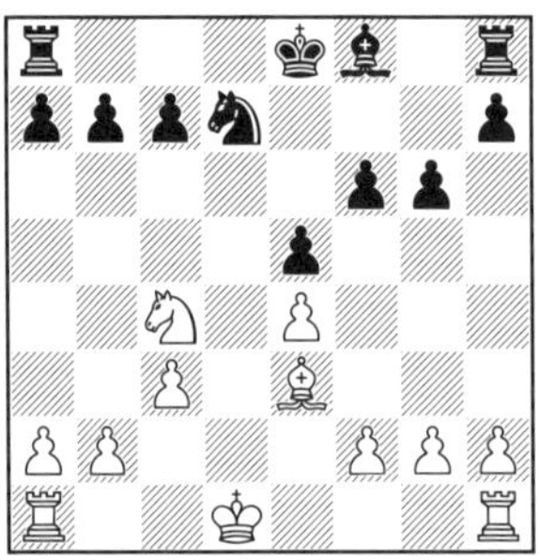

**12. b4!**
Im Endspiel müssen die Handlungen des Gegners ständig aufmerksam beobachtet werden, um sie nach Möglichkeit zu vereiteln. Schwarz wollte die Partie soeben mit dem Zug 12. ... ♗c5 völlig ausgleichen. Dem ist Andersson zuvorgekommen.
**12. ... ♘b6?!**
Eine Ungenauigkeit. Das einzige Manko der schwarzen Stellung besteht darin, dass sein Läufer passiver als der des Widerparts ist. Er musste sich bemühen, ihn durch 12. ... h5! nebst 13. ... ♗h6 zu tauschen.
In der Partie Andersson – Mestel (Hastings 1978/79) geschah weiter 13. f3 ♗h6 14. ♗f2 ♘b6 15. ♗:b6 (15. ♘a5? 0-0-0+) 15. ... ab 16. b5 ♔e7!
(im Endspiel ist der König besser in der Brettmitte aufgehoben – deshalb verzichtete Schwarz auf die lange Rochade) 17. a4 ♖hd8+ 18. ♔c2 ♔e6, und J. Mestel hatte das Spiel ausgeglichen.
**13. ♘a5! 0-0-0+ 14. ♔c2 ♗e7**
Jetzt beantwortet Weiß 14. ... h5 mit 15. ♖hd1 ♖:d1 (15. ... ♗e7) 16. ♖:d1 ♗h6? 17. ♗:h6 ♖:h6 18. c4 ♖h7 19. c5 ♘d7 20. c6 und besitzt Übergewicht. Und dennoch war der Zug 14. ... h5 nützlich, denn der Turmtausch hätte Schwarz die Verteidigung erleichtert.
**15. a3!**
Andersson bereit den Angriff c3-c4-c5 vor. Die positionelle Drohung am Damenflügel provoziert den Gegner zu einer zweifelhaften Aktivität auf der anderen Seite.
**15. ... f5?!**

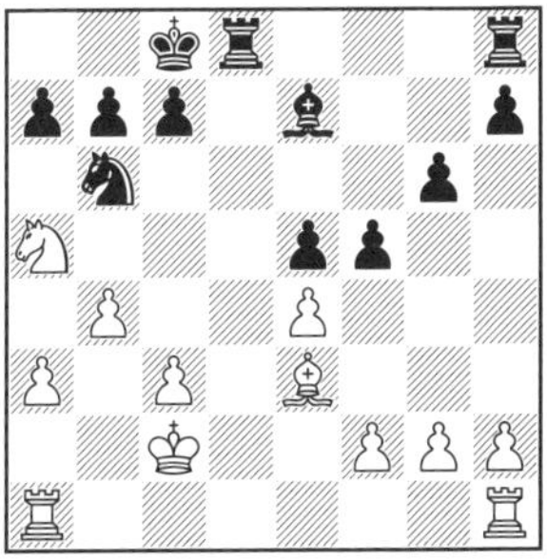

**16. ♗:b6!!**
Das „automatische“ 17. f3 würde dem Gegner die Chance einräumen, den Bauern e4 zu attackieren (♘b6-d7-f6). Andersson korrigiert rechtzeitig seinen Plan. Einen Zug früher hätte der Leichtfigurentausch Weiß nichts eingebracht: 15. ♗:b6?! ab 16. ♘c4 b5 – jetzt aber wird der Bauer e5 angegriffen.
**16. ... ab 17. ♘c4 ♗f6?!**
Schwarz verteidigt sich recht passiv. Sicher bringt ihm auch die Fortsetzung 17. ... fe?! 18. ♖ae1 ♖hf8 19. ♖hf1 nichts Gutes ein, aber es hätte sich gelohnt, über den Zug 17. ... ♖hf8!? nachzudenken. Wenn Weiß darauf 18. ♖ae1 antwortet, so folgt 18. ... b5! 19. ♘:e5 fe 20. ♖hf1 ♗g5. Nach 18. ef ♖:f5 19. f3 hat Schwarz die Wahl zwischen dem Figurenopfer 19. ... e4 20. ♖he1 ef 21. ♖:e7 fg 22. ♖g1 ♖f2+ 23. ♔b3 b5 und dem etwas ruhigeren 19. ... ♗g5!? (droht 20. ... e4 oder 20. ... b5) 20. ♖he1 b5 21. ♘e3 ♗:e3 mit einem schlechteren, aber verteidigungsfähigen Viertürme-Endspiel.
Wenig ändert indessen 19. ♖hf1 ♗g5 (schwächer wäre 19. ... ♖df8 20. f3 e4 21. ♖fe1) 20. ♖ae1 b5.
**18. a4!**
Weiß schützt damit nicht nur seinen Springer auf c4, sondern startet auch zum Angriff am Damenflügel. Weniger genau ist 18. b5 wegen 18. ... fe und 19. ... ♖d5.
**18. ... ♗g7 19. ♖he1 ♖he8 20. b5!**
Schlechter ist 20. a5? b5. Vor der Attacke musste zuerst das Angriffsobjekt (der Bauer b6) fixiert werden.
**20. ... f4 21. a5 ba 22. ♖:a5 b6 23. ♖a7**
(mit der Idee 24. ♘:b6+)
**23. ... ♗f6 24. ♖ea1 ♖e6 25. ♖1a6!**
Weiß hat jetzt die starke Drohung 26. ♘a5 nebst 27. ♘c6.
**25. ... ♖de8**

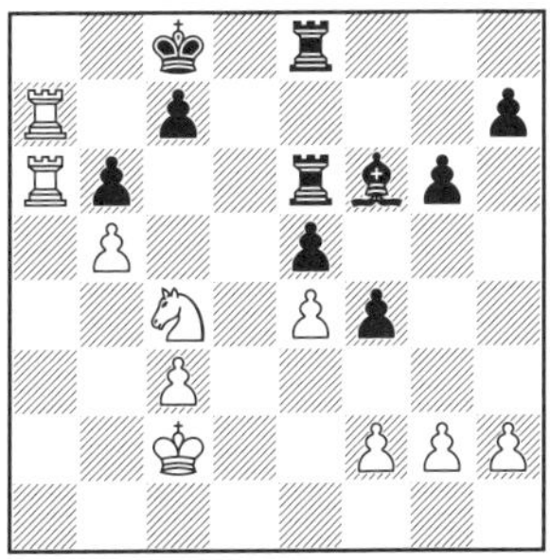

Mit seinen aktiven Handlungen auf der a-Linie lähmte Weiß die Kräfte des Gegners und vertrieb dessen Türme von der offenen Linie.
**26. ♔b3!**
Charakteristisch für Andersson ist, dass er den Kampf nicht übereilt führt. Er verbessert für alle Fälle die Lage seines Königs und wartet auf einen günstigen Moment, um die weiße Stellung noch weiter zu verstärken.
Genau so muss man das Übergewicht im Endspiel realisieren – die Möglichkeiten des Gegners maximal begrenzen und danach ohne Hast neue Bre-

schen in seine Verteidigung schlagen. *„Die Regel 'nichts übereilen' erscheint vielen paradox, aber sie ist in fast allen Partien der großen Meister des Endspiels zu erkennen. Sehen Sie sich aufmerksam die Endspiele Capablancas oder Flohrs an, und Sie werden feststellen, mit welcher Geduld und Gelassenheit sie ihren Vorteil realisieren!"* (S. Belawenjez)

**26. ... ♗d8?!**

Das hatte Andersson erwartet.

**27. ♖a8+ ♔d7 28. ♖a2!**

Hier ist er, der richtige Zeitpunkt zur Umgruppierung der Streitkräfte. Weiß nutzt die ungünstige Lage des Läufers auf d8 und nimmt die d-Linie in Besitz.

**28. ... ♗f6 29. ♖d2+ ♔e7 30. ♖a7!**

Natürlich würde es überhaupt keinen Sinn machen, den aktiven Turm gegen den passiven von Schwarz zu tauschen.

**30. ... ♖c8 31. ♖d5 ♔e8 32. h3**

In derartigen Stellungen macht der schwedische Großmeister gern abwartende Züge.

**32. ... ♔e7 33. ♘b2!**

Der Springer hatte sich fein nach c4 gearbeitet, jetzt strebt er zum Feld d3, von wo aus er den Vormarsch des c-Bauern unterstützt. Später kann er über b4 selbst in den Angriff eingeschaltet werden. Beachten Sie bitte, dass Weiß nicht einen Zug früher so gespielt hat, weil dann die Antwort 32. ... c6 gedroht hätte. Er wartete so lange damit, bis der feindliche König auf e7 steht.

**33. ... ♔e8**

Hartnäckiger war 33. ... ♖d6, worauf Weiß am besten 34. ♖:d6! ♔:d6 35. c4 mit der Absicht 36. ♘d3, 37. c5+ und 38. ♔c4 spielt.

**34. ♘d3 ♗g7**

Auf 34. ... c6 folgt 35. ♖dd7! cb 36. ♘b4.

**35. c4 ♗f6 36. c5 bc 37. ♘:c5 ♖e7** (37. ... ♖b6 38. ♘d7!) **38. ♖a6!**

Exzellente Technik! Mit Tempo nimmt Weiß die sechste Reihe unter Kontrolle, verhindert den Zug c7-c6 und verschafft seinem Springer das Feld e6.

**38. ... ♗h8 39. ♔c4!**

Erneut verstärkt Andersson die Position seines Königs.

**39. ... ♗g7 40. f3 ♖b8 41. ♘e6 ♗f6 42. ♖c6**

Schwarz gab auf, weil 42. ... ♖b7 43. ♖d8+ zum Matt führt, und auf 42. ... ♖c8 entscheidet 43. b6.

Ein klassisches Beispiel für die virtuose Behandlung des Endspiels!

Das Studium solcher Partien trägt zur Verfeinerung des Gespürs für Endspiele und zur Verbesserung der technischen Fähigkeiten.

Aus methodischer Sicht ist es nützlich, die gleichen Probleme auch auch die Kehrseite zu betrachten, das heißt, sich Beispiele anzuschauen, wo typische Endspielfehler begangen wurden. Die nächste Partie wurde am Damenbrett in der Moskauer Universitätsmeisterschaft 1972/73 gespielt.

### Sizilianisch

**1. e4 c5 2. ♘f3 ♘c6 3. d4 cd 4. ♘:d4 ♘f6 5. ♘c3 e6 6. ♘db5 ♗b4**
**7. ♘d6+?! ♔e7! 8. ♗f4?! e5! 9. ♘f5+ ♔f8 10. ♗g5 d5! 11. ♗:f6 gf?!** (naheliegend war 11. ... ♕:f6!)
**12. ed ♗:f5 13. dc ♗:c3+ 14. bc ♕:d1+ 15. ♖:d1 bc 16. ♗d3**
(16. ♖d6!?)

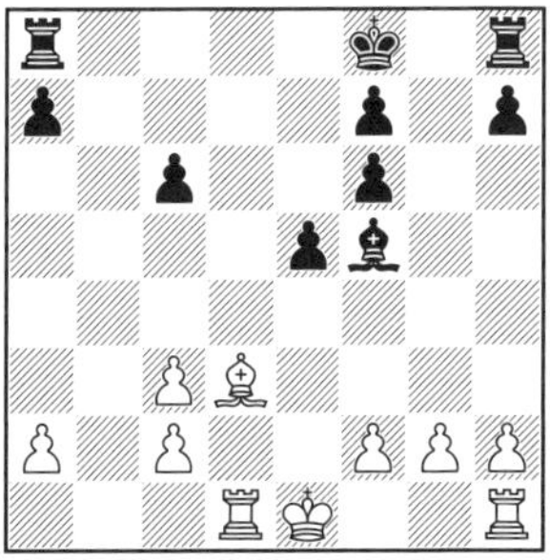

**16. ... e4?**

Die Führerin der schwarzen Steine erhielt das bessere Endspiel. Sie leistet sich hier aber einen positionellen Fehler, indem sie den Bauern auf ein Feld der Farbe des eigenen Läufers stellt. Naheliegend war 16. ... ♗e6 17. ♗e4 ♔e7 18. ♗:c6 ♖ac8 19. ♗e4 ♖:c3.

**17. ♗c4 ♖g8?**

Wieder ein prinzipieller Fehler. Die Nachziehende lässt die Möglichkeiten ihrer Gegnerin unberücksichtigt. Hier lautete die richtige Fortsetzung 17. ... ♔e7 nebst 18. ... ♗e6.

**18. ♖d6! ♔e7 19. ♖:c6 ♖gc8 20. ♖:c8 ♖:c8 21. ♗b3 ♖:c3 22. ♔d2 ♖c8 23. ♖e1 ♖g8 24. g3 ♖d8+ 25. ♔c3**

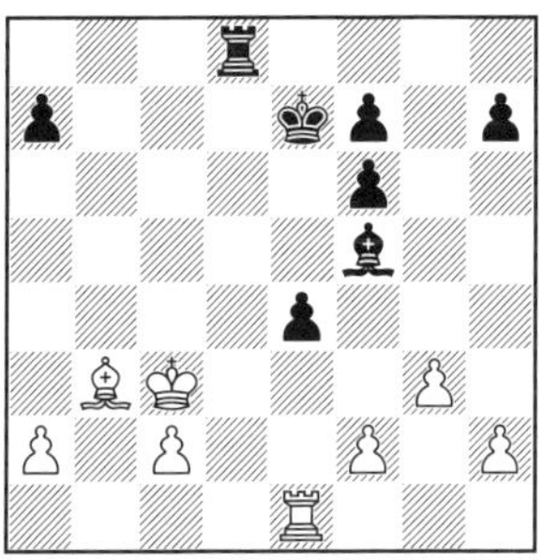

Jetzt besitzt Weiß bereits Übergewicht. Es droht 26. f3.

**25. ... ♔f8?**

Den König im Endspiel vom Zentrum zu entfernen, ist fast immer ein Fehler. Hier war 25. ... ♗g6 26. f3 f5 angebracht.

**26. ♖e2 ♗g6 27. ♖d2 ♖:d2?**

Falsche Einschätzung der Lage. Das Läuferendspiel ist verloren; hartnäckiger war deshalb 27. ... ♖c8+.

**28. ♔:d2 ♔e7 29. ♔e3 f5 30. ♔d4 ♔d6 31. c4 f6 32. c5+ ♔c6 33. ♗d5+ ♔c7 34. ♔c4 h6 35. ♔d4 ♗h5 36. ♔e3 ♔d7 37. h3 ♔e7 38. ♔f4 ♗g6 39. g4**

Eine kleine Ungenauigkeit. Entsprechend dem Prinzip, nichts zu übereilen, bevor sich das Stellungsbild verändert, sollte die Weiß-Spielerin ihren Aufbau maximal verstärken. In diesem Falle musste der a-Bauer erst einmal sein weißes Ursprungsfeld (Farbe des eigenen Läufers) verlassen.

Wahrscheinlich hatte die Anziehende zuviel Respekt vor 39. ... h5.

Danach aber erhielte die Schwarz-Spielerin, deren Bauern sich fast alle auf Feldern von der Farbe ihres Läufers befinden, eine Verluststellung.

**39. ... fg 40. hg h5!**

Wenn man das schlechtere Endspiel hat, empfiehlt es sich, möglichst viele Bauern zu tauschen.

**41. gh**

Stünde der Bauer auf a3, könnte Weiß nach 41. ♗:e4 ♗f7 42. g5! den Bauern f6 beseitigen, der den weißen König behindert.

**41. ... ♗:h5 42. ♔:e4 ♗g4 43. ♔f4 ♗h3 44. ♗e4 ♗e6 45. a3 ♗d7?**

Nach 45. ... ♗c8 war noch eine hartnäckige Verteidigung möglich. Der Partiezug verliert sofort.

**46. c6! ♗e8** (sonst folgt 47. ♗f5)

**47. c7 ♔d7 48. ♗c6+!**

Schwarz gab auf.

Der Endspieltechnik eines Schachspielers liegt ein ganzes Arsenal gespeicherter Ideen zu Grunde. Es reicht vom Verständnis für den Geist des Endspiels und seiner allgemeinsten Gesetzmäßigkeiten bis zu den kleinsten Beispielen, auf die man beim Studium dieser oder jener Partie trifft. Um dies zu illustrieren, mache ich Sie auch mit einem Endspiel aus meiner eigenen Praxis bekannt, dass in seine elementaren Bestandteile zerlegt wird.
Zuvor aber sehen wir uns vier andere lehrreiche „Werkstücke“ an.

1) Es ist bekannt, dass die Rolle des logischen Denkens im Endspiel wächst. Man muss in der Lage sein, Pläne zu entwickeln und die Figuren richtig aufzustellen. Als klassisches Beispiel dafür mag folgender Partieschluss dienen.

**Capablanca – Ragosin**
**Moskau 1936**

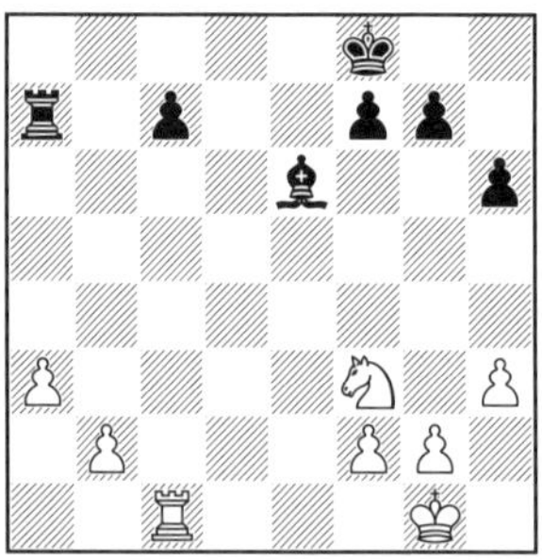

Über diese Stellung schreibt Capablanca:
*„Der Plan von Weiß besteht darin, den Vorstoß des c-Bauern zu verhindern (weil sonst der b-Bauer schwach werden könnte) und das gesamte Brett bis zur fünften Reihe zu kontrollieren. Das wird durch den Vormarsch des Königs nach e3, das Stellen des Turmes nach c3 und des Springers nach d4 sowie das Vorrücken der Bauern auf b4 und f4 erreicht. Nachdem eine solche Position realisiert ist, kann Weiß seine Bauern am Damenflügel in Bewegung setzen.“*

Die nächsten Züge sind leicht verständlich. Capablanca verfolgt zielstrebig seinen Plan.
**33. ♘d4 ♖b7 34. b4 ♗d7 35. f4 ♔e7 36. ♔f2 ♖a7 37. ♖c3 ♔d6 38. ♖d3 ♔e7 39. ♔e3 ♖a4 40. ♖c3 ♔d6 41. ♖d3 ♔e7 42. ♖c3 ♔d6**
Damit ist die notwendige Figurenaufstellung erreicht. Jetzt möchte Capablanca seine Streitkräfte umgruppieren, indem er den Springer nach c3 oder c5 bringt.
**43. ♘e2 g6 44. ♖d3+ ♔e6 45. ♔d4 ♖a6 46. ♖e3+ ♔d6 47. ♘c3**
Die Bauern am Damenflügel sind marschbereit. Zugleich droht 48. ♘e4+.
**47. ... f5 48. b5 ♖a8**
Nach 48. ... ♖:a3 49. ♘e4+ fe 50. ♖:a3 ♗:b5 51. ♖g3 gewinnt Weiß.
**49. ♔c4 ♗e6+ 50. ♔b4 c5+ 51. bc ♗g8 52. ♘b5+ ♔:c6 53. ♖d3!**
Achten Sie darauf, dass Weiß seinen Freibauern nicht weiter vorzieht, sondern jetzt umschaltet und die feindlichen Bauern am Königsflügel angreift. Das geschieht völlig im Sinne der Realisierung des Übergewichts.
Capablanca handelt nach dem „Prinzip der beiden Schwächen“. Nachdem man im gegnerischen Lager eine zweite Schwäche geschaffen hat, spielt man gegen sie. Danach wird – wenn nötig – wiederum die erste Schwäche attak-

kiert und der Vorteil auf technische Weise verwertet.

Im umfassenden Sinne des Wortes kann eine Schwäche im feindlichen Lager nicht nur ein verwundbarer Bauer oder eine ungünstig postierte Figur sein, sondern auch unser eigener Freibauer, der vom Gegner blockiert bzw. dessen Umwandlungsfeld überdeckt werden muss.

**53. ... g5 54. ♖d6+ ♔b7 55. fg hg 56. ♖g6 ♖f8 57. ♖:g5 f4 58. ♘d4 ♖c8 59. ♖g7+ ♔b6 60. ♖g6+ ♔b7 61. ♘b5 ♖f8 62. ♘d6+ ♔b8 63. h4**

Schwarz gab auf.

2) Natürlich haben Sie bemerkt, dass Capablanca im Endspiel zweimal die Züge wiederholte. Sergej Belawenjez schreibt dazu:
*„Im Endspiel hat die Zugwiederholung große Bedeutung. Sieht man einmal vom Fakt des Zeitgewinns ab, kann man feststellen, dass die aktive Seite durch diese Maßnahme auf jeden Fall bestimmten psychologischen Vorteil erzielt. Der Verteidiger, dessen Stellung schlechter ist, hält häufig dem Druck nicht stand und lässt weitere Schwächungen zu, die die Aufgabe des Gegners erleichtern. Außerdem hilft die Zugwiederholung, die Stellung mit maximaler Klarheit zu ergründen. Wir wissen, dass einige Anhänger der reinen Schachkunst diesen Rat tadeln werden. Aber wir können nicht von der Empfehlung ablassen, hin und wieder im Endspiel die Züge zu wiederholen. Im Kampf muss man alle Chancen nutzen, und es gibt nichts Unschönes und Unästhetisches in den Wiederholungen.“*

3) Jetzt folgt ein Beispiel aus einer meiner Partien.

**Dworetski – Kikiani**
**Kiew 1970**

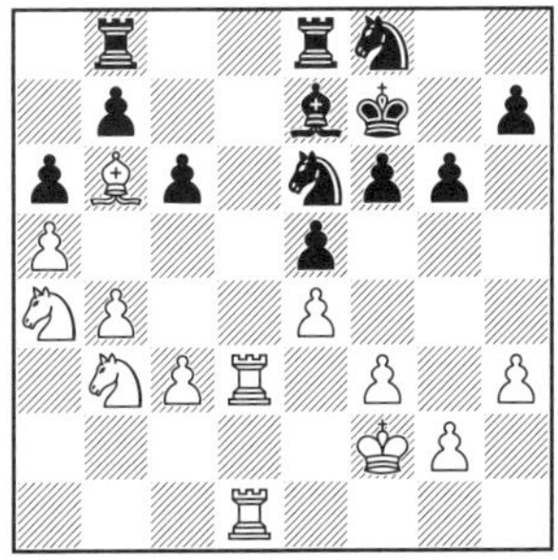

Weiß steht sichtlich überlegen, aber die Einbruchsfelder sind bislang zuverlässig geschützt.

Nach **35. ... ♗d8** zog ich das naheliegende 36. ♘bc5 gar nicht ernsthaft in Erwägung, weil ich die Möglichkeit entdeckte, durch ein dreizügiges Läufermanöver ein Tempo zu gewinnen.

**36. ♗a7! ♖a8 37. ♗e3** (droht 38. ♘bc5)

**37. ... ♗e7 38. ♗b6**

Auf 38. ... ♗d8 ist jetzt 39. ♘bc5 stark, denn der Bauer b7 geht verloren.

**38. ... ♖ab8**

Wir haben wieder die Stellung vor uns, mit der unsere Analyse begann, aber mit einen Unterschied: Weiß ist am Zuge.

Ich zog **39. g3**, um dem schwarzen Springer für alle Fälle das Feld f4 zu nehmen. Das Prinzip „nichts übereilen“ in Aktion: Ehe der Gegner etwas unternehmen kann, muss man ein Minimum an nützlichen Zügen ausführen.

**39. ... ♗d8 40. ♗a7 ♖a8 41. ♗e3**

Weiß hat nichts dagegen, einfach seine Züge zu wiederholen. Beim langsamen Manövrieren bemerkt der Gegner nicht, was er in erster Linie befürchten muss. T. Kikiani entschloss sich, den Vorstoß f3-f4 zu unterbinden, der eigentlich gar nicht drohte, weil sonst der Bauer e4 schwach wird.

**41. ... g5? 42. ♘bc5!**

Einen günstigeren Moment für das geplante Eindringen auf c5 gibt es nicht: der schwarze Turm schützt nicht den Bauern b7, und der Läufer steckt auf dem Feld d8 fest.

**42. ... ♖b8 43. ♘d7 ♘:d7 44. ♖:d7+ ♖e7 45. ♘c5 ♔e8 46. ♖:e7+ ♔:e7 47. ♖d7+ ♔e8 48. ♖:h7 ♘c7 49. h4 gh 50. gh**

Schwarz gab auf.

4) Schauen wir uns noch ein Endspiel Capablancas an.

**Capablanca – Yates**
**New York 1924**

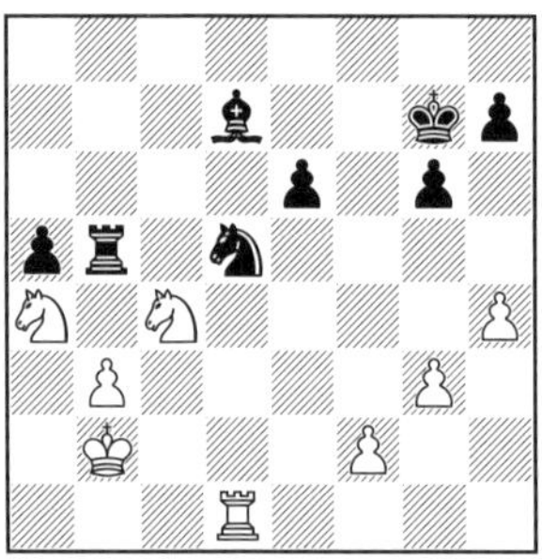

Erleben Sie den herrlichen Rundlauf eines Springers, mit dessen Hilfe Weiß einen Bauern gewinnt.

**40. ♘c3 ♖c5 41. ♘e4 ♖b5 42. ♘ed6 ♖c5 43. ♘b7 ♖c7 44. ♘b:a5**

Danach realisiert der große Kubaner in echt Capablancascher Manier seinen Vorteil. Die erstrangige Aufgabe von Weiß besteht darin, den eigenen Figurenaufbau zu verbessern.

**44. ... ♗b5 45. ♘d6 ♗d7 46. ♘ac4 ♖a7 47. ♘e4 h6 48. f4 ♗e8 49. ♘e5 ♖a8 50. ♖c1 ♗f7 51. ♖c6 ♗g8 52. ♘c5 ♖e8**

Nachdem der Anziehende seine Stellung maximal verbessert und die feindlichen Kräfte zurückgedrängt hat, kann er jetzt darangehen, den Freibauern in Bewegung zu setzen.

**53. ♖a6 ♖e7 54. ♔a3 ♗f7 55. b4 ♘c7 56. ♖c6 ♘b5+ 57. ♔b2 ♘d4 58. ♖a6 ♗e8 59. g4!**

Erneut handelt Capablanca – wie schon in der Partie gegen Ragosin – nach dem Prinzip der zwei Schwächen. Er unterbricht den weiteren Vormarsch seines b-Bauern und geht zum Angriff am Königsflügel über.

**59. ... ♔f6 60. ♘e4+ ♔g7 61. ♘d6 ♗b5 62. ♖a5 ♗f1 63. ♖a8 g5**

Es drohte 64. ♘e8+ ♔h7 65. ♘f6+ ♔g7 66. g5 nebst Matt.

**64. fg hg 65. hg ♗g2 66. ♖e8 ♖c7** (66. ... ♖:e8 67. ♘:e8+ ♔f8 68. g6!) **67. ♖d8 ♘c6 68. ♘e8+ ♔f8 69. ♘:c7+ ♘:d8 70. ♔c3**

Zentralisierung des Königs.

**70. ... ♗b7 71. ♔d4 ♗c8 72. g6 ♘b7 73. ♘e8! ♘d8 74. b5 ♔g8 75. g5 ♔f8 76. g7+ ♔g8 77. g6**

Schwarz gab auf.

Sehen Sie jetzt, wie mir alle diese Erkenntnisse halfen, folgendes Endspiel zu gewinnen.

**Dworetski – Priworotzki**
**Kiew 1970**

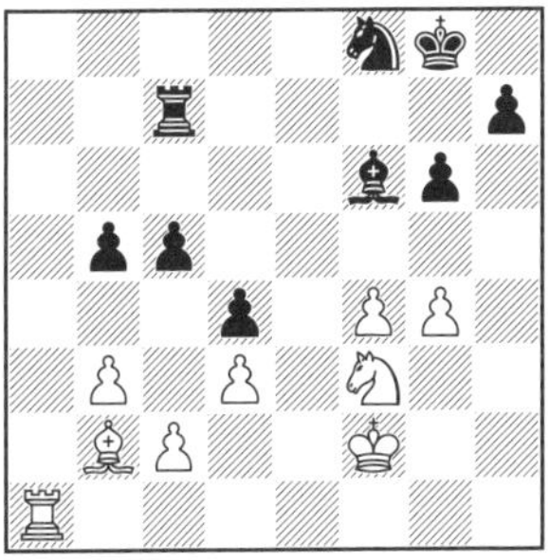

**29. ♖a5 b4**
Nicht möglich ist 29. ... c4 wegen 30. ♗:d4, aber Schwarz konnte 29. ... ♘e6 in Betracht ziehen. Nach dem Partiezug hat er keinerlei Gegenspiel mehr.
Weiß entwirft jetzt nach dem Vorbild der Begegnung Capablanca – Ragosin den Plan seiner Figurenaufstellung. Es ist offensichtlich, dass der Springer nach e4 muss, der König nach f3, der Turm nach a6, der Läufer auf die Diagonale c1-h6. Schließlich bietet sich der Bauernvorstoß f4-f5 an.
**30. ♘d2 ♗e7 31. ♘e4 ♘d7 32.♖a6 ♔f7 33. ♔f3 ♘b8 34. ♖a8 ♘d7 35. ♗c1 ♘b6 36. ♖a6 ♘d5 37. f5 gf 38. gf**
Bislang hat Weiß seine Absichten erfolgreich verwirklicht.
**38. ... ♖d7**
Hier sah ich, dass der dreizügige Mechanismus des Zeitgewinns, den ich zwei Tage zuvor in der Partie gegen Kikiani gefunden hatte, erneut funktionieren kann. Nur mit dem Unterschied, dass diesmal der Turm und nicht der Läufer das Tempo gewinnt.
**39. ♖c6 ♖c7 40. ♖h6! ♔g7 41. ♖a6 ♔f7**
Jetzt ist Weiß am Zuge.
**42. ♗h6 ♖c8**
42. ... ♖d7 wäre nun bereits schlecht wegen 43. ♖a8 und 44. ♖h8, und Weiß gewinnt den Bauern h7.
**43. ♖a7 ♖c7 44. ♖a6**
Auf 44. ♖a8 hat Schwarz die Antwort 44. ... ♖c6.
**44. ... ♘c3?**
Belawenjez hatte mit seiner Feststellung recht: Schwarz hält dem Druck nicht stand und weicht selbst von der Zugwiederholung ab.

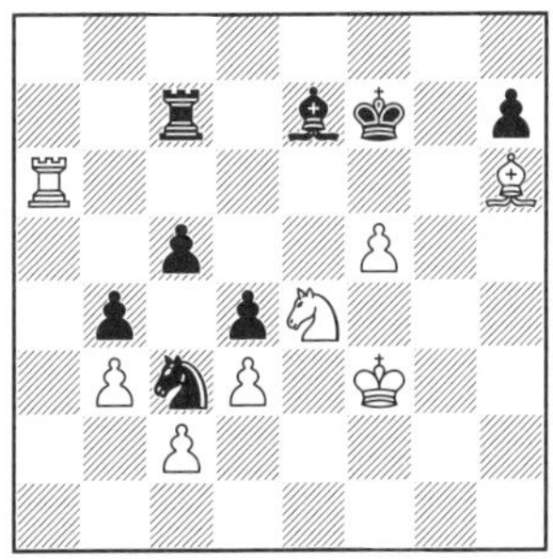

Jetzt verwirklicht Weiß ein interessantes Springermanöver, das an die schönen Rösselsprünge Capablancas gegen Yates erinnert.
**45. ♘d2! ♘d5 46. ♘c4 ♗f6** (es drohte 47. ♘e5+)
**47. ♘d6+ ♔e7 48. ♘e4**
Nach vier Zügen kehrte der Springer an seinen Ausgangspunkt zurück. Die Verteidigung von Schwarz ist indessen völlig durcheinander geraten. Es droht 49. ♘:f6 ♘:f6 50. ♗g5. Auf 48. ... ♔f7 entscheidet 49. ♖d6.
**48. ... ♗h8 49. ♖e6+ ♔d8 50. ♗g5+**
Schwarz gab auf.

Fazit: Wir können aus den Partien großer Schachmeister sowie aus ihren

Kommentaren und Empfehlungen viel für die eigene Turnierpraxis lernen. Auf diese Weise erhöhen sich unsere Wettkampferfahrung und technische Meisterschaft beträchtlich.

Abschließend folgen einige Übungen, in denen der Turm gegen feindliche Bauern kämpft. Bei ihrer Lösung trainieren Sie die praktische Anwendung der Theorie dieses Endspieltyps.

## Übungen

In allen Beispielen ist Weiß am Zuge.

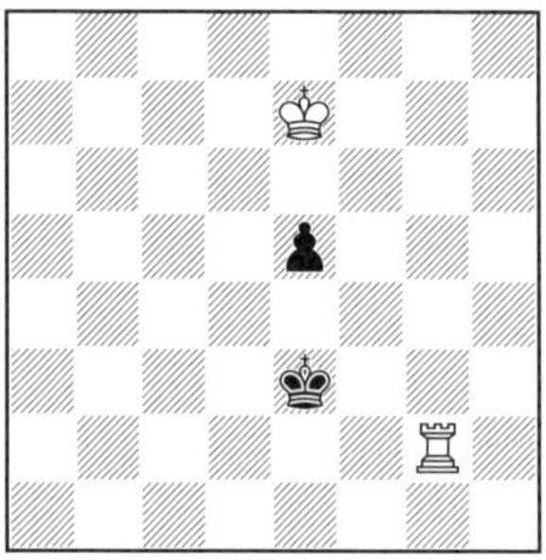

**Dia 1**

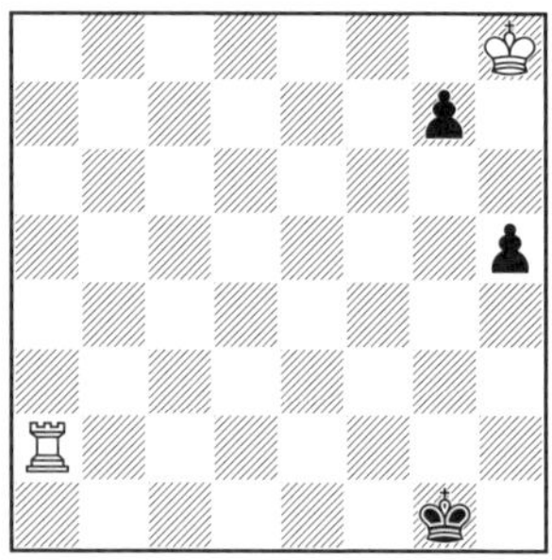

**Dia 3**

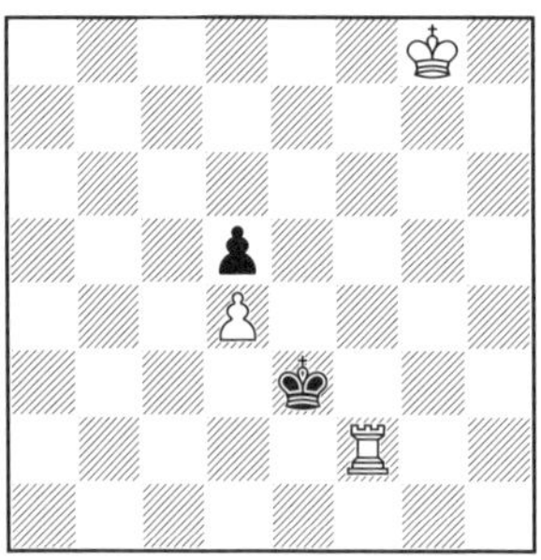

**Dia 2**

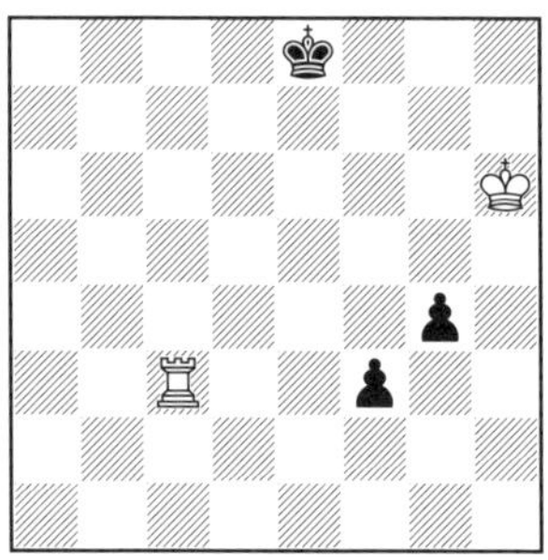

**Dia 4**

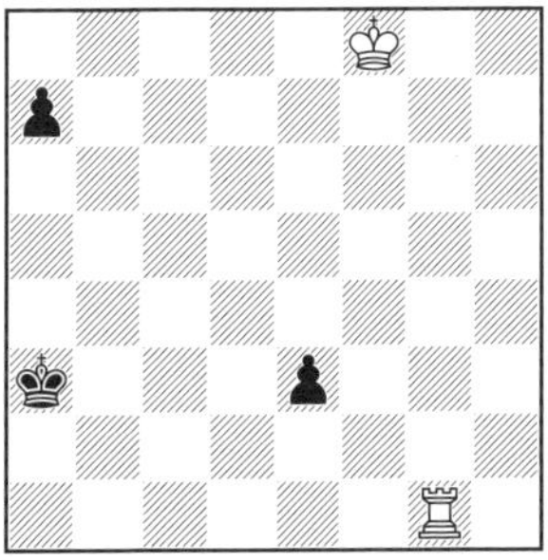

Dia 5

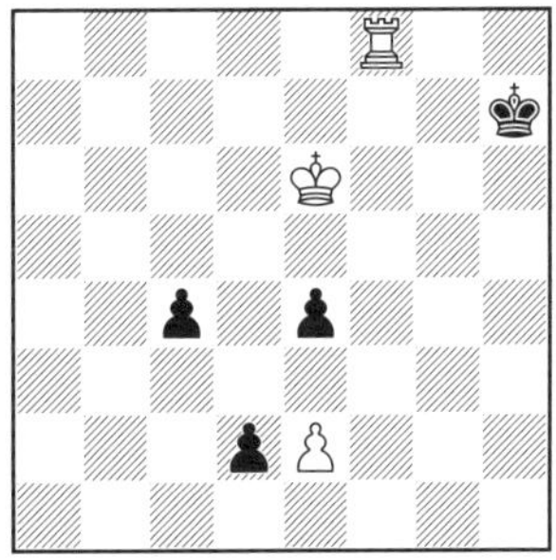

Dia 7

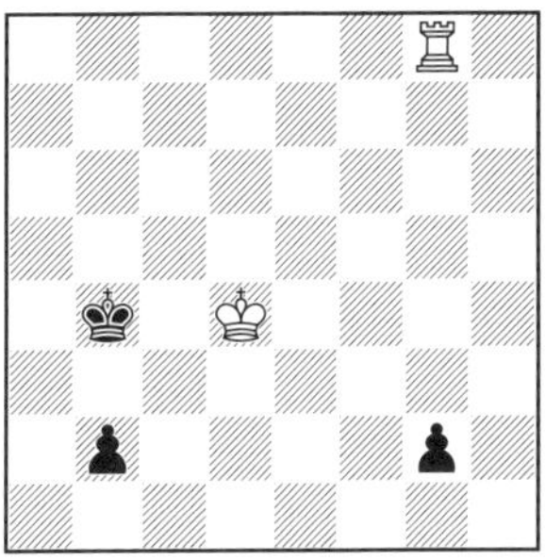

Dia 6

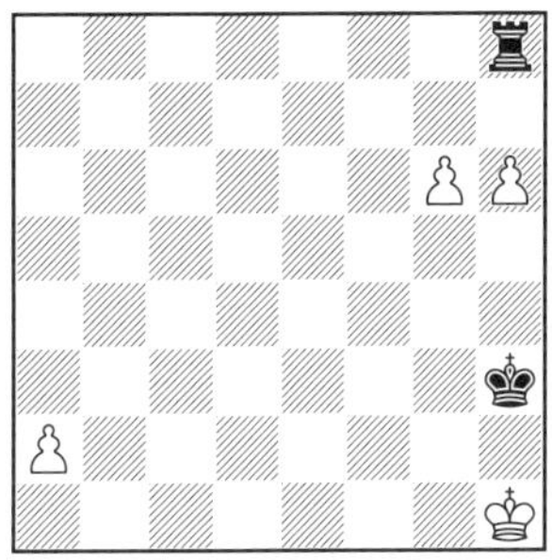

Dia 8

## Lösungen

### 1. J. Awerbach (1980)

**1. ♔e6! e4 2. ♖g5!!** Der einzige Gewinnzug. Sein Sinn besteht darin, dass der Turm mit Tempo hinter den Freibauern kommt, um dann, wenn die Stellung des feindlichen Königs geklärt ist, den eigenen König auf der entgegengesetzten (Umgehungs-)Seite zu postieren.

2. ... ♔d2/d3 3. ♖d5+! ♔c2 4. ♖e5! ♔d3 5. ♔f5!;

2. ... ♔f2/f3 3. ♖f5+! ♔g2 4. ♖e5! ♔f3 5. ♔d5!;

2. ... ♔e2 3. ♔e5 e3 4. ♔e4

Nur zum Remis führt das überhastete 1. ♖g5? wegen 1. ... ♔f4! 2. ♔f6 e4. Fehlerhaft ist auch 1. ♔d6? e4 2. ♖g5 ♔d3/d2! und 1. ♔f6? e4 2. ♖g5 ♔f3/f2, weil die Umgehung des Bauern nicht realisiert werden kann.

### 2. J. Kolesnikow (1989)

Naheliegend erscheint 1. ♔f7, aber nach 1. ... ♔:d4! kann Weiß nicht gewinnen: 2. ♔e6 ♔e3 3. ♖f5 d4 4. ♖e5+ ♔f2 5. ♖d5 ♔e3 (Weiß hat jetzt nicht den Zug 6. ♔d5!) oder 2. ♖f6 ♔e3 3. ♖e6+ ♔f3 4. ♖d6 ♔e4 5. ♔e6 d4 (6. ♔d6! geht nicht)

**1. ♖f8! ♔:d4 2. ♔f7 ♔e4 3. ♖e8+ ♔f3 4. ♖d8! ♔e4 5. ♔e6 d4 6. ♔d6! d3 7. ♔c5 ♔e3 8. ♔c4 d2 9. ♔c3**, und der weiße König ist rechtzeitig zur Stelle.

### 3. J. Moravec (1913)

Das geradlinige 1. ♔:g7? h4 2. ♔g6 h3 3. ♔g5 h2 4. ♔g4 h1♕ ergibt nur Remis, weil 5. ♔g3?? wegen 5. ... ♕h8 nicht geht. Der Bauer g7 muss auf dem Brett bleiben.

**1. ♔h7!! h4**

Der andere Versuch 1. ... g5!? 2. ♔g6 g4 gründet sich auf die Hoffnung 3. ♔:h5? g3 4. ♔g4 g2 5. ♔h3 ♔h1! und Remis. Um das Patt zu vermeiden, muss der Bauer h5 unbedingt am Leben bleiben: 3. ♔g5!!

**2. ♔g6 h3 3. ♔g5 h2 4. ♔g4 g5!?**

Nach 4. ... h1♕ 5. ♔g3 verliert Schwarz die Dame wieder.

**5. ♔g3 h1♘+ 6. ♔f3 g4+ 7. ♔:g4 ♘f2+ 8. ♔f3 ♘d3 9. ♔e3 ♘e5 10. ♖a4 ♔g2 11. ♖e4**, und wie die Theorie besagt, wird der Springer bald gefangen.

### 4. W. Bron (1929)

**1. ♖c8+! ♔e7!** (1. ... ♔d7 2. ♖f8; 1. ... ♔f7 2. ♖c4)

**2. ♖c7+ ♔e6 3. ♖c6+ ♔e5 4. ♖c5+ ♔e4!**

Wenn 4. ... ♔d4, so 5. ♖f5 ♔e3 6. ♔g5 g3 7. ♔g4 g2 8. ♖:f3+.

**5. ♖c4+ ♔e3**

Die Schachs sind zu Ende. Auf 6. ♖c3+ entscheidet 6. ... ♔d2.

**6. ♖:g4! f2 7. ♖g3+ ♔e4 8. ♖g4+ ♔e5 9. ♖g5+ ♔e6 10. ♖g6+ ♔e7 11. ♖g7+ ♔f8 12. ♖g5! f1♕ 13. ♖f5+ ♕:f5** – Patt.

### 5. W. Sokow (1940)

Das schablonenhafte 1. ♔e7? vergibt den Gewinn, weil der schwarze König nach 1. ... ♔b4! 2. ♖e1 (sonst geschieht 2. ... ♔c3) 2. ... a5 3. ♔d6 a4 seinen weißen Kollegen auf Distanz hält. Deshalb muss der Zug ♔b4! auf jeden Fall verhindert werden.

**1. ♖b1!! ♔a2 2. ♖e1! a5 3. ♔e7 ♔b3**

Hoffnungslos wäre 3. ... a4 4. ♔d6 a3 5. ♔c5 ♔b2 6. ♖e2+ (gut ist auch 6. ♔b4 a2 7. ♖e2+ ♔b1 8. ♔b3 oder 7. ... ♔c1 8. ♖:a2 ♔d1 9. ♔c3) 6. ... ♔b1 (6. ... ♔b3 7. ♖:e3+) 7. ♔b4 a2 8. ♔b3.

**4. ♔d6!**

Nicht jedoch 4. ♖:e3+? ♔b4 5. ♔d6 a4 6. ♖e4+ ♔b5! mit Remis (wieder wird der feindliche König abgedrängt).

**4. ... a4**

Auf 4. ... ♔b4 folgt 5. ♔d5 a4 6. ♔d4 a3 7. ♖b1+.

**5. ♔c5 a3 6. ♖:e3+ ♔a4** (6. ... ♔b2 7. ♔b4 a2 8. ♖e2+ ♔b1 9. ♔b3)

**7. ♔c4 a2 8. ♖e1 ♔a3 9. ♔c3**, und Weiß gewinnt.

### 6. E. Pekkover (1960)

Verlieren würde 1. ♖b8+? ♔a5 2. ♖g8 ♔a6 und auch 1. ♔e3? ♔c5 2. ♖c8+ ♔b6! 3. ♔f2 g1♕+ (oder 3. ... ♔b7).

**1. ♔d5!! ♔b3 2. ♖g3+ ♔a4 3. ♖g4+ ♔a5 4. ♖g8 ♔b5 5. ♖g7! ♔b6 6. ♖g6+ ♔c7 7. ♖g7+ ♔d8 8. ♔d6 ♔c8**

8. ... ♔e8 wird mit 9. ♖e7+ und 10. ♖e1 beantwortet.

**9. ♔c6 ♔b8 10. ♖g8+ ♔a7 11. ♖g7+ ♔a6 12. ♖g8 ♔a5 13. ♔c5,**

und der schwarze König entkommt nicht mehr.

### 7. W. Pachman (1960/61)

**1. ♖f1! c3 2. ♖h1+!!**

Es ist sehr wichtig, den Turm mit Tempo nach g1 zu bringen. Verlieren würde 2. ♔f7? ♔h6 3. ♔f6 ♔h5 4. ♔f5 ♔h4 5. ♔f4 ♔h3 6. ♔e3 ♔h2!, und Weiß gerät in Zugzwang: 7. ♖a1 ♔g2 oder 7. ♖d1 c2 8. ♔:d2 cd♕+ 9. ♔:d1 e3 (9. ...

♔g2) 10. ♔c2 ♔g2 11. ♔c3 ♔f1! 12. ♔d3 ♔f2.

**2. ... ♔g6**

2. ... ♔g7 3. ♖g1+ ♔f8 4. ♖f1+ ♔e8 5. ♖h1.

**3. ♖g1+ ♔h5 4. ♔f5 ♔h4 5. ♔f4 ♔h3 6. ♔e3 ♔h2 7. ♖f1!**

Die gleiche Zugzwangstellung ergibt sich jetzt, wenn Schwarz zieht.

**7. ... ♔g2 8. ♖a1! ♔g3 9. ♖g1+ ♔h2**

9. ... ♔h3 10. ♖h1+ ♔g2 11. ♖a1! oder 10. ... ♔g4 11. ♖g1+ ♔f5 12. ♖f1+ ♔e5 13. ♖d1.

**10. ♖f1!** usw.

## 8. W. Chortow (1982)

Welcher Bauer geht zuerst nach vorn? Diese Frage kann man nur nach gründlicher Variantenberechnung entscheiden.

**1. g7!! ♖b8 2. ♔g1 ♔g3 3. ♔f1 ♔f3 4. ♔e1 ♔e3 5. ♔d1 ♔d3 6. ♔c1 ♖c8+ 7. ♔b2 ♖b8+ 8. ♔a3** (8. ♔a1? ♔c2) **8. ... ♔c3 9. ♔a4 ♔c4 10. ♔a5 ♔c5 11. ♔a6 ♔c6 12. ♔a7 ♖g8! 13. a4 ♔d6 14. ♔b6!**

Wenn 14. ♔b7?, so 14. ... ♔e6 15. a5 (15. ♔b6 ♖b8+ 16. ♔c7 ♖g8, 15. ♔c6 ♖c8+) 15. ... ♔f6 16. a6 ♔g6 17. a7 ♔:h6.

Auch 14. a5? bringt nichts ein, wonach Weiß zwar noch die Hoffnung auf 14. ... ♔e6? 15. ♔b6 ♖b8+ 16. ♔c7! ♖g8 17. ♔c6! ♖c8+ (17. ... ♔f6? 18.h7) 18. ♔b7 ♖g8 19. a6 hegen kann. Schwarz erwidert aber 14. ... ♔c6! und hat nach 15. a6 ♖e8/d8 16. h7 ♖e7/d7+ ewiges Schach.

**14. ... ♖b8+ 15. ♔a6! ♔c6 16. ♔a7 ♖g8 17. a5 ♔d6** (17. ... ♔c7 18.h7) **18. ♔b7! ♔e6 19. a6 ♔f6 20. a7 ♔g6 21. a8♕**, und der schwarze König kommt einen Schritt zu spät. Stünden die Bauern auf g6 und h7, könnte er sie einen Zug eher attackieren.

Also wäre hier 1. h7? ♖b8 2. ♔g1 ♔g3 3. ♔f1 ♔f3 4. ♔e1 ♔e3 usw. ein gravierender Fehler, der den Gewinn vergibt.

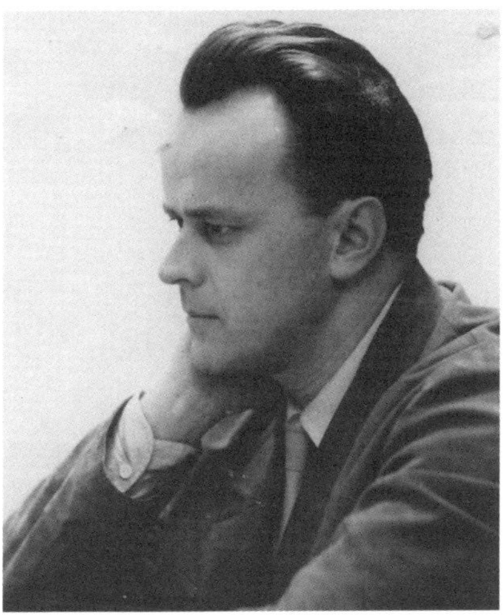

*Ludek Pachmann*

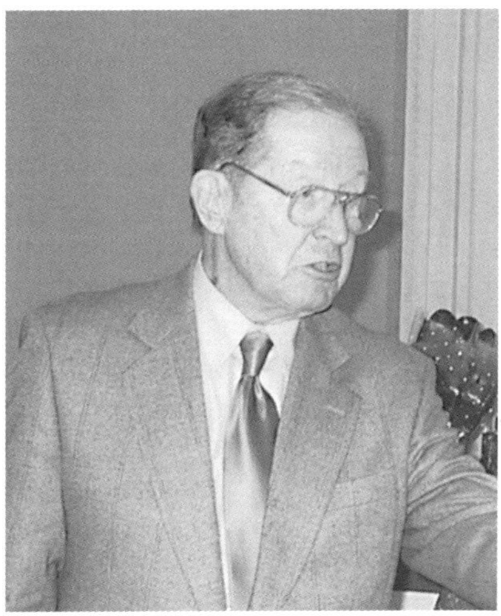

*Jury Awerbach*

# Theorie und Praxis des Turmendspiels

Mark Dworetski

Turmendspiele sind bekanntlich die schwierigsten und erfordern ein äußerst gründliches Studium. Warum?
Erstens kommen sie am häufigsten vor. Gut die Hälfte aller Partien wird im Turmendspiel entschieden. Zweitens existiert eine große Fülle von Theorie über Stellungen mit wenig Material (zum Beispiel Turm und Bauer gegen Turm), die auch in unseren Partien anzutreffen sind. Diesen Stoff muss man sich aneignen.
Bei anderen Endspielarten mit wenig Bauern ist die Situation entweder sehr einfach oder nicht so entscheidend. Dort sind genaue Kenntnisse weniger wichtig. Es genügt, die typischen Ideen und Methoden des Kampfes zu beherrschen. Im Turmendspiel jedoch kommt man ohne das Studium einer erheblichen Anzahl ganz bestimmter Stellungen nicht aus.

Richten wir unsere Aufmerksamkeit zunächst auf das Kapitel der Turmendspiele, wo Turm und Randbauer gegen einen Turm kämpfen. Wie stets beginnen wir die Analyse mit einfachsten Beispielen. Wir werden nicht sehr tief in die Theorie einsteigen, sondern nur die wichtigsten Stellungen und die mit ihnen verbundenen Ideen herauslösen.

## 1) Der König der stärkeren Seite steht vor dem Bauern

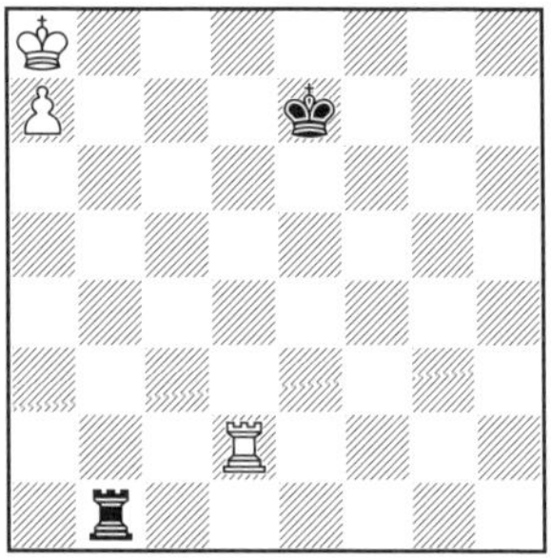

Das Remis ist unausweichlich. Die einzige Versuch, den König aus der Ecke zu befreien, besteht darin, den weißen Turm nach b8 zu bringen. Aber dann steht der schwarze König anstelle seines Turms Wache.

**1. ♖h2 ♔d7 2. ♖h8 ♔c7 3. ♖b8 ♖c1**

3. ... ♖h1 ist natürlich auch spielbar.

**4. ♖b2 ♖c3**, und Weiß kann seine Stellung nicht verstärken.

Wir rücken den schwarzen König sowie den weißen Turm um ein Feld weiter nach rechts.

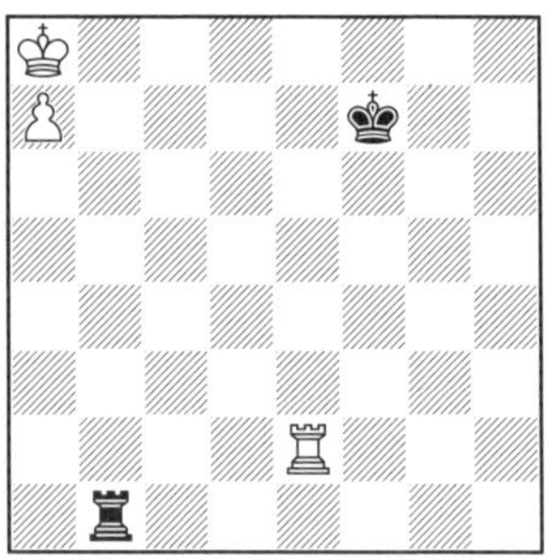

Jetzt gewinnt Weiß, weil der schwarze König nicht nach c7 kommt.

**1. ♖h2 ♔e7 2. ♖h8 ♔d6**

Wenn 2. ... ♔d7, so 3. ♖b8 ♖a1 4. ♔b7 ♖b1+ 5. ♔a6 ♖a1+ 6. ♔b6 ♖b1+ 7. ♔c5. Weil der schwarze König auf d6 steht, kann der weiße nicht über c5 entweichen und muss sich einen anderen Weg suchen.

**3. ♖b8 ♖a1 4. ♔b7 ♖b1+ 5. ♔c8 ♖c1+ 6. ♔d8 ♖h1 7. ♖b6+ ♔c5**

Hier ist der einzige pikante Moment. Nutzlos wäre jetzt 8. ♖e6? ♖a1 oder 8. ♖a6? ♖h8+ 9. ♔d7 ♖h7+ 10. ♔e8 ♖h8+ 11. ♔f7 ♖a8 mit Remis.

**8. ♖c6+! ♔b5**

8. ... ♔d5 9. ♖a6 ♖h8+ 10. ♔c7 ♖h7+ 11. ♔b6

**9. ♖c8 ♖h8+ 10. ♔c7 ♖h7+ 11. ♔b8 1-0**

## 2) Der Turm der stärkeren Seite steht vor dem Bauern

Bauer auf der 7. Reihe

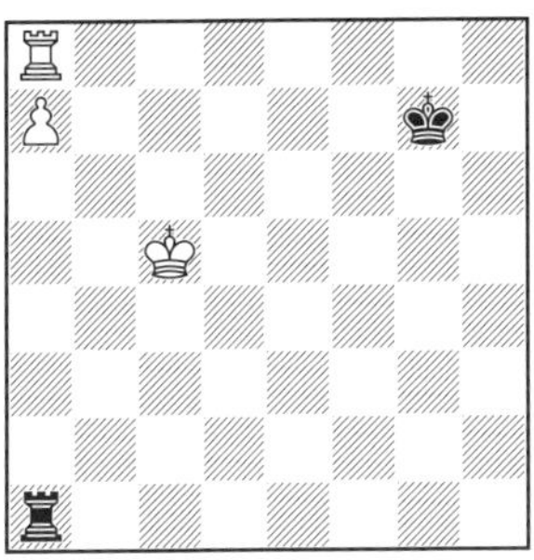

Der Standardplan für die Verteidigung ist folgender:

Der schwarze Turm operiert hinter dem feindlichen Bauern, und der König bleibt auf g7 oder h7. Der weiße Turm ist an den Bauern gebunden und kann das Feld a8 nicht verlassen.

Auf **1. ♔b6** folgt **1. ... ♖b1+**.

Der König hat kein Versteck vor den Schachs auf der Vertikalen. Nachdem der schwarze Turm ihn vertrieben hat, kehrt er nach a1 zurück.

Angemerkt sei hier, dass es auch noch etwas kompliziertere, dabei aber weniger sichere Verteidigungsmöglichkeiten gibt. Zum Beispiel wenn der schwarze König sich im „Schatten“ seines Kollegen verstecken will (sagen wir auf c3) oder im „Schatten“ seines eigenen Turms, wenn dieser auf der 7. Reihe steht. Wir erwähnen diese Ideen nur, werden sie aber nicht studieren. Manchmal reichen sie zum Remis, manchmal nicht.

Fügen wir einen weißen Bauern auf h5 hinzu. Es ändert sich nichts. Schwarz braucht ihm keine Aufmerksamkeit zu schenken. Remis wird das Spiel auch mit einem Bauern auf g5.

Steht jedoch ein Bauer auf f5, so gewinnt Weiß.

Nach **1. f6+ ♔f7** (1. ... ♔:f6 2. ♖f8+; 1. ... ♔h7 2. f7) **2. ♖h8**

verliert Schwarz den Turm.

Ich habe nicht ohne Grund so ausführlich auf verschiedene elementare Fälle verwiesen. Man muss sie sich sehr genau vorstellen, gut merken und beim Durchrechnen viel schwierigerer Endspiele anwenden.

**Chaunin – Fridman**
**Leningrad 1962**

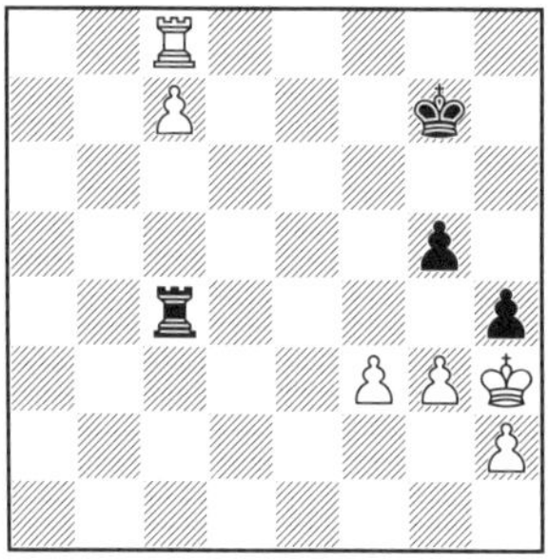

In der Partie folgte **1. ... hg 2. hg? g4+! 3. fg,**
und das Remis war perfekt, weil Weiß den Springerbauern behält (Einzel- oder Doppelbauer – das hat keine besondere Bedeutung).
Gewonnen hätte 2. ♔:g3! ♔h7 3. h4! gh+ 4. ♔h3 ♔g7 5. f4,
und der f-Bauer geht mit entscheidendem Effekt nach vorn.

## 3) Der Turm der stärkeren Seite steht vor dem Bauern

Bauer auf der 6. Reihe

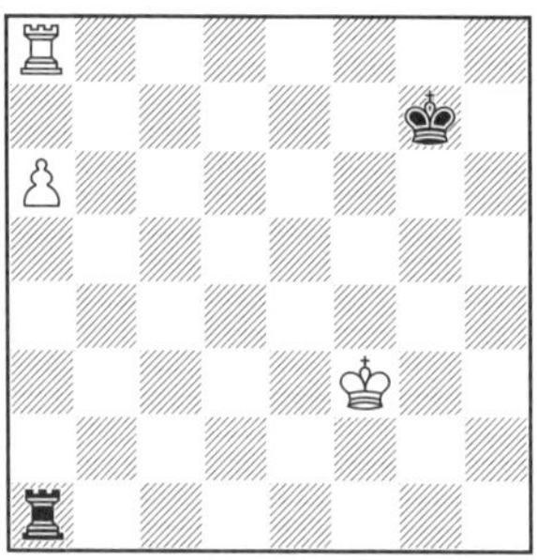

Der Hauptunterschied zwischen dieser Stellung und den vorherigen besteht darin, dass der weiße König jetzt ein Versteck vor den Schachs findet, und zwar auf a7. Er begibt sich dorthin, um den eigenen Turm von der Verteidigung des Bauern zu befreien.
Der schwarze König kommt jetzt nicht mehr rechtzeitig zum Damenflügel.
1. ... ♔f7? 2. ♔e4 (voreilig wäre 2. a7? ♔g7) 2. ... ♔e7 3. a7! ♔d7/f7 4. ♖h8.
Hoffnungslos ist auch 2. ... ♖a5 (anstelle von 2. ... ♔e7) 3. ♔d4 ♔g7 4. ♔c4 ♔f7 5. ♔b4 ♖a1 6. ♔b5 ♖b1+ 7. ♔c6 ♖a1 8. ♔b7 ♖b1+ 9. ♔a7 ♔e7 10. ♖b8 ♖c1 11. ♔b7 (nicht aber 11. ♖b6 ♔d7) 11. ... ♖b1+ 12. ♔a8 ♖a1 13. a7, und es entsteht eine uns schon bekannte Situation: der schwarze König kommt nicht nach c7.
In Verbindung mit dieser Analyse hielt S. Tarrasch die vorliegende Stellung für gewonnen. Später wurde jedoch ein Rettungsplan für Schwarz gefunden. Er gründet sich auf die Tatsache, dass der Bauer a6 dem König Schutz vor den Schachs auf der Vertikalen bietet, nicht aber auf der Horizontalen. Der Turm muss deshalb nach f6 gebracht werden.
**1. ... ♖f1+! 2. ♔e4 ♖f6!**
Es ist wichtig, den Bauern zu attackieren, um den Turm an das Feld a8 zu binden.
Was sollte Weiß jetzt tun? Auf a6-a7 folgt immer ♖a6 (der schwarze König geht verständlicherweise nicht von g7 und h7 weg).
Wenn Weiß seinen Bauern mit dem König schützt, folgt eine Serie von Schachs, und anschließend kehrt der Turm nach f6 zurück. Zum Beispiel
**3. ♔d5 ♖b6 4. ♔c5 ♖f6!** (der beste Käfig für den Turm) **5. ♔b5 ♖f5+!** usw. mit Remis.

Setzen wir in der Ausgangsstellung den weißen König nach f4.
Jetzt wäre 1. ... ♖f1+? 2. ♔e5 ♖f6 bereits schlecht wegen 3. ♖g8+! Einen besseren Plan der Verteidigung gibt es jedoch nicht, als den Turm auf die 6. Reihe zu bringen.
Deshalb spielen wir **1. ♖c1!** (oder 1. ... ♖b1!). Auf 2. ♔e5 folgt
2. ... ♖c6 mit dem uns schon bekannten Remis. Weiß muss die Gelegenheit nutzen, mit seinen Turm das Feld a8 frei zu machen:
**2. ♖b8 ♖a1 3. ♖b6** (schwächer wäre 3. ♖b7+ ♔f6 4. a7 ♔e6).
Stünde der weiße Turm auf a8, bliebe der schwarze König an den Königsflügel gefesselt. Jetzt aber kann er sich dem Bauern nähern. Das muss allerdings mit Vorsicht geschehen. Verlieren würde das übereilte
3. ... ♔f7? 4. ♔e5 ♔e7 5. ♖b7+ ♔d8 6. a7.
Richtig ist **3. ... ♖a5! 4. ♔e4 ♔f7! 5. ♔d4**
Auf 5. ♖h6 folgt 5. ... ♔g7!, nicht aber 5. ... ♔e7? 6. a7 ♔d7 7. ♖h8!.
**5. ... ♔e7 6. ♔c4 ♔d7 7. ♔b4 ♖a1**, und das Remis ist offensichtlich.
Die Könige liefen um die Wette zum Damenflügel. Wenn sich der weiße näher am Bauern befindet, kann der schwarze König zu spät kommen. Das heißt, man darf nicht mit der Überführung des Turmes auf die 6. Reihe zögern. Dieser Plan muss so schnell wie möglich ausgeführt werden.

Das von uns betrachtete Verteidigungssystem ist sehr wichtig. Zum Beispiel gilt es, eine Festung auf die gleiche Art aufzubauen, wenn der Gegner zwei Freibauern auf der a- und h-Linie besitzt.

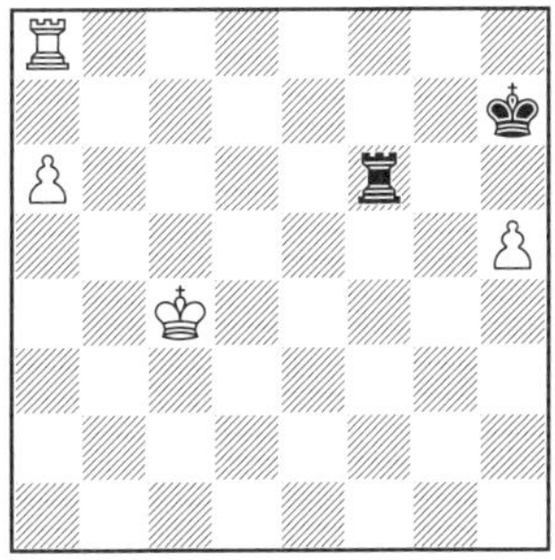

Der h-Bauer hilft Weiß überhaupt nichts – das Remis ist genauso elementar wie im vorigen Beispiel.
Auf **1. ♔b5** folgt **1. ... ♖f5+.**
Nachdem der Turm den König vertrieben hat, setzt er seine Herrschaft auf der 6. Reihe fort.
Steht der weiße Bauer auf a5, so würde der schwarze Turm auf der 5. Reihe operieren.

Betrachten wir nun eine Stellung mit dem a- und g-Bauern.

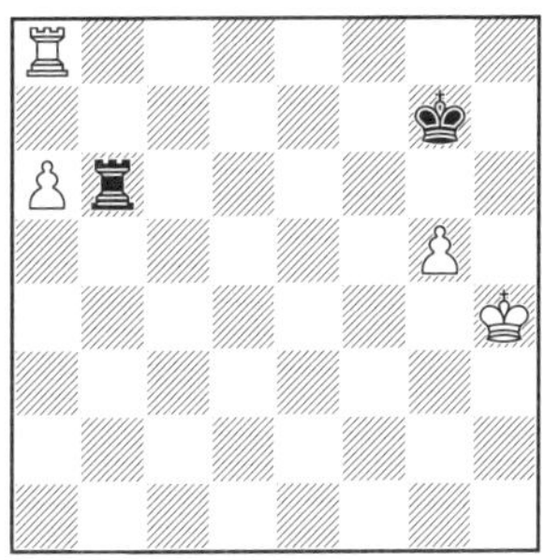

**1. ... ♔h7! 2. ♔h5** (mit der Drohung 3. ♖a7+ ♔g8 4. g6 und 5. ♔h6)
**2. ... ♖h6+! 3. ♔g4** (3.gh? – Patt!) **3. ... ♖b6**

Seltsamerweise wird diese Stellung in den Endspielbüchern nicht analysiert. Wir mussten sie selbst untersuchen. Weiß gewinnt. Der Hauptgrund dafür ist, dass der schwarze Turm nicht das wichtige Feld f6 hat und sich die 6. Reihe als zu kurz für ihn erweist.

**4. ♔f5** (erneuert die Drohung 5. ♖a7+)

**4. ... ♖b5+ 5. ♔f6 ♖b6+ 6. ♔e5** (nutzlos wäre 6. ♔f7 ♖b7+!)

**6. ... ♖c6**

Schwarz hat natürlich keine Zeit, den Bauern auf g5 zu erobern:

6. ... ♖b5+ 7. ♔d6 (7. ♔d4) 7. ... ♖:g5 8. ♖e8 ♖a5 9. ♖e7+ ♔g6 10. a7. Sofort verlieren würde auch 6. ... ♔g7 7. ♔f5! ♖b5+ 8. ♔g4 ♖b6 9. ♔h5 und 10. ♖a7+.

**7. ♔d5 ♖b6 8. ♔c5 ♖e6** (8. ... ♖g6 9. ♖a7+ ♔g8 10. ♔d4)

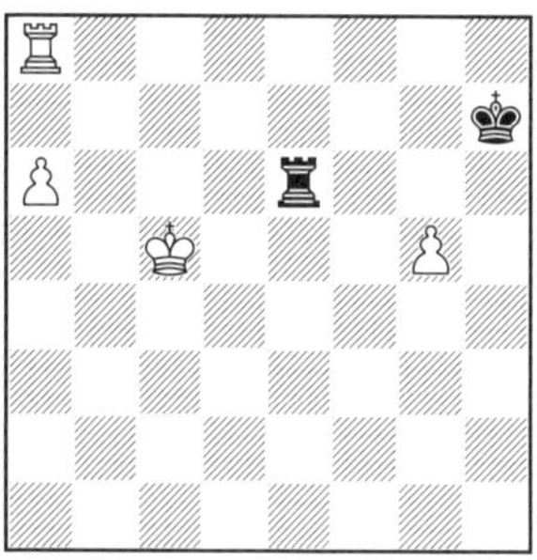

**9. ♖a7+! ♔g6**

Im Falle von 9. ... ♔g8 kehrt der weiße König zum Königsflügel zurück.

**10. ♔b5 ♖e5+ 11. ♔c6 ♖e6+ 12. ♔c5!**

Der entscheidende Zugzwang!

Anstelle von 9. ♖a7+ führt auch 9. ♔b5 ♖e5+ 10. ♔c6 ♖e6+ 11. ♔c5! (nicht aber 11. ♔c7?! ♖g6 12. a7? ♖g7+! mit Remis) zum Ziel. Schwarz ist hier ebenfalls in Zugzwang.

Die Variante 11. ... ♖e5+ 12. ♔d6 ♖:g5 13. ♖e8 kennen wir schon, und bei 11. ... ♔g7 würde dem Turm ein wichtiges Feld genommen, von dem aus er Schach geben konnte. Der weiße König geht jetzt tapfer vorwärts:

12. ♔b5 ♖e5+ 13. ♔c6 ♖e6+ 14. ♔c7 ♔h7 (die Antwort 14. ... ♖g6 hat Schwarz nicht mehr) 15. a7! ♖a6 (15. ... ♖e7+ 16. ♔d6) 16. ♔b7 mit Gewinn.

## Artur Jussupow

Der Schachpraktiker muss sich in typischen Stellungen des Turmendspiels sicher orientieren können. Sehen Sie, wie es mir gelang, die gerade betrachteten Ideen zu nutzen und ein schwieriges Endspiel gegen den 12. Weltmeister zu retten.

**Karpow – Jussupow**
**Linares 1991**

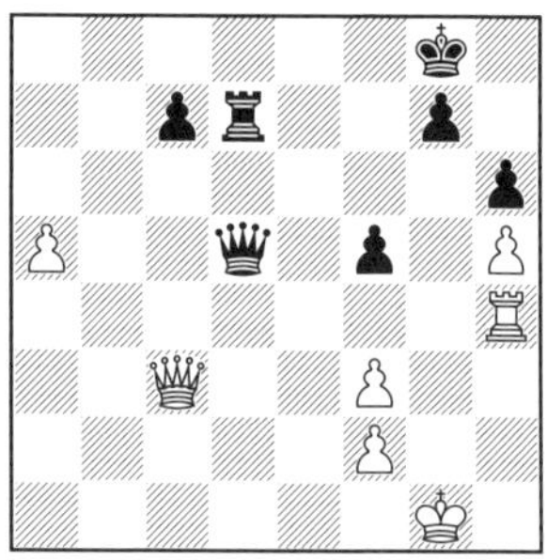

Karpow ist am Zuge. Welche Möglichkeiten hat er?

Schwarz muss ernsthaft mit ♕c3-c4 (sofort oder nach 41. a6) rechnen.

Aber nach dem Damentausch kann er auf d1 Schach geben und dann seinen Turm hinter den Freibauern stellen – eine sehr große Verteidigungsressource, die charakteristisch für Turmendspiele ist.

**41. a6 ♕a2**

Der Bauer soll gestoppt werden. In diesem Falle wird nicht der Turm hinter ihn gestellt, sondern die Dame. Ich dachte lange über die Möglichkeit nach, den Kampf im Mittelspiel fortzusetzen, fand jedoch keinen überzeugenden Weg und konnte den Damentausch deshalb nicht ablehnen.

**42. ♕c4+**

Karpow überlegte nur kurz an diesem Zug. Er rechnete mit dem Gegenangriff 42. ... ♖d1+ und 43. ♕b1.

**42. ... ♕:c4 43. ♖:c4 ♖d1+**

Natürlich geht der Turm hinter den Bauern. Das ist die wichtigste Methode. Ein Grundprinzip in diesen Endspielen lautet, dass der Turm aktiv sein muss.

**44. ♔g2 ♖a1 45. ♖c6**

Einen von hinten bedrohten Bauern schützt man zumeist von der Seite aus, um ihm nichts in den Weg zu stellen. Der Turm c6 ist sehr aktiv – er kontrolliert die gesamte 6. Reihe und greift den Bauern c7 an.

**45. ... ♔f8**

Früher oder später strebt der weiße König zum Damenflügel. Schwarz inszeniert seinen Gegenplan – er bringt den eigenen König dorthin, um den Bauern c7 zu aktivieren oder den Tausch einiger Bauern zu erreichen.

**46. f4** (wenn 46. ♔g3, so 46. ... ♖a4)

**46. ... ♖a3!**

Da jetzt jedes Tempo entscheidend sein kann, muss dem weißen König der Weg zum Damenflügel maximal erschwert werden.

**47. ♔f1 ♖a2 48. ♔e1 ♔e8 49. ♔d1 ♔d8!**

Ein genauer Zug. Naheliegend war 49. ... ♔d7, aber mich störte, dass dann nach 50. ♖g6 der Bauer g7 mit Schach fällt. Voreilig ist jetzt natürlich 49. ... ♖:f2? wegen 50. a7 ♖a2 51. ♖:c7, und mit seinem auf der 8. Reihe abgeschnittenen König verliert Schwarz sofort. Nun aber droht bereits das Schlagen auf f2.

**50. ♖g6 c5**

Fehlerhaft wäre 50. ... ♖:f2? 51. ♖:g7 ♖a2 52. ♖g6. Deshalb aktiviert Schwarz seinen Freibauern.

**51. ♔c1**

In solchen Situationen muss man, wenn der Remisweg gefunden ist, die Ereignisse forcieren. Hier war der geeignete Moment.

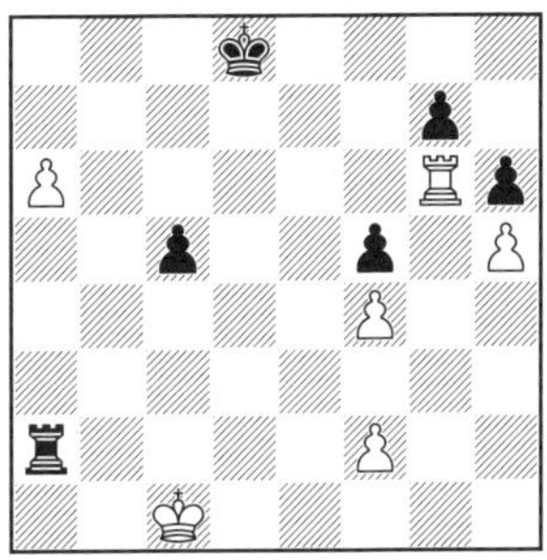

**51. ... ♔c7! 52. ♖:g7+ ♔b6 53. ♖g6+ ♔a7 54. ♖c6**

Karpow versucht, so viele schwarze Bauern wie möglich zu vernichten. Im Falle von 54. ♖:h6 ♖:f2 nebst 55. ... ♖:f4 ist das Remis offensichtlich.

**54. ... ♖:f2 55. ♖:c5 ♖:f4**

Es entsteht die bekannte Stellung mit dem a- und h-Bauern. Schwarz konnte auch 55. ... ♔:a6 ziehen. Aber schachtechnisch war es besser, ein Buchremis zu machen, da nur noch wenig Bedenkzeit blieb.

**56. ♖c6 ♖g4 57. ♔d2 ♖g5 58. ♖:h6 f4 59. ♔e2 f3+**

Schwarz braucht den Bauern überhaupt nicht mehr. Wenn Sie genau wissen, dass eine Stellung remis ist, dann bemühen Sie sich, störende Details nicht zu beachten.

**60. ♔:f3 ♖c5 61. ♖h8**

Hier brach ich die Partie für alle Fälle ab. Zu meiner Verwunderung spielte Karpow am nächsten Tag noch einige Züge.

**61. ... ♖g5 62. ♔e4 ♖c5 63. ♔f4 ♖c4+ 64. ♔e5 ♖c5+ 65. ♔e6 ♖g5 66. ♔f7 ♖c5!**

Die c-Linie ist in solchen Fällen der beste Platz für den Turm. Wenn jetzt 67. h6 ♖c6 68. h7, so muss der Turm hinter den Bauern, aber das sofortige 68. ... ♖h6 verliert wegen 69. ♔g7. Deshalb ist es angebracht, einige Schachs zu geben: 68. ... ♖c7+! 69. ♔f6(e6) ♖c6+ mit Remis.

Auf der d-Linie würde sich der Turm zu nahe am feindlichen König befinden, und Schwarz verlöre nach 68. ... ♖d7+ 69. ♔e6.

**67. ♖h7 ♔:a6**

Erst jetzt, nachdem der weiße Turm auf h7 steht, kann der Bauer a6 geschlagen werden. Befindet sich der Turm jedoch auf h8, muss man dem Bauern keine Beachtung schenken.

**68. h6 ♖c7+** Remis.

## Mark Dworetski

Die von uns dargelegten Ideen sind sehr elementar. Dennoch wissen bei weitem nicht alle Schachspieler etwas von ihnen. Selbst Großmeister „schwimmen" mitunter in Standard-Endspielen. Hier ist ein tragikomisches Beispiel.

**Szabó – Tukmakow**
**Buenos Aires 1970**

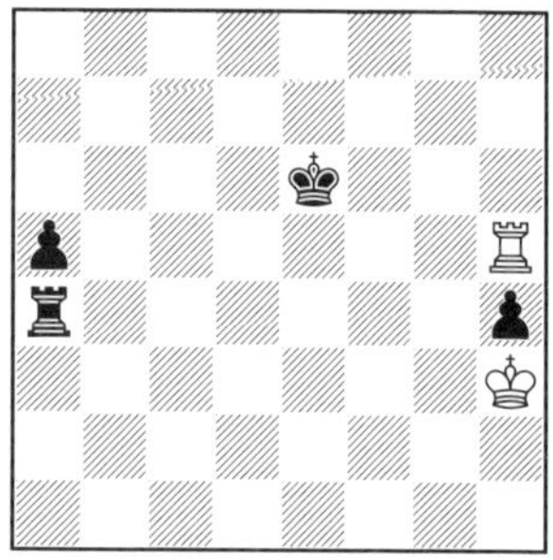

Für Weiß genügt es, einfach zu warten. Er hat den Bauern a5 im Visier, um den schwarzen Turm an die a-Linie zu binden. Zum Beispiel 66. ♖b5 ♔d6 67. ♖f5 ♖a1 68. ♔h2! a4 69. ♖f4! a3 70. ♖f3! ♔c5 (70. ... a2 71. ♖a3) 71. ♖b3 ♔c4 72. ♖f3 ♔b4 73. ♖f4+! usw.

Wenn du einen Verteidigungsplan kennst, geschehen die Züge von allein – hier gibt es nichts Hinterhältiges.

Der überaus erfahrene Großmeister L. Szabó hatte jedoch keine Ahnung von diesem Endspieltyp und verlor die glatte Remisstellung. Offensichtlich kannte auch Tukmakow sie nicht, der das Partiefinale so kommentiert: „Die Theorie sieht dieses Endspiel als unentschieden an, aber mir gelang es, sehr überzeugend zu gewinnen."

**66. ♔g2?! ♔d6 67. ♔f2?! ♖a2+ 68. ♔e1?**

68. ♔g1! würde noch zum Remis führen.

**68. ... ♖a1+ 69. ♔e2** (69. ♔d2 ♖h1! 70. ♖:a5 h3 71. ♖h5 h2 und 72. ... ♖a1)

**69. ... a4 70. ♖h6+**

Auf 70. ♖:h4 geschieht 70. ... a3 71. ♖a4 a2.

**70. ... ♔e5 71. ♖h5+ ♔f6 72. ♔f2 a3 73. ♔g2 ♖c1 74. ♖a5 ♖c3**

Weiß gab auf.

Noch einen analogen Fall entdeckte ich in der Zeitschrift „New in Chess" in einem Artikel von A. Miles über die USA-Meisterschaft 1989. Er untersucht dort den Schluss der Partie des Landesmeisters S. Rachels gegen Großmeister D. Gurewitsch. Aber keiner von ihnen, der Kommentator inbegriffen, kannte die Gesetzmäßigkeiten des vorliegenden Endspiels.

**Rachels – D. Gurewitsch**
**Long Beach 1989**

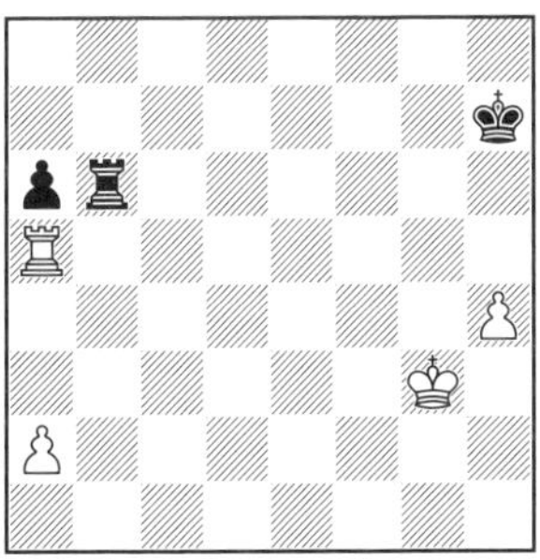

Miles schreibt: „Das Endspiel ist natürlich remis, aber die Verteidigung keineswegs einfach." Nein! Sie ist äußerst simpel, wenn Schwarz sich nicht an seinen Bauern a6 klammert und sogleich zu der uns gut bekannten Verteidigung übergeht: 48. ... ♖b2!? 49. ♖:a6 ♖c2 usw.

Der Bauer muss nicht zwingend hergegeben werden, aber vom praktischen Standpunkt aus ist dies der beste Weg. Weiter brauchen Sie nicht zu überlegen – Sie handeln strikt nach Theorie. Denken Sie daran, dass Jussupow in der Partie gegen Karpow genauso vorging.

Anderenfalls müssten Sie eine zwar unentschiedene, aber Ihnen nicht bekannte Stellung selbständig zu Ende spielen und könnten noch fehlgreifen.

**48. ... ♔g6 49. h5+ ♔f7**

Eine augenfällige Demonstration von Theorie-Unkenntnis. Gurewitsch zieht seinen König wie Szabó im vorigen Beispiel auf einmal zum anderen Flügel.

**50. ♔f4 ♖c6 51. ♔e5 ♔e7 52. ♔d5 ♖h6 53. ♔c4 ♖h8 54. ♖e5+ ♔f6 55. ♖c5 ♔e7 56. ♔b4 ♖h6 57. ♔a5 ♔d6 58. ♖g5 ♔c7 59. a4 ♔d7 60. ♖g7+ ♔c8 61. ♖g5**

An dieser Stelle wurde die Partie vertagt. Bei der häuslichen Analyse ist es wichtig, ins Handbuch zu sehen und sich mit der Theorie jener Endspiele vertraut zu machen, die vorliegen. In diesem Falle also Turm gegen Turm und zwei Freibauern auf der a- und h-Linie. Aber Gurewitsch tat dies nicht.

**61. ... ♔d7 62. ♖c5 ♔d8 63. ♖d5+ ♔e7**

Schwarz ändert seinen Verteidigungsplan und geht mit dem König zum Königsflügel zurück. Wahrscheinlich irritierte ihn 63. ... ♔c7 wegen
64. ♔b4, wonach Weiß damit droht, den h-Bauern mit dem eigenen König zu schützen.

**64. ♔b4 ♔e6 65. ♔c5 ♔e7 66. ♖g5**

**♔f7 67. ♔d5 ♔f8 68. ♖e5 ♔f7 69. ♔e4 ♖c6 70. ♔f5 ♖c4 71. ♖a5** (71. a5!?)

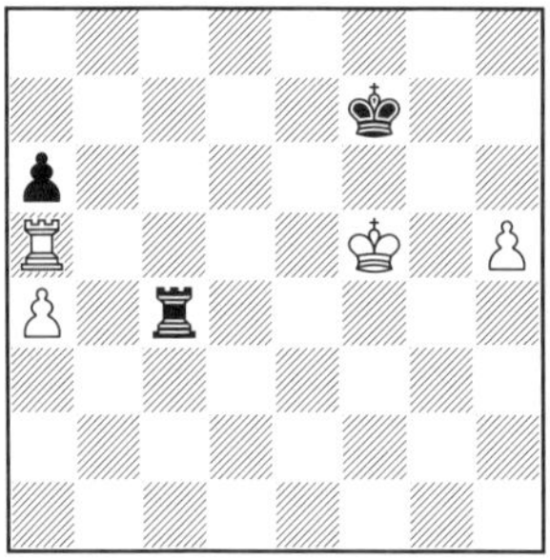

**71. ... ♖c6**
Mit 71. ... ♔g7! wäre das Remis forciert worden. Im Prinzip hat Schwarz nur folgenden Plan zu beachten: Der weiße Bauer steht auf a5, der Turm deckt alles auf der 5. Reihe, und der König geht nach b7.
**72. ♔g5 ♔g7 73. ♖d5 ♖c4 74. a5 ♖c6 75. ♖d7+ ♔g8 76. ♖a7?! ♖d6?**
Jetzt musste Schwarz unbedingt die bequeme Möglichkeit nutzen und 76. ... ♖c5+ 77. ♔f6 ♖c6+ ziehen (nicht 77. ... ♖:h5? oder 77. ... ♖:a5? wegen 78. ♔g6), z. B. 78. ♔e7 ♖c5 (oder – laut Miles' Empfehlung 78. ... ♖g6) 79. ♖:a6 ♔h7.
**77. ♔f5 ♖d5+ 78. ♔f6 ♖d6+ 79. ♔e5 ♖c6**
Stärker ist 79. ... ♖h6! 80. ♔f5 ♔f8! (nicht aber 80. ... ♖c6 81. ♖e7 ♔f8 82. ♖e6 ♖c5+ 83. ♔g6 ♖:a5 84. h6 ♖a1 85. ♖f6+!) 81. ♔g5 ♖c6.
**80. ♖d7**

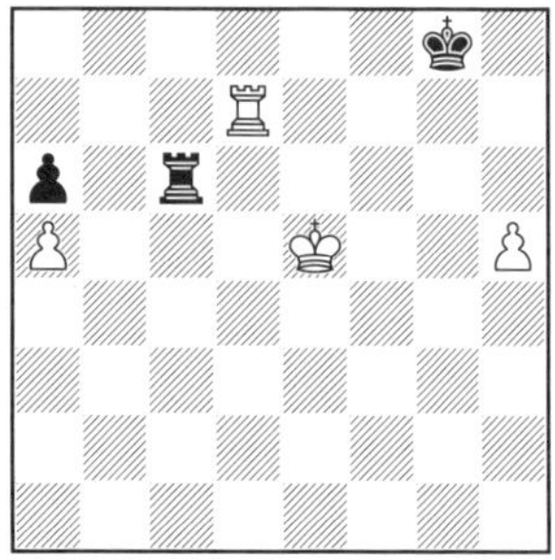

Miles macht hier die seltsame Anmerkung „Wenn 80. ... ♔f8, so folgt 81. Td6 ♖c5+ 82. ♔f6 ♔g8 (82. ... ♔e8 83. h6) 83. ♖:a6."
Falsch! 83. ♖:a6?? ♔h7! führt zum schnellen Remis, dafür gewinnt 83. ♔g6!
Verlockend sieht 80. ... ♔h8 aus, in der Hoffnung auf 81. ♖d6 ♖c5+ 82. ♖d5 (82. ♔f6 ♔h7!) 82. ... ♖c6 83. ♔f5 ♔g7 84. ♖e5 (mit der Drohung 85. ♖e7+ und 86. ♖e6) 84. ... ♔f7!. Aber Weiß hat etwas Besseres.
Der feine Zug 81. ♖e7 verheißt ihm Erfolg. Nach 81. ... ♔g8 82. ♔f5! ♖c5+ (82. ... ♔f8 oder 82. ... ♖h6 – 83. ♖e6! und 84. ♔g6) 83. ♖e5! (nicht jedoch 83. ♔f6? ♖:h5 84. ♔g6 ♔f8!) gewinnt der Anziehende. Diese Stellung ergab sich später in der Partie.
**80. ... ♖h6! 81. ♔f5** (der Abgabezug)
Hier wurde das Spiel erneut vertagt. Wie es scheint, ist die Partie mit 81. ... ♔f8! (verhindert 82. ♖e7) 82. ♔g5 ♖c6 noch zu halten. Aber auch diesmal erwies sich die Analyse von Schwarz als nicht stichhaltig.
**81. ♖c6? 82. ♖e7! ♖c5+ 83. ♖e5 ♖c1**
Im Falle von 83. ... ♖c6 84. ♖e6 ♖c1 hat Weiß die angenehme Wahl zwischen 85. ♔g6 und 85. ♖:a6 ♔f7 (leider geht 85. ... ♔h7 wegen 86. ♖e6

nicht) 86. ♖a7+ ♔f8 87. ♖a8+ ♔f7 88. a6 ♖c5+ 89. ♔e4 ♖c6 90. a7 ♖a6 91. ♖h8. Der seitliche Angriff auf den Randbauern bringt nur etwas, wenn der König auf g7 oder h7 steht.

**84. ♔e6!**

Der König geht zum eigenen Bauern. Er will nach b7. Es gibt keine Rettung mehr für Schwarz.

**84. ... ♔g7 85. ♔d6 ♔h7 86. ♖c5 ♖b1 87. ♔c6 ♔h6 88. ♖d5 ♖b2 89. ♖d7 ♖b5 90. ♖d6+ ♔h7 91. ♖d5 ♖b1 92. ♖d7+ ♔h6 93. ♖b7 ♖a1 94. ♔b6 ♔:h5 95. ♔:a6 ♔g6 96. ♖b5 ♔f7 97. ♔b7 ♖e1 98. a6 ♖e7+ 99. ♔b6 ♖e6+ 100. ♔a5** Schwarz gab auf.

In den beiden letzten Beispielen erwecken die Züge und auch die Kommentare der Großmeister einen kuriosen Eindruck, und zwar aus einem ganz einfachen Grund: Die Beteiligten waren nicht in genügendem Maße mit den Grundlagen der Theorie von Turmendspielen vertraut.

Im nächsten Abschnitt werden wir Stellungen analysieren, die eng mit dem bereits studierten Endspieltyp verbunden sind. Es handelt sich um Beispiele, in denen jede Seite zwei bis drei Bauern am Königsflügel hat, und einer der beiden Partner einen Freibauern am Damenflügel besitzt (am häufigsten ist das der Randbauer). Eine solche Situation ist sehr oft in der Praxis anzutreffen. Vorher zeige ich noch ein Beispiel, wo die im Duell Karpow – Jussupow angewendete Methode zu sehen ist (die im Endspiel zwischen Rachels und Gurewitsch nicht erkannt wurde): Schwarz opfert einen Bauern, um eine theoretische Remisstellung zu erreichen.

**Bakulin – Dworetski**
**Moskau 1974**

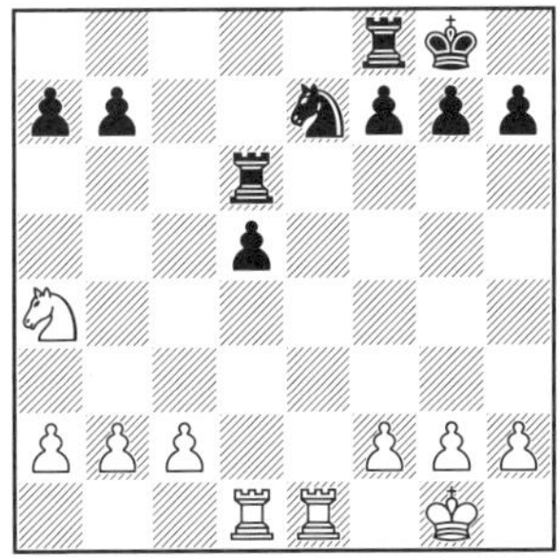

In der Erkenntnis, dass auf 18. ... ♖e6 das unangenehme 19. ♘c5 geschehen kann, wollte ich 18. ... ♘c6 spielen. Aber mein Gefühl für Gefahren meldete sich, und ich begann an der Stellung zu zweifeln, die nach 19. c4 d4 20. ♘c5 b6 21. ♘d3 entsteht. Weiß behält die Bauernmehrheit am Damenflügel, blockiert zuverlässig den schwarzen Isolani auf d4 und beherrscht die e-Linie. Sein Vorteil ist vielleicht nur gering, aber dafür dauerhaft. Als ich später das Endspiel dem profunden Kenner der Französischen Verteidigung R. Waganjan zeigte, schätzte er die Lage von Schwarz als ungünstig ein.

Für solche Fälle empfiehlt sich keine passive Verteidigung. Man muss einen Weg suchen, der den Charakter des Kampfes verändert und die Ereignisse forciert. Dies geschieht mit der Absicht, die Situation zu klären oder das Spiel maximal zu verwickeln.

Nachdem ich zum Zug **18. ... ♖e6** zurückgekehrt war, dachte ich über die Folge **19. ♘c5 ♖:e1+ 20. ♖:e1** nach. Überhaupt nicht gut sieht 20. ... ♘g6 21. ♘:b7 ♖b8 22. ♘c5 ♖:b2
23. ♖e8+ ♘f8 aus, da die Fesselung des Springers sehr gefährlich ist.

Es könnte zum Beispiel 24. g3 f6 25. ♘d7 ♔f7 2. ♖:f8+ ♔e7 27. ♖b8 geschehen.

Sofort in den Sinn kam mir eine andere interessante Idee:

**20. ... ♖c8! 21. ♖:e7 ♔f8**

Einen kombinatorischen Blick sollte man sich auch bei der Behandlung „langweiliger" Endspiele bewahren. Die weiteren Ereignisse entwickeln sich jetzt forciert.

**22. ♖:b7**

Nach 22. ♖e2 ♖:c5 steht die Partie etwa gleich.

**22. ... ♖:c5 23. c3 d4 24. ♔f1** (24. ♖b3?? d3 25. ♔f1 ♖e5!) **24. ... dc 25. bc ♖:c3 26. ♖:a7 ♖c2**

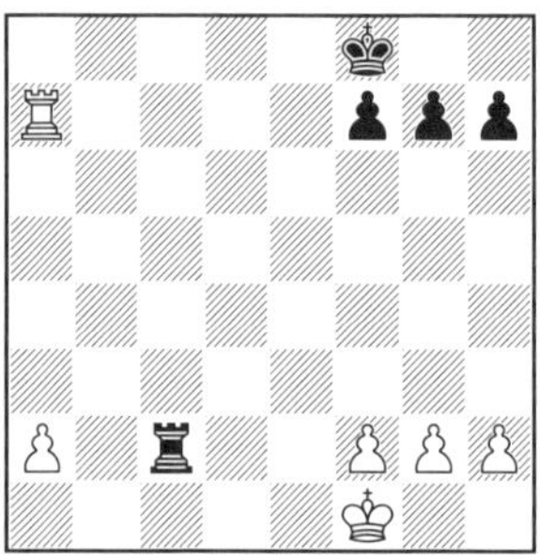

Ich wusste sicher, dass die Stellung remis wird, da sie sehr einfach ist. Deshalb ließ ich mich vorher ohne Bedenken auf die Abtauschkombination ein. Es versteht sich, dass ich als Schwarzer den Bauern nicht so einfach hergegeben hätte, wenn mir der Endspieltyp unbekannt gewesen wäre.

Wer weiß, wie der Kampf nach 18. ... ♘c6 geendet hätte. So aber machte ich leicht Remis.

**27. g3 g6 28. ♔g2 ♔g7 29. ♔f3 h5 30. h4 ♔f6 31. ♔e3 ♖c3+ 32. ♔e4 ♖c2 33. f3 ♖e2+ 34. ♔f4 ♖b2 35. ♖a6+ ♔g7 36. ♖a3 ♔f6 37. ♖a6+ ♔g7 38. ♖a4 ♔f6** (38. ... ♖f2!) **39. g4 hg 40. fg ♖f2+ 41. ♔g3 ♖c2 42. ♖f4+**

Ungefährlich für Schwarz ist auch 42. g5+ ♔e5.

**42. ... ♔e6 43. a4** (43. ♖f2 ♖c3+ 44. ♔f4 f6) **43. ... f5 44. gf+ gf 45. ♖f2 ♖c4 46. ♖a2 ♖c3+ 47. ♔f4 ♖c4+ 48. ♔g3** (48. ♔g5 ♖g4+ 49. ♔h5 ♔f6 50. a5?? ♖g8) **48. ... ♖c3+ 49. ♔g2 ♖c4 50. h5 ♖h4** Remis.

## Artur Jussupow

Ich möchte Ihnen jetzt weitere lehrreiche Fälle aus meiner Turnierpraxis zeigen. In diesen Partien kamen keine theoretischen, sondern rein praktische Turmendspiele vor. Das erste Beispiel hat eigentlich wenig Ähnlichkeit mit einem Endspiel.

**Ljubojevic – Jussupow**
**Linares 1991**

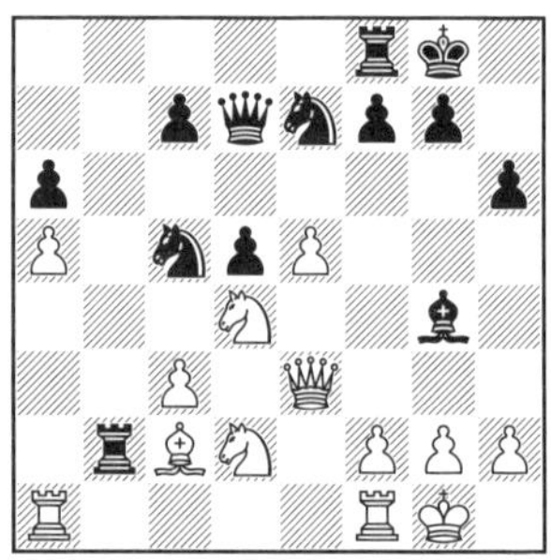

**20. ... ♗f5!**

Schwarz inszeniert eine taktische Abtauschoperation, die mit einem Bauernopfer verbunden ist. Über diese Methode haben wir schon öfter gesprochen. Hier wird der Bauer gegeben, um die eigenen Streitkräfte zu aktivieren.

**21. ♗:f5 ♘:f5 22. ♘:f5 ♕:f5 23. ♕:c5 ♖:d2 24. ♕:c7 ♖c8 25. ♕d6 ♖:c3 26. ♕:a6 ♖cc2**

Natürlich ist der Freibauer auf a5 sehr gefährlich, aber Schwarz hat richtig kalkuliert, dass der Druck seiner Türme auf der 2. Reihe ihm das Gleichgewicht bewahrt.

**27. ♕b6**

Wenn 27. ♕a7, so 27. ... d4 28. ♕a8+ ♔h7 29. a6 (nach 29. ♕f3 ♕:f3 30. gf ♖a2 ergibt sich etwa die Stellung wie in der Partie) 29. ... ♖:f2 30. a7 ♖:g2+ 31. ♕:g2 ♖:g2+ 32. ♔:g2 ♕g4+ mit ewigem Schach.

**27. ... d4 28. ♕d8+ ♔h7 29. ♕h4 g5 30. ♕h3**

Bedeutend schwächer ist 30. ♕g3 ♖d3 31. f3 ♖dd2 mit gefährlichen Drohungen (zum Beispiel 32. ... ♕f4).

**30. ... ♕:h3 31. gh**

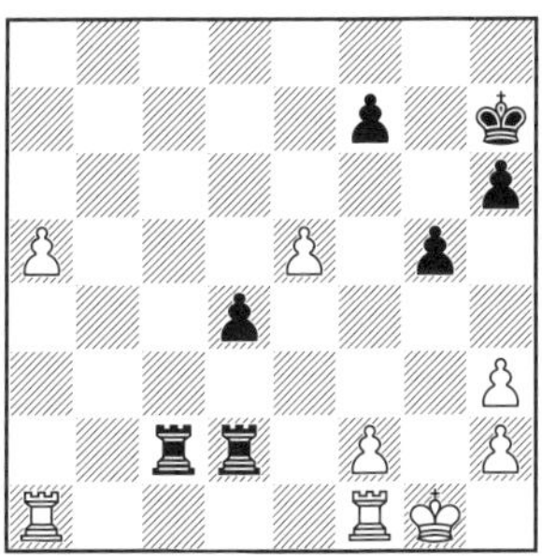

Es sieht so aus, als sei es schlecht um Schwarz bestellt, weil hinter dem Freibauern auf der a-Linie ein weißer Turm steht. Aber mit einer taktischen Finesse gelingt es mir, diesen Bauern dennoch von hinten zu halten.

**31. ... ♖a2 32. a6 ♖:f2! 33. ♖:a2** (erzwungen) **33. ... ♖:a2 34. ♖:f7+ ♔g8 35. ♖d7** (35. ♖f6 d3) **35. ... ♖:a6 36. ♖:d4 ♔f7 37. h4** Remis.

Im nächsten Beispiel geht es ebenfalls um die Beweglichkeit des Turms. Lautet doch eines der Hauptprinzipien in diesen Endspielen, dass der Turm aktiv sein muss.

**Jussupow – Barbero**
**Mendoza 1985**

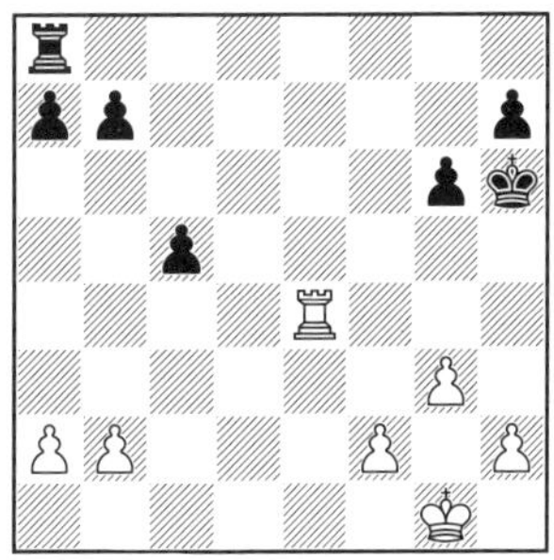

Weiß hat nur leichten Vorteil. Er gründet sich auf seinen aktiven Turm und die etwas ungewöhnliche Lage des schwarzen Königs auf h6.

Was soll Schwarz tun? Am natürlichsten sieht der Versuch aus, den Turm ins Spiel zu bringen: 28. ... ♖d8 29. ♖e7 b5 30. ♖:a7 ♖d2 31. b3 c4 32. bc bc. Stünde der König nicht auf h6, müsste Weiß wegen des zwangsläufigen Abtauschs der Bauern am Damenflügel sofort ins Remis einwilligen. Aber er kann hier noch auf Gewinn spielen: 33. h4! c3 34. ♔g2 c2 35. ♖c7 c1♕ (Einfacher ist offensichtlich 35. ... g5, wonach sich eine theoretisches Remis-Endspiel mit dem h-Bauern gegen f- und g-Bauern ergibt.) 36. ♖:c1 ♖:a2 37. ♖c7 mit der Drohung 38. g4.

G. Barbero unternahm eine Operation, die ebenfalls Aufmerksamkeit verdient.

**28. ... ♖g8 29. ♔f1 ♖g7 30. ♔e2 ♖d7 31. h4**

Zu beachten ist das sofortige 31. ♖e5.
**31. ... ♔g7 32. ♖e5! b6 33. ♖e6 ♔f7?!**
Nötig war es, dem weißen Turm das wichtige Feld c6 zu nehmen. Nach 33. ... ♖c7! 34. ♖d6 ♔f7 35. h5 ♔e7 sind die Chancen ungefähr gleich.
**34. ♖c6**
Der weiße Turm steht jetzt sehr günstig. Er schneidet dem feindlichen König die sechste Reihe ab und verhindert den Vormarsch der schwarzen Bauern am Damenflügel.
**34. ... ♔e7?!**
Besser sind aktive Handlungen wie 34. ... ♖e7+ 35. ♔d3 ♖d7+ 36. ♔c3 ♖e7 mit der Absicht ♖e2, um Weiß davon abzulenken, am Königsflügel anzugreifen.
**35. h5! ♔f7?**
Schwarz spielt wiederum zu passiv. Er musste unbedingt 35. ... gh!
36. ♖h6 ♔d8 versuchen. Er konnte sodann seinen König nach c7 stellen und mit den b- und c-Bauern vorgehen.
**36. hg+ hg 37. f4**
Jetzt besitzt Weiß schon ernsthaftes Übergewicht. Der schwarze König ist an den Bauern g6 gebunden, und der Turm muss die 7. Reihe verteidigen. Seine Aktivierung führt zum Bauernverlust. Bei einer so passiven Verteidigung kann Weiß seine Stellung ungehindert verstärken.
**37. ... ♔g7 38. ♔e3 ♔f7 39. b3 ♔g7 40. ♔e4 ♔f7 41. ♔f3** (gut ist auch 41. ♔e5) **41. ... ♖e7 42. ♔g4 ♖d7 43. ♔h4**
Es droht 44. g4, 45. ♔g5, und auf Turmschach auf der 5. Reihe folgt f4-f5 oder ♔h6.
**43. ... ♖d2**
Schwarz entschließt sich zu aktivem Vorgehen. Besser wäre das bereits einige Züge eher gewesen.
**44. ♖c7+ ♔f6 45. ♖:a7 b5?** (hartnäckiger ist 45. ... ♔f5)
**46. ♖c7?!**
Nach 46. ♖a5! ♔f5 47. ♔h3 geht der zweite Bauer verloren.
**46. ... c4 47. ♖c6+! ♔f5?**
Hartnäckiger geschah 47. ... ♔f7, aber auch dann gab es keine Rettung mehr: 48. bc bc 49. a4! ♖d4 50. ♔g5 ♖d5+ 51. ♔g4 ♖d4 52. ♖c5! ♔f6 (52. ... c3 53. a5 ♖a4 54. ♔g5) 53. a5, und Schwarz kommt in Zugzwang (53. ... ♖e4 54. ♖c6+ ♔f7 55. ♔g5).
**48. ♖c5+ ♔e6 49. ♖:b5 c3 50. ♖c5 c2 51. b4 g5+ 52. fg ♖d4+ 53. ♔h5 ♖:b4 54. ♖:c2** Schwarz gab auf.
Am Anfang stand das Endspiel fast gleich. Wie erklären sich die Ursachen der Niederlage von Schwarz?
Erstens verteidigte er sich sehr passiv und aktivierte seinen Turm zu spät. Und zweitens brachte ihm die vorzügliche Postierung des weißen Turms eine Menge Probleme. Haben Sie den Zwischenzug 32. ♖e5! beachtet, der dem Turm das ideale Feld c6 bescherte? Von dort aus konnte er buchstäblich alle Figuren und Bauern des Gegners fesseln.

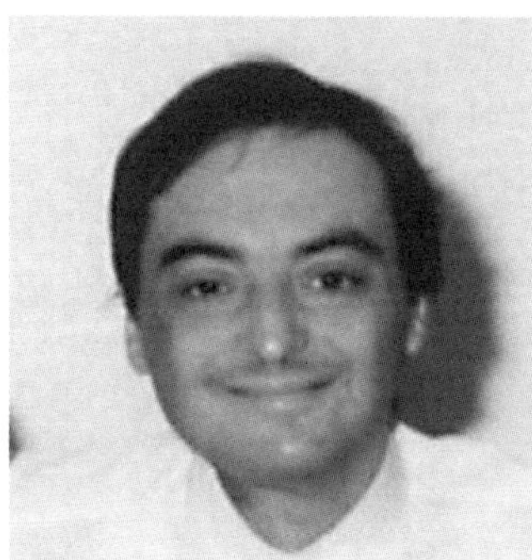

*Gerardo Barbero*

**Jussupow – Zeschkowski
Moskau 1981**

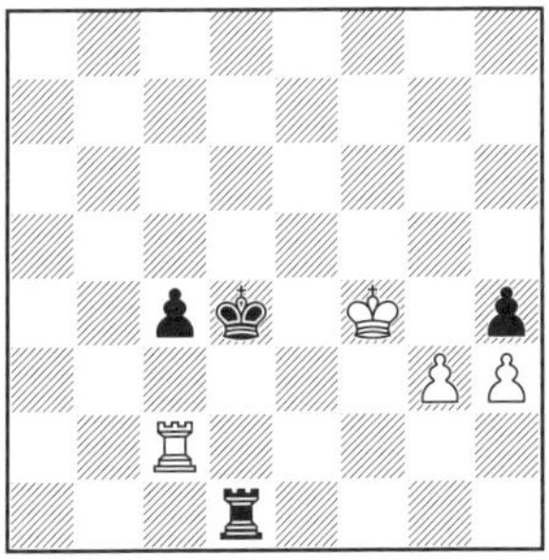

Ein typische Situation. In Kürze muss ich meinen Turm für den c-Bauern hergeben, und es entsteht ein Endspiel Turm gegen Bauern. Hier kann jedes Tempo den Ausgang des Kampfes entscheidend beeinflussen.

Nach dem geradlinigen 43. ... hg? (auf dasselbe läuft 43. ... ♔d3? 44. ♖f2! oder 44. ♖g2! hinaus) 44. ♔:g3 ♔d3 45. ♖a2 hat Weiß die Chance, sich zu retten. Die Hauptvariante ist sehr aufschlussreich.

45. ... c3 46. h4 c2 47. ♖:c2 ♔:c2 48. ♔f4! Es versteht sich, dass 48. h5?? ♖d4! schlecht für Weiß ist, aber verlieren würde auch 48. ♔g4? ♔d3 49. h5 ♔e4 50. ♔g5 ♔e5 51. ♔g6 ♔e6 52. h6 ♖g1+.

Deshalb verhindert der weiße König von f4 aus eine Annäherung des schwarzen Königs an den Bauern.

48. ... ♔d3 49. h5 ♖h1 50. ♔g5 ♔e4 51. h6 ♔e5 52. ♔g6 ♔e6 53. ♔g7! (nicht aber 53. h7? ♖g1+ 54. ♔h6 ♔f7 55. h8♘+ ♔f6 56. ♔h7 ♖g2, und Schwarz gewinnt) 53. ... ♖g1+ 54. ♔f8 oder 53. ... ♔e7 54. h7 ♖g1+ 55. ♔h8! und Remis.

Leider fand mein Gegner eine viel stärkere Fortsetzung.

**43. ... ♖f1+! 44. ♔g4 hg**

Jetzt gibt es für Weiß nach 45. ♔:g3 ♔d3 46. ♖a2 c3 47. h4 c2 48. ♖:c2 ♔:c2 schon keine Rettung mehr, weil sein König nicht auf f4 bleiben kann.

**45. ♖d2+ ♔e3 46. ♖g2**

Nichts half 46. ♖c2 wegen 46. ... ♖f8! 47. ♔:g3 ♖g8+, und der König steht auf der h-Linie sehr ungünstig.

**46. ... ♖f4+! 47. ♔:g3 c3 48. h4 ♖c4 49. ♖c2 ♔d3**

Jetzt entscheidet der Umstand, dass der weiße König von der 4. Reihe abgeschnitten ist.

**50. ♖c1 c2 51. h5 ♔d2 52. ♖h1 c1♕ 53. ♖:c1 ♔:c1**

Weiß gab auf.

Im Verlauf des Kampfes traten zwei Ideen anschaulich zutage, die für solche Endspiele typisch sind:

1) Schwarz gewann die Partie, weil er den feindlichen König von der 4. Reihe abschnitt;

2) Weiß hätte sich gerettet, wäre er im Stande gewesen, den gegnerischen König fernzuhalten. Aber der Gegner zerstörte diesen Plan mit einem Zwischenschach.

Im nächsten, noch komplizierteren Endspiel kamen ähnliche Motive vor.

**Jussupow – Timman**
**WM-Kandidatenmatch**
**Tilburg 1986**

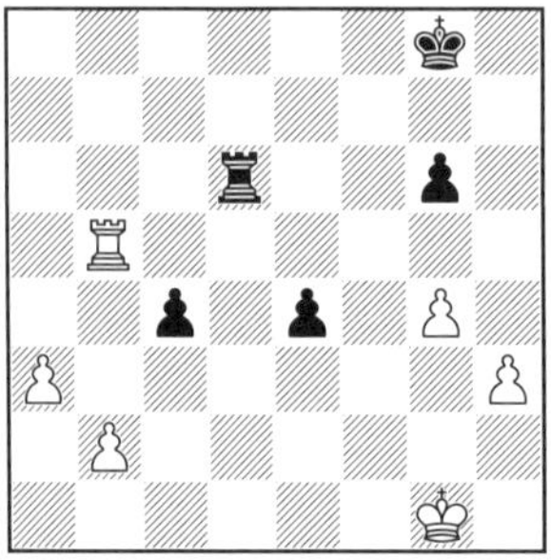

Die Beurteilung der Stellung lässt keinen Zweifel daran, dass Weiß große Überlegenheit besitzt. Logisch wäre jetzt der Zug 38. a4!, denn es ist wichtig, den Freibauern sofort in Bewegung zu setzen. Der schwarze Freibauer ist ungefährlich, weil Weiß auf e4-e3 immer die Antwort ♔f1 hat.

Wie konnte die Partie weitergehen?

38. ... ♖d3 39. a5 c3 40. bc e3 (droht 41. ... ♖d1+ 42. ♔g2 e2)
41. ♔f1 ♖:c3 42. a6 ♖a3 43. ♖b6 ♔f7 (schlecht wäre 43. ... g5 44. ♖g6+ ♔f7 45. ♖:g5 ♖:a6 46. ♖e5 ♖a3 47. ♔e2 ♖a2+ 48. ♔f3 ♖h2 49. ♔g3 ♖e2 50. ♔f4) 44. g5. Wenn Schwarz sich jetzt passiv verhält, so gerät er in Zugzwang (zum Beispiel 44. ... ♖a2 45. h4).

Die Bauern müssen getauscht werden: 44. ... e2+ 45. ♔:e2 ♖:h3. Jetzt verbessert Weiß ein wenig die Stellung seines Turms: 46. ♖f6+ ♔g7 47.♖c6 (droht 48. ♖c7+ ♔f8 49. a7) 47. ... ♔f7, und dann spielt er 48. ♔d2.

Auf 48. ... ♖a3 folgt 49. ♔c2 ♖a5 50. ♔c3 ♖:g5 51. ♔b4 ♖g1 52. ♔c5 g5 53. a7 ♖a1 54. ♔b6 g4 55. ♔b7, und Weiß gewinnt, weil der schwarze König von seinem Freibauern getrennt wurde.

Im Falle von 48. ... ♖g3 folgt 49. a7 ♖a3 50. ♖c7+ ♔e6 51. ♔c2 ♔f5 52. ♔b2 ♖a6 53. ♔b3 ♔:g5 54. ♔b4 (Weiß droht 55. ♖c5+ und 56. ♖a5). 54. ... ♔h6 (die einzige Verteidigung) 55. ♔b5 ♖a1 56. ♔b6.

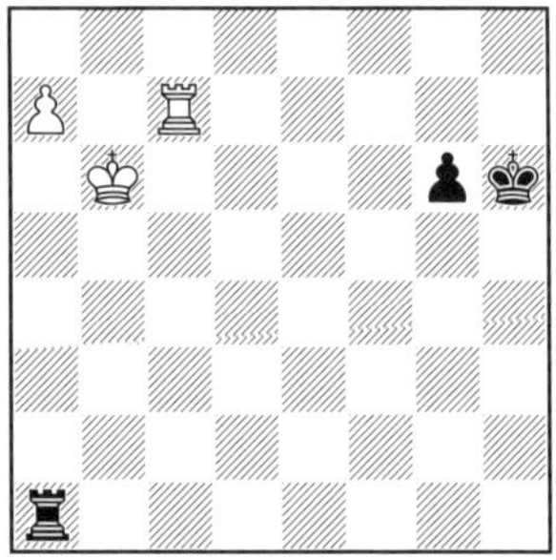

Sehen Sie einmal in Dworetskis Buch „Die Kunst der Analyse“. Dort wird im Kapitel „Turm gegen Bauern“ fast die gleiche Stellung analysiert.

Die beste Verteidigung besteht noch in 56. ... ♖b1+ (auf 56. ... g5 ist 57. ♖c8! am genauesten) 57. ♔c6 ♖a1 58. ♔b7 ♖b1+ 59. ♔c8 ♖a1. Sie hilft aber dennoch nichts: 60. ♔b8 ♔g5 61. a8♕ ♖:a8+ 62. ♔:a8 ♔f4 63. ♖f7+! (Das typische Zwischenschach, um ein Tempo zu gewinnen. Nur Remis ergibt das überhastete 63. ♔b7? g5.) 63. ... ♔e4 64. ♖g7! ♔f5 65.♔b7 g5 66. ♔c6 g4 67. ♔d5 ♔f4 68. ♔d4 ♔f3 69. ♔d3 g3 70. ♖f7+ und 71. ♔e2.

Oder 60. ... g5 61. a8♕ ♖:a8+ 62. ♔:a8 ♔h5 (62. ... g4 63. ♖c5! – Abschneiden des Königs!) 63. ♔b7 ♔g4 64. ♔c6 ♔f3 65. ♖f7+! ♔e3 66. ♖g7! ♔f4 67. ♔d5 usw.

Jetzt sehen Sie, warum Weiß mit seinem 46. und 47. Zug den Turm nach c6 brachte. Es geschah deshalb, um für den eigenen König das Feld b6 frei zu machen. Solche „Kleinigkeiten“ erweisen sich zuweilen als ausschlaggebend für das Ergebnis der Partie. Man darf sie deshalb auf keinen Fall vernachlässigen. Leider unterlief mir in beiderseitiger Zeitnot eine Ungenauigkeit.

**38. ♔f2? ♖d3**

Natürlich darf der weiße König nicht nach e3 gelassen werden.

**39. a4 c3**

Verlieren würde 39. ... ♖:h3 40. ♖c5 ♖b3 41. ♖:c4 ♖:b2+ 42. ♔e3. Nach dem unvermeidlichen Verlust des Bauern e4 entsteht eine ideale Konstellation für Weiß. Sein Turm schützt beide Bauern auf der 4. Reihe und lässt keinerlei Gegenspiel zu. Danach nähert sich der König in Ruhe seinem a-Bauern.

Es gab noch den interessanten Zug 39. ... ♔f7 mit der Idee, nach 40. ♖c5?! ♔e6! den freien e-Bauern mit dem König zu unterstützen. Stärker für Weiß ist 40. a5 c3 41. b4! (nicht aber 41. bc ♖:c3 mit Remis). Nach 41. ... ♖d4 42. ♔e3! ♖c4 43. ♖c5 ♖:b4 44. ♖:c3 ♖a4 45. ♖c5 entsteht die gleiche Stellung, die sich später auch in der Partie ergibt.

**40. bc**

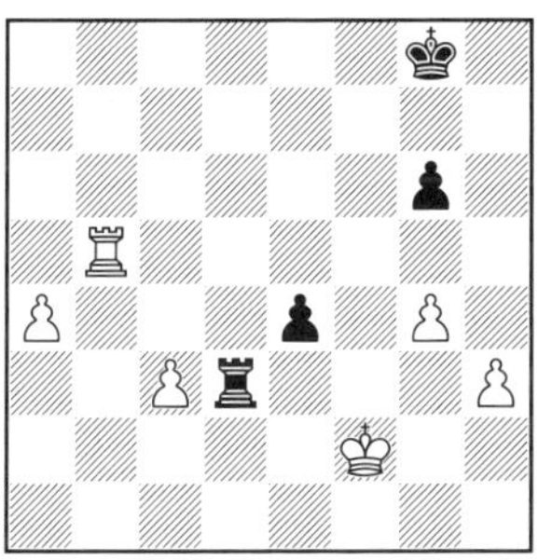

**40. ... ♖:c3?**

Timmans Zug erfolgte unmittelbar vor der Zeitkontrolle. Er erwies sich als entscheidender Fehler. Mein Gegner nahm an, dass er seinen e-Bauern immer vorrücken kann, übersah aber die starke Antwort.

**41. ♖e5!**

Hier wurde die Partie vertagt. Wie die Analyse zeigte, gewinnt Weiß ohne Mühe.

**41. ... ♖c4**

Die Situation nach 41. ... ♖:h3 42. ♖:e4 haben wir schon erörtert. Im Falle von 42. ... ♔f7 (mit der Idee ♔g5) ist 43. g5! am stärksten.

**42. a5 ♖a4 43. ♔e3 ♔g7 44. g5 ♔f7 45. h4 ♔g7 46. ♔f4**

Gut ist auch 46. ♖e7+ ♔f8 47. ♖e6 ♖a3+ 48. ♔f4!.

**46. ... ♔f7 47. ♖b5**

Wenn jetzt 47. ... ♔e6, so 48. ♖b6+ ♔d5 49. ♖:g6 oder 49. a6. Und auf 47. ... ♔g7 folgt 48. ♖b7+ ♔f8 49. ♖b6 ♖:a5 (49. ... ♔f7 50. a6)
50. ♖:g6 mit leichtem Sieg.

In der letzten Variante sehen wir den Unterschied in der Stellung des schwarzen Bauern. Befindet er sich auf e3, ist ein Gewinn nicht möglich.

**47. ... e3+ 48. ♔:e3 ♔e6**

Die einzige Chance von Schwarz zu aktivem Spiel. Auf ein Turmschach kann der König jetzt nach f5 gehen.

**49. ♖b6+ ♔f5 50. a6 ♔g4**

Was würde auf das Schlagen des Bauern h4 durch den Turm passieren? Natürlich 51. ♖b5+ und 52. ♖a5. Weiß nutzt in diesem Falle die Gelegenheit, seinen Turm hinter den Freibauern stellen.

**51. ♖:g6** (schlechter wäre 51. ♖d6? ♔h5 und 52. ... ♖:h4)

**51. ... ♔:h4 52. ♔d3 ♔h5 53. ♖c6 ♔:g5 54. ♔c3 ♔f5 55. ♔b3 ♖a1 56. ♔c4 ♔e5 57. ♔c5!**

Ein letztes Mal wird der schwarze König auf Distanz gehalten.
**57. ... ♖a2 58. ♔b6** Schwarz gab auf.

Zum Abschluss bitte ich um Ihre Aufmerksamkeit für ein sehr kompliziertes, rein analytisches Endspiel.

**Jussupow – Mestel**
**Esbjerg 1980**

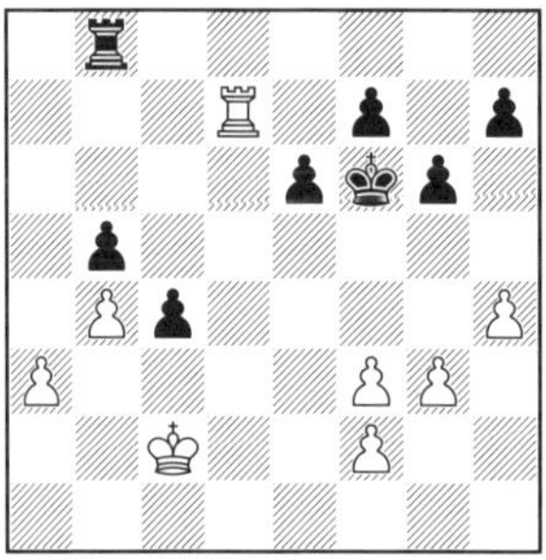

In dieser Hängepartie ergab sich eine interessante Stellung mit ungewöhnlicher weißer Bauernstruktur am Königsflügel. Nur ein Sieg konnte mir die Chance auf den ersten Platz im Turnier und die Erfüllung der Großmeisternorm bewahren. Deshalb wurde der gesamte freie Tag für die Analyse der Abbruchstellung geopfert.
**42. a4! ba 43. ♔c3**
Weiß hat eine Figur mehr im Spiel – seinen König. Dieser Umstand wirkt sich aus, wenn Schwarz schablonenhaft vorgeht, also seinen Turm mit
43. ... ♖a8? stur „nach der Regel" hinter den Freibauern stellt. Dann folgt 44. ♖d2, ♖a2, ♔:c4, und der a-Bauer geht verloren. So kann man sich nicht verteidigen. Das Gegenspiel von Schwarz kommt zu spät.

Die beste Chance ist darum **43. ... e5!** J. Mestel antwortete in der Partie nicht so, weil er auf diesen Zug
44. ♖d2 ♔e6 45. ♔:c4 befürchtete. Schwarz rettet sich jedoch nach
45. ... ♖c8+ 46. ♔b5 ♖a8! (verlieren würde 46. ... a3? 47. ♔a4 ♖c3
48. b5) 47. ♔c6 (47. ♖a2 ♔d5! 48. ♖:a4? ♖b8+) 47. ... a3 48. ♖a2 ♖c8+ 49. ♔b7 ♖c3 50. b5 ♔d5 51. b6 ♔c4.
Ich untersuchte **44. ♖a7**, aber daraufhin aktiviert Schwarz seinen Turm – **44. ... ♖d8!** Nach **45. b5!** (schwächer wäre 45. ♔:c4 ♖d2 46. b5 ♖c2+!) **45. ... ♔e6!** (schlecht ist 45. ... ♖d3+? 46. ♔:c4 ♖:f3 47. b6 ♖:f2 48. ♖:a4 oder 47. ... ♖b3 48. b7 ♔f5 49. ♔c5) **46. ♔:c4** (46. b6? ♖b8)
**46. ... ♖d2 47. b6!** (47. ♖:a4 ♖c2+!) hat Schwarz die schwierige Wahl zwischen 47. ... ♖c2+, 47. ... ♖:f2 und 47. ... ♔d6.

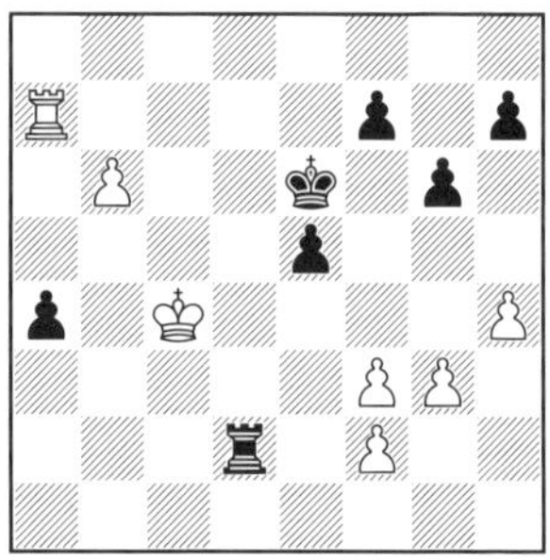

1) 47. ... ♖c2+ 48. ♔b5 ♖b2+ 49. ♔c6 ♖c2+ 50. ♔b7 ♖:f2.
Haben Sie beobachtet, dass Schwarz eine typische Methode anwendete? Zuerst trieb er den weißen König vor dessen eigenen Bauern, und erst dann verspeiste er einen Bauern. 51. ♔a8 ♖:f3 52. b7 ♖b3 53. ♖:a4! Dieser Bauer

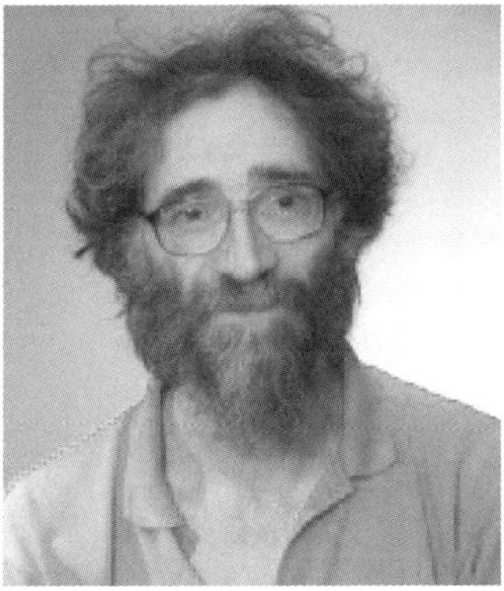

*Andrew Jonathan Mestel*

muss sowieso geschlagen werden. Am besten, man tut es gleich, um dann im geeigneten Moment den Freibauern e5 stoppen zu können. 53. ... f5 54. b8♕ ♖:b8+ 55. ♔:b8. Die scharfe Stellung sieht für Weiß gewonnen aus, zum Beispiel 55. ... e4 56. ♖a5! (wichtig ist es, den schwarzen König abzudrängen) 56. ... h6 (56. ... e3 57. ♖a3 f4 58. gf ♔f5 59. ♖:e3) 59. ♖a6+! ♔d5 60. ♖:g6 e3 61. ♖g8 ♔e4 62. ♔c7 ♔f3 63. ♔d6 e2 64. ♖e8 ♔:g3 65. ♖:e2 f4 66. ♔e5 oder 66. h5.

2) 47. ... ♖:f2 48. ♖:a4 (nichts taugt 48. b7 ♖b2 49. ♔c5 wegen 49. ... a3!) 48. ... ♔d7?! (was nach dem stärkeren 48. ... ♔d6! passiert, sehen wir beim Analysieren der nächsten Variante) 49. ♖a7+ ♔c6 50. ♖:f7 ♔:b6 51. ♔d5, und Weiß sollte gewinnen, weil der schwarze König zu weit von den Bauern am Königsflügel entfernt ist.

**3) 47. ... ♔d6 48. ♖:a4**

Remis ergibt 48. ♖:f7 a3 49. ♖:h7 a2 50. ♖a7 ♖:f2.

**48. ... ♖:f2**

Verlieren würde 48. ... ♔c6? 49. ♖a7 f5 50. ♖:h7 ♔:b6 51. ♖h6 ♖:f2 52. ♖:g6+ ♔c7 53. ♔d5 ♖:f3 54. ♔:e5.

**49. ♖b4 ♖c2+ 50. ♔b5**

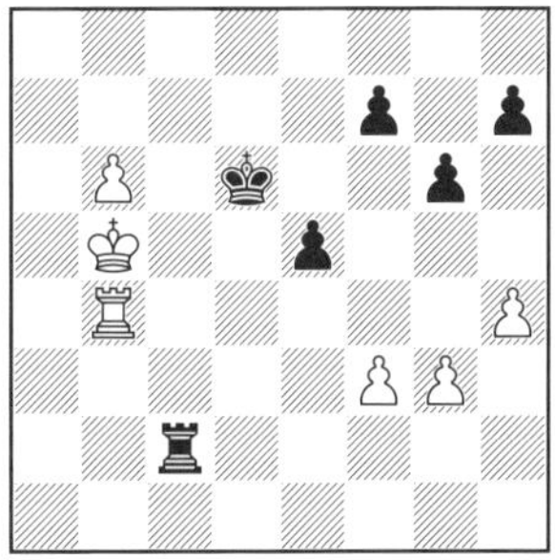

Erst dachte ich, das nach **50. ... ♔d7! 51. b7 ♔c7 52. ♖c4+ ♖:c4 53. ♔:c4 ♔:b7 54. ♔d5** entstehende Bauernendspiel sei wegen 54. ... ♔c7 55. ♔:e5 ♔d7 56. ♔f6 ♔e8 57. ♔g7 h5 58. g4 gewonnen. Doch Schwarz kann sich stärker verteidigen: **54. ... f6!** Jetzt bringt 55. ♔e6 ♔c6 56. ♔:f6 ♔d5 57. ♔g7 ♔d4 58. ♔:h7 ♔e3 59. ♔:g6 ♔:f3 60. h5 e4 oder 57. g4 ♔d4 58. h5 gh (möglich ist auch 58. ... ♔e3) 59. gh e4! 60. fe ♔:e4 61. ♔g7 ♔f5 62. ♔:h7 ♔f6! Weiß nur Remis.

Aber auf **55. g4** folgt **55. ... h5! 56. gh gh 57. ♔e6 ♔c6 58. ♔:f6 ♔d5 59. ♔g5 e4!**, und erneut endet das Spiel unentschieden.

Schwarz musste in dieser Partie nach einem Remisweg suchen, der schmal wie ein Gebirgspfad ist. Selbst in emsiger häuslicher Analyse war das sehr schwierig. Auf jeden Fall galt es, 43. ... e5! zu finden. Nach dem Textzug verliert mein Gegner ohne Widerstand.

**43. ... ♖b5? 44. ♔:c4 ♖d5 45. ♖a7 ♖d2 46. b5**

Der Nachziehende hat im Grunde ein Tempo verloren. In ähnlichen Stellungen, die wir schon analysierten, stand der Bauer auf e5, und der König konnte über e6 ins Spiel gebracht werden. Jetzt gibt es diese Ressource nicht, deshalb ist Schwarz ohne Verteidigung. Wenn er zum Beispiel 46. .... ♖:f2 zieht, erwidert Weiß darauf 47. b6 ♖b2 48. b7 a3 49. ♔c5 a2 50. ♔c6.

**46. ... ♖c2+ 47. ♔b4 e5** (47. ... ♖:f2 48. ♖:a4 ♖:f3 49. b6)

**48. b6 ♖:f2 49. b7 ♔f5**

Auf 49. ... ♖b2+ folgt 50. ♔c5 mit der Drohung 51. ♖a6+ und 52. ♖b6.

**50. g4+! ♔f4 51. ♖:a4** Schwarz gab auf.

Diese Partie gibt Ihnen die Möglichkeit, ihre Schlüsse über die Bedeutung der Technik im Endspiel zu ziehen. Jedes Tempo, selbst das scheinbar unwichtigste (wie e6-e5!), kann sich als entscheidend erweisen und wesentlichen Einfluss auf das Schicksal des Kampfes haben. Deshalb muss man stets sorgfältig die genaueste Methode auswählen, um seine Ideen zu verwirklichen.

## Übungen

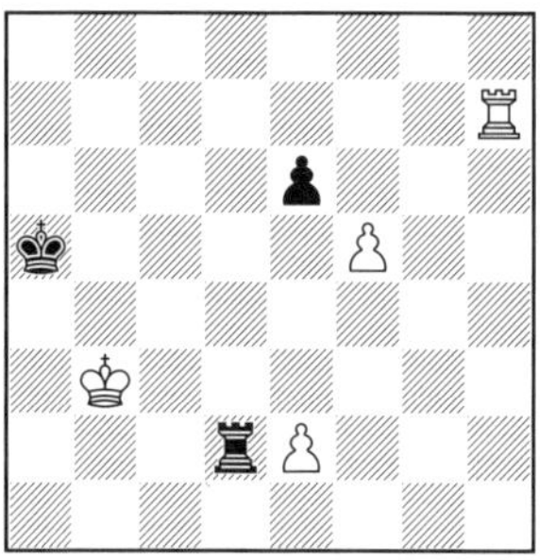

**Dia 1 Weiß am Zuge**

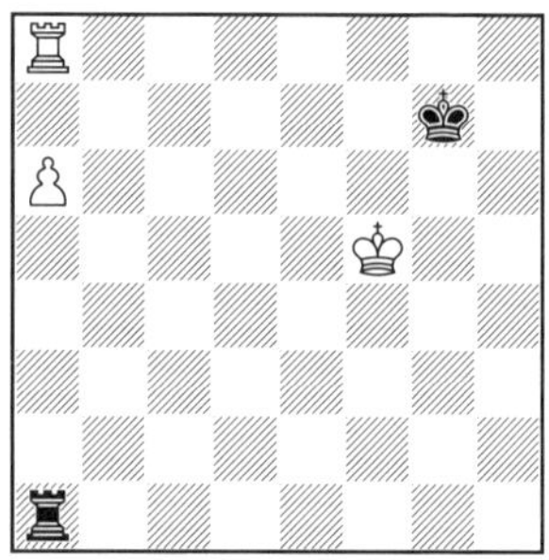

**Dia 3 Schwarz am Zuge**

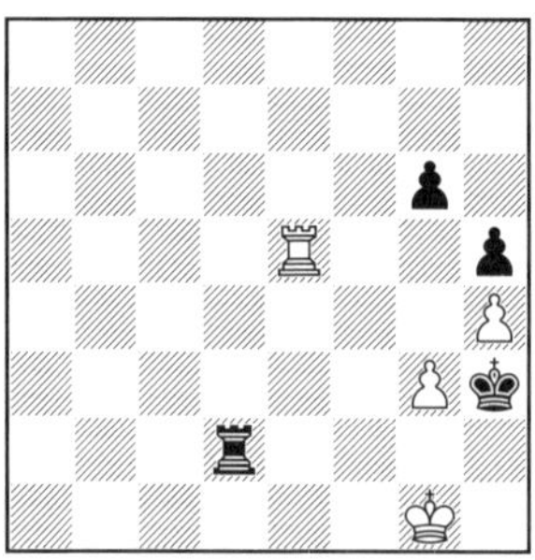

**Dia 2 Weiß am Zuge**

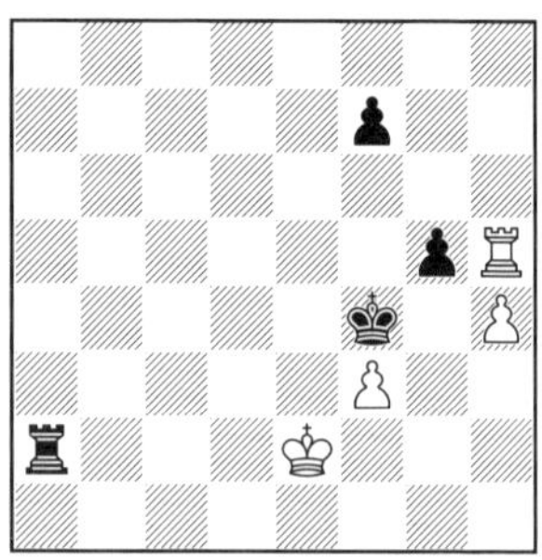

**Dia 4 Weiß am Zuge**

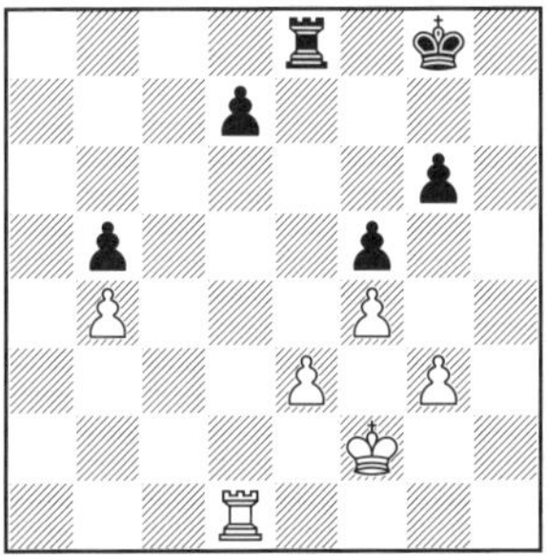

Dia 5 Weiß am Zuge

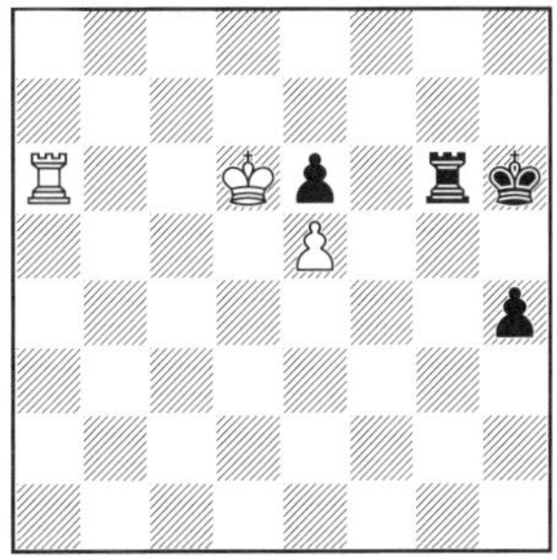

Dia 8 Weiß am Zuge

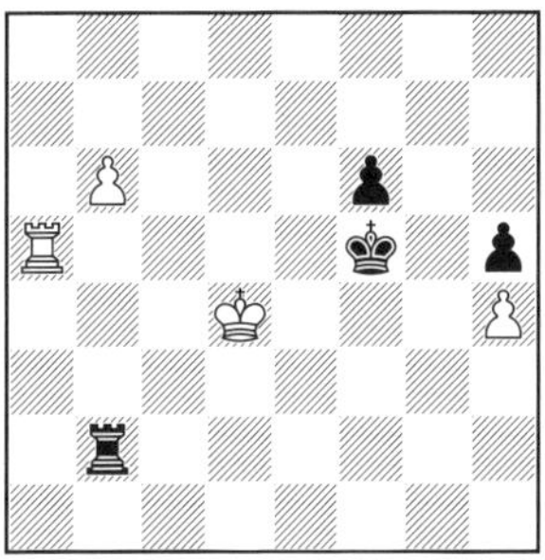

Dia 6 Schwarz am Zuge

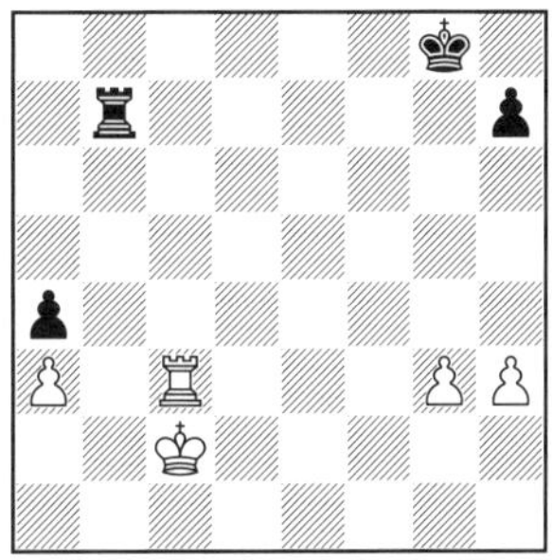

Dia 9 Schwarz am Zuge

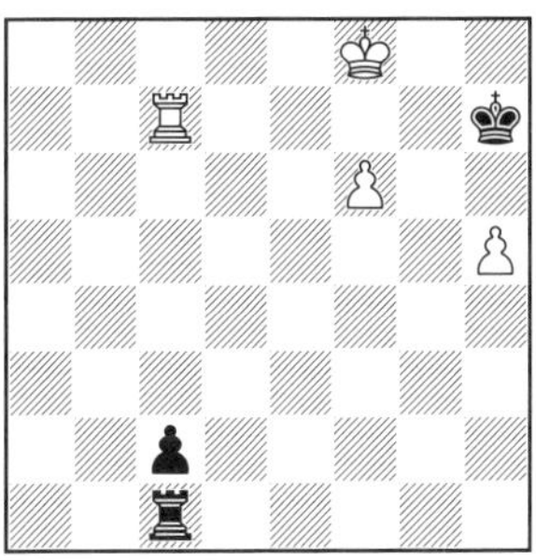

Dia 7 Schwarz am Zuge

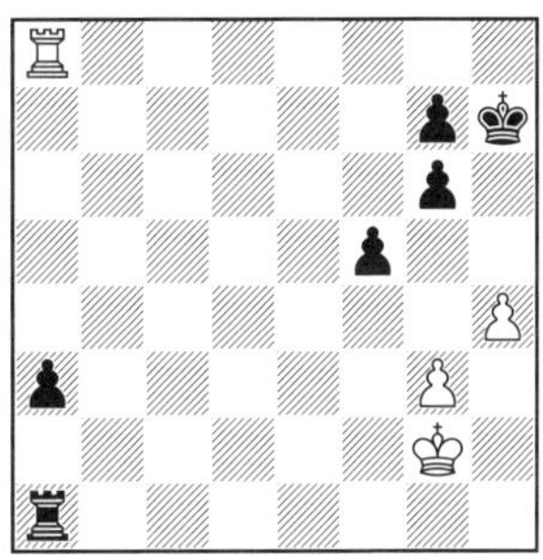

Dia 10 Schwarz am Zuge
Empfiehlt sich 1. ... a2?

## Lösungen

### 1. Rinck (1906)

**1. f6 ♖:e2** (1. ... ♔b5 2. ♖h8 ♖d7 3. ♖e8 oder 1. ... ♖d4 2. ♖e7 ♖e4 3. ♖e8 mit Gewinn) **2. ♖h5+!** (2. ♖h8? ♖f2 3. ♖f8 ♔b6 4. f7 ♔b7 5. ♔c4 ♖f5) **2. ... ♔b6 3. ♖f5!!**, und Weiß gewinnt

### 2. Trabattoni – Barlow (La Valetta 1979)

Zum Remis führt **1. ♖e6! ♖g2+ 2. ♔h1! ♖:g3 3. ♖:g6!**

In der Partie geschah 1. ♖g5? ♖g2+ 2. ♔h1 ♖f2! (2. ... ♖:g3? 3. ♖:g6!) 3. ♔g1 ♖f6. Weiß kam in Zugzwang und kapitulierte einige Züge später.

### 3. P. Romanowski (1950)

Der schwarze Turm muss unbedingt auf die 6. Reihe gebracht werden, aber wie? Nicht spielbar ist 1. ... ♖f1+? 2. ♔e5 ♖f6 3. ♖g8+. Verlieren würde auch 1. ... ♖b1? 2. ♖a7+ ♔h6 3. ♖b7 ♖a1 4. a7.

**1. ... ♖a5+! 2. ♔e6**

Wenn 2. ♔e4, so 2. ... ♖b5 3. ♖a7+ (3. ♖c8 ♖a5 4. ♖c6 ♔f7) 3. ... ♔g6 4. ♖b7 ♖a5 5. a7 ♔f6 6. ♔d4 ♔e6 7. ♔c4 ♔d6 8. ♔b4 ♖a1 (oder 8. ... ♔c6) mit Remis.

**2. ... ♖h5!!** Nur so! Schlecht wäre 2. ... ♖b5? wegen 3. ♖a7+ und 4. ♖b7. Auf 2. ... ♖g5? folgt 3. ♖a7+ ♔g8 4. ♔f6! ♖a5 5. ♖a8+ ♔h7 6. ♔e7.

**3. ♔d7** (3.. ♖a7+ ♔g8 4. ♖f7 ♖a5 5. ♖a7 ♖h5!)

**3. ... ♖h6! 4. ♔c7 ♖f6!**, und der Remisausgang ist offensichtlich, zum Beispiel: **5. a7 ♖f7+!** (5. ... ♖a6? 6. ♔b7) **6. ♔d6 ♖f6+ 7. ♔e5 ♖a6.**

### 4. Waiser – Martinovic (Vrnacka Banja 1984)

**1. ♔d1!! gh 2. ♖:h4+ ♔:f3 3. ♖h5** (möglich ist auch 3. ♖h3+ ♔g2 4. ♖h5! ♖f2 5. ♔e1) **3. ... ♔g4 4. ♖b5 f5 5. ♔e1**, und die Partie endete alsbald remis. – Andere Königszüge würden zum Verlust von Weiß führen, zum Beispiel 1. ♔d3? gh 2. ♖:h4+ ♔:f3 3. ♖h5 ♔g4 und 4. ... f5. Der weiße König kommt nicht an den feindlichen Bauern heran.

### 5. Dorfman – Cholmow (Saratow 1981)

Weiß hätte nach **43. ♖d5! ♖e4** (43. ... ♖b8 44. ♖:d7) **44. ♖:b5** ausgezeichnete Gewinnchancen, zum Beispiel 44. ...d5 45. ♖b7!, und der schwarze König wird auf der Grundreihe festgehalten, oder 44. ... ♔f7 45. ♔e2! und 46. ♔d3. Fehlerhaft ist das naheliegende 43. ♖:d7? wegen 43. ... ♖e4! 44. ♖d4 ♖:d4 45. ed ♔f7, und wenn Weiß 46. d5 ♔e7 47. ♔e3 zieht, so erwidert Schwarz 47. ... ♔d7! 48. d6 (48. ♔d4 ♔d6) 48. ... ♔c6! 49. ♔d3 ♔d7! 50. ♔d4 ♔:d6. Die verhältnismäßig besten Aussichten erhält Weiß durch den Übergang in ein Damenendspiel: 46. ♔g2 (anstelle von 46. d5) 46. ... ♔e6 47. ♔h3 ♔d5 48. ♔h4 ♔:d4 49. ♔g5 ♔c4 50. ♔:g6 ♔:b4 51. ♔:f5 ♔c4 52. ♔g5! (52. ♔e5 b4 53. f5 b3 54. f6 b2 55. f7 b1♕ 56. f8♕ ♕e1+) 52. ... b4 53. f5 ♔d5! 54. f6 ♔e6 55. ♔g6 b3 56. f7 b2 57. f8♕ b1♕ 58. ♔g5 (58. ♔g7 ♕b2+ 59. ♔g8 ♕f6!), aber auch dann ist ein Unentschieden am wahrscheinlichsten.

In der Partie folgte 43. ♖:d7? ♖e4 44. g4 fg 45. ♖d4 g3+! 46. ♔:g3 (46. ♔f3 g2) 46. ... ♖:e3+ 47. ♔g4 ♖b3 48. f5 ♔f7 49. ♔f4 gf 50. ♔:f5 ♔e7 51. ♔e5 ♖b1 52. ♔d5 ♖c1. Remis.

Einen interessanten Gewinnversuch schlug W. Bologan vor: 43. ♔f3?! ♖e4 44. g4! ♖:b4 (44. ... ♔f7 45. ♖:d7+ ♔e6 46. ♖g7 ♔f6 47. ♖b7 ♖:b4 48. g5+ ♔e6 49. ♖g7) 45. gf gf 46. ♖:d7.

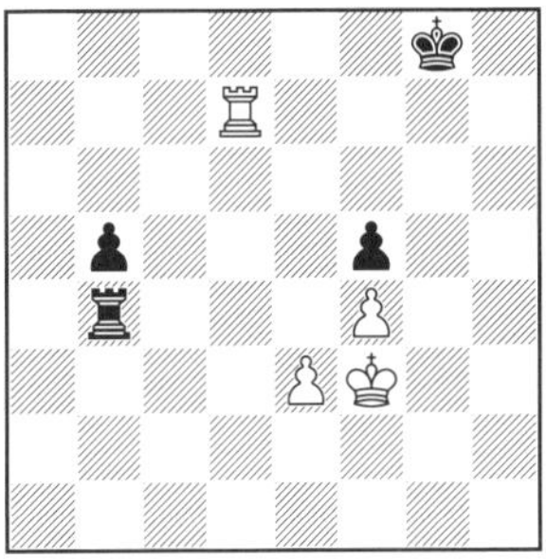

Rettung verheißt Schwarz hier wohl die Fortsetzung 46. ... ♖c4 47. ♖d5 ♖c7 48. ♖:f5 (48. ♖:b5 ♖f7) 48. ... ♖b7, zum Beispiel 49. ♖d5 b4 50. ♖d2 b3 51. ♖b2 ♔f7 52. ♔e4 ♔e6 53. ♔d4(d3) ♔f5 oder 49. ♔e2 b4 50. ♔d2 b3 51. ♔c1 ♖e7 52. ♖g5+ ♔f7 53. ♖g3 ♔f6.

## 6. Portisch – Petrosjan (Palma de Mallorca 1974)

Das passive 59. ... ♔e6? leitete den Untergang des Nachziehenden ein: 60. ♔c5 ♖c2+ (60. ... ♔d7 61. ♖a8!) 61. ♔b5 ♔d6 62. ♔a6 ♔c6 63. ♖a1 ♖c4 64. b7 ♖b4 65. ♖c1+ ♔d7 66. ♖c8. Schwarz gab auf.

Unbedingt nötig war **59. ... ♔g4! 60. ♖a4!** (mit der Drohung 61. ♔c3+) **60. ... ♔h3!!**

Hoffnungslos ist 60. ... ♔g3? 61. ♔c5 f5 62. ♖b4 ♖c2+ 63. ♔d6 ♖c8 64. b7 ♖b8 65. ♔c7 ♖h8 66. b8♕ ♖:b8 67.

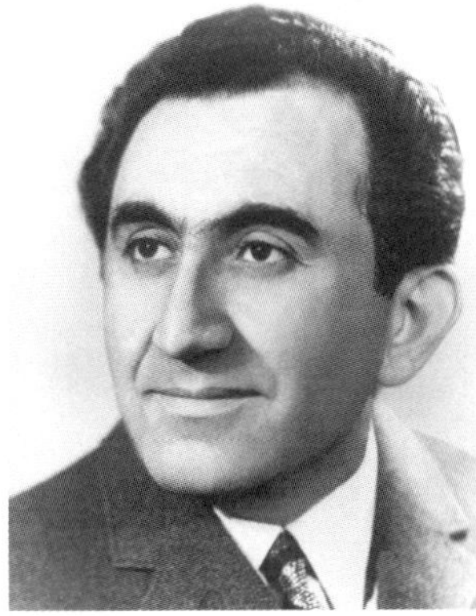

*Tigran Petrosjan*

♖:b8 f4 (67. ... ♔:h4 68. ♔d6 ♔g3 69. ♔e5 h4 70. ♖b3+ ♔g2 71. ♔f4 h3 72. ♖b2+) 68. ♔d6 f3 69. ♔e5 f2 70. ♖f8 ♔g2 71. ♔e4.

**61. ♔c5 f5 62. ♖b4 ♖:b4 63. ♔:b4 f4 64. b7 f3 65. b8♕ f2**, und Weiß kann nicht gewinnen.

## 7. Petrosjan – Karpow (Moskau 1976)

Im Falle von 51. ... ♔h6? 52. f7 ♔h7 (52. ... ♖a1 53. ♔g8) 53. h6 ♔:h6 (auch nichts hilft 53. ... ♖a1 54. ♖:c2) 54. ♔g8 ergibt sich eine Stellung wie in der berühmten Studie von Emanuel Lasker. Weiß gewinnt, indem er den feindlichen König allmählich abdrängt: 54. ... ♖g1+ 55. ♔h8 ♖f1 56. ♖c6+ ♔h5 57. ♔g7 ♖g1+ 58. ♔h7 ♖f1 59. ♖c5+ ♔h4 60. ♔g7 ♖g1+ 61. ♔h6 ♖f1 62. ♖c4+ ♔h3 63. ♔g6 ♖g1+ 64. ♔h5 ♖f1 65. ♖c3+ ♔h2 66. ♖:c2+.

Schwarz rettet sich nur durch **51. ... ♔h8! 52. f7 ♖a1!**

Die Hauptvariante ist 53. ♔e7 ♖e1+ 54. ♔f6 ♖f1+ 55. ♔g6 ♖g1+ 56. ♔h6 c1♕+! 57. ♖:c1 ♖g6+! und Patt.

In der Partie geschah 53. ♖:c2 ♖a8+ 54. ♔e7 ♖a7+ 55. ♔f6 ♖a6+ 56. ♔g5 ♖a5+ 57. ♔g4 ♖a4+ 58. ♔g3 ♖a3+ 59. ♔g2 ♔g7 60. ♖f2 ♔f8 61. ♖f5 ♖a6! (61. ... ♖a7? 62. h6 ♖:f7 63. h7 oder 62. ... ♖a6 63. ♖h5) 62. ♔g3 ♖h6 63. ♔g4. Remis wegen 63. ... ♖h7.

## 8. Makarytschew – Wasjukow (Vilnius 1980/81)

Eine Analysevariante aus der Partie. Schwarz gewinnt, wenn er seinen h-Bauern weiter nach vorn rücken kann, und sei es nur um einen Schritt.

Nach 1. ♖a1? ♔h5 (droht 2. ... h3) 2. ♖h1 ♖h6! gerät Weiß in Zugzwang: 3. ♔e7 ♔g4 4. ♖g1+ ♔f4 mit den Drohungen 5. ... ♔:e5 und 5. ... h3 oder 3. ♖h2 ♔g4 4. ♖g2+ ♔f3 5. ♖h2 ♔g3 und 6. ... h3.

Das Spiel wird remis, wenn es gelingt, die gleiche Stellung *mit Schwarz am Zuge* zu erreichen.

**1. ♖a2!! ♔h5** (1. ... ♔g5 2. ♖g2+! ♔h5 3. ♖h2 oder 2. ... ♔f5 3. ♖f2+ ♔e4 4. ♖f6!) **2. ♖h2 ♖h6 3. ♖h1!**

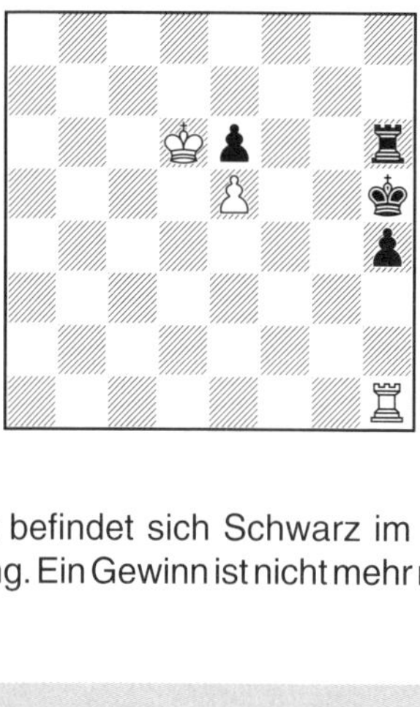

Jetzt befindet sich Schwarz im Zugzwang. Ein Gewinn ist nicht mehr möglich.

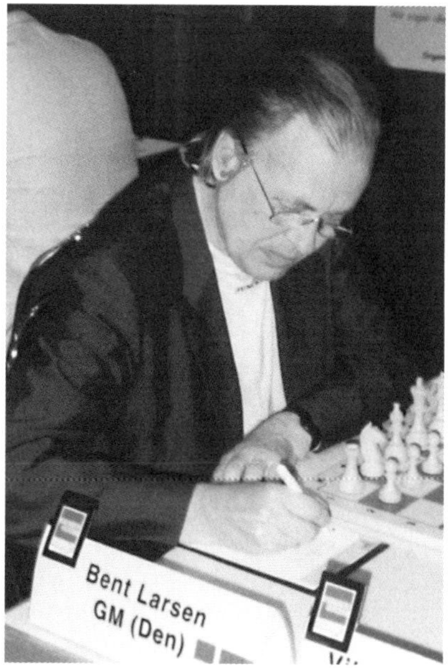


*Bent Larsen*

**3. ... ♔g4 4. ♖g1+ ♔f3 5. ♖f1+ ♔g2 6. ♖f6 ♖h8 7. ♖:e6 h3 8. ♖g6+ ♔f2 9. ♖f6+ ♔e2 10. ♖g6! h2 11. ♖g2+ ♔f3 12. ♖:h2 ♖:h2 13. e6** und Remis.

## 9. Larsen – Kavalek (Solingen 1970)

Weiß möchte ♖c4 spielen. Wenn Schwarz sich mit ♖a7 in eine passive Verteidigung drängen lässt, so verspricht der weiße Mehrbauer dem Anziehenden einen leichten Sieg. Genau so kam es in der Partie:

1. ... ♔g7? 2. ♖c4 ♖a7 3. ♔c3 h5 4. ♔b4 ♔g6 5. ♖c6+ ♔g7 6. ♖c5 ♔h6 7. ♔b5 ♖e7 8. ♔:a4 ♖e3 9. g4 hg 10. hg ♖e4+ 11. ♔b5 ♖:g4 12. a4 ♖g1 13. a5 ♖b1+ 14. ♔c6 ♖a1 15. ♔b6 ♖b1+ 16. ♖b5 ♖f1 17. a6 ♖f6+ 18. ♔a5 ♖f7 19. ♖b6+ ♔g5 20. ♖b7 ♖f1 21. a7 ♔h6 22.

♖b6+ ♔g7 23. ♖a6. Schwarz gab auf. 1. ... ♔f7 bot sich zwar an, um 2. ♖c4 mit dem Gegenangriff 2. ... ♖b3! zu parieren. Aber Weiß spielt 2. g4! mit der Absicht 3. h4 und erst danach 4. ♖c4. Nach 2. ... ♔e6 3. h4 ♔d5 ist die Drohung von Weiß abgewehrt, aber 4. g5! schafft neue Gefahren: 5. ♖g3 nebst 6. ♖g4 oder 6. h5 (der Turm geht hinter den Freibauern). Jetzt wird die Lage von Schwarz kritisch.

Es gibt nur eine Rettung für ihn: **1. ... h5!!**

Im Falle von 2. ♖c4 ♖b3! 3. ♖:a4 ♖:g3 hat Weiß nicht das Schach auf g4, und die Stellung ist remis. Wenn 2. h4, so ist 2. ... ♖g7 und 3. ... ♖g4 möglich. Auf g4 steht der Turm sehr aktiv. Er greift den weißen Bauern an, schützt den eigenen und schränkt die Beweglichkeit des weißen Königs ein. Schließlich gibt es auf 2. g4 die Antwort 2. ... h4!, womit der weiße h-Bauer als Objekt des Gegenangriffs auf der 3. Reihe fixiert wird, falls Weiß ♖c4 spielt.

## 10. Moissejew – Bagirow (Moskau 1956)

Schwarz muss früher oder später a3-a2 spielen (der Marsch seines Königs nach a2 erscheint sehr unrealistisch). Die Frage ist nur, ob der Nachziehende auch noch einen Freibauern auf der f-Linie bilden kann.

Zum leichten Gewinn führte 1. ... g5! 2. hg ♔g6 3. ♖a7 a2! 4. ♔h2 ♔h5! 5. ♔g2 g6 6. ♖a4 ♔:g5. Danach geht Schwarz mit dem König beiseite, spielt g6-g5 sowie f5-f4 und hat sein Ziel erreicht. In der Partie wählte er eine andere, jedoch viel ungünstigere Zugfolge.

**1. ... a2? 2. ♖a6 ♔h6**

Im Falle von 2. ... g5 3. hg kommt der König nicht an den Bauern g5 heran.

**3. ♔h2 ♔h5**

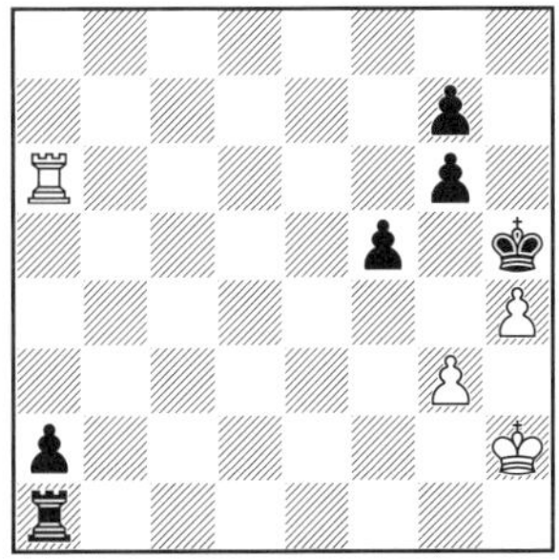

Kann Weiß etwas gegen das drohende g6-g5 unternehmen?

**4. ♖a4! ♔h6 5. ♖a6! ♔h5 6. ♖a4! g5 7. g4+!!**

Darin liegt des Pudels Kern. Schwarz erhält jetzt keinen Freibauern mehr auf der f-Linie.

Die Partie ging so weiter: 7. ... ♔:h4 8. gf+ g4 9. ♔g2 ♖b1 10. ♖:a2 ♖b4 11. ♖c2 g3 12. ♖a2 ♔g4 13. ♖c2 ♖f4 14. ♖c8 (Nach 14. ♖c7 ♖f2+ 15. ♔g1 ♖a2 geht 16. ... ♖:g7+? nicht wegen 17. ♔f3. Deshalb ließ Schwarz den Bauer f5 am Leben.)

14. ... ♖f2+ 15. ♔g1 ♖e2 16. ♖a8 ♔f3 17. ♖a3+ ♖e3 18. ♖a1 g2 (18. ... ♔g4 19. ♖a8) 19. ♔h2! (19. ♖b1? ♔g3 20. ♖a1 ♖f3 21. ♖b1 ♖f1+) 19. ... ♔f2 20. ♖a2+ ♖e2 21. ♖:e2+ ♔:e2 22. ♔:g2. Remis.

# Vom einfachen zum schwierigen Endspiel mit ungleichfarbigen Läufern

Mark Dworetski

Beim Erschließen der Theorie jedes beliebigen Endspieltyps ist eine solide Basis am nötigsten. Es geht darum, die wichtigsten Stellungen, Ideen und technischen Methoden zu speichern, die unseren Vorstellungen vom Endspielstudium zu Grunde liegen. Das Endspiel-Grundwissen resultiert in der Regel aus einer überschaubaren Zahl von recht einfachen Stellungen, aber diese muss man verstehen und auch mit allen Details fest im Gedächtnis haben.

Solide Endspielkenntnisse ermöglichen eine zuverlässige Orientierung bei der Analyse komplizierter Situationen und helfen, dass wir uns gut im letzten Partieabschnitt zurechtfinden. Wie das geschieht, zeige ich Ihnen am Beispiel von Endspielen mit ungleichfarbigen Läufern.

## Verbundene Freibauern

Lassen Sie uns ausführlich das folgende elementare Endspiel studieren.

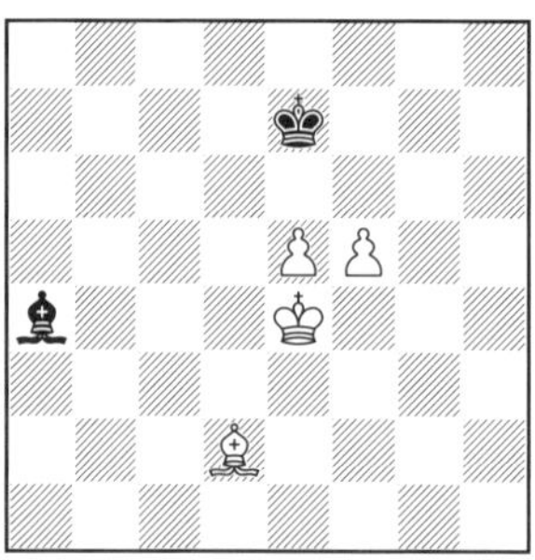

Weiß droht mit e5-e6 (evtl. nach einem Läuferschach), danach folgt ♔e5 und f5-f6. Um diesen Plan zu bekämpfen, muss Schwarz unbedingt das Feld e6 unter Kontrolle nehmen. Aber von wo aus – von d7 oder von b3?

Sehen wir uns beide Möglichkeiten an. Nach 1. ... ♗b3? ist die Stellung verloren. Zuerst gibt Weiß ein ***Probeschach mit dem Läufer***, um die Lage des feindlichen Königs zu bestimmen. Es ist wichtig, ***dass der Läufer den König nicht auf das Feld f6 lässt, wohin er nach e5-e6 gehen will.*** Also spielt er folgerichtig:

2. ♗g5+! Dann ***kommt der weiße König seinem e-Bauern auf der gegenüberliegenden Seite des schwarzen Widerparts zu Hilfe.***

Zum Beispiel: 2. ... ♔f7 3. ♔d4 ♗a2 4. ♔c5 ♗b3 (4. ... ♗b1 5. e6+ und 6. f6) 5. ♔d6 und 6. e6+. Oder 2. ... ♔d7 3. ♔f4 ♗a2 4. ♗h4 ♗f7 5. ♔g5 ♔e7 6. ♔h6+ ♔d7 7. ♔g7 ♗c4 8. ♔f6 und 9. e6+. Nachdem die Bauern auf e6 und f6 stehen, wiederholt Weiß – selbst wenn die Drohung f6-f7+ abgewehrt wird – die gleiche Prozedur: Probeschach und Umgehung des Bauern durch den eigenen König.

Fehlerhaft wäre 2. ♗b4+? ♔f7! (die einzige Hoffnung von Schwarz besteht darin, mit dem König zwischen die Bauern zu gehen) 3. ♔d4? ♗c2! 4. e6+ ♔f6 5. e7 ♗a4 und Remis.

***Werden die Bauern auf Feldern mit der Farbe ihres Läufers blockiert, ist der Remisausgang offensichtlich.***

Schwarz verliert also, wenn sein Läufer auf b3 steht. Zu einem leichten Remis führt dagegen **1. ... ♗d7! 2. ♗g5+ ♔f7.** Schwarz zieht einfach seinen Läufer abwartend auf den Feldern c8 und d7 hin und her.
Um e5-e6 vorzubereiten, müsste Weiß seinen König links herumführen. Aber das ist nicht möglich, weil dieser an den Schutz des Bauern f5 gebunden ist.
Es gilt die Regel: ***Der Läufer muss so postiert werden, dass er gleichzeitig den Vormarsch des einen Bauern verhindert, während er den anderen angreift.***

Nutzen wir die Idee der gerade betrachteten Grundstellung zur Analyse anderer Endspiele. Wir beginnen mit einfachen Beispielen. Rücken wir einmal alle Steine um eine Reihe nach vorn. Was hat sich geändert?

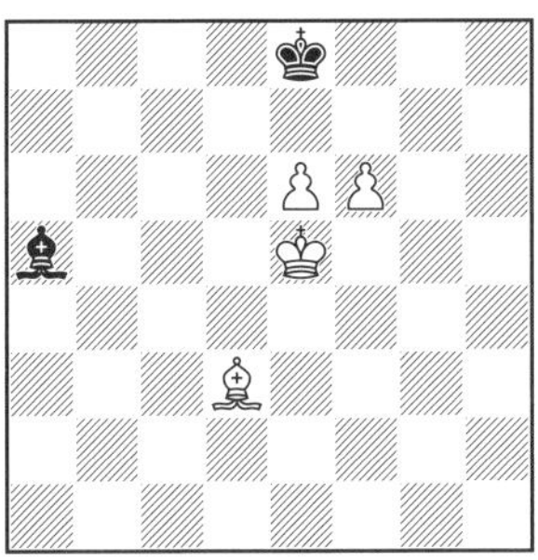

Im Falle von 1. ... ♗b4 gibt es keinen Unterschied. Weiß gewinnt mit genau derselben Methode (Schach und Umgehung durch den König). Man kann sich leicht davon überzeugen, dass jetzt beide Schachs (von g6 und b5 aus) gleichwertig sind.

Nach **1. ... ♗d8 2. ♗g6+** (oder 2. ♗b5+) **2. ... ♔f8 3. ♔f5** verliert Schwarz durch Zugzwang. Im Gegensatz zum vorigen Beispiel hat er keinen Abwartezug mit dem Läufer.

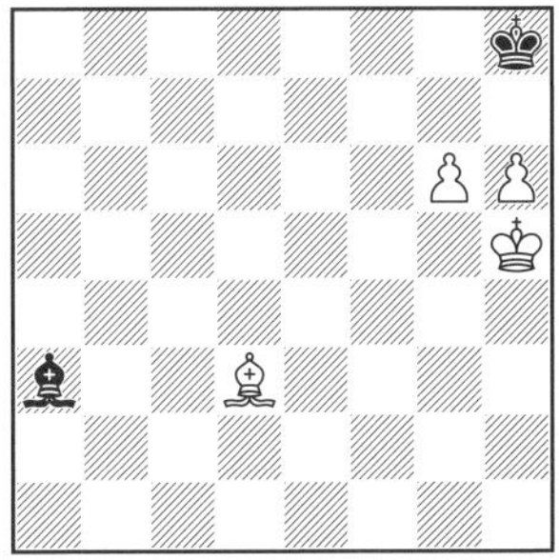

Die Nähe des Brettrandes bringt neue Momente der Stellungsbeurteilung mit sich. Prüfen wir 1. ... ♗b2. Wenn es Schwarz gelingt, noch 2. ... ♔g8 und 3. ... ♔f8 zu spielen, ist das Remis klar. Denn bei einem König auf f8 geht der Plan von Weiß, ihn rechts zu umgehen, nicht auf. Die Brettkante ist im Wege.
Doch jetzt zieht Weiß. Er kann den feindlichen König mit 2. ♗c4! in der Ecke festnageln und dann das Standardmanöver ♔h5-g4-f5-e6-f7 ausführen.
Nach **1. ... ♗f8!** wäre die Umgehung schon nicht mehr möglich, aber wie steht es mit dem Zugzwang? Um den Gegner in diese Lage zu bringen, muss seinem König wie gehabt mittels **2. ♗c4** das Feld g8 genommen werden. Aber nach **2. ... ♗:h6! 3. ♔:h6** endet die Sache mit einem Patt.

Das nächste Beispiel ist erheblich schwieriger.

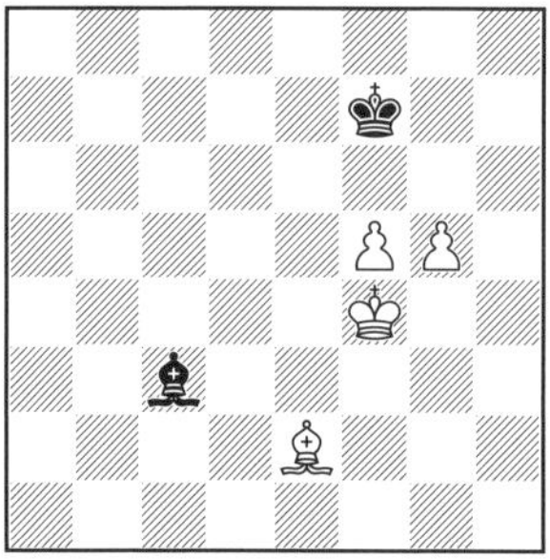

Der schwarze Läufer steht nicht besonders günstig. Er sollte besser auf e7 oder d8 postiert sein. In der theoretischen Grundstellung, mit der wir begannen, hätte Weiß gegen einen solchen Läufer leicht gewonnen.
Wenn wir die Angelegenheit logisch betrachten, so kann hier nur ein Umstand den üblichen Gewinnplan stören: die Nähe des Brettrandes. Analysieren wir einmal.
„Laut Regel“ müsste jetzt ein Läuferschach auf h5 erfolgen, um das Feld g6 zu kontrollieren. Der schwarze König weicht nach e7 zurück, und der weiße versucht die Umgehung von der rechten Seite aus, wo wenig Platz für Manöver ist.
1. ♗h5+ ♔e7! (Nach 1. ... ♔g7? 2. ♔e4 hat der weiße König keine Schwierigkeiten, sich von links zu nähern.) 2. ♔g4 ♗b2 3. ♗g6 (jetzt ist das wichtige Feld g6 für den König unpassierbar) 3. ... ♗c3 4. ♔h5 (droht 5. ♔h6, 6. ♗h5 usw.) 4. ... ♗g7! 5. ♗h7 ♔f7! 6. ♗g6+ ♔e7, und Weiß gelingt es nicht, sein Ziel zu erreichen: f5-f6+ vorzubereiten. Das Läuferschach von der anderen Seite bringt ebenfalls nichts ein:
1. ♗c4+ ♔g7! 2. ♔f3 ♗b2 3. ♔e4 ♗c1! 4. f6 ♔g6.

Und dennoch sind die Ressourcen des Spiels auf Gewinn noch nicht erschöpft. Zunächst muss der schwarze König nach g7 gelockt werden, dann bringt Weiß seinen Läufer auf die Diagonale e8-h5 und bereitet die Umgehung von links vor.
**1. ♔g4 ♗b2 2. ♔h5 ♔g7!**
Es drohte 3. ♔h6. Schlecht wäre 2. ... ♗g7? 3. ♗c4+ und 4. ♔g6.
**3. ♗b5 ♗c3 4. ♗e8 ♗d4** (gleichwertig ist 4. ... ♔f8 5. ♗g6 ♔g7)
**5. ♗g6**
Im Falle von 5. ♔g4 (mit der Drohung 6. ♗h5, 7. ♔f3, 8. ♔c4 usw.) erreicht der schwarze König das Feld e7: 5. ... ♔f8! 6. ♗h5 ♔e7, was zur ersten Variante führt.
**5. ... ♗c3 6. ♔g4**
Es scheint, als ginge der Plan von Weiß auf. Ungünstig für Schwarz ist 6. ... ♔f8 7. f6. Ansonsten spielt der Anziehende 7. ♗h5. Aber just in diesem Augenblick schafft es der schwarze Läufer, auf die vorgeschriebene Diagonale zu gehen.
**6. ... ♗a5(b4)!!** (7. f6+ geht jetzt nicht)
**7. ♗h5 ♗d8(e7)** und Remis.

In einer unserer Trainingsstunden lösten Sergej Dolmatow und Wadim Swjaginzew folgende Studie von **Jan Timman**, die er 1989 verfasste.

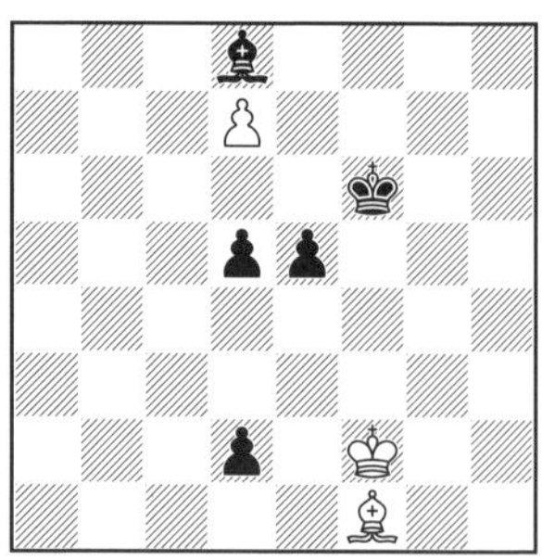

**1. ♔e2** (schlecht ist 1. ♗e2? e4 oder 1. ... d4)

**1. ... e4 2. ♔d1!?**

Nach Ansicht Timmans verliert Weiß im Falle von 2. ♔:d2 ♔e5 3. ♗b5 d4, weil sein Läufer nicht nach c2 kommt: 4. ♗a4? ♗g5+ 5. ♔e2 d3+.

Deshalb lässt der Anziehende den Bauern d2 am Leben und spielt auf Patt! Er erlaubt dem nächsten schwarzen Bauern, bis nach d3 zu gehen und beabsichtigt, nach e4-e3 seinen Läufer zu opfern: ♗:d3!

**2. ... ♔e5 3. ♗e2!**

Fehlerhaft wäre der Versuch, mit dem Läufer am Damenflügel zu operieren: 3. ♗a6? d4 4. ♗b5 d3 5. ♗a6 ♔d4 6. ♗b5 ♔d5! 7. ♗a6 ♔c5! (Zugzwang) 8. ♗b7 e3 oder 8. ♔:d2 ♔d4 mit Gewinn.

**3. ... d4 4. ♗h5 ♔f6**

Nach 4. ... d3 5. ♗g6 ♔d4 6. ♗h7 ist das Remis bereits in Sicht: 6. ... e3 7. ♗:d3.

**5. ♗e2 ♔f5**

Als nutzlos erweist sich 5. ... ♔g5 6. ♗c4 (mit der Absicht ♗g8-h7) 6. ... d3 7. ♗:d3 ed 8. ♔:d2.

**6. ♗c4!** (nicht aber 6. ♗h5? d3)

**6. ... d3 7. ♗g8**

Remis bringt auch das brutale 7. ♔:d2 mit der unparierbaren Drohung ♗:d3.

**7. ... ♔f4 8. ♗h7 ♔e5 9. ♗g6 ♔d4 10. ♗h7 e3 11. ♗:d3 ♔:d3** – Patt!

Die Patt-Verteidigung sieht natürlich schön aus, aber ist sie auch notwendig? Dolmatow und Swjaginzew zweifelten sofort an der Bewertung der Stellung, die nach dem Schlagen des Bauern d2 entsteht.

Stellen wir sie einmal mit vertauschten Farben auf, um leichter eine Analogie zu den uns bereits bekannten Ideen zu schaffen.

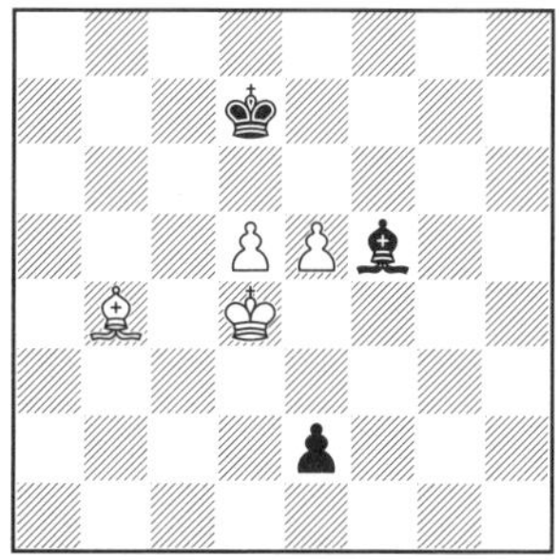

Der weiße Läufer nimmt eine ideale Position ein, wogegen der schwarze auf der Diagonalen h3-c8 nicht sehr günstig platziert ist. Ohne den Bauern auf e2 gäbe es am Sieg von Weiß keinen Zweifel. Hier muss er jedoch ständig mit dem Ablenkungsopfer e2-e1♕ rechnen, nach dem der weiße Läufer für einen Moment die Kontrolle über die wichtigen Felder vor seinen Bauern verliert. Die Frage ist, ob es Schwarz gelingt, diese Verteidigungsreserve zu nutzen.

**1. ♔e3**

Droht mit dem Schlagen des Bauern e2 und anschließendem Marsch des Königs nach f6. Nach 1. ... ♗g4 (1. ... ♗h3? 2. ♔:e2) 2. ♔f4 geht der schwarze Plan nicht auf: 2. ... e1♕ 3. ♗:e1 ♗h5 (mit der Drohung 4. ... ♗f7) 4. e6+ ♔d6 5. ♔e4, und wenn 2. ... ♗h3 3. ♔g5 e1♕ 4. ♗:e1 ♗g2, so 5. e6+ ♔d6 6. ♗b4+ ♔:d5 7.e7, und der Bauer wird zur Dame. Was kann Schwarz noch unternehmen?

**1. ... ♔c7!!**

Die Schlüsselidee der Verteidigung! Wichtig ist es, dass der Bauer nicht mit

Schach nach e6 kommt (z.B. nach 2. ♔:e2 ♗e4). Ohne den Bauern e2 auf dem Brett könnte Weiß jetzt mit 2. e6 antworten. Hier aber würde das sofort zum Remis führen: 2. e6 ♗:e6 3. de e1♕+ 4. ♗:e1 ♔d6.
Im Falle von 2. ♔f4 erwidert Schwarz am einfachsten 2. ... ♗d3 (auch 2. ... ♗h3 verliert nicht) 3. ♔g5 ♗c4 oder 3. e6 e1♕ 4. ♗:e1 ♔d6.
Nach 2. ♗a5+ ♔d7 3. ♔f4 geht die Grundidee der Verteidigung in derartigen Stellungen auf – Überführung des Läufers nach f7: 3. ... ♗g6! und 4. ... ♗f7 (4. e6+ ♔d6).
Nachdem wir die Figuren hin und her bewegt hatten, kamen wir zu dem Schluss, das Endspiel sei remis und Timmans Studie unkorrekt, weil sie einen Lösungsweg enthält.
Später baute ich das Schachbrett noch einmal allein auf und fand einen neuen Gewinnversuch, der auf Zugzwang beruht.

**2. ♗e1 ♔d7 3. ♗a5!**

Jetzt verbietet sich 3. ... ♔e7? 4. ♗b4+ ♔f7 (4. ... ♔d7 5. ♔:e2) 5. ♔d4, und gegen das Eindringen des Königs auf d6 gibt es keine Verteidigung. Die Bemühungen von Schwarz um aktives Gegenspiel kommen zu spät: 5.... ♗c8 6. ♔c5 ♔g6 7. e6 ♔f5 8. ♔d6 ♗a6 9. ♔c6! ♔f6 10. ♗c3+ ♔e7 11. ♗e1! oder sofort 10. ♗e1.

**3. ... ♗g4**

Zum gleichen Ergebnis führt auch 3. ... ♗h3 4. ♔f4 (4. ♗b4 ♔c7!!; 4. ♔:e2 ♗g2 5. e6+ ♔e7! 6. ♗b4+ ♔f6) 4. ... ♔e7! 5. ♗b4+ ♔f7.

**4. ♔f4 ♗h3**

Die Idee, den Läufer nach f7 zu bringen, geht hier nicht mehr auf:
4. ... ♗h5? 5. e6+ ♔d6 6. ♔e4.

**5. ♔g5 ♔e7!**

Sonst kann ♔f6 nicht verhindert werden.

**6. ♗b4+ ♔f7** (5. ... ♔d7? 6. ♔f6) **7. ♔f4**

Weiß hat den König seines Gegners nach f7 getrieben und versucht jetzt die Umgehung von links.

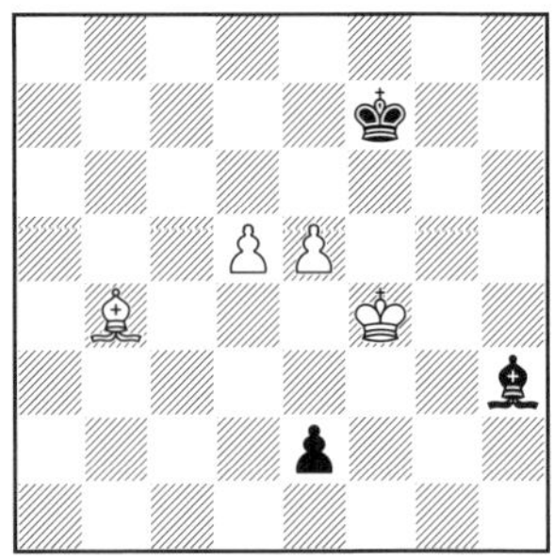

Ich rief Swjaginzew an und teilte ihm den gefundenen Plan mit. Nach einer halben Stunde meldete er sich zurück und erklärte, dass die Stellung dennoch remis sei!

**6. ... ♔g6!!**

Die einzige Chance zur Rettung besteht im kühnen Marsch des Königs nach f5. Nach dem fehlerhaften 6. ... ♗c8? 7. ♔e4! gerät Schwarz unerwartet in Zugzwang und verliert: 7. ... ♔g6 8. e6 oder 7. ... ♗h3 8. ♔d4. Interessant ist, dass hier beiderseitiger Zugzwang besteht. Wenn Weiß ziehen muss, so kann er nicht gewinnen: Die Fortsetzung 8. ♔d4 ♔g6! mündet in die Hauptvariante, die gleich gezeigt wird, und im Falle von 8. ♗e1 ♗h3 9. ♔d4 kehrt der schwarze König zum Damenflügel zurück: 9. ... ♔e7 10. ♗b4+ ♔d7 11. ♔e3 ♔c7! usw.

**7. ♔e4** (droht 8. e6) **7. ... ♗f5+ 8. ♔d4 ♗c8! 9. ♔c5 ♔f5 10. ♔d6 ♗a6 11. e6 ♗c4** (oder 11. ... ♗b5), und Weiß kann nicht gewinnen.

Wie Sie sehen, war die Analyse sehr schwierig und offenbarte viele überraschende Manöver beider Seiten. Doch zu Grunde lagen ihr Ideen, die wir aus unserem theoretischen Basiswissen schöpfen konnten.

## Vereinzelte Bauern

Im Allgemeinen kann man sagen, dass die Verteidigung um so schwieriger ist, je weiter die gegnerischen Bauern voneinander entfernt sind.

In meiner Kindheit lernte ich eine scherzhafte Regel für die Beurteilung solcher Endspiele kennen: Wenn man beide Bauern mit den Fingern einer Hand bedecken kann, dann ist die Stellung remis, wenn nicht (also die Distanz zu groß ist), dann gewinnt die stärkere Seite das Spiel!

Eine solche Orientierung ist zu ungenau, um ihr zu vertrauen. Tatsächlich gibt es hier viele verschiedene Situationen, die man nicht unbedingt studieren und sich merken muss. Der Ausgang des Kampfes hängt in der Regel davon ab, ob der König der dominierenden Seite den Durchmarsch zu dem Bauern schafft, der vom feindlichen Läufer an der Umwandlung gehindert wird.

Folgendes Endspiel sollten wir auf jeden Fall in unser Grundwissen aufnehmen.

**Berger – Kotlerman**
**Archangelsk 1948**

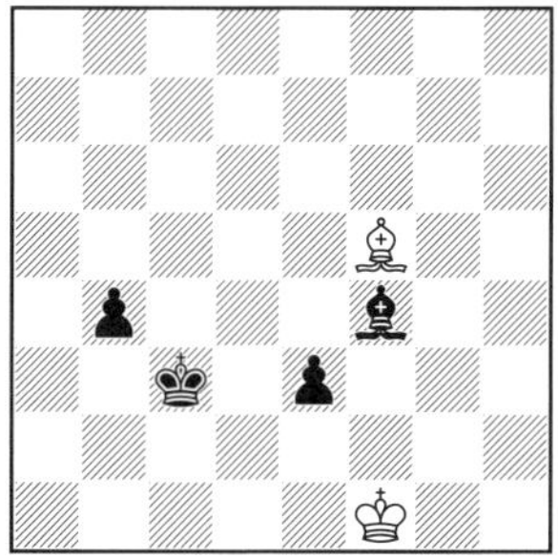

**1. ♔e2 b3 2. ♔d1 ♔b4 3. ♗h7 ♔a3 4. ♗g6**

Wenn jetzt 4. ... b2 (mit der Drohung 5. ... ♔a2), so 5. ♗b1! ♔b3 6. ♔e2.

**4. ... ♔b2 5. ♗f7!**

Es drohte 5. ... ♔a1 und 6. ... b2. Indem Weiß den Bauern b3 angreift, verhindert er den Plan seines Gegners.

**5. ... ♔a2 6. ♗e6 ♔a3** (mit der Drohung 7. ... b2 8. ♗f5 ♔a2)

**7. ♗f5!** Remis.

Sehen wir uns ein komplizierteres Endspiel an.

**J. Awerbach 1954**

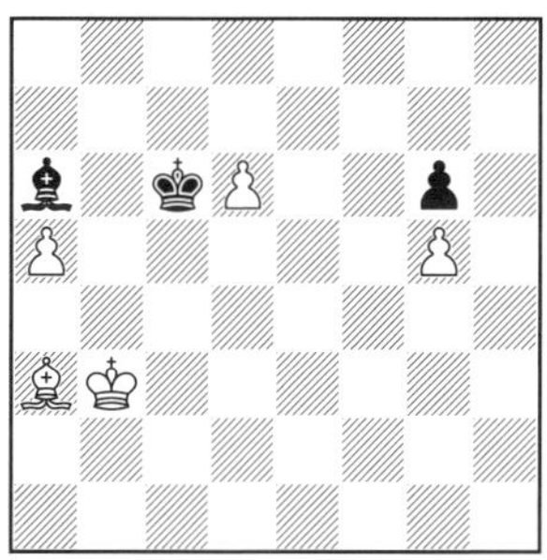

In der ersten Ausgabe der Monographie „Schach-Endspiele“ (unter der Redaktion Awerbachs) enthielt die Analyse dieses Beispiels einen schwerwiegenden Fehler. Er wurde von Jussupow entdeckt, als ich ihm die Aufgabe zum Lösen gab. In der neuen Auflage hat Awerbach den Fehler inzwischen selbst berichtigt.

**1. ♔c3 ♗f1 2. ♔d4 ♗e2 3. ♔e5 ♔d7**
Jetzt wäre 4. ♔f6 ♗d3 5. a6? ♗:a6 6. ♔:g6 ♔e8 falsch, und es ergibt sich mit vertauschten Farben das uns bereits bekannte Endspiel Berger–Kotlerman.
Der richtige Plan besteht im Spiel auf Zugzwang. Vom Feld d3 aus schützt der schwarze Läufer auf der einen Diagonalen den Bauern g6, und auf der anderen verhindert er den Vormarsch des a-Bauern. Infolgedessen kann er nicht wegziehen. Der weiße König darf nicht nach e7 gelassen werden.
Der schwarze König hat außer dem Feld d7 nur noch zwei andere: d8 und e8. Das eine kann man ihm durch Überführung des Läufers nach c7 und das andere durch ♔f7 streitig machen.

**4. ♗c5 ♗f1 5. ♗b6 ♗e2 6. ♗c7 ♗d3 7. ♔f6 ♔e8 8. ♔g7 ♔d7 9. ♔f7,** und Schwarz befindet sich in Zugzwang.
Ist der Nachziehende aber am Zuge, kann er sich retten. Er lässt den weißen König nicht zum Königsflügel und baut am Damenflügel eine sichere Verteidigung auf.

**1. ... ♔d7! 2. ♔c3 ♔e6 3. ♔d4 ♗b7! 4. ♔c5 ♔d7 5. ♔b6 ♗f3 6. a6 ♔c8!**
Es drohte 7. ♔a7 ♔c8 8. d7+! ♔:d7 9. ♔b8.

**7. ♔a7**
Jetzt muss der Zug 8.d7+ mit dem Läufer pariert werden, aber von welchem Feld aus: c6 oder g4?

**7. ... ♗g4!**
Nach 7. ... ♗c6? 8. ♗b4 gerät Schwarz in Zugzwang: 8. ... ♗d7 9. ♔b6 ♗f5 10. d7+! ♔:d7 11. ♔b7 oder 10. ♗:d7 11. a7.

**8. ♔b6 ♗f3!** (8. ... ♔d7? ♔b7)

**9. ♔c5 ♔d7 10. ♔d4 ♔e6!,** und Weiß kann nicht gewinnen.

## Mehrbauern-Endspiele

Als ich mich vor vielen Jahren mit der Theorie der ungleichfarbigen Läufer befasste, erkannte ich einige Gesetzmäßigkeiten, die – wie sich zeigte – fast in all diesen Endspielen wirken und sehr gut helfen, sich in ihnen zu orientieren.
Ehe ich aber meine eigene Theorie darlege, zeige ich ein Beispiel, in dem trotz seiner Einfachheit fast alle Gesetze vorkommen, von denen in diesem Abschnitt die Rede sein wird.

### Lehrbeispiel

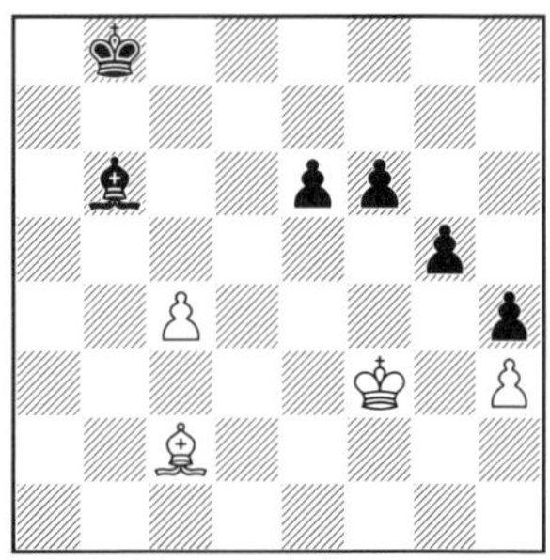

Ist Weiß am Zug, so rettet er sich durch **1. c5! ♗:c5 2. ♗b3 e5 3. ♗e6 ♔c7 4. ♔e4.** Dann schiebt er seinen Läufer einfach auf der Diagonalen h3-c8 hin und her.

## 1. Remistendenzen

Das häufigste Merkmal bei Endspielen mit ungleichfarbigen Läufern.
Hier rettet man sich mitunter, wie eben gesehen, mit drei Bauern weniger.

Oder erinnern Sie sich an die Endspiele mit verbundenen Freibauern, wo selbst ein gewaltiger materieller Vorteil nicht zum Gewinn ausreicht?

Die Schlussfolgerungen aus dieser Gesetzmäßigkeit sind klar:

***Die stärkere Seite muss beim Übergang ins Endspiel mit ungleichen Läufern höchst wachsam sein, weil sich dem Gegner dort plötzlich Konterchancen eröffnen. Für die schwächere Seite erweist sich ein solches Läuferendspiel zuweilen als Rettungsanker, weil sich die Remisaussichten in ihm erheblich vergrößern.***

## 2. Die Festung

Sie ist ein passives System, das in der Errichtung einer uneinnehmbaren Stellung besteht. Der Verteidiger hält stand, weil alles zuverlässig blockiert und geschützt ist.

***Das Hauptthema in Endspielen mit ungleichfarbigen Läufern ist das Thema Festung. Die schwächere Seite baut eine Verteidigung auf, und die stärkere versucht, deren Errichtung zu verhindern oder (wenn sie schon besteht) ein Mittel zu finden, um die gegnerische Festung zu zerschlagen.***

Die Schlüsselstellung im obigen Lehrbeispiel ist eine Festung. Weiß sucht dort nicht nach einem aktiven Gegenspiel. Er wartet einfach ab, so dass sein Gegner nichts unternehmen kann.

Im Endspiel hat die Fähigkeit zur nüchternen Analyse der Lage, zum Entwickeln von Plänen und Verfahren große Bedeutung. Die Rolle des logischen Denkens wächst besonders in Endspielen mit ungleichfarbigen Läufern. In den meisten Fällen muss man sie nicht „spielen“, sondern „aufbauen“. Zuerst gilt es, die richtige Aufstellung der Figuren und Bauern zu finden, durch welche die Festung uneinnehmbar wird. Erst dann erfolgt die Variantenberechnung, um zu prüfen, ob der geplante Verteidigungsaufbau erreicht wird und tatsächlich unüberwindlich ist.

Die folgenden Gesetzmäßigkeiten stellen die wichtigsten allgemeinen Methoden dar, wie eine Festung zu errichten und zu zerstören ist. Es handelt sich um die charakteristischsten und häufigsten Verteidigungstypen.

## 3. Die Lage der Bauern

Allgemein bekannt ist das Prinzip, die Bauern möglichst auf andersfarbigen Feldern als dem des eigenen Läufers zu postieren. In Endspielen mit unterschiedlichen Läufern gewinnt diese Regel nur für die stärkere Seite an Bedeutung. Besonders wichtig ist sie im Zusammenhang mit verbundenen Freibauern.

Dagegen ***sollte die schwächere Seite ihre Bauern möglichst auf Feldern mit der Farbe des eigenen Läufers halten.*** In diesem Falle erfüllt sich in der Regel die Hoffnung auf Rettung. Ein durch den Läufer gedeckter Bauer kann nur durch den feindlichen König angegriffen werden, das heißt, er ist unverwundbar. In anderen Endspieltypen wird der Bauer nicht nur vom König, sondern auch von anderen Figuren (Springer, gleichfarbiger Läufer) bedroht.

Im Lehrbeispiel befindet sich der letzte Bauer der schwachen Seite auf einem weißen Feld – von der Farbe seines Läufers. Dieser Umstand ermöglicht die Errichtung einer soliden Festung. In der Ausgangsstellung hat die stärkere Seite, die einen schwarzfeldrigen Läufer besitzt, nur einen richtig postierten Bauern – den auf dem weißen Feld e6. Wenn der König sich ihm nähern könnte, dann würde Schwarz anschließend f6-f5 ziehen und leicht sein materielles Übergewicht realisieren. Der einzige Rettungsweg für Weiß besteht darin, den feindlichen e-Bauern zu zwingen, auf das Feld von der Farbe des eigenen Läufers zu gehen.

## 4. Stellungsnuancen sind wichtiger als Material

In Endspielen mit ungleichfarbigen Läufern hat die Anzahl der Bauern auf dem Brett geringere Bedeutung als die auf den ersten Blick unwichtig erscheinenden Veränderungen in der Figuren- oder Bauernaufstellung. Deshalb ***kommen in diesen Endspielen auf Schritt und Tritt positionelle Bauernopfer vor.*** So opfert Weiß in unserem Beispiel gern auch den dritten(!) Bauern für eine „Kleinigkeit" – den schwarzen e-Bauern zum Vormarsch zu bewegen.

## 5. Prinzip einer Diagonale

***Sowohl für die stärkere als auch für die schwächere Seite ist es sehr wichtig, dass der Läufer die eigenen Bauern schützt und die gegnerischen Bauern nicht auf verschiedenen Diagonalen „auseinanderlaufen" lässt.***

In der Schlussstellung des Lehrbeispiels verteidigt der Läufer auf der Diagonalen h3-c8 den Bauern h3 und stoppt die beiden gegnerischen auf f6 und g5.

In der weiter oben betrachteten Stellung von Awerbach schützt der Läufer auf der einen Schrägen den Bauern g6, auf der anderen muss er versuchen, den Freibauern a5 aufzuhalten. So eine Situation ist ungünstig für Schwarz. In der Lösung und im logischen Schluss sahen wir ***zwei typische Verfahren, wie die Schwäche eines „hin und her gerissenen" Läufers ausgenutzt werden kann: durch Zugzwang und Ablenkung.***

## 6. Bauern im Visier

***Eine charakteristische Verteidigungsmethode ist der Angriff des Läufers auf die gegnerischen Bauern.*** Auf diese Weise kann ihr Vormarsch auf weniger günstige Felder von der Farbe des eigenen Läufers erreicht oder die Bindung des feindlichen Königs an den Schutz der Bauern (wie in der Ausgangsstellung mit den beiden verbundenen Freibauern oder im Endspiel Berger – Kotlerman) erzwungen werden.

Sehr oft kommen Endspiele vor, in denen die stärkere Seite einen Freibauern besitzt. Er muss durch den König (1. Verteidigungssystem) oder durch den Läufer (2. Verteidigungssystem) blockiert werden.

## 7. Erstes Verteidigungssystem

Der König der schwächeren Seite blockiert den Freibauern des Gegners, der Läufer schützt seine Bauern. Das ist die häufigste und zuverlässigste Art der Verteidigung.

***Verletzungen des ersten Verteidigungssystems sind immer mit der Bildung eines zweiten Freibauern***

***verbunden, was oft mit einem Bauerndurchbruch geschieht.***

## 8. Zweites Verteidigungssystem

Der Läufer stoppt den Freibauern (manchmal zwei auf einer Diagonalen), der König hält die Stellung; er schützt seine Bauern und schränkt die Aktivität seines Widerparts ein.

***Verletzungen des zweiten Verteidigungssystems gehen immer mit dem Durchbruch des Königs zu seinem Freibauern einher (manchmal nach einem vorherigen Ablenkungsmanöver am anderen Flügel).***

Jetzt trainieren wir anhand konkreter Endspiele die Anwendung unserer erworbenen Theoriekenntnisse. Wir gehen logisch an die Analyse heran und finden heraus, welches Verteidigungssystem die schwächere Seite wählte oder anwenden musste und auf welche Weise man diese Festung zerstören kann. Weitere Fragen sind: Stehen die eigenen Bauern richtig, kann man die feindlichen nicht aufs Korn nehmen oder ein bis zwei Bauern opfern?

**Fuchs – Cholmow**
**Dresden 1956**

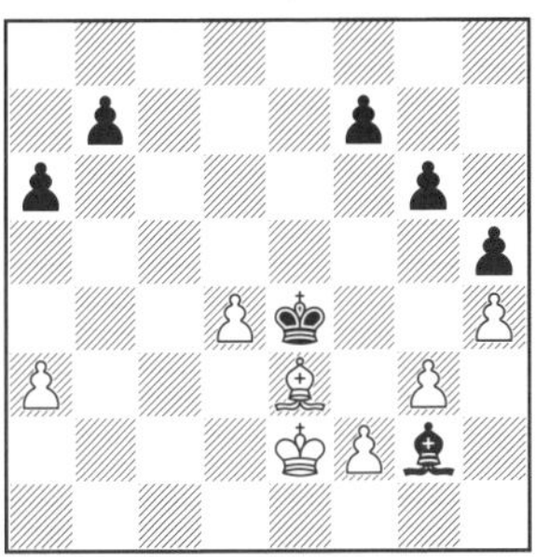

Schwarz erhält offensichtlich einen Freibauern am Damenflügel, aber der wird durch den König des Gegners blockiert (1. Verteidigungssystem). Die einzige Gewinnchance besteht in der Bildung eines zweiten Freibauern. Deshalb muss f7-f6, ♔f5, g6-g5 geschehen, dann auf h4 getauscht und der h-Bauer erobert werden. In der Partie realisierte Cholmow diesen Plan erfolgreich und gewann.

Nikolai Krogius stellt in seinem Buch „Gesetze des Endspiels" den Ausgang des Kampfes als vollkommen logisch dar. In Wirklichkeit aber ist die Stellung unentschieden – das wird auf den ersten Blick deutlich, wenn man nur an die Remistendenzen der Endspiele mit ungleichfarbigen Läufern denkt. Die fehlerhafte Einschätzung von Großmeister Krogius ist leicht erklärbar, wenn man weiß, dass er zu diesem Zeitpunkt eigentlich schon aufgehört hatte, Turnierschach zu spielen und sich nur noch mit bürokratischen Angelegenheiten befasste.

**1. ... f6! 2. ♔d2**

Die Aufgabe von Weiß besteht darin, mit seinem Läufer den Königsflügel zu sichern und dem Gegner nicht zu erlauben, dort einen zweiten Freibauern zu bilden. Der Partiezug verdirbt noch nichts, aber am einfachsten war 2. d5! ♔:d5 3. ♔d3 (d2) nebst ♗e3-b6-d8 (den Bauer f6 ins Visier nehmend). Der Remisausgang wird offensichtlich. Schwarz erreicht mit der Überführung seines Königs nach f5 und g6-g5 keinerlei Fortschritte.

**2. ... ♔f5 3. ♗f4?**

Jetzt erhält der Gegner unweigerlich einen Freibauern am Königsflügel.

Dagegen hätte die Methode, feindliche Bauern aufs Korn zu nehmen, auch hier erfolgreich funktioniert: 3. ♗h6! g5 (3. ... ♔g4 4. ♗g7 f5 5. ♗h6 oder 5. d5) 4.

♗g7!, verhindert den Zug 4. ... ♔g4. Gut ist auch 3. d5! ♗:d5 (3. ... g5 4. d6 ♗c6 5. ♗d4) 4. ♗d4 oder 4. ♗b6 g5 5. ♗d8. Offensichtlich waren Meister Fuchs diese Methoden der Endspielführung mit ungleichfarbigen Läufern wie das Opfern eigener Bauern oder der Angriff auf gegnerische damals nicht bekannt.

**3. ... g5 4. ♗c7 ♔g4 5. ♗d8 gh 6. gh ♔:h4 7. ♗:f6+ ♔g4 8. ♔e3 ♗d5 9. ♗e7 b5**

Weiß gab auf, nach Ansicht von Krogius wegen der Variante 10. ♗d8 h4 11. f3+ ♗:f3 12. ♔f2 h3 mit anschließendem Marsch des schwarzen Königs zum Damenflügel (der Läufer schützt auf der Diagonalen h3-c8 seinen Bauern und hält den weißen d-Bauern auf). In Wahrheit ist der Zug

11. ... ♗:f3? natürlich falsch wegen 12. ♗:h4! Schwarz musste daher

11. ... ♔g3! spielen.

Ehrlich gesagt, habe ich den Verdacht, dass ein Remis auch nach 3. ♗f4? noch möglich ist (prüfen Sie diese Hypothese bitte selbständig). Aber in jedem Falle war der 3. Zug von Weiß ein prinzipieller Fehler. Anstatt eine sichere Festung zu errichten, erlaubte er eine für seinen Gegner günstige Zuspitzung des Kampfes.

**Bogoljubow – Ed. Lasker**
**New York 1924**

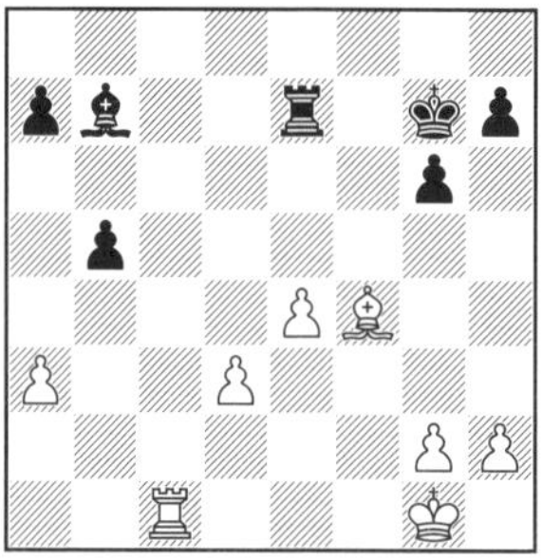

Weiß muss dank seines gewaltigen Freibauerpaares gewinnen. Am einfachsten wäre es, mit dem König ins Zentrum zu gehen: 1. ♔f2. Bogoljubow aber wollte mit äußerster Vorsicht agieren und erst die Türme tauschen, um den Vorstoß a7-a5 zu verhindern. Dieser Weg erwies sich in der Partie als richtig.

1. ♖c7 ♔f7 2. ♖:e7+ ♔:e7 3. ♗d2! (stoppt das schwarze Gegenspiel am Damenflügel) 3. ... ♔e6 4. ♔f2 ♔d6 5. ♔e3 ♔c5 6. ♗a5, und Weiß gewann leicht.

Im Zusammenhang mit diesem Beispiel erinnern wir an die Notwendigkeit, beim Übergang in ein Endspiel mit ungleichfarbigen Läufern sehr wachsam zu sein, weil in ihm die Remistendenzen zunehmen. Wie Aljechin in einer Analyse nachwies, konnte sich Schwarz nach 1. ♖c7? retten.

**1. ... ♖:c7 2. ♗:c7 b4!**

Ein typisches Bauernopfer in diesen Läuferendspielen.

**3. ab ♗a6! 4. d4 ♗d3!**

Auch eine Standardmethode der Verteidigung: Angriff auf feindliche Bauern. Sie müssen auf Felder von der gleichen Farbe des eigenen Läufers gehen, wo sie ihre Kraft völlig verlieren, da sie leicht blockiert werden können.

**5. e5 ♗c4 6. ♔f2 a6**

Bei der Verteidigung sollten die Bauern auf Feldern mit der Farbe des eigenen Läufers stehen.

**7. ♔e3 ♔f7 8. ♔f4 h5** mit offensichtlichem Remis.

Dem Prinzip „Stellungsnuancen sind wichtiger als Material“ entsprechend, muss noch der Zug 3. ♔f2!? (anstelle von 3. ab) untersucht werden, um nicht die Blockade der Zentralbauern zu gestatten.

Nach 3. ... ba gewinnt Weiß nicht mehr, da der a-Bauer den Läufer von der Kontrolle der Felder vor den verbundenen Freibauern ablenkt. Hier ist eine Beispielvariante von Bondarewski: 4. ♔e3 a2 5. ♗e5+ ♔f7 6. ♗b2 ♔e6 7. d4 (7. ♔f4 h6) 7. ... ♔d6 8. d5 h6 9. ♔d4 ♗a8 10. e5+ ♔d7 11. ♔c5 (11. e6+ ♔d6) 11. ... ♗b7 12. e6+ ♔e7, und Weiß kann die Stellung nicht weiter verstärken.

**Charlow – Chenkin**
**Kopenhagen 1993**

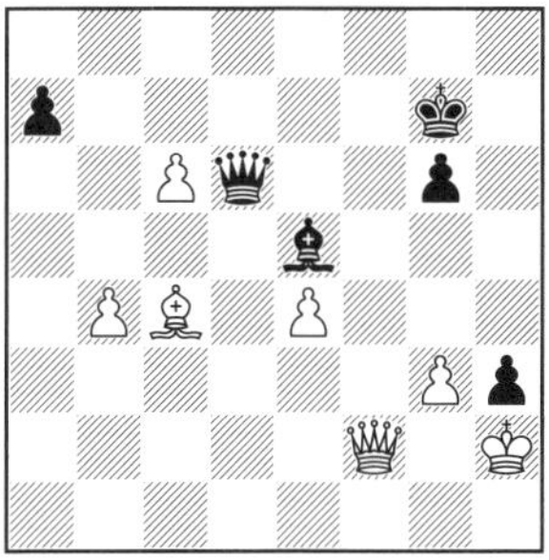

Die Partie ging so zu Ende: 1. ... a6? 2. ♕a7+ ♔h6 3. ♕e3+ ♔g7 4. ♕g5! (Schwarz unterschätzte die Kraft dieses Zuges). 4. ... ♕d4 5. c7! ♗:g3+ 6. ♔:g3. Schwarz gab auf.

Eine detaillierte Analyse des Endspiels habe ich nicht vor. Ich zeige nur einen Weg, wie der Nachziehende Remis erreichen kann.

Warum sollte man nicht sofort den Hauptfeind – den Bauern c6 – beseitigen?

Nach **1. ... ♕:c6** bringt 2. ♕f7+ ♔h6 Weiß nichts ein. Das heißt, er muss **2. ♕:a7+** spielen. Dann aber hat Schwarz die Antwort **2. ... ♕c7!.**

Der Läufer c4 und der Bauer g3 sind angegriffen, deshalb ist der Damentausch **3. ♕:c7+ ♗:c7** praktisch erzwungen.

Der Übergang ins Endspiel mit ungleichfarbigen Läufern ist eine wichtige Verteidigungsmethode, mit deren Hilfe man zuweilen eine schwierige Stellung retten kann. Deshalb verdiente der gezeigte Plan natürlich besondere Aufmerksamkeit. Großmeister I. Chenkin nahm an, das Endspiel sei verloren, weil Weiß zwei Mehrbauern besitzt. In Wirklichkeit liegt hier ein klares Remis vor. Um dies festzustellen, helfen uns neben der allgemeinen Orientierung (Remistendenzen) auch konkrete Faktoren. Wenn Weiß den Bauern g3 gibt, so haben wir die gut bekannte Remissituation aus der Partie Berger – Kotlerman erreicht. Wird der Bauer nach g4 geschoben, erwidert Schwarz g6-g5, und dann verbarrikadiert er dem König des Gegners jeden Zugang in die obere Bretthälfte, zum Beispiel:

**4. ♔:h3 ♔f6 5. ♔g4 ♗d6**

Jetzt ist die Zeit gekommen, den feindlichen Bauern auf ein Feld von der Farbe seines eigenen Läufers zu zwingen.

**6. b5 ♗c7 7. ♗d5 ♔e7 8. ♗c6 ♔f6 9. ♔f3 ♔e6 10. g4 g5 11. ♔e3 ♗b6+ 12. ♔d3 ♔e5 13. ♔c4 ♔d6**, und das Remis ist offensichtlich.

**Wachidow – Timostschenko**
**Taschkent 1982**

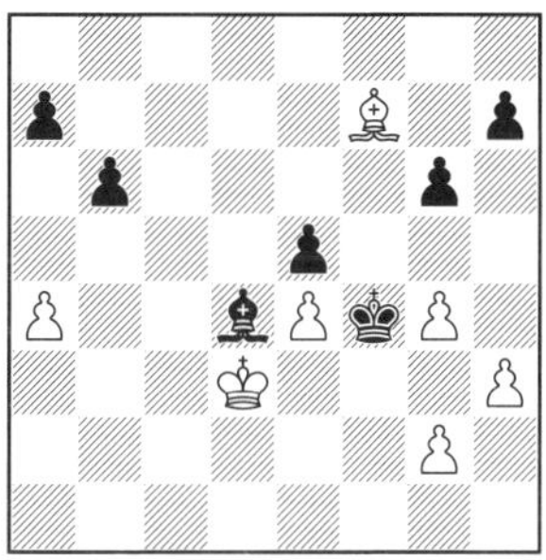

Schwarz droht noch nicht mit 1. ... ♔g3 wegen 2. g5! und 3. ♗g8. Er plant 1. ...

g5 und erst dann 2. ... ♔g3. Weiß muss sich jetzt entscheiden, wie er seine Bauern am Königsflügel sichert und welche Figur den gegnerischen Freibauern am Damenflügel aufhalten wird. In der Partie wählte er das 1. Verteidigungssystem. Der Läufer übernahm den Schutz der Bauern, und der König blieb am Damenflügel.

1. ♗b3 g5! 2. ♗d1. Nichts bringt 2. h4 gh 3. g5 ♔g3! (3. ... ♔:g5? 4. ♗e6 ♔f4 5. ♗f5 ♔g3 6. ♗h3 ergibt Remis) 4. ♗g8 ♔:g2 5. ♗:h7 ♗c5!, und Schwarz gewinnt.

2. ... a6 3. ♗f3 b5 4. ab ab. Es sieht so aus, als ob Weiß die Gefahr gebannt hat. Sein Läufer deckt zuverlässig die eigenen Bauern, und der König blockiert den Freibauern des Gegners. Aber der Anziehende hat einen sehr passiven Läufer, und gehen ihm die Züge aus:

5. ♗d1 ♔g3 6. ♗f3 ♔f2 7. ♔c2 b4 8. ♔b3 ♗c3 9. ♔c4 h6 10. ♔d3 ♗e1 11. ♔c4 ♗d2 12. ♔d3 ♗c3 (Zugzwang) 13. ♔c4 ♔e3 (erneut Zugzwang).

Auf 14. ♔b3 folgt 14. ... ♔d3 (der entscheidende Zugzwang!) 15. ♔a2(a4) ♔c2, und Schwarz gewinnt.

In der Partie geschah 14. ♔d5 b3, und Weiß gab auf.

Versuchen wir jetzt einmal das 2. Verteidigungssystem, bei dem der König die Sicherung am Königsflügel übernimmt. Auch dieser Plan ist nicht absolut zuverlässig, weil der Läufer zweifache Arbeit leisten muss. Auf einer Diagonale ist der feindliche Freibauer aufzuhalten, auf einer anderen ist der eigene Bauern e4 zu schützen. Wie es aussieht, wird sich wahrscheinlich auch hier Zugzwang einstellen.

1. ♗d5 g5! 2. ♔e2 h6 3. ♗b7 ♗c5 4. ♗d5 a6 5. ♗c4 (auch nicht besser ist 5. ♗b7 b5 6. a5 b4 7. ♗:a6 ♔:e4) 5. ... b5! 6. ab a5 (Schwarz opfert den Bauern gern, um einen Freibauern zu bilden). 7. ♗d5 a4 8. ♗c6 a3 9. ♗d5 ♗b6. Zugzwang! Der weiße Läufer hat keine vernünftigen Züge mehr, weil er auf zwei Hochzeiten (Diagonalen) tanzen muss. Ist die Stellung also für Weiß verloren? Versuchen wir unsere Kenntnisse des Endspiels mit ungleichfarbigen Läufern zu nutzen, um zu ergründen, wo sich vielleicht doch noch eine Rettungsmöglichkeit bietet.

Vor allem sollte das grundlegende (erste) Verteidigungssystem noch einmal geprüft werden. Was wir verhindern müssen, ist der Zugzwang des weißen Läufers. Erinnern wir uns an das Prinzip „Bauer im Visier“ und scheuen wir nicht vor einem Opfer zurück!

**1.g5!! ♔:g5 2. ♗g8! h5**

Das gleiche kommt bei 2. ... h6 heraus. Nichts bringt Schwarz 2. ... ♔f6 3. ♔c4 ein.

**3. ♗f7! h4 4. ♔c4**

Das Remis ist offensichtlich, weil der Läufer jetzt die Verteidigung am Königsflügel ohne Schwierigkeiten bewältigt. Weiß kann seine Zugfolge auch umstellen: 1. ♗g8 h6 2. g5!! ♔:g5 3. ♗f7.

Zum Abschluss noch einige Übungen, bei deren Lösung Sie die praktische Anwendung ihres theoretischen Wissens trainieren können. Ich empfehle Ihnen auch, sich mit den lehrreichen Endspielen dieses Typs bekannt zu machen, die in meinem Buch „Kunst der Analyse“ dargelegt werden.

## Übungen

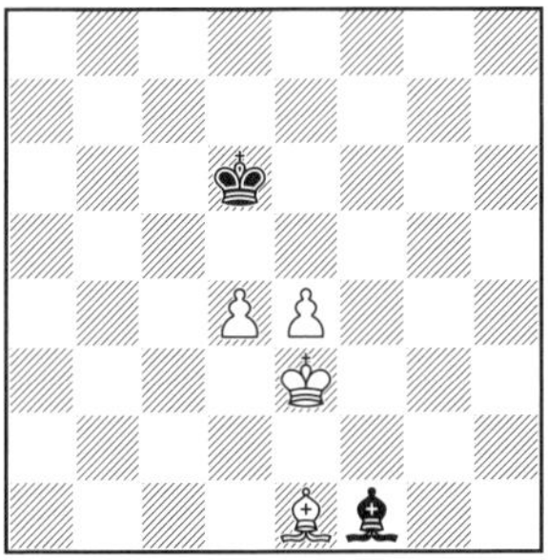

Dia 1 Schwarz am Zuge

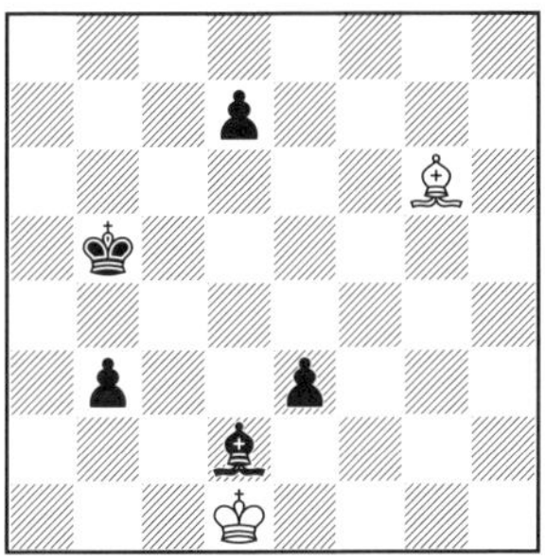

Dia 2 Weiß am Zuge

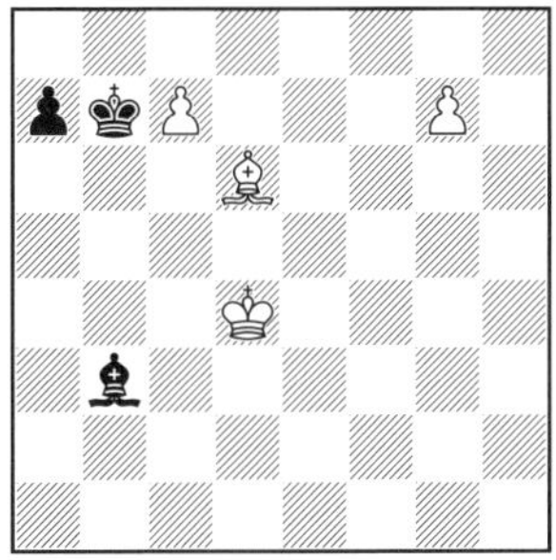

Dia 3 Weiß am Zuge

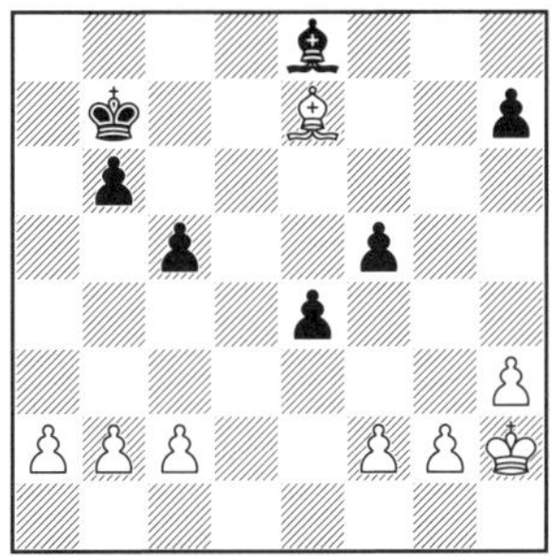

Dia 4 Schwarz am Zuge

## Lösungen

### 1. S. Tarrasch (1921)

Das Vordringen der Bauern auf die fünfte Reihe kann nicht verhindert werden (dafür müsste der Läufer auf c6 stehen). Doch wie müssen die schwarzen Figuren stehen, wenn die weißen Bauern vorstoßen? Offensichtlich gehören der Läufer nach f7(g8) und der König nach d7. Diese Aufstellung gilt es vorzubereiten.

**1. ... ♗c4!** Fehlerhaft ist 1. ... ♗b5? 2. ♗b4+! (nicht aber 2. ♗g3+? ♔e7! 3. d5 ♗e8 4. e5 ♗f7) 2. ... ♔c7 3. d5 ♗e8 4. e5 ♗f7 5. e6, und Schwarz fehlt ein Tempo. Oder 2. ... ♔e6 3. d5+ ♔e5 4. ♗c3+ ♔d6 5. ♔d4 ♗e8 6. e5+, und der Läufer schafft es nicht, nach f7 zu kommen.

**2. ♗g3+ ♔c6!** (natürlich nicht 2. ... ♔e6? 3. ♔d2 und 4. ♔c3.)

**3. ♔f4 ♗g8 4. ♔e5 ♔d7 5. d5 ♗h7!** Schwarz, der die Bauern im Visier hat, lässt den gegnerischen König nicht nach f6. Übrigens genügt das weniger genaue 5. ... ♗f7 6. ♔f6 ♔e8! 7. ♗f4 ♗g8 ebenfalls zum Unentschieden.

**6. ♔f4 ♗g6 7. e5 ♗f7!**, und die Standard-Remisstellung ist erreicht.

## 2. W. Tschechower (1950)

Wenn es Weiß gelingt, den Bauern d7 zu erobern, so ergibt sich die uns bekannte Remisstellung aus der Partie Berger – Kotlerman. Wie aber kann sie erreicht werden? Man müsste den b-Bauern dazu bringen, einen Schritt vorzurücken. Er steht dann auf einem Feld mit der Farbe des eigenen Läufers, und der schwarze König kann nicht über b2 eindringen.

**1. ♗e8!** (Bauer im Visier!)

**1. ... ♔c6 2. ♔e2!** (2. ♗f7? d5) **2. ... ♗c1**

Derzeit ist Weiß gebunden, und der schwarze Läufer nimmt eine günstigere Position ein.

**3. ♔d1 ♗b2 4. ♔e2 ♗d4 5. ♔d1 ♔d6** (oder 5. ... ♔c7)

**6. ♗f7!** (erneuter Angriff auf einen Bauern)

**6. ... b2 7. ♗g6 ♔c5 8. ♔e2 d5 9. ♗f5 ♔b4 10. ♗g6 ♔a3 11. ♗b1! ♔b3 12. ♔d1 ♔c3 13. ♔e2 ♗c5 1. ♔d1 d4 15. ♔e2 ♔b3**

Die letzte Hoffnung von Schwarz. Schlecht für Weiß wäre jetzt 16. ♔d1? d3!.

**16. ♔d3!**, und Schwarz erreicht keinen Vorteil mehr.

## 3. A. Norlin (1922)

Ein typischer Plan für Weiß ist der Marsch des Königs zur Unterstützung des g-Bauern, der durch den feindlichen Läufer gehalten wird, also nach f8. Dann aber stößt Schwarz seinen a-Bauern vor und lenkt den weißen Läufer von der Verteidigung des Bauern c7 ab.

Die einzige Gewinnweg besteht darin, den Läufer nach a5 zu bringen. Von dort aus kann er den eigenen Bauern schützen und den gegnerischen aufhalten. Zunächst muss der c-Bauer durch den König gedeckt werden, ohne den Vormarsch des a-Bauern zu gestatten. Wenn der schwarze Bauer es bis nach a4 schafft, ist die Stellung remis, zum Beispiel 1. ♔c5? a5! 2. ♔b5 a4 3. ♔b4 ♔c8.

**1. ♔c3! ♗f7 2. ♔b4 ♗e6 3. ♗e5!**

Wichtig ist es, das Feld d6 frühzeitig für den weißen König freizumachen. Ungenau wäre 3. ♔c5?! ♗b3! mit der Drohung 4. ... a5.

**3. ... ♔c8!?**

Wenn 3. ... ♗f7, so 4. ♔c5 ♗b3 (4. ... a5 5. ♔b5) 5. ♔d6 (droht 6. ♔d7) 5. ... ♔c8 6. ♗c3! oder 4. ... ♔c8 5. ♔c6! (droht 6. ♗c3) 5. ... ♗e8+ (5. ... a5 6. ♔b5) 6. ♔d6 ♗f7 7. ♗c3! und 8. ♗a5.

**4. ♔b5!**

Verlängert würde das Spiel durch die vom Autor gefundene Variante 4. ♔c5 ♗b3! 5. ♔b5! ♔b7 6. ♔b4! und 7. ♔c5.

**4. ... ♔b7** (es drohte 5. ♔a6) **5. ♔c5 ♗b3 6. ♔d6 ♔c8 7. ♗c3** und **8. ♗a5**, wonach der weiße König sich anschickt, den gegnerischen Läufer für den g-Bauern zu gewinnen.

## 4. Nimzowitsch – Tarrasch (Bad Kissingen 1928)

Schwarz muss sich entscheiden, wie er gegen den drohenden Angriff des weißen Königs auf seine Bauern kämpfen will. Zwecklos ist das „aktive“ 1. ... f4? 2. ♗g5 e3 (2. ... f3 3. g4), und Weiß hat die angenehme Wahl zwischen 3. fe und 3. f3 e2 4. ♗h4 mit nachfolgendem ♔g1-f2. Zuerst schauen wir uns an, was in der Partie geschah.

1. ... c4? Das Überführen von Bauern auf ein Feld mit der Farbe des eigenen Läufers ist im Allgemeinen eine vernünftige positionelle Idee. Stellen Sie sich vor, dass Weiß sonst c2-c4, b2-b3, a2-a4 gespielt hätte. Danach wäre der Bauer b6 eine ernsthafte Schwäche. Der Textzug von Schwarz ist an und für sich nicht schlecht, aber in diesem Falle hilft er nicht, das grundlegende Stellungsproblem – Schutz der Bauern des Königsflügels – zu lösen.
2. ♔g3 ♔c8 3. ♔f4 ♔d7 4. ♗b4 ♔e6 5. ♗c3 ♗d7.
Wenn der Läufer seinen Platz auf g6 erhielte und der König den am Damenflügel entstehenden Freibauern stoppt (1. Verteidigungssystem), attackiert Weiß in einem günstigen Moment den Läufer durch h3-h4-h5 und erhält einen zweiten Freibauern, zum Beispiel 5. ... ♗g6 6. ♔g5 ♔d5 7. g3 b5 8. h4 ♔c6 9. b3 cb 10. cb ♔b6 11. a4 ba 12. ba ♔a6 13. a5 ♔b5 14. h5 ♗e8 15. ♔:f5 ♗:h5 16. ♔:e4 mit leichtem Gewinn. Darum platziert Schwarz seinen Läufer am Damenflügel. Zu seinem Unglück kann der König nicht gleichzeitig die Bauern h7 und f5 decken, deshalb muss der Läufer sich „zerteilen" und sowohl den Bauern f5 schützen als auch den gegnerischen Freibauern aufhalten.
6. g3 b5 7. ♔g5 ♔f7 8. h4 ♗c8 9. ♔h6 ♔g8 10. b3 cb 11. cb f4.
Das ist schon Verzweiflung in hoffnungsloser Lage. Auf 11. ... ♗d7 zeigte Nimzowitsch folgende Variante: 12. ♗b2 ♗c8 (12. ... ♗e8 13. ♔g5 ♗d7 14. ♔f6, und der weiße König dringt am Damenflügel ein) 13. a4 ba 14. ba ♗d7 15. a5 ♗c8 16. ♗a1, und Schwarz ist in Zugzwang (16. ... ♗a6 17. ♔g5 ♗c8 18. ♔f6).

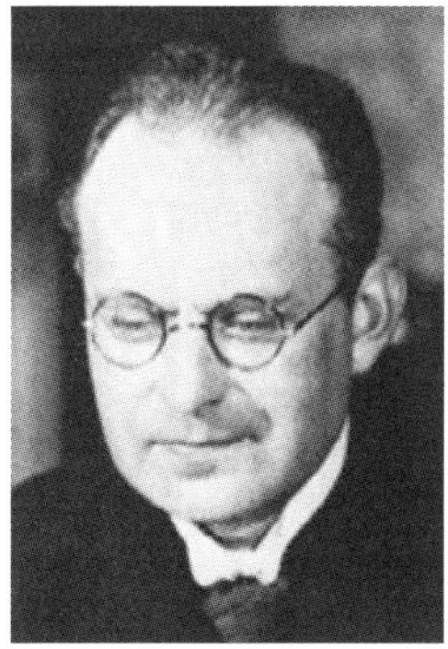

*Aaron Nimzowitsch*

12. gf ♗d7 13. ♔g5 ♔f7 14. f5 ♗c6 15. ♔f4.
Weiß verfolgt den Standardplan. Sein König nähert sich dem Freibauern, gegen den der Läufer kämpft.
15. ... ♔e7 16. ♔e5 ♗e8 17. ♔:e4 ♗c6+ 18. ♔e5 ♗e8 19. ♔d5 ♗f7+ 20. ♔c5 ♗e8 21. ♗e5 ♗d7 22. ♔b6 ♔f7 23. f6 ♗e8 24. f4 ♔e6 25. ♔a6! ♔f7 26. b4 ♔e6 27. a4 ba 28. b5. Schwarz gab auf.
Konnte Tarrasch besser spielen? Wie üblich, müssen wir zunächst nach einer Möglichkeit suchen, das 1. Verteidigungssystem zu errichten. Der schwarze König bleibt am Damenflügel, und dem Läufer wird die Verteidigung der Bauern übertragen. Wenn wir das Prinzip „Bauern im Visier" berücksichtigen, das von Awerbach gezeigt wurde, erweist sich die Sache als nicht schwierig.
**1. ... ♗b5! 2. ♔g3** (2.g4 fg 3. hg ♗e2 4. ♔g3 ♗f3) **2. ... ♗f1! 3. h4 h5! 4. ♔f4** (anders ist die Stellung nicht zu verstärken) **4. ... ♗:g2,** und der schwarze Läufer bewältigt ohne Mühe die Verteidigung der Bauern am Königsflügel.

# Teil II

# Analyse des Endspiels

# Typische Endspiele mit verbundenen Bauern

Wladimir Wulfson

Ich möchte Ihnen eine recht komplizierte Endspielanalyse aus einer meiner Partien zeigen. Nachdem Sie damit zurechtgekommen sind, werden Sie sich in der Theorie der Turmendspiele mit verbundenen Freibauern besser orientieren können.

**Slotnik – Wulfson**
**Moskau 1983**

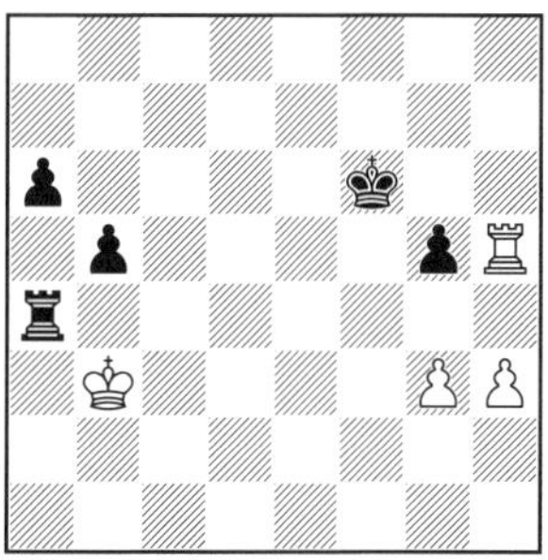

In der Abbruchstellung bin ich am Zug. Meister Dontschenko fand hier eine ausgezeichnete Idee für Schwarz. Bei einem Vorteil geht man einem Bauerntausch eigentlich eher aus dem Weg. Hier haben wir es aber mit einer Abweichung von der Regel zu tun.

**1. ... g4!**

Schwarz möchte den gegnerischen Turm an die Verteidigung des Bauern g3 binden. Der Zug 2.♖h4 würde offenbar nichts nützen, deswegen beschäftigte ich mich vor allem mit 2.hg ♖:g4. Weiß hat es schwer. Nichts bringt 3.♖h6+ ♖g6, und das erzwungene 4.♖h3 führt zu einer äußerst passiven Stellung.

Slotnik wählte aber eine überraschende Antwort, die ich in der Analyse übersehen hatte.

**2.♔b2**

Die Idee liegt auf der Hand, ein Nehmen auf g3 mit gleichzeitigem Schachgebot soll vermieden werden.

Der Zug ist interessant, während der Partie hielt ich ihn für sehr stark. Nach einer gründlichen Analyse begann ich aber an seiner Stärke zu zweifeln. Es geht um folgendes: nachdem Schwarz den g-Bauer vernichtet hat, entsteht eine Stellung mit verbundenen Freibauern. Die Hauptmethode der Verteidigung besteht darin, mit dem König den Vormarsch der Bauern zu verhindern, d.h. diese zu blockieren. Hier entfernt sich der König jedoch von den Bauern, weil er eine spezielle Aufgabe im Zusammenhang mit dem Bauern g3 erfüllt.

**2. ... gh 3.♖:h3 ♖g4 4.♖h8**

Mit dem Turm auf h3 wäre Weiß natürlich chancenlos. Deswegen aktiviert er den Turm. Die Erwiderung ist erzwungen, weil auf 4. ... ♖:g3? die Antwort 5.♖a8 mit sofortigem Remis erfolgt.

**4. ... a5** (Freibauern müssen laufen) **5.♖c8**

Wieder darf auf g3 nicht genommen werden wegen 6.♖c6+ nebst 7.♖c5. Ich rechnete noch mit 5.♖a8, um einen der Bauern zum Vorrücken zu zwingen. Dann könnte sich der König bald zwischen sie stellen. Ich denke, dass Weiß auch dann die Partie nicht mehr retten kann.

**5. ... ♖g5**

Der Turm deckt die Bauern von der Seite. In solchen Stellungen ist das eine der günstigsten Möglichkeiten für den Turm. Der schwarze König ist nun ungebunden und kann sich frei bewegen.

**6.g4!?**

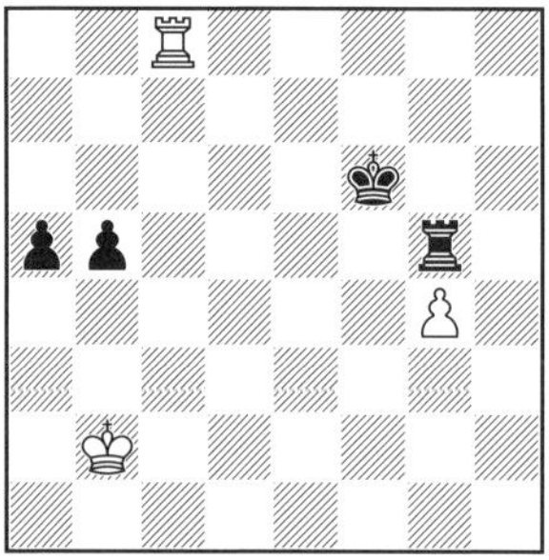

Beim Schlagen des Bauern entsteht eine recht häufig vorkommende typische Remisstellung mit verbundenen Freibauern: 6. ... ♖:g4? 7.♖c6+ ♔e7 8.♖c5 ♖b4+ 9.♔a3 ♔d6 10.♖h5. Auf 10. ... ♖b1 folgt 11.♔a2. Schwarz kann seine Stellung nicht verstärken, weil sein König den Schachgeboten von der Seite nicht entfliehen kann.

**6. ... ♔e6?**

Auf der Hand lag 6. ... ♔e5! Warum habe ich auf diesen Zug verzichtet? Die Ursache liegt in der Psychologie. Mein Gegner war Meister Slotnik, Schachlehrer am Institut für Körperkultur. Ich habe ihn sehr geachtet, er war für mich eine Autorität. Wenn man mit so einem Menschen spielt, dann entsteht ein gewisser Komplex. Man beginnt sich zu fürchten, ohne genau zu wissen, warum. Einen aktiven Zug auszuführen, fällt einem dann schwer.

Außerdem war ich der Meinung, dass es in der Stellung noch nicht um einen Tempokampf geht. Ich dachte, dass der König sich immer noch an dem Bauern g4 gütlich tun kann, zuerst sollte er aber die Bauern am Damenflügel unterstützen.

Was wäre die Folge von 6. ... ♔e5? Man könnte mit 7.♖c8 das Vorrücken eines der Bauern provozieren. Schwarz antwortet 7. ... a4, und auf 8.♔a3(c3) folgt einfach 8. ... ♖:g4. Auch nach 9.♖b8 ♖g3+ 10.♔a2 ♖b3 gelangt der König nicht nach b4, und der Nachziehende gewinnt.

Falls jedoch 8.♖b8 (statt 8.♔a3), so folgt 8. ... ♔d4 9.♔a3 ♔c5 10.♖c8+ ♔b6 11.♖b8+ ♔c6 12.♖c8+ ♔b7 und 13. ... ♖:g4 nebst Gewinn. Die Absperrung des Königs auf der 6. Reihe macht dem Nachziehenden nichts aus, weil der Turm seinen Monarchen mittels ♖c4-c6 befreien kann.

Der Zug 6. ... ♔e5 wäre sehr gut gewesen, ich spielte aber anders.

**7.♖c1**

Weiß stellt den Turm hinter seinen Freibauern.

**7 ... ♔d6?** (viel stärker ist 7. ... ♔d5)

**8.♖g1**

Bei dieser Stellung möchte ich etwas verweilen.

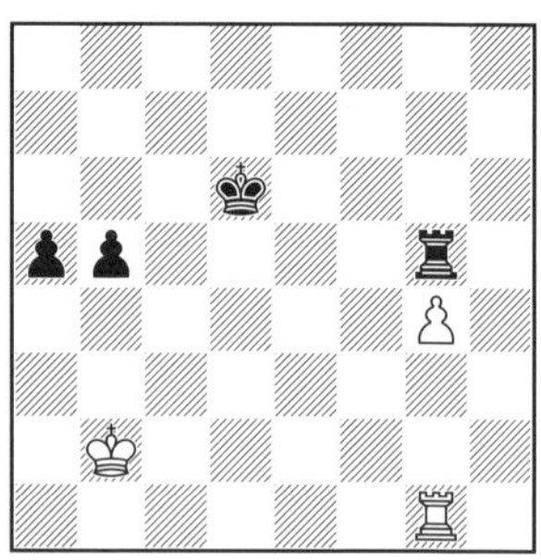

Weiß vermochte seinen Turm spürbar zu aktivieren. Stünde sein Bauer auf g5, könnte der Anziehende wahrscheinlich remis halten. Mit dem Bg4 ist der Manöverraum des Turmes zu sehr eingeschränkt. Schwarz verfügt nun über zwei Gewinnpläne:

1) Mit dem König die Bauern am Damenflügel unterstützen.

2) Erst mit dem König den Bauern g4 vernichten und anschließend zum Damenflügel zurückkehren.

Betrachten wir vorläufig den einfacheren Plan, der mit dem Zug 8. ... ♔c5 beginnt. Falls Schwarz seine Bauern auf a4 und b4 stellt, dann kann er offenbar leicht gewinnen.

Deswegen besteht die Aufgabe von Weiß darin, dieses Vorrücken zu verhindern, den gegnerischen Turm vom Feld g5 wegzulocken und den eigenen Freibauern vorzurücken.

Schauen wir uns den Zug 9.♔b3 an. Auf 9. ... b4 (mit der Drohung 10. ... ♔b5) folgt 10.♔a4 ♔b6 11.♖f1 ♖:g4 12.♖f5! (einfacher als 12.♖f6+ ♔c5 13.♔:a5) mit sofortigem Remis.

Prüfen wir 9. ... a4+ 10.♔a3 ♔b6! 11.♔b4 (verhindert 11. ... ♔a5) 11. ... ♖e5!. Gegen die Drohung 12. ... ♖e3 hat Weiß zwei Verteidigungen: 12.♖g3 und 12.♔c3 (nach 12.♔a3 ♖e2 zappelt der König im Mattnetz).

Nach 12.♖g3 ♖e4+ 13.♔a3 ♔a5 (mit der Drohung 14. ... ♖e2) 14.♔b2(a2) b4 erreichen die schwarzen Bauern ihr Ziel eher als der g-Bauer. Nicht besser gestalten sich die Dinge bei 13.♔c3 b4+ 14.♔d3 a3! 15.♔c2 ♖e2+ usw.

Wenden wir uns der Fortsetzung 12.♔c3 zu. Hier ist der Gewinn von Schwarz weniger offensichtlich.

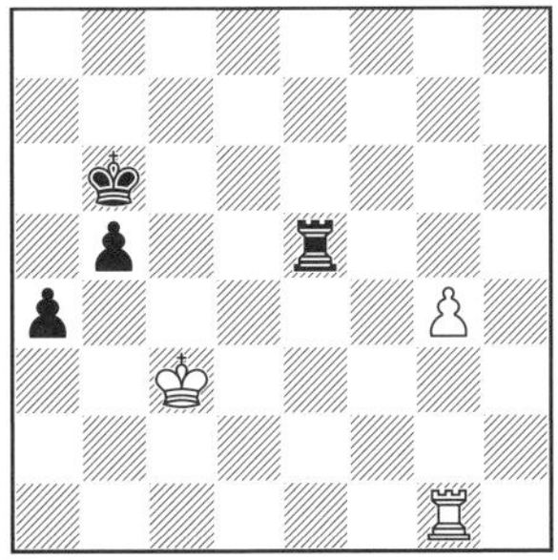

Bei dem Thema Technik der Realisierung eines Vorteils wurde an eine wichtiges Prinzip erinnert: Nutzen Sie jede noch so kleine Möglichkeit, die eigene Stellung zu verstärken und die gegnerische zu schwächen. Hier kann der schwarze König vorrücken, dabei würde aber auch der weiße Bauer vorgehen, und der Gewinn wäre vergeben. Der einzige Weg zum Ziel besteht in dem Zwischenschach 12. ... ♖c5+!. Falls 13.♔b2, so 13. ... ♖g5, und der b-Bauer erreicht die 4. Reihe. Im Falle von 13.♔d4 könnte man entweder den Bauern sofort vorrücken oder auch zuerst den Zug 13. ... ♖g5 ausführen. Übrig bleibt nur noch 13.♔b4 ♖c4+ 14.♔a3. Das geradlinige 14. ... ♔a5? ist nicht zu empfehlen: 15.♔a2 b4 16.g5 b3+ 17.♔a1! a3 18.g6 b2+ (für 18. ... a2 und ♔b4-a3 fehlt ein einziges Tempo) 19.♔b1 ♔b4 20.g7 ♔b3 21.♖g3+ ♔b4 22.♖g1.

Richtig ist 14. ... ♖c2! (mit der Drohung 15. ... ♔a5) 15.♔b4 ♖b2+! (nichts ergibt 15. ... ♖f2 16.♔c3; vorher muss die Stellung des weißen Königs geklärt sein), schlecht wäre ebenso 16.♔a3 ♖f2 17.♔b4 ♖f3. Auf 16.♔c3 folgt 16. ... a3 17.g5 b4+ 18.♔c4 a2 19.♖a1 (19.g6 ♖b1) 19. ... b3 20.g6 ♖b1 21.g7 ♖:a1 22.g8♕ ♖c1+ 23.♔:b3 a1♕. Sie

**Slotnik – Wulfson,** Moskau 1983

können sich selbst davon überzeugen, dass sich der weiße König schrittweise dem ewigem Schach entziehen kann. Offenbar ist der Sieg keineswegs auf einfache Weise zu erringen. Außerdem kann die weiße Verteidigung verstärkt werden. Statt 9.♔b3?! kommt das raffiniertere 9.♔a3! in Frage, damit der Bauer ohne Schachgebot nach a4 rückt.

9. ... a4 (nicht besser ist 9. ... ♔b6 10.♖g3!) 10.♖g3!. Nun entsteht im Falle von 10. ... ♔b6 11.♔b4 ein beiderseitiger Zugzwang, wobei Schwarz am Zug ist. Ungünstig wäre 11. ... ♖e5, da 12. ... ♖e3 nicht mehr droht, und der Anziehende einfach seinen Bauern vorzieht. Nach 11. ... ♔a6(c6) 12.♖g1 ♖e5 ist 13. ... ♖e3 schon nicht mehr so stark, und wiederum kann 13.g5 folgen.

Versuchen wir 10. ... ♔c6!? 11.♔b4 ♔b6.

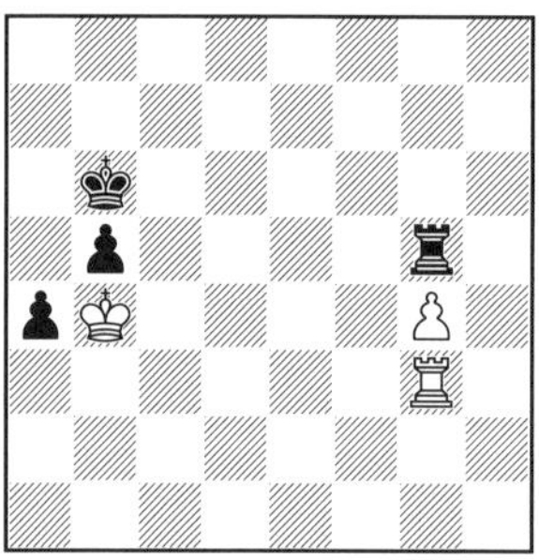

Nun befindet sich Weiß in Zugzwang. Da wir schon wissen, dass 12.♖g1 ♖e5 verliert, schauen wir uns 12.♖g2 ♖e5 13.♔a3! an. Der Unterschied gegenüber der Stellung mit dem Turm auf g1 wird gleich offensichtlich: nach 13. ... ♔a5 14.g5 gelangt der schwarze Turm nicht nach e2. Es muss also der Bauer gezogen werden: 14. ... b4+.

Wohin geht der Monarch? Davon hängt der Partieausgang ab. Natürlich 15.♔a2!, damit der a-Bauer nicht mit Schach vorgeht. Schwarz zieht sowieso 15. ... a3 (aber nun ohne Tempogewinn!) 16.g6 ♔a4.

Droht 17. ... b3+ mit Matt. Verlieren würde 17.♖g1 b3+ 18.♔a1 a2, es findet sich jedoch eine Verteidigung: 17.♖g4! ♖e2+ 18.♔a1!. Jetzt wäre 18. ... a2 nur für den Nachziehenden gefährlich: 19.g7 ♔a3 20.♖g3+ b3 21.♖:b3+! ♔:b3 22.g8♕+.

Somit haben wir festgestellt, dass Weiß im Falle von 8. ... ♔c5 ein Unentschieden erreicht.

In der Partie zog ich **8. ... ♔e5.**

Der König gelangt dennoch nach e5, jedoch erst, nachdem er umherirrend auf den Feldern e6 und d6 Zeit verloren hat.

**9.♔b3**

Weiß plant den Zug ♖a1, um das Vorrücken einer der Bauern zu erzwingen. Dann könnte er den König zwischen die beiden Bauern stellen.

**9. ... ♔f4 10.♖a1**

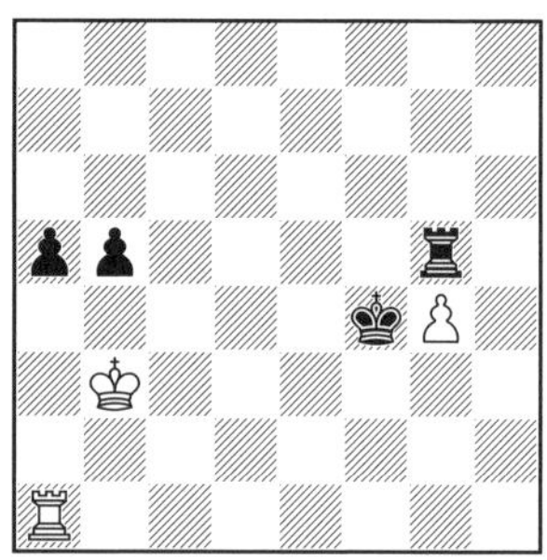

Hier machte ich mir keine Gedanken, welcher Bauern vorgehen soll. Das war jedoch falsch, denn ein Bauernzug führt zum Sieg, der andere zum Remis. Schauen wir uns erst die Partiefortsetzung an.

**10. ... a4+? 11.♔b4 ♔:g4 12.♖a3?!**

Weiß wählt den Weg ins Verderben. Offenbar wollte der Gegner meinem König den Zugang zur dritten Reihe verwehren. Hier ist der Turm aber wirklich ungünstig platziert.

**12. ... ♔f4 13.♖c3??**

Jeder Turmzug auf der 3. Reihe verliert, der Turm musste unbedingt diese Reihe verlassen.

**13. ... ♖g3**

Mein Turm wird nach b3 überführt, wonach die Bauern die erste Reihe erreichen. Schwarz gewann hiernach einfach.

Wie hätte sich der Gegner verteidigen müssen? Angenommen, wir kennen die Endspieltheorie mit einer solchen Bauernkonstellation nicht. Dann hilft der gesunde Menschenverstand.

Fragen wir uns: „Was beabsichtigt Schwarz?" Wahrscheinlich will er mit dem König nach b2 gehen. Der ♗b5 wird aufgegeben und der a-Bauer gelangt zur Damenumwandlung. Versuchen wir, dem schwarzen König den Zugang zum Damenflügel zu versperren.

12.♖f1 ♖f5 13.♖e1 ♔f4 14.♖e2 ♖e5 15.♖d2 ♔e3 16.♖d1 ♖g5 17.♖d8 ♔e4 18.♖d1 ♖f5. Wichtig ist, den Turm nicht auf e5 zu stellen, sonst wird der König mit einem Schach vom Feld e1 zurückgeworfen. Verfrüht wäre 18. ... ♖d5 19.♖e1+. Man muss auf Zugzwang spielen. Der weiße König steht auf b4 ideal, so dass die Stellung des Turmes verschlechtert werden muss.

19.♖d2 ♖d5 20.♖c2 (jetzt war 20.♖e2+ ♔d3 schon nicht mehr zu empfehlen) 20. ... ♔d3 21.♖c7 (gut ist auch 21.♖h2) 21. ... ♔d2 22.♖c8 ♔d1.

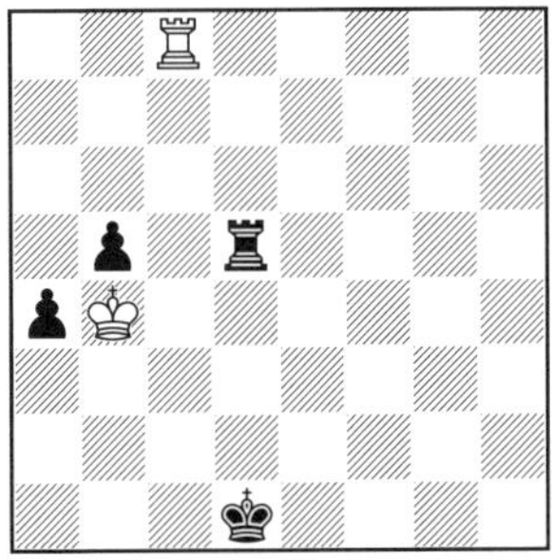

Bis zu diesem Punkt hat Weiß nicht viel riskiert. Er konnte sich auf verschiedene Art und Weise verteidigen. Hier muss er allerdings den genauen Zug finden (23.♖c3 oder 23.♖h8), weil Schwarz mit 23. ... ♖d2 über eine konkrete Drohung verfügt. Beispielsweise 23.♖c7? ♖d2 24.♖c3 (24.♔:b5 a3 25.♔b4 a2 26.♖a7 ♔c1) 24. ... ♖b2+ 25.♔a3 ♖b1. Auf 26.♖h3 folgt 26. ... ♔c2 nebst 27. ... ♖b3+. Falls aber 26.♖c8, dann gelangt der König zu den Bauern. Er fände auf a5 ein wunderbares Versteck gegen Schachgebote von der Seite. Das ist eine der wichtigen Gewinnstellungen.

Jetzt zeigen wir die grundsätzliche Remisstellung, die man ebenfalls unbedingt kennen muss.

**G. Kasparjan**

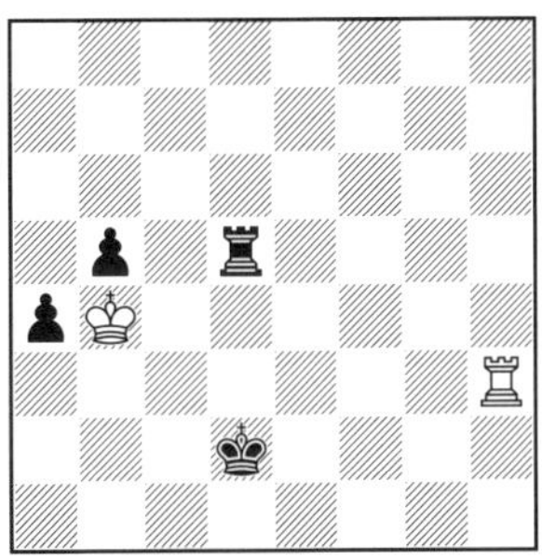

Hätte diese Stellung in der Partie entstehen können? Zweifellos. Weiß konnte den Turm immer auf die 3. Reihe bringen. Der einzige Gewinnplan besteht in 1. ... ♔c2 2.♖h2+ ♖d2 3.♖h3! (wichtig, um das Feld a3 zu kontrollieren) 3. ... ♔b2. Auf den ersten Blick steht Weiß schlecht. Der Nachziehende plant 4. ... ♖d4+ und 5. ... a3. Prüfen wir 4.♖g3 ♖d4+ 5.♔c5! (5.♔:b5? a3 6.♖g2+ ♔c3 7.♖g3+ ♖d3). Falls der Turm nach e4 geht, könnte der b-Bauer schon genommen werden. Nach 6. ... a3 würden die Schachgebote von der Seite einsetzen. Der König wäre gezwungen, sich auf die d-Linie zurückzuziehen. Dann greift der Turm aber den a-Bauern an, und das Remis wäre perfekt. Das waren die Schlussfolgerungen von Kasparjan.
In der Stellung entdeckte ich eine weitere Feinheit: Schwarz kann auch 5. ... ♖d1! probieren. Wiederum ist der Bb5 tabu. Erforderlich wäre 6.♔b4, worauf 5. ... ♖b1 folgt. Jetzt muss der Bauer verhaftet werden: 7.♔:b5! a3 8.♔a4 a2 9.♖g2+, und dem weißen König ist das wichtige Feld b1 verwehrt – remis!
Kehren wir zu der Stellung nach dem 10. Zug von Weiß zurück (vgl. Diagramm nach 10.♖a1). Wir haben uns überzeugt, dass 10. ... a4? zum Remis führt. Analysieren wir nun 10. ... b4! 11.♔a4 (unnütz wäre 11.♖g1 ♖:g4) 11. ... ♔:g4.
Diese Bauernkonfiguration ist stärker als a4-b5, da bei einem Opfer des Ba5 der verbleibende b-Bauer gefährlicher ist als sein Kollege auf der a-Linie (beim Opfer des Bb5). Vorerst nähert sich der schwarze König unbehindert dem Damenflügel (12.♖f1 ♖f5 usw.). Schauen wir, welche Verteidigungsmethoden der Anziehende mit den Bauern auf b4 und a5 zur Verfügung hat.
Erstens: das Spiel auf Patt.

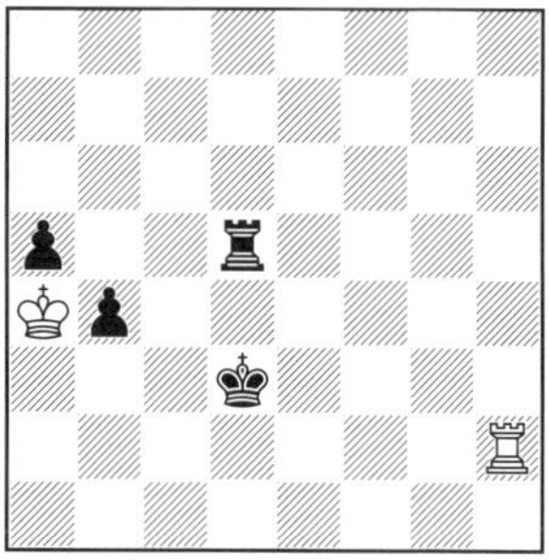

Falls der schwarze König nach c3 geht, folgt ♖c2+!. Dieser Mechanismus kann jedoch leicht zerstört werden durch die Überführung des schwarzen Turmes auf die 2. Reihe.
Zweitens: der Versuch, mit dem eigenen König dem Widersacher den Weg zu versperren.

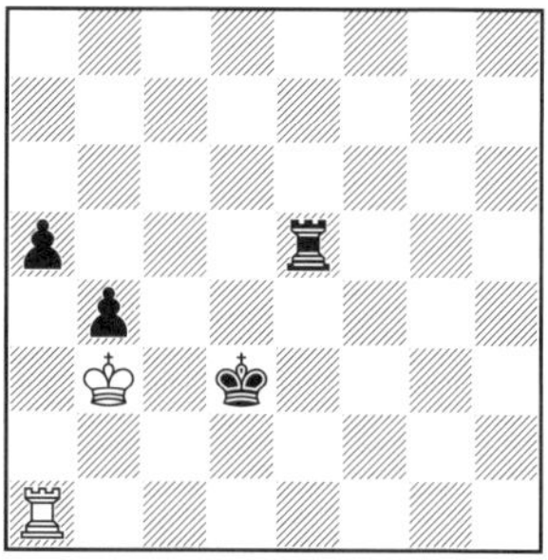

Der Mangel der Königsstellung auf b3 besteht darin, dass ihm auf der 3. Reihe Schachgebote drohen.
1. ... ♔d4 2.♖a2 ♖e3+ 3.♔a4 (erzwungen) 3. ... ♔c3, oder 2.♖a4 ♖e3+ 3.♔b2 ♔c4! 4.♖:a5 ♖e2+, und es entsteht eine

in der Theorie bekannte Gewinnstellung.
Auf ähnliche Weise gewinnt Schwarz bei einem weißen Turm auf a8 (statt a1): 1. ... ♔d4 mit der Idee ♖e3+.
Drittens: das Aussperren des Königs entlang der Linie.

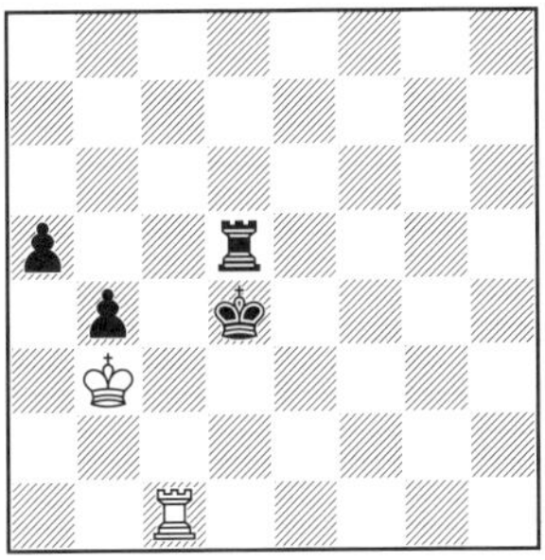

Wie kann man hier am einfachsten gewinnen? Verbessern wir die Stellung des Turmes: 1. ... ♖e5. Droht 2. ... ♖e3+ und hebt die Blockade der Bauern auf. Hoffnungslos wären 2.♔a4 ♖e3 oder 2.♖d1+ ♔c5 3.♔a4 ♖e3. Sie sehen, wie wichtig es ist, den Punkt d4 – das Schlüsselfeld für den König in solchen Endspielen – zu besetzen! Der weitere Weg hängt von den Umständen ab. Mit dem weißen Monarchen auf a4 bietet sich die Route ♔d4-c3-b2(c2) an. Auf b3 gerät der König in ein Schachgebot und schon gelangt der schwarze Widerpart nach c5 und b5.
Scheinbar ist alles ganz einfach, schauen Sie sich aber folgende Stellung an:

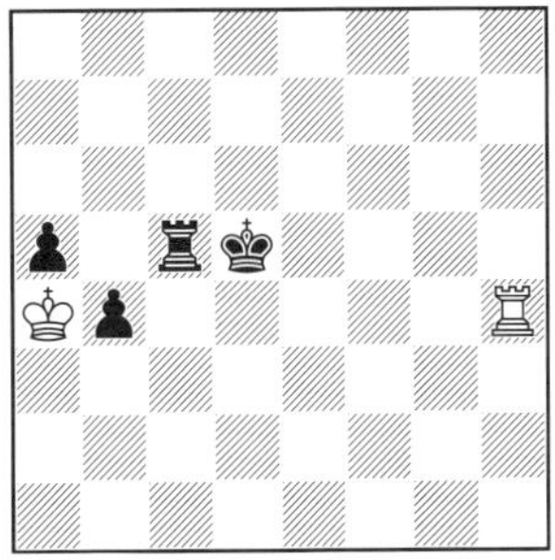

Wie ist sie zu bewerten? Remis! Der König kann nirgendwo eindringen.
Kommen wir zu einigen Regeln für solche Endspieltypen:
– Falls der schwarze König auf seiner Bretthälfte eingesperrt ist, dann ist die Stellung unentschieden.
– Falls er in die gegnerische Bretthälfte vordringt, dann haben wir es mit einer Gewinnstellung zu tun.

Eine allgemeine Schlussfolgerung für die untersuchten Endspiele liegt auf der Hand:
Der Plan von Schwarz, mit dem König den Bauern zu schlagen, gewinnt. Aber der Plan, mit dem König die Bauern am Damenflügel zu unterstützen, reicht nur zum Remis.
Die folgenden Analysen führen z. T. zu ernsten Korrekturen in scheinbar etablierten Schlussfolgerungen. Einmal schaute ich mir die Stellung nach dem Zug 8. ... ♔e5 genauer an.

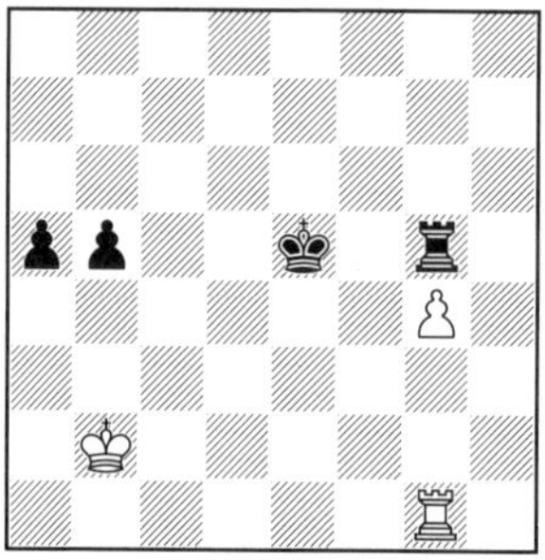

Warum spielte Weiß 9.♔b3? Viel logischer ist das sofortige 9.♖a1!. Die Antwort b5-b4 geht nun nicht mehr, und nach 9. ... a4 10.♔a3 (nicht 10.♔c3 ♖:g4 11.♖b1 ♖c4+) braucht man 10. ... ♖:g4 11.♖b1 mit Remis nicht zu fürchten. Schwarz erwidert
10. ... ♔d5, aber 11.♔b4 ♔c6 12.♖g1 bringt uns auch zu einer bereits bekannten Remisstellung.
Wie viele Fehler unterliefen den Partnern in diesem Endspiel! Die Ursache liegt in der ungenügenden Kenntnis der Theorie der Turmendspiele. Hier gibt es wenig „Leuchttürme“, an denen man sich orientieren kann.
Somit sollte der Marsch des Königs zum Königsflügel der (etwas verspätete) dennoch zum Unentschieden führen.
Danach beschäftigte ich mich wieder mit der Stellung nach 8. ... ♔c5 9.♔a3.

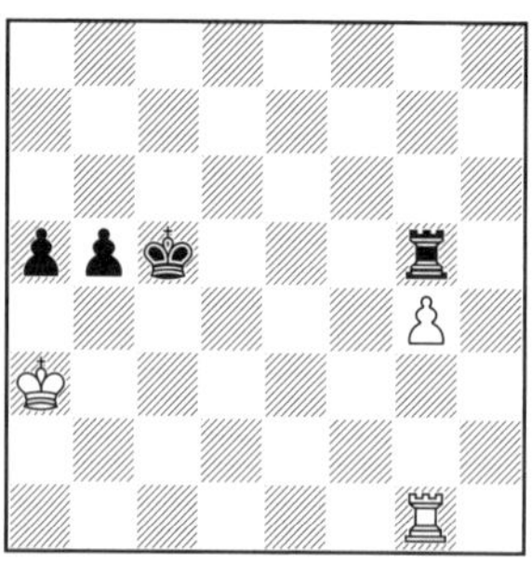

Ernsthaft haben wir uns nur 9. ... a4 angesehen. Es gibt aber noch eine andere Idee: 9. ... b4+! 10.♔a4 ♖d5!. Droht 11. ... ♖d3. Eine Rückkehr mit dem König lohnt sich nicht: 11.♔b3 ♔b5 (mit der Drohung 12. ... ♖d2), und der Anziehende verliert. Im Falle von 11.♖c1+ ♔b6 12.♖f1 ♖d3 13.♖f6+ ♔c5 14.♖f5+ ♔c4 15.♔:a5 b3 gewinnt Schwarz, weil sein Freibauer schneller das Umwandlungsfeld erreicht als dessen Widerpart auf der anderen Seite und zudem vom König unterstützt wird. Prüfen wir nach 11.♔:a5 ♖d3 12.♔a6 (sonst wird er mattgesetzt; schlecht ist 12.♖c1+ ♖c3) 12. ... b3 13.g5.

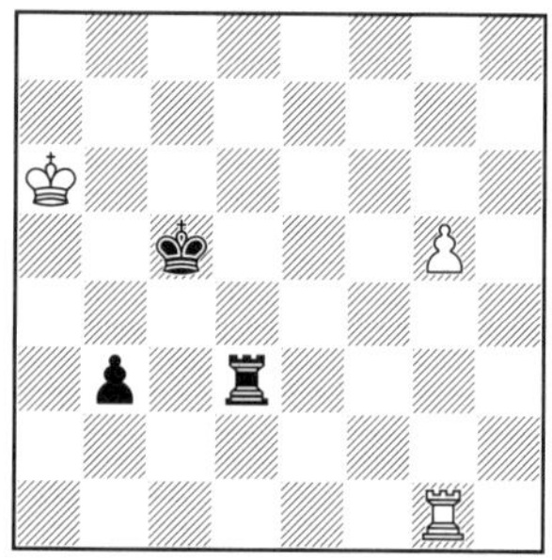

Das geradlinige 13. ... b2? (mit der Absicht 14. ... ♖a3+ und 15. ... ♖a1) reicht nur zum Remis wegen 14.♖b1 ♖a3+ (14. ... ♖d2 15.g6) 15.♔b7 ♖b3+ 16.♔c7 ♔b4 17.♔d7! ♔a3 18.♔e6(e7), und der weiße König kann sich paradoxerweise mit seinem Bauern vereinigen.
Zwecklos wäre 13. ... ♔b4? 14.g6 b2 15.g7 ♖d8 16.g8♕ ♖:g8 17.♖:g8, und 17. ... b1♕? scheitert an 18.♖b8+. Auf 13. ... ♔c4? käme sowohl 14.g6 b2 15.g7 ♖d8 16.♖g4+ als auch 14.♔a5 b2 15.g6 ♔c3 16.♔a4 in Frage.

Es gibt aber eine feine Lösung: 13. ... ♖d7!! 14.g6 ♖g7. Auf diese Weise wird die Beweglichkeit des weißen Königs eingeschränkt. Jetzt kann er sich weder dem b-Bauern nähern, noch zum Königsflügel schwenken. Nach 15.♖g5+ ♔b4 16.♔b6 (16.♖g4+ ♔a3 17.♔b5 b2) 16. ... b2 17.♖b5+ ♔c3 18.♖c5+ (in der Hoffnung, den König nach b1 abzudrängen und nach g5 zurückzukehren) erreicht Schwarz nach 18. ... ♔d4! 19.♖b5 ♖:g6+ eine Gewinnstellung.

Auf diese Weise verändert sich unsere anfängliche Schlussfolgerung in ihr Gegenteil: der Plan mit der Annäherung an die Bauern ist stärker als der Marsch des Königs zum Bauern g4.

# Abenteuer bei der Hängepartie*

Mark Dworetski

Man sagt: „Er hat Glück wie der Gewinner des ersten Preises“. An den weiter unten folgenden Beispielen können Sie sich davon überzeugen, dass unsere Mannschaft im UdSSR-Pokal (Landesmeisterschaft der Klubmannschaften) von 1976 in Tbilissi „Burewestnik“ wahrhaftig Glück hatte. Dabei traten wir längst nicht in Bestbesetzung an. Mit Glück allein kann man den mit großem Vorsprung (schon vor der letzten Runde hatten wir 7,5 Punkte mehr als die zweitplatzierte Mannschaft) errungenen Sieg jedoch nicht erklären. Der Erfolg ist nicht zuletzt der freundschaftlichen Atmosphäre und der gegenseitigen Unterstützung in der Mannschaft zu danken. Eine wichtige Rolle spielte auch unsere Überlegenheit bei der Analyse der Abbruchstellungen. Obwohl das auf die weiter unten gezeigten Beispiele weniger zutrifft, war das Ergebnis von einem guten Dutzend Hängepartien für uns eine angenehme Überraschung.

Am Vorabend des Spieltages für die Hängepartien hatte unser erstes Brett Smyslow seine Partie gegen Tal in einer für ihn gefährlichen Stellung vertagt. In der Mannschaftsversammlung bat er um Hilfe bei der Analyse.

„Natürlich, natürlich, schauen wir uns die Stellung gemeinsam an“, bot Großmeister Taimanow seine Hilfe an.

„Danke Mark Jewgenjewitsch, ich möchte aber mit Mark Israiljewitsch arbeiten“, erwiderte Smyslow.

Selbstverständlich freut man sich über eine solche Würdigung von einem guten Analytiker. Manchmal hat das auch seine Schattenseite, ich hatte nämlich mit meiner eigenen Hängepartie zu tun. Am nächsten Morgen analysierten Smyslow und ich seine Partie. Nach drei Stunden äußerst intensiver Arbeit platzte mir fast der Kopf, dafür hatten wir den Weg zur Rettung scheinbar gefunden.

**Tal – Smyslow**
**Tbilissi 1986**

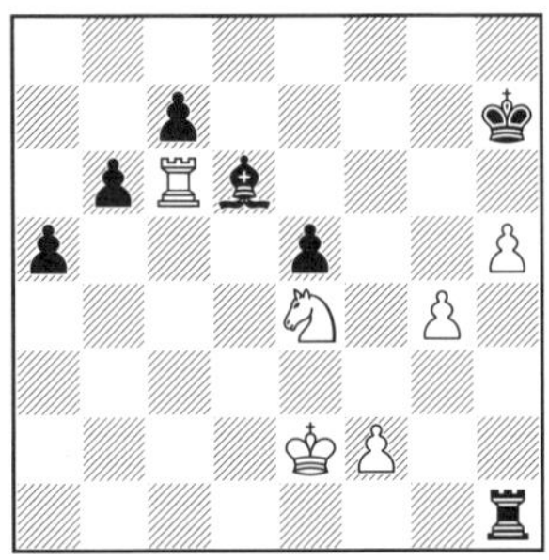

Offensichtlich ist 42.g5? ♖:h5 43.♘f6+ ♔g6 nicht zu empfehlen, weswegen Tal den naheliegenden Zug **42.♘:d6** abgegeben hatte. Nach **42. ... cd** erlaubt das Schlagen des Bauern b6 dem Nachziehenden, seinen König zu aktivieren: 43.♖:b6 ♔h6! 44.♖:d6+ (44.f4!? ef 45.♖:d6+ gewinnt nicht) 44. ... ♔g5 45.f3 e4! mit für einem für Remis ausreichendem Gegenspiel. Beispielsweise 46.♖g6+ ♔f4 47.fe a4. Weiß muss sich für das schärfere **43.♖:d6!** entscheiden.

Wir hatten die Wahl zwischen 43. ... b5 44.♖a6 a4 und 43. ... ♖b1. In beiden Fällen geht der gegnerische König nach

* In der heutigen Turnierpraxis gibt es keine Hängepartien mehr.

vorn. Die Bauern am Damenflügel sind jedoch nicht so schnell, währenddessen sich über dem schwarzen Monarchen Gefahren verdichten. Die folgende Variante, die die typischen Ideen der Stellung und die Schwierigkeiten des Nachziehenden demonstriert, ist recht lehrreich.

43. ... ♖b1 44.♔f3! (verfrüht wäre 44.g5? ♖g1) 44. ... a4 (44. ... ♖b4? 45.♔g3 und 46.g5) 45.♔e4 a3 46.♖d7+ ♔h6 (ganz schlecht wäre 46. ... ♔g8 47.♖a7 ♖b3 48.♔f5 oder 48.h6) 47.♔f5! (droht 48.g5+ ♔:h5 49.♖h7 matt) 47. ... ♖g1 48.♖a7 ♖g2 49.f4! ef 50.♖:a3 ♖g3 51.♖a1! f3 (nicht 51. ... ♖c3 52.g5+) 52.♔f4 ♖g2 (ebenso wenig hilft 52. ... ♖h3 53.♖b1 f2 54.♖:b6+ ♔h7 55.♖b1 ♖b3 56.♖f1 ♔h6 57.♖:f2) 53.♔:f3 ♖c2 54.♖b1, und Schwarz fehlt ein Tempo, um die Bauern durch die bekannte Remisstellung mit König auf g5 und Turm auf c5 wirksam zu blockieren.

Auch in solchen scharfen Endspielen, wo alles von einem einzigen Tempo abhängt, muss man sich nicht gleich in das Variantendickicht vertiefen. Vorher sollte man die Situation logisch begreifen und eine generelle Idee als Handlungslinie festlegen. Worin könnte diese Idee bestehen?

Schwarz muss seinen Turm auf die achte Reihe bringen. Erstens schützt er dort den König. Für Mattdrohungen müsste der Gegner seinen König und beide Bauern vorrücken, was Zeit kostet. Zweitens kann sich der Turm hinter seine Bauern begeben, von denen einer vorrückt, während der andere geopfert wird.

Das ist der richtige Plan. Nun muss er so genau wie möglich umgesetzt werden.

**43. ... b5**

Wie Tal nach der Partie erklärte, war auch 43. ... ♖b1 möglich, jedoch nur in Verbindung mit dem oben erwähnten Plan. Nach 44.♔f3 a4 45.♔e4 muss folgen: 45. ... ♖b4+! 46.♔f5 ♖f4+ 47.♔g5 ♖f8.

**44.♖a6 a4 45.♔e3**

Für exakter hielten wir 45.♔f3. Tal gefiel die Antwort 45. ... a3 nicht. In diesem Fall würde Schwarz aber verlieren: 46.♔g2 ♖a1 47.g5 b4 48.g6+! (falsch wäre dagegen 48.♖a7+? ♔g8 49.g6 ♖c1 50.h6 ♖c8) 48. ... ♔h6 49.♖a7 mit den entscheidenden Drohungen 50.♖h7+ oder 50.g7 ♔h7 51.h6 und 52.♖a8. Deshalb wäre Smyslow der Hauptvariante der Analyse mit 45. ... ♖c1! gefolgt. Nach dem Partiezug eröffnen sich dem Nachziehenden zusätzliche Möglichkeiten.

**45. ... ♖e1+ 46.♔f3**

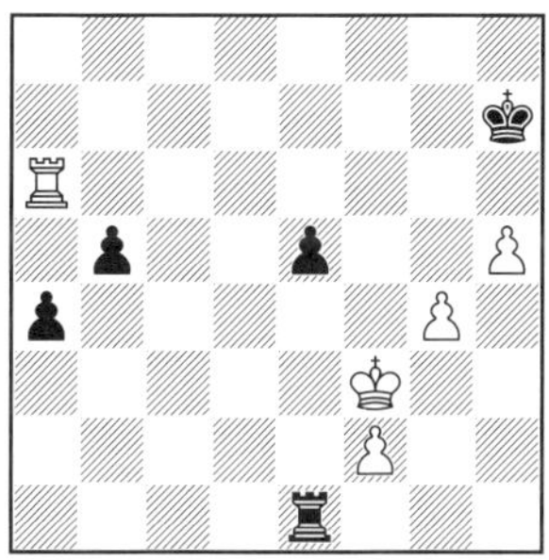

Ebenso ging die Fortsetzung 46. ... e4+ 47.♔f4 ♖e2. Wir analysierten die scharfen Varianten wie z. B. 48.♔g5 ♖:f2 49.♖a7+ ♔g8 50.h6 e3 51.♔g6 ♖f8, konnten aber keinen Gewinn für Weiß finden. Andererseits schien aber auch der grundsätzliche Verteidigungsplan für ein Unentschieden auszureichen. Deswegen fiel Smyslow die Wahl nicht so leicht. Ihm war klar, dass wegen der für die Analyse zur Verfügung stehenden knappen Zeit sich in jeder Verzweigung ein Fehler verstecken konnte.

Die Frage bestand eigentlich nur darin, wo ist ein Versehen wahrscheinlicher?

**47.♔e4 ♖c4+?!**

Gerade so wollten wir den Turm auf die 8. Reihe überführen. Dabei wird zwar die Lage des weißen Königs verbessert, zugleich bleibt aber der e-Bauer unantastbar. Den Zug 47. ... ♖c8! verwarfen wir, da wir die Stellung nach 48.♔:e5 ♖b8 49.g5 b4 50.♖a7+ ♔g8 51.♖:a4 b3 52.♖a1 b2 53.♖b1 für verloren hielten.

Kurz vor Beginn der Hängepartie kam Wassilji Wassiljewitsch zu mir: „Wissen Sie“, sagte er, „offenbar kann Weiß mit den drei Bauern nicht gewinnen.“ „Das kann nicht sein!“, war meine überraschte Reaktion. Ich versuchte, seine Schlussfolgerung zu widerlegen, es gelang mir aber nicht. Hier ist die Schlüsselstellung.

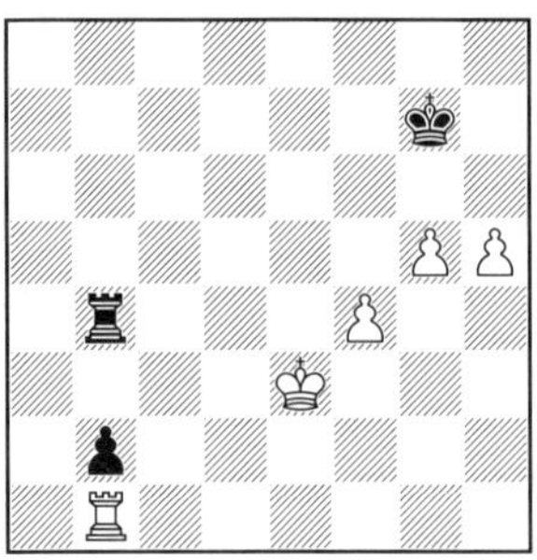

1. ... ♖b3+ 2.♔d4 (2.♔d2 ♖b4 3.f5 ♖b5) 2. ... ♖b4+ 3.♔c3 ♖:f4 4.♖:b2 ♖h4! mit Remis.

Smyslows Entdeckung ist lehrreich und schön und hat meines Erachtens große Bedeutung für die Theorie der Turmendspiele. Uns verblieb leider keine Zeit zur gründlichen Überprüfung. Auf die Frage des Großmeisters, welchen Plan er wählen solle, konnte ich nur mit den Schultern zucken. Ohne auf eine Antwort zu warten, sagte er, dass er am Brett entscheiden würde. Er blieb letztlich bei der Hauptvariante, die wir von Anfang an im Auge hatten. Leider enthielt sie einen Fehler.

**48.♔f5 ♖f4+ 49.♔g5 ♖f8 50.h6!**

Hier wurde Smyslow alles klar. Bei der Analyse gaben wir von a7 aus Schach, worauf kein Gewinn mehr möglich war. In diesen scharfen Endspielen ist jedes Tempo wichtig – Weiß lässt den König auf h7 stehen, um den Bauern mit Schach nach g6 zu ziehen.

**50. ... b4 51.♖:a4?**

Der unerwartete Straferlass im letzten Moment. Gewonnen hätte 51.♔h5! b3 52.g5 ♖b8 53.g6+ ♔h8 54.h7 ♔g7 (54. ... b2 55.♔h6) 55.♖a7+ ♔f6 56.g7.

**51. ... ♖b8 52.♖a7+**

Nun nützt 52.♔h5 b3 53.g5 b2 54.g6+ ♔h8! schon nichts mehr.

**52. ... ♔h8 53.♖a2 b3 54.♖b2 e4 55.♔f6 ♔h7**

Remis.

Am selben Tag musste ich meine eigene Hängepartie spielen, auch hier stand ein spannendes Endspiel mit Freibauern auf beiden Seiten auf dem Brett. Da meine Partie früher als die von Smyslow vertagt worden war, hatte ich sie schon vorher kurz analysieren können. Zur Überprüfung der Varianten reichte die Zeit natürlich nicht mehr.

**W. Koslow – Dworetski**
**Tbilissi 1986**

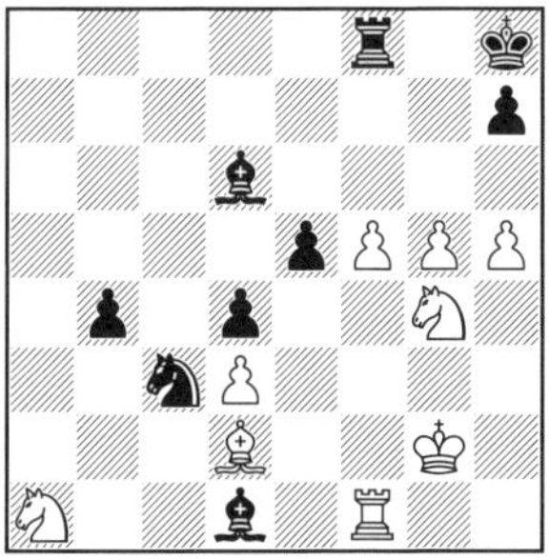

Die Analyse zeigte, dass überraschenderweise ein forciertes Remis auf dem Brett stand.

**41.♖:d1!** (der Abgabezug) **41. ... ♘:d1 42.f6 ♖a8**

Nach 42. ... ♘e3+ 43.♗:e3 de 44.♔f3 ♖a8 45.♘b3 ♖a3 46.♘c1 b3 47.♘:b3 ♖:b3 48.g6 ♗f8 49.♘:e5 kann der Anziehende seinen Turmvorteil nicht verwerten.

**43.♘b3**

Schwächer war 43.g6? hg 44.hg ♖:a1 45.♗h6 ♖a7! 46.f7 ♖:f7 47.gf b3.

**43. ... ♖a3 44.g6 hg 45.hg ♗f8 46.♘:e5!**

Der einfachste Weg zum Friedensschluss. Möglich war ebenso 46.♘c1 b3 47.♘:b3 ♖:b3 48.♗h6 ♘e3+ 49.♗:e3 ed 50.♔f3. Ich wollte nur überprüfen, ob der Gegner nicht die Zugfolge verwechselt und 46.♗h6? wählt. In diesem Fall spielt Schwarz 46. ... ♘e3+ 47.♗:e3 (47.♘:e3 ♗:h6 48.♘f5 ♗f8 49.g7+ ♗:g7 50.fg+ ♔h7 51.♘c5 b3) 47. ... de 48.♘c1 und nun nicht 48. ... b3? sondern 48. ... ♖c3!

**46. ... ♖:b3**

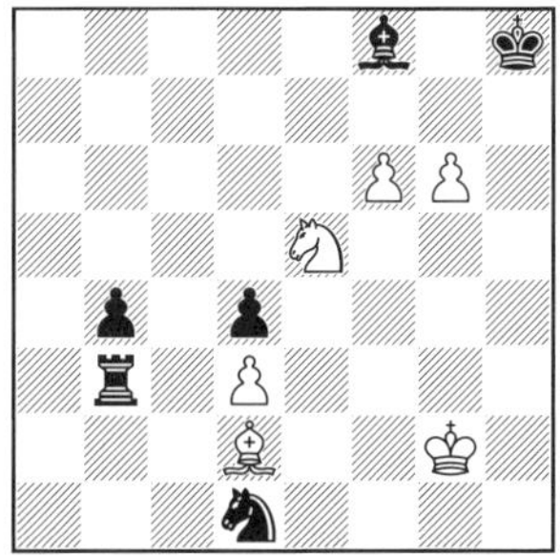

**47.♘f7+**

Erwartet hatte ich 47.♗h6 ♖b2+ 48.♔g3 ♖f2 49.♗:f8 ♖:f6 50.♗:b4 mit remisverdächtigem Endspiel. Den von Weiß gewählten Partiezug hatte ich in der Analyse gar nicht beachtet, da der Nachziehende nach 47. ... ♔g8 48.♘h6+ nebst Tausch auf h6 und Überführung des Turmes nach f2 scheinbar einen Mehrbauern behält. Als der Gegner aber dennoch diese Variante wählte, machte ich sofort (ein typischer Fehler) die geplanten Antwortzüge.

Man muss immer mit „Löchern" in der vorbereiteten Analyse rechnen, da nicht alle Feinheiten gleichermaßen untersucht werden können. Vielleicht machte es auch keinen Sinn, noch einmal alle Varianten erneut zu prüfen. Auf jeden Fall war es erforderlich, einen prüfenden Blick auf die Stellung zu werfen, um grobe Fehler auszuschließen.

**47. ... ♔g8 48.♘h6+ ♗:h6??**

Nötig war 48. ... ♔h8 mit Remis. Der Partiezug sollte nach dem Zwischenzug 49.f7+! zur Niederlage führen.

**49.♗:h6?? ♖b2+ 50.♔g3 ♖f2**

Jetzt holt sich Schwarz den Punkt.

**51.f7+ ♖:f7 52.gf+ ♔:f7 53.♗c1 ♔e6! 54.♔f3 ♘c3! 55.♔f2 b3**

Weiß gab auf.

Sie sehen, das Turnierglück war in der Tat auf unserer Seite!

# Solo für den Springer, oder was vermag eine Pferdestärke

Artur Jussupow

Es gibt Pferde,
die ausgebildet wurden,
ihrem Herrn zu helfen,
sich auf jeden zu stürzen,
der vor ihnen mit gezücktem Schwert
auftaucht...
Michel Montaigne

Am Ende des 16.Jh. glaubte man dem französischen Philosophen wahrscheinlich aufs Wort. Ich hatte aber das Glück, mich selbst von den ungewöhnlichen Fähigkeiten der Pferde überzeugen zu können.

**Gheorghiu – Jussupow**
**Luzern 1985**

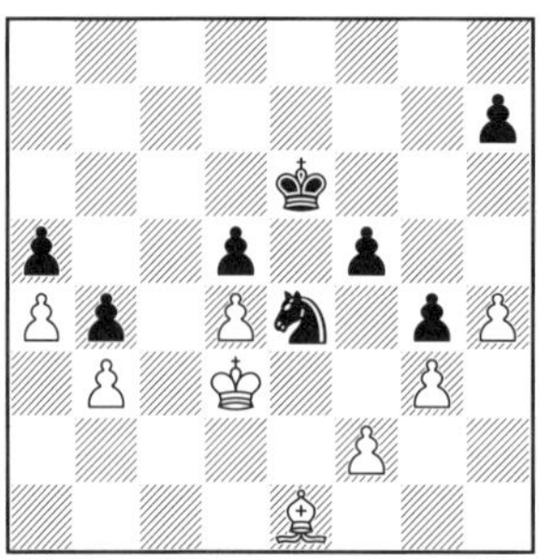

Der rumänische Spieler hatte diese Stellung angestrebt, da er fälschlicherweise annahm, eine uneinnehmbare Festung errichten zu können.

**45. ... f4! 46.♔e2**

Falls 46.gf, so 46. ... ♘d6! 47.f3 (oder 47.♗d2 ♘f5 48.h5 ♔f6 49.♗e1 ♔g7) 47. ... gf 48.♔e3 ♘f5+ 49.♔:f3 ♘:d4 50.♔g4 ♘:b3, und Schwarz gewinnt.

**46. ... ♘d6!**

Gheorghiu erzählte nach der Partie, dass er den Rösselsprung in der häuslichen Analyse gesehen hatte. Nichts ergab 46. ... ♔f5 wegen 47.♔d3, und auf 46. ... ♘f6 folgt 47.f3!.

**47.♔d3**

Schwieriger war die Aufgabe des Nachziehenden im Falle von 47.f3. Die Antwort 47. ... gf+ 48.♔:f3 ♘f5 49.♔:f4 ♘:d4 hätte wahrscheinlich den Sieg vergeben, weil Weiß seinen Läufer aktivieren kann: 50.♗f2 ♘:b3 51.♗b6 ♘c1 52.♔e3! ♘a2 53.♗:a5 b3 54.♔d2 h5 55.♗c7 b2 56.♔c2 ♘c3 57.♔:b2 ♘:a4+ 58.♔c2 oder 51. ... ♘d2 52.♗:a5 b3 53.♗c3 ♘c4 54.g4 b2 55.♗:b2 ♘:b2 56.a5.

Die richtige Antwort bestand in: 47. ... ♘f5! 48.fg ♘:d4+ 49.♔d3 ♘f3 50.♗f2 ♘e5+ 51.♔e2 (auf 51.♔d2 folgt 51. ... ♘:g4 52.♗b6 fg) 51. ... f3+ 52.♔f1 (analoge Varianten ergeben sich nach 52.♔d2 ♘:g4 53.♗b6 ♔e5 54.♗:a5 ♔e4 55.♗:b4 f2 56.♔e2 d4) 52. ... ♘:g4 53.♗b6 ♔e5 54.♗:a5 ♔e4 55.♗b6 (oder 55.♗:b4 ♔e3 56.♗e1 f2 57.♗:f2+ ♘:f2 58.a5 d4 59.a6 d3 60.a7 d2 61.a8♕ d1♕+ 62.♔g2 ♕h1 matt) 55. ... d4 56.a5 f2! 57.♔g2 (57.a6 ♔f3 58.♗:d4 ♘h2 matt) 57. ... d3 58.a6 d2 59.a7 f1♕+, und Weiß verliert.

**47. ... ♘f5**

Nun befindet sich der Anziehende in Zugzwang und muss somit seine Festung selbst zerstören.

**48.h5**

Auch 48.♗d2 hätte nicht gerettet wegen 48. ... fg 49.fg ♘:g3 50.♗f4 ♘f5! 51.♗c7 g3.

**48. ... fg 49.fg ♔f6 50.h6**

Die letzte Hoffnung von Weiß besteht in der verwundbaren Lage der schwarzen Bauern am Damenflügel. Auf das übereilte 50. ... ♘:h6?? würde 51.♗:b4! folgen.

**50. ... ♔g6!**

Weniger überzeugend wäre 50. ... ♔e6 51.♗f2 ♘:h6 52.♗e3 mit Remischancen. Bei seinem Zug musste Schwarz die in der Partie gespielte Variante berechnen.

**51.♗d2 ♘:g3 52.♗:b4 ab** (52. ... ♘e4? 53.♗:a5 g3 54.♗c7) **53.a5**

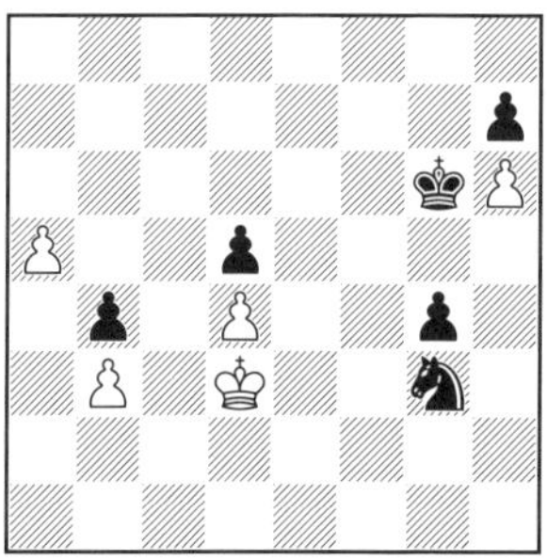

Bei dem Wettlauf hat der a-Bauer einen soliden Vorteil. Er ist nur drei Schritte vom Umwandlungsfeld entfernt, während der Springer das Feld a8 erst in vier Zügen erreicht. Traurig würde der Versuch von Schwarz enden, sich selbst eine Dame zu holen: 53. ... ♘f5? 54.a6 g3 55.a7 g2 56.a8♕ g1♕ 57.♕g8+. Wie wir jedoch wissen, kann ein gelehriger Springer ungewöhnliches vollbringen...

**53. ... ♘h5!! 54.♔e3** (54 a6 ♘f4+ 55.♔e3 ♘e6 56.a7 ♘c7 mit Gewinn)

**54. ... ♘f6 55.♔f4 ♔:h6 56.a6 ♘d7 57.a7 ♘b6 58.♔:g4 ♔g6 59.♔f4 ♔f6 60.♔g4 ♘a8**

Weiß gab auf.

**Jussupow – Li Zunian**
**Luzern 1985**

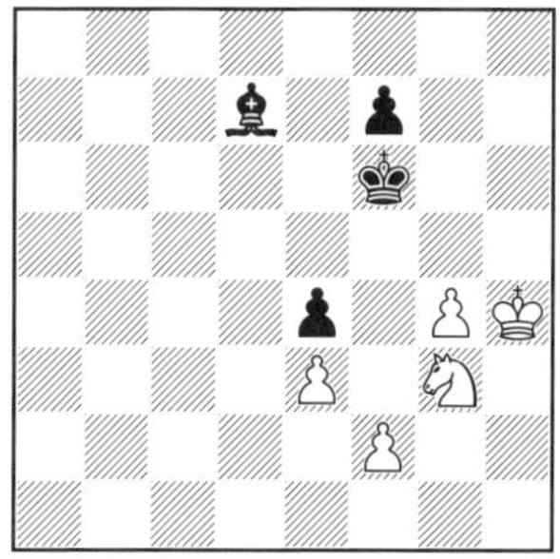

In dieser Stellung wurde die Partie das zweite Mal vertagt. Im ersten Teil der Hängepartie gelang es dem Springer, durch einen heldenhaften Ausflug ins gegnerische Hinterland (♘g4-f6-g8:h6-g8-e7-c6-d4-e2-g3) einen Bauern zu erobern. Trotzdem erschien mir ein Remis wahrscheinlich. Nach einer relativ kurzen Analyse stellte sich heraus, dass der einzige reale Gewinnplan im Tausch des g-Bauern besteht. Danach verbleibt Weiß als alleiniger Angriffspunkt der Bauer e4. Anfangs hatten wir den Eindruck, dass Schwarz dessen Verteidigung leicht organisieren kann. Nach eingehender Arbeit an der Stellung gewannen wir aber neue Hoffnung. Wir verstanden, dass die letzte, bescheiden auf dem Feld g3 stehende weiße Figur wahrhaftig ein Springer im Sinne von Montaigne ist.

**59. ... ♔e5 60.♔h5 f6 61.g5 fg 62.♔:g5**

Schwarz muss sich entscheiden, denn der Läufer kann den Bauern von verschiedenen Seiten decken. Der von dem chinesischen Spieler gewählte Plan schien auch mir lange Zeit der beste zu sein.

**62. ... ♗c6**

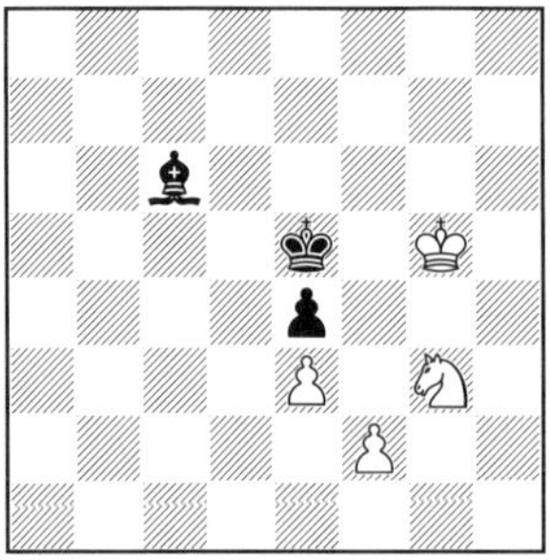

Schwarz hält seinen Läufer auf den Feldern b7-a8. Falls sein König von e5 vertrieben wird, geht dieser nach d3.

**63.♘f5 ♗a8**

Natürlich nicht 63. ... ♔d5 wegen 64.♘e7+.

**64.♘e7!**

Weiß muss den Marsch des gegnerischen Monarchen nach d3 verhindern. So würde beispielsweise 64.♘h6? nach 64. ... ♔d5 65.♔f4 ♔c4 66.♘f5 ♔d3 zum Remis führen.

**64. ... ♔d6**

Genauer war 64. ... ♗b7, wie wir später sehen werden.

**65.♘g6 ♔d5 66.♔f4**

Nun wird die Idee des Anziehenden klar. Der Gewinnplan sieht vor, dass der Springer das Feld e5 besetzt. Von dort aus überdeckt er nicht nur d3 und c4, sondern strebt auch nach d7 oder f7.

**66. ... ♔c5**

Im Falle des natürlichen 66. ... ♔c4 gewinnt Weiß mittels 67.♘e5+! ♔c3 68.♘d7!. Es droht 69.♘c5, und auf 68. ... ♔c4 folgt die Gabel 69.♘b6+. Falls 68. ... ♔b4, so einfach 69.♘f6.

**67.♘e5! ♗b7**

Oder 67. ... ♔b4 68.♘d7, und Schwarz verliert.

**68.♘f7!**

Weil es gegen die Drohung 69.♘g5 keine zufriedenstellende Verteidigung gibt (68. ... ♔c4 69.♘d6+), musste Schwarz die Segel streichen.

Kehren wir zur Stellung nach 64.♘e7 zurück. Statt 64. ... ♔d6 kam das listige 64. ... ♗b7 in Frage. Falls jetzt 65.♘g6+ ♔d5 66.♔f4, so 66. ... ♔c4 67.♘e5+ ♔c3.

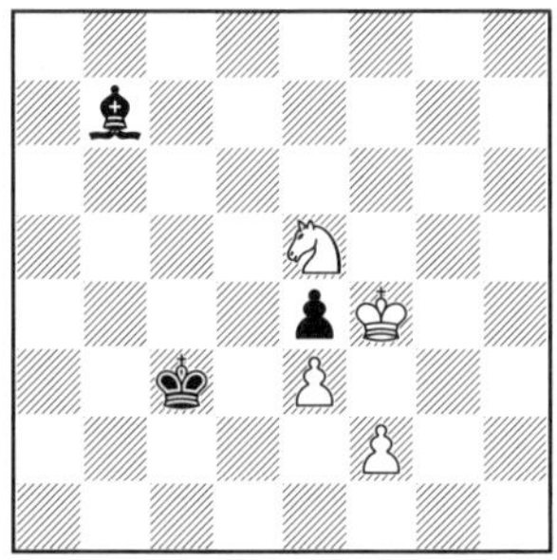

Vor uns haben wir eine Stellung beiderseitigen Zugzwangs. Falls Schwarz am Zug ist, verliert er: 68. ... ♔d2 69.♘d7; 68. ... ♗a8 69.♘d7 ♔c4 70.♘b6+; 68... ♔b4 69.♘f7 ♔c3 70.♘d6. Am Zug ist aber Weiß, und ein Gewinn ist nicht in Sicht: 68.♘f7 ♔d3 oder 68.♘d7 ♔c4 69.♔e5 ♗c6.

Das natürliche 66.♔f4? war ein Fehler. Zum Sieg hätte geführt: 66.♔f5!! ♔c4 (66. ... ♗c8+ 67.♔f4 ♗b7 68.♘e5 ♗a8 69.♘d7, und Schwarz hat keine Verteidigung mehr) 67.♘e5+ ♔c3 68.♔f4, und es entsteht die untersuchte Stellung, jedoch mit Schwarz am Zug.

Bleibt noch zu klären was passiert, falls der Nachziehende seinen Verteidi-

gungsplan genauer ausführt, d. h. wir die Diagrammstellung nach dem 62. Zug von Schwarz **62. ... ♗c6** erhalten, jedoch mit dem Läufer auf a8. (Mit dem Läufer auf b7 gewinnt 1.♘f5, und falls 1. ... ♔d5, so 2.♔f4 mit der durchschlagenden Drohung 3.♘g3.) In diesem Fall führt 1.♘f1! zum Sieg. Auf 1. ... ♔d5 folgt 2.♘d2 ♔e5 (droht 3.♔f4) 3.♘c4+ ♔e6 (3. ... ♔d5 4.♘b6+) 4.♔f4 und 5.♘d2, und auf 1. ... ♗b7 folgt 2.♘h2 ♔d5 3.♘g4 ♔c4 4.♘e5+ ♔c3 5.♔f4. Und wieder entsteht die uns bekannte Stellung des vorhergehenden Diagramms.
Somit stößt auch die Verteidigung mit dem Läufer auf den Feldern b7-a8 auf eine unvorhergesehene Widerlegung.

Schwarz kann aber auch einen anderen Verteidigungsplan mit dem Läufer auf den Feldern g2-h1 wählen. Dazu betrachten wir folgende wichtige Stellung.

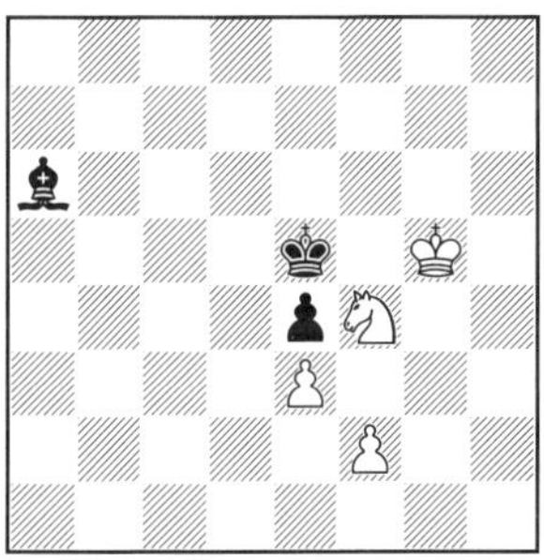

In dieser Lage gewinnt Weiß unabhängig davon, wer zieht.
**1.♘g6+ ♔d5 2.♔f4 ♗f1**
Falls 2. ... ♗e2, so 3.♘f8! ♗f3 4.♘h7 ♔c4 (es droht ♘f6+) 5.♘g5.
**3.♘e7+ ♔e6**

Gleich verlieren würde 3. ... ♔d6 wegen 4.♘g8! ♗g2 ♘f6.
**4.♘c8!!**
Der im ersten Moment überraschende Zug wird verständlich, wenn man auf das ungewöhnliche Ziel des Springers kommt – das Feld c3.
**4. ... ♗d3**
Auch andere Fortsetzungen retten den Nachziehenden nicht mehr:
a) 4. ... ♗g2 5.♘b6 ♔d6 6.♘a4 ♔d5 7.♘c3+;
b) 4. ... ♔d7 5.♘b6+ ♔c6 6.♘a4 und 7.♘c3;
c) 4. ... ♗b5 5.♔:e4 ♔d7 6.♘b6+ ♔c6 7.♘d5;
d) 4. ... ♔d5 5.♘b6+ ♔c5 6.♘d7+ ♔d6 7.♘f6.
**5.♘b6 ♗c2** (sonst ♘b6-a4-c3) **6.♘c4**
Obwohl der Springer nicht nach c3 gelangt, hat Weiß einiges erreicht: der schwarze Läufer wurde auf die ungünstigere Diagonale b1-h7 abgedrängt.
**6. ... ♔d5 7.♘d2 ♗d3**

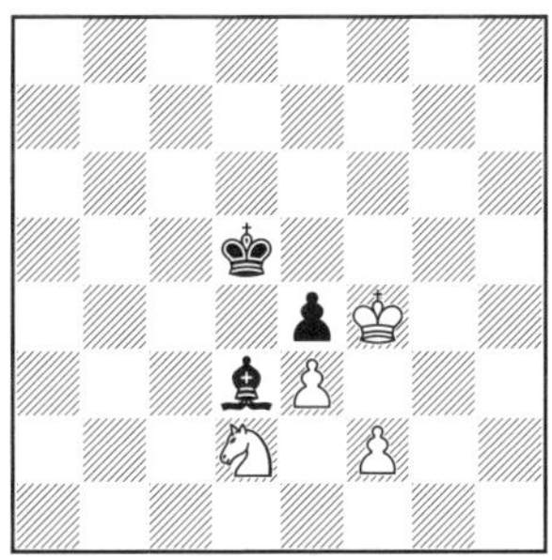

**8.♔f5**
Schwarz muss wegen Zugzwangs den Springer nach f1 lassen (8. ... ♗e2 9.♘:e4 ♗d3 f3).
**8. ... ♗c2 9.♘f1 ♗d1**
Oder 9. ... ♔c4 10.♘g3 ♔d5 11.♘h5 mit Gewinn.

**10.♘h2 ♗c2 11.♘g4 ♔c4 12.♘f6 ♔d3 13.♘:e4 ♔e2 14.♔f4**
Und Weiß heftet den Sieg an seine Fahne.
Hier muss ich etwas abschweifen und den Leser auf den Beginn dieses interessanten Endspieles verweisen, wo der Autor „den Enthusiasmus des weißen Springers" würdigt. Um den Bauern e4, die letzte Bastion der Verteidigung von Schwarz, zu vernichten, musste das Ross eine richtige Weltreise unternehmen (f4-g6-e7-c8-b6-c4-d2-f1-h2-g4-f6-e4).

In der Stellung des 1. Diagramms zu diesem Beispiel könnte auch Schwarz am Zug sein.
**1. ... ♗f1 2.♘g6+ ♔d5 3.♔f4 ♗g2 4.♘h4! ♗f1**
Falls 4. ... ♗h1, so 5.♔g3! ♔c4 6.♔h2, und der Tausch der Leichtfiguren wird erzwungen.
**5.♘f5 ♗g2 6.♘g3**

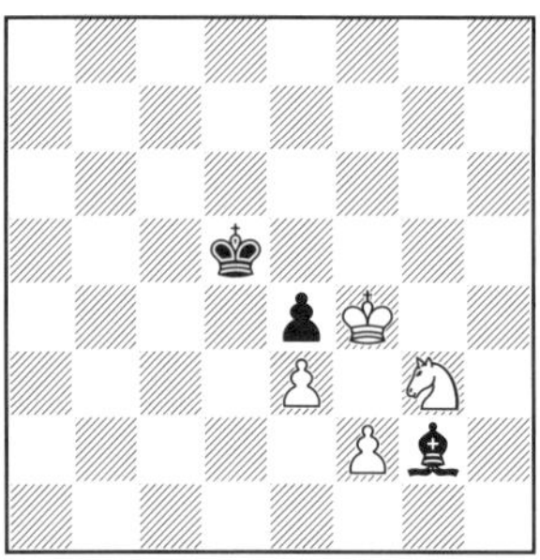

Diese wichtige Stellung ist durch beiderseitigen Zugzwang geprägt. Falls Schwarz am Zug ist, dann muss er mit dem Läufer nach f3 gehen und den Springer nach f1 lassen.
**6. ... ♗f3 7.♘f1 ♗d1**
Schlecht wäre 7. ... ♗g2 wegen 8.♘d2! ♗h1 9.♔g3.
**8.♘h2 ♗c2 9.♔f5**
Falls 9.♘g4, so 9. ... ♔e6.
**9. ... ♔c4 10.♘f1! ♔d5** (10. ... ♔d3 11.♘g3) **11.♘g3** nebst ♘h5 (Gewinn wie in der Diagrammstellung nach **7.♘d2 ♗d3**).

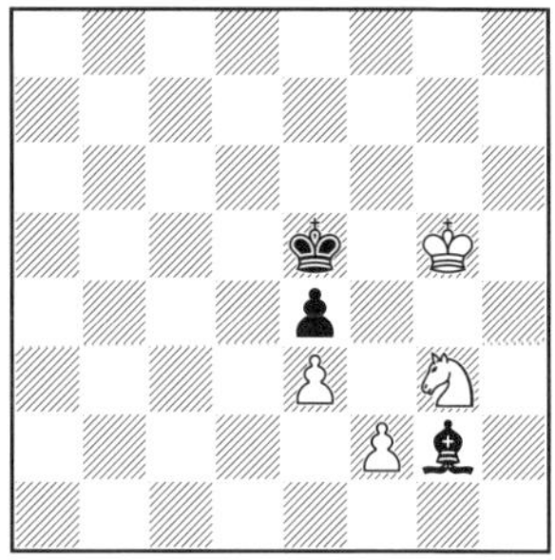

Obwohl sich der schwarze Läufer auf g2 befindet, behält der Anziehende die Oberhand.
**1.♘f5!**
Nichts ergibt 1.♘h5 ♗f3! (aber nicht 1. ... ♗h1 2.♘f4 ♗f3 wegen 3.♘g6+ ♔d5 4.♔f4 ♗h1 5.♘h4 ♔c4 6.♔g3 ♔d3 7.♔h2 ♔e2 8.♔:h1 ♔:f2 9.♘f5) 2.♘f4 ♗h1!.
**1. ... ♔d5**
Oder 1. .. ♗f3 2.♘h4 ♗d1 3.♘g6 ♔d5 4.♔f5 ♗f3 5.♔f4 – analog der Hauptvariante. Nicht zu empfehlen ist 1. ... ♗h1 2.♘h4!.
**2.♘h4! ♗f1 3.♔f5! ♗e2 4.♘g6 ♗f3 5.♔f4 ♗g2**
Verlieren würde 5. ... ♗e2 6.♘e7+ ♔e6 7.♔f5 ♔d5 8.♘g3 ♗f3 wegen 9.♘f1 (vgl. Diagrammstellung nach **5.♘f5 ♗g2 6.♘g3**).
**6.♘h4 ♗f1 7.♘f5 ♗g2 8.♘g3**
Diese Zugzwang-Stellung ist uns aus dem vorletzten Diagramm bekannt. Weiß gewinnt.

Noch schwieriger ist der Gewinn, wenn Schwarz anzieht.

**1. ... ♗h3!** (verhindert das wichtige Manöver ♘g3-f5-h4) **2.♔h4!** (Weiß möchte ein Tempo gewinnen.) **2. ... ♗c8**

Oder 2. ... ♗g2 3.♔g4 ♗f3+ 4.♔g5 ♗g2, und es entsteht die schon bekannte Stellung nach **11.♘g3**, jedoch mit Weiß am Zug.

**3.♔h5! ♗d7**

Falls 3. ... ♗h3, so 4.♔g5, und Weiß hat den Gegner in Zugzwang gebracht. Nach 4. ... ♗c8 5.♘h5 ♗h3 6.♘f4 entsteht die Stellung des 1. Diagramms zu diesem Beispiel.

**4.♔g6! ♗g4**

Oder 4. ... ♗c8 5.♘h5 ♔d5 6.♘f6+.

**5.♘h5 ♗f3**

Auf 5. ... ♗h3 kommt 6.♘f4 in Frage.

**6.♘f4 ♗h1 7.♔g5 ♗f3**

Diese Fortsetzung kam in den Kommentaren schon vor. Ich erinnere an den Gewinnweg: 8.♘g6+ ♔d5 9.♔f4 ♗h1 10.♘h4 ♔c4 11.♔g3 ♔d3 12.♔h2 ♔e2 13.♔:h1 ♔:f2 14.♘f5.

Hiermit beende ich die Analyse dieses interessanten Endspiels. Für Korrekturen, Präzisierungen und Widerlegungen wäre ich den Lesern sehr verbunden.

# Noch einmal über den „Montaigne“-Springer

Mark Dworetski

Bei der Beschäftigung mit Artur Jussupows Analysen aus dem Kapitel „Solo für den Springer“ (S. 94) erinnerte ich mich an einige Studien zum gleichen Thema. Sie haben seinerzeit einen starken Eindruck auf mich hinterlassen. Ich hoffe, dass die Beispiele auch Ihnen gefallen werden.

Ihre Schönheit besteht sowohl in dem ungewöhnlichen Arbeitsumfang, den der weiße Springer zu leisten hat, als auch in den paradoxen Manövern der Figuren des Anziehenden. Vor allem aber faszinieren Klarheit und tiefe Logik, die in diesen Manövern stecken.

Bevor Sie sich an den Lösungen erfreuen, sollten Sie einmal versuchen, die Antworten selbständig zu finden. Schon vorab sage ich Ihnen, dass die Aufgaben sehr schwierig sind. Am besten, Sie nehmen Brett und Figuren zu Hilfe. (Das zweite Beispiel kann man vielleicht im Kopf lösen).

Doch ziehen Sie nicht so hastig! Überlegen Sie erst einmal, welche mittel- und langfristigen Ziele beide Seiten haben, welche Pläne sie verfolgen, welche Stellungen sich zwischendurch ergeben…

**N. Grigorjew**
**1932**

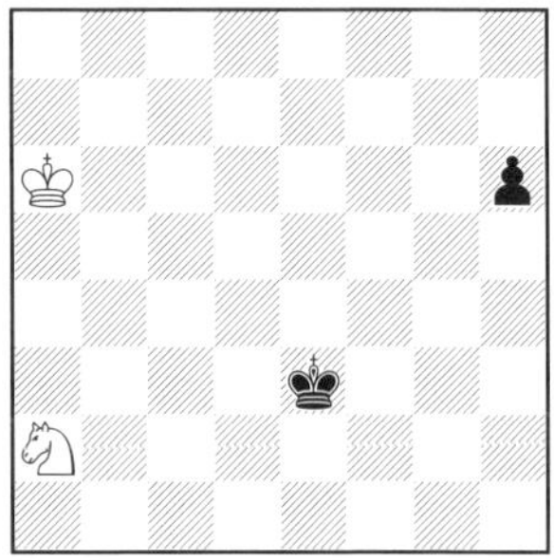

**Der Springer hält den Randbauern auf, wenn er es schafft, eines der Felder zwischen den Bauern und seinem Umwandlungsfeld zu „bestreichen“. (h2 bis h5).**

Im vorliegenden Fall ist klar, dass der Springer nach h2 strebt. Wie aber kann er das schaffen, wo ihm doch der schwarze König im Wege steht?

Hier sind ein paar logische Überlegungen, die das Finden einer Lösung erleichtern. Der Springer gelangt über die Felder g4 oder f1 nach h2. Jede einzelne Marschroute kann vom schwarzen König kontrolliert werden. Man muss deshalb einen „Doppelschlag“ inszenieren, das heißt die Drohung schaffen, das Feld h2 auf beiden Wegen zu erreichen. Der Springer kommt über d2 nach f1 und über e5 nach g4. Sehen Sie den Schnittpunkt beider Marschrouten?

**1.♘b4! h5 2.♘c6!**

Fehlerhaft wäre 2.♘d5+? ♔f3!, und der Bauer ist nicht mehr zu halten.

**Merke: Der König grenzt den Radius des Springers am besten ein, indem er horizontal wie vertikal einen Abstand von zwei Feldern einnimmt.**

**2. ... ♔e4!**

Natürlich nicht 2. ... h4? 3. ♘e5, und das Feld g4 kann nur durch 3. ... ♔f4 überdeckt werden. Dann jedoch folgt 4.♘g6+.

**3.♘a5!!**

Nur auf diesem Wege gelangt der Springer auf das Schlüsselfeld c4, von dem aus er nach f1 und auch nach g4 kommt. Verlieren würde hingegen 3.♘d8? h4 4.♘e6 ♔f5! 5.♘d4+ ♔g4.

**3. ... h4 4.♘c4!**

4.♘b3 scheitert an 4. ... ♔e3.

**4. ... ♔f3!?**

Die letzte Falle. Zum sofortigen Remis führt 4. ... h3 5.♘d2+ und 6.♘f1.

**5.♘e5+!**

Falsch ist 5.♘d2+? (in der Annahme, dass 5. ... ♔g2? 6. ♘c4! h3 7. ♘e3+ geschieht) wegen 5. ... ♔e2! 6. ♘e4 h3 7. ♘g3+ ♔f2, und Schwarz gewinnt. In dieser Variante gelingt es ihm, den Weg des Springers nach h2 zu verstellen, und das „Tangieren“ des Feldes h1 bringt Weiß, wie Sie sehen, nichts ein.

**5. ... ♔g3**

Erzwungen. Das Feld g4 muss verteidigt werden. Und wenn Schwarz 5. ... ♔f4 zieht, so folgt darauf 6.♘g6+.

**6.♘c4! h3 7. ♘e3!**

Weiß hat sein Ziel erreicht: 7. ... h2 wird durch 8.♘f1+ pariert, und auf 7. ... ♔f3 folgt 8.♘f1 ♔f2 9.♘h2 ♔g2 10.♘g4 ♔g3 11.♘e3 usw.

Zum Abschluss möchte ich anmerken, dass der Versuch von Weiß, 2.♘c2+? zu spielen (anstelle von 2.♘c6!) nichts

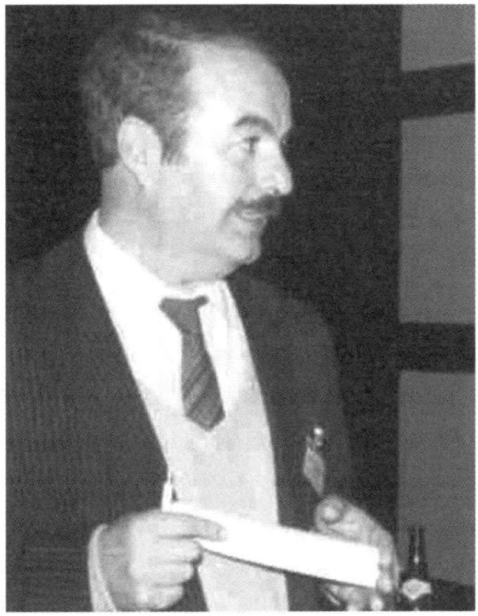

*David Gurgenidse*

taugt. Die Rechnung des Anziehenden würde nur im Falle von 2. ... ♔e4? 3.♘a3! ♔d3 (3. ... h4 4.♘c4) 4.♔b5! nebst ♘c4 aufgehen. Aber nach 2. ... ♔f2! gewinnt Schwarz.

**D. Gurgenidse**
**1970**

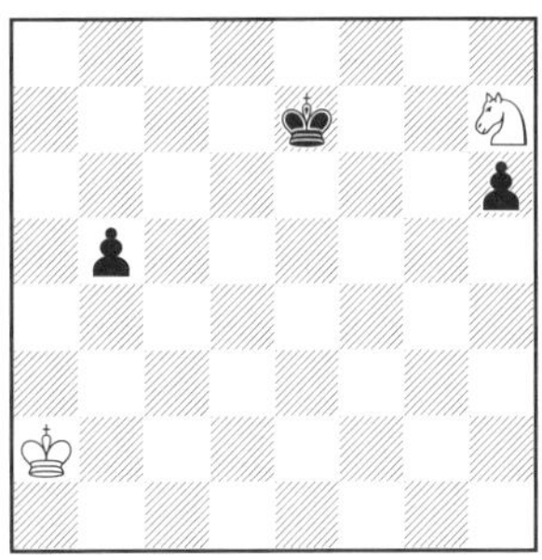

Dies ist die künstlerische Überarbeitung einer Studie von Nikolai Dmitrijewitsch Grigorjew.

Die Drohung, den Springer h7 zu fangen, kann Weiß leicht parieren, indem sich sein König dem Bauern b5 nähert. 1.♔b3 (a3) ♔f7 2.♔b4 ♔g7 3.♔:b5 ♔:h7 4. ♔c4, und der König schafft es, in das Quadrat des h-Bauern zu gelangen. Worin besteht dann eigentlich das Problem der Stellung?

Es zeigt sich, dass Schwarz ein wichtiges Tempo einsparen kann, wenn er auf die direkte Jagd nach dem Springer verzichtet und sich damit begnügt, nur die Beweglichkeit der Figur einzuschränken:

1. ... ♔e6! 2.♔b4 ♔f5 3.♔:b5 h5, und der Bauer wird zur Dame. Das bedeutet, Weiß muss als Antwort auf 1. ... ♔e6 seinen Springer sogleich in den Kampf mit dem h-Bauern schicken.

In einer praktischen Partie würden viele Schachspieler ohne großes Zögern 1.♔b3 ziehen und erst nach 1. ... ♔e6 2.♘f8+ ♔f5 3.♘d7 h5 darüber nachdenken, wohin der Springer weiter bewegt wird. Das Paradoxe der Stellung besteht darin, dass dieses sonst übliche Verhalten hier keinen Erfolg hat. Es galt, vorher nachzudenken!

**1.♔a3!! ♔e6! 2.♘f8+! ♔f5 3.♘d7 h5 4.♘c5 h4 5.♘b3!!**

Eben deshalb musste Weiß schon mit dem ersten Zug alle Varianten durchrechnen. Das Feld b3 war für seinen Springer freizuhalten. Verlieren würde 5.♘d3? h3 6.♘f2 h2 7.♔b4 ♔f4 8.♔:b5 ♔f3.

**5. ... h3 6.♘d2 h2**

Zu der Ihnen bekannten Remisstellung führt 6. ... ♔f4 7.♘f1.

**7.♘f1 h1♕ 8.♘g3+. Remis.**

**R. Réti – A. Mandler**
**1924**

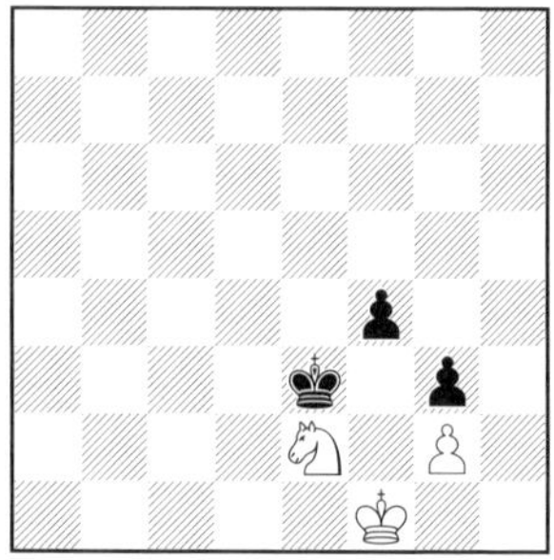

**1.♘g1**

Im Unterschied zur vorigen Stellung kann der erste Zug hier ohne tiefes Nachdenken ausgeführt werden. Was ist jedoch weiter zu tun? Wie gelingt es, den feindlichen König abzudrängen? Für den Anfang muss eine Idee her. Wir suchen einen Platz, wohin der Springer später geht, um dem Gegner Schwierigkeiten zu bereiten.

Es findet sich das Feld c2. Von dort aus überwacht der Springer den wichtigen Punkt e3, aber er selbst ist unantastbar wegen der Antwort ♔e2.

Der schwarze König muss entweder nach d2 oder nach d1. Steht er jedoch auf d1, so entscheidet ♘b4! nebst ♘d5 den Kampf. Es ist klar, dass dann der gegenseitige Zugzwang beginnt.

Schwarz muss von Beginn an genau handeln. Schlecht für ihn wäre 1. ... ♔d3? 2.♘f3 ♔e3 3.♘e1! ♔d2 4.♘c2! ♔d1 (oder 4. ... ♔d3 5.♔e1 ♔:c2 6.♔e2) 5.♘b4! ♔d2 6.♘d5.

**1.... ♔d2! 2.♘f3+ ♔d3!**

Jetzt ist 3.♘e1+ zwecklos, denn es folgt darauf 3... ♔e3! 4.♘c2+ ♔d2 5.♘b4 ♔e3 6.♘d5+ ♔e4 7.♘f6+ ♔e3.

So kommt Weiß nicht weiter.
Um zu gewinnen, muss dem Gegner in jedem Fall die Zugpflicht aufgedrängt werden. Wie ist das zu erreichen?

**3. ♔e1! ♔e3 4.♘e5 ♔e4**

Wenn 4. … ♔d4, so entscheidet 5.♘g4! ♔d3 6.♔d1, und der weiße König kommt heraus, weil der Zug 6. … f3 Schwarz wegen 5.♘e5+ nichts einbringt.

**5.♘c4! ♔d3**

Oder 5. … f3 6.♘d2+; 5. … ♔d4 6.♔e2!

**6.♘d2 ♔e3 7.♘f3 ♔d3 8.♔f1!**

Durch die Rundreise des Springers erreichte Weiß sein Ziel, den Gegner in Zugzwang zu bringen. Das Weitere ist Ihnen schon bekannt.

**8. … ♔e3 9.♘e1 ♔d2 10.♘c2! ♔d1 11.♘b4! ♔d2 12.♘d5.**

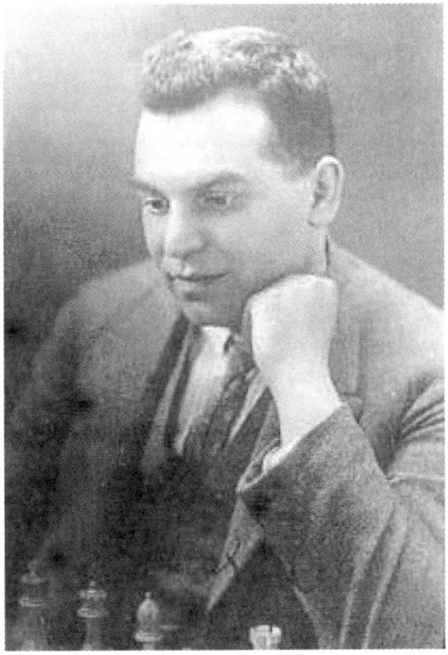

*Richard Reti*

**R. Réti – A. Mandler**
**1924**

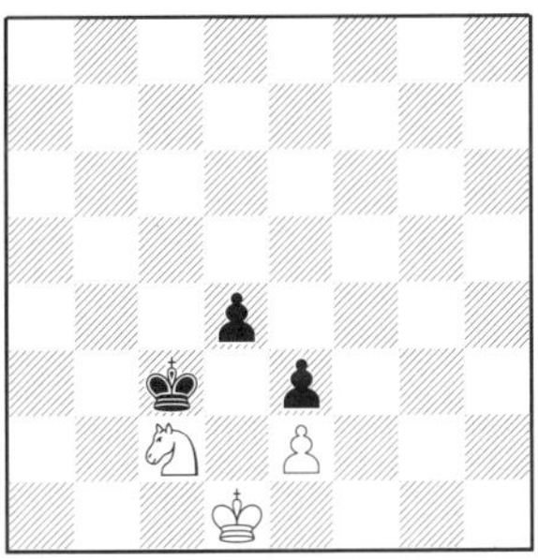

Hier ist die Aufgabe von Weiß noch schwerer als in der gerade betrachteten Studie.
Der dort gezeigte, schon sehr ungewöhnliche Gewinnplan geht in dieser Stellung nicht auf. Es stört der linke Brettrand. Weil der Springer keinen analogen Platz hat wie das wichtige Feld b4 im vorherigen Beispiel.
Allerdings ist jetzt eine neue Möglichkeit aufgetaucht: die Aktivierung des Königs auf der Marschroute d1-e1-f1-g2-f3. Einen anderen Gewinnplan gibt es für Weiß offensichtlich nicht. Schwarz wird das zu verhindern suchen, indem er sich mit seinem König vom Feld d1 oder d2 aus an den Bauern e2 heftet. Man erkennt leicht, dass es auch hier nicht ohne beiderseitigen Zugzwang abgeht. Sehen wir uns die Sache einmal an.
Angenommen, der Springer befindet sich auf d3, der weiße König auf f1 und der schwarze auf c2. Dann verliert 1. … ♔d2? 2. ♘f4 (gut ist auch 2.♘e5 ♔d1 3.♘f3) 2. … ♔d1 3.♔g2.
Unbedingt notwendig ist also 1. … ♔d1! 2.♘f4 (oder 2.♘e5 ♔d2 3.♘f3+ ♔c3)

2. … ♔d2!, und wenn 3.♔g2 geschieht, so erwidert Schwarz darauf 3. … d3! mit Remis.

Wir können folgende Schlüsse ziehen: Wenn Weiß ♔e1 zieht und der Springer steht auf d3, dann muss Schwarz mit ♔c2! antworten. Befindet sich der Springer auf f4, e5 oder c5, lautet die richtige Erwiderung ♔c3! Die Stellung mit dem Springer auf c5, dem schwarzen König auf c3 und dem weißen auf e1 ist eine Position beiderseitigen Zugzwangs.
Der nächste Schritt in unserer logischen Analyse der Stellung besteht darin herauszufinden, wie wichtig das Feld e4 für den Springer ist. Nehmen wir an, die Figur steht auf e4, der weiße König auf d1 und der schwarze auf b3. Wenn Weiß am Zuge ist, so entscheidet 1.♔c1!. Ist Schwarz am Zuge, wird die Aufgabe für ihn keinesfalls leichter, denn auf 1. … ♔b2 folgt 2.♘c5! ♔c3 (2. … ♔b1 3.♘e6) 3.♔e1!, und es ergibt sich die schon erwähnte Zugzwangstellung, in der Schwarz an der Reihe ist.
Also muss Weiß den Springer auf das Feld e4 bringen. Es ist nicht so leicht, dieses Vorhaben zu realisieren, weil die ganze Zeit d4-d3 droht.

**1.♘e1 ♔b2 2. ♘d3+ ♔c3**

Nichts ändert 2. … ♔b1 3.♘c1 ♔b2 4.♘a2, und 2. ... ♔b3 würde die Lösung nur verkürzen: 3.♘f4 ♔b2 (3. … ♔c3 4.♔e1! ♔c2 5.♘c3, und Schwarz befindet sich in Zugzwang) 4.♘d5 ♔b3 5.♘c7! usw. – siehe Hauptvariante.

**3.♘c1!**

Verfrüht wäre 3.♘f4 wegen 3. … ♔b3!, und auf 4.♘d5 hat Schwarz die Antwort 4. … ♔c4!.

**3. … ♔b2 4.♘a2!**

Das beim Lösen der vorigen Studie gefundene Manöver bewährte sich auch hier. Wie Sie sich erinnern, ist 4. … ♔b3? 5.♔c1! ♔:a2 6.♔c2 schlecht für Schwarz. Er muss mit seinem König auf die erste Reihe gehen und ist von den Feldern c3 und c4 zu weit entfernt.

**4. … ♔b1 5.♘b4 ♔b2 6.♘d5 ♔b3**

Sofort verlieren würde 6. … ♔b1? 7.♘c7 ♔b2 8.♘b5.

**7.♘c7!**

Der kürzeste Weg nach e4 führt über das Feld f6. Das direkte 7. … ♘f6? wird allerdings durch 7. … ♔c4!! widerlegt: 8.♔c2 d3+! 9.ed+ ♔d4 und 10. … e2. Deshalb wählt der Springer eine ausgeklügelte Marschroute.

**7. … ♔c3**

Hier nützt 7. … ♔c4 8.♔c2 bereits nichts mehr.

**8.♘b5+ ♔c4 9.♘d6+ ♔c3**

Auf 9. … ♔d5 geschieht 10.♘f7.

**10.♘e4+ ♔b2**

10. … ♔b3 11.♔c1.

**11.♘c5! ♔c3 12.♔e1!**

Weiß hat sein Ziel verwirklicht und eine Stellung ereicht, in der sein Partner ziehen muss.

**12. … ♔c2(c4) 13.♘d3**

Erneuter Zugzwang!

**13. … ♔c3 14.♔f1 ♔d2 15.♘f4**

Der letzte und entscheidende Zugzwang. Gleichwertig ist auch die Fortsetzung 15.♘e5 ♔d1 16.♘f3.

**15. … ♔d1 16.♔g2**

Durch die langen Manöver seines Springers erhielt der weiße König am Ende die Möglichkeit, sich zu befreien.

# Teil III

# Technik des Endspiels

# Die Realisierung eines Vorteils

Mark Dworetski

Schachspieler leiden an vielen „Krankheiten“. Eine der verbreitetsten und schwierigsten besteht in der schwachen Technik bei der Verwertung eines Übergewichts. Sogar Weltmeister sind manchmal dagegen nicht gefeit. Erinnert sei nur an die Weltmeisterschaft 1990 zwischen Garri Kasparow und Anatoli Karpow.

Nach einer verlorenen Partie erklären wir häufig gegenüber dem Gegner, dem Trainer oder einem Zuschauer: „Ich hatte eine klar gewonnene Stellung!“ Derartige Klagen sind unnütz. Besser sollte man über die Gründe der unterlaufenen Fehler nachdenken und versuchen zu verstehen, welche spielerischen und persönlichen Mängel für die Misserfolge verantwortlich sind. Ich werde mich jetzt deshalb mit den Hauptfaktoren beschäftigen, die der Realisierung eines Vorteils im Wege stehen können.

## 1. Ermüdung am Partieende

Selbstverständlich ermüdet ein Spieler nach mehreren Stunden angestrengten Kampfes. Bei einigen macht sich die Ermüdung mehr, bei anderen weniger bemerkbar. Gerade die letzten Minuten bestimmen häufig den Partieausgang. Nicht wenige Punkte sammelt der, wer zum Rundenende über ausreichende Kraftreserven verfügt.

Großmeister Jussupow spielt immer tiefschürfend und inhaltsreich und benötigt viel Zeit und Energie für die Lösung der Probleme, auf die er in der ersten Partiehälfte stößt. Dafür reicht es dann häufig nicht für den folgenden Teil, in dem ihm Versehen unterlaufen. Nur aus diesem Grund verlor er beispielsweise das Match im Kandidatenhalbfinale 1989 gegen Anatoli Karpow. Jussupow hatte seinen gefährlichen Gegner ständig überspielt, konnte aber wegen starker Ermüdung zum Partieende hin den Sieg nicht erringen. Schauen wir uns eines dieser ärgerlichen Beispiele an.

**Karpow – Jussupow**
**6. Matchpartie, London 1989**

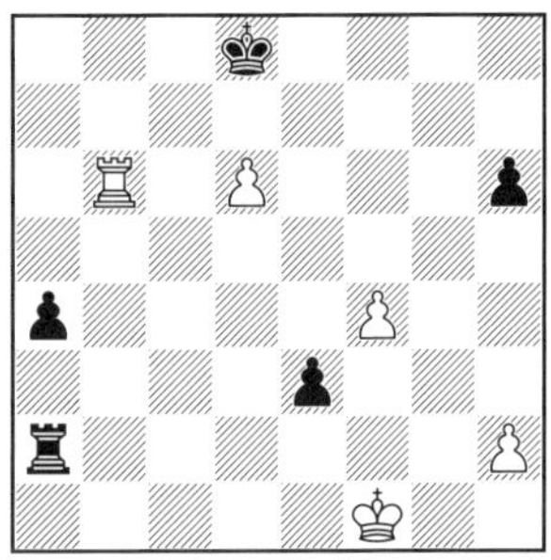

Jussupow sah, dass er in der Variante **38. ... a3? 39.♖a6 ♖f2+ 40.♔e1 a2 41.f5** den Turm nicht nehmen kann: 41. ... ♖:h2 42.f6 ♖h1+? 43.♔e2 a1♕ 44.♖:a1 ♖:a1 45.f7. Deswegen geschah **41. ... ♔d7**

Nach **42.f6 ♔e6 43.♖a8! ♔:d6 44.f7 ♖:f7 45.♖:a2 ♔e5 46.♖a6** wurde das Remis vereinbart.

Schwarz kann aber einfach den Bauern nehmen: 38. ... ♖:h2! 39.♖a6 (39.f5 ♖f2+ und 40. ... ♖:f5) 39. ... ♖f2+ 40.♔e1 ♖:f4 41.♔e2 ♖e4 mit leichtem Gewinn, beispielsweise 42.♖a5 (sonst

h6-h5-h4) 42. ... ♔d7 43.♖d5 h5! 44.♖:h5 ♔:d6. Warum hat Jussupow nicht so gespielt? Nach seinen eigenen Worten hatte er zu diesem Zeitpunkt einen Blackout. Er sah keine andere Möglichkeit als 38. ... a3?
Falls Sie häufig ermüden, dann ist vielleicht Ihre physische Vorbereitung nicht ganz in Ordnung. Das Rezept liegt in dem Fall auf der Hand – die physische Belastung muss erhöht und mehr Zeit dem Sport und vor allem Ausdauerübungen (z. B. langsamer Dauerlauf) gewidmet werden. Richten Sic sich einen rationalen Tagesablauf während des Wettkampfes ein, der eine vollwertige Erholung und ein Auftanken von Energie vor der Partie erlaubt. Schließlich kann man auch während der Partie Kraft sparen, indem kurze Pausen – wenn der Partner am Zug ist – zur Erholung genutzt werden. All das sind übrigens recht ernste Fragen, die eine spezielle Betrachtung erfordern.

## 2. Mangelhafte Stabilität des Nervensystems

Es ist außerordentlich wichtig, während der Partie volle Konzentration zu wahren, unbedingte Aufmerksamkeit gegenüber allem, was auf dem Brett passiert. Nicht bei jedem ist das Nervensystem für solch eine lange Anspannung bereit. Häufig konzentriert sich der Spieler nur in entscheidenden Momenten des Kampfes. Wenn die Hauptprobleme scheinbar gelöst sind, dann lassen Wachsamkeit und Aufmerksamkeit nach. Hier passieren dann meistens die Fehler.

**Mestel – L. Popow**
**Olympiade, Malta 1980**

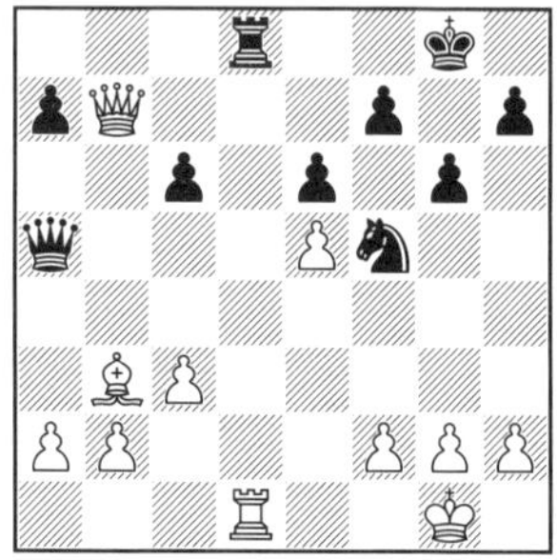

Weiß besitzt einen gesunden Mehrbauern, nun muss er aber die schwierige Aufgabe lösen, welche Stellung er anstreben soll, um dem Gegner weniger Konterchancen einzuräumen. Auf der Hand liegen folgende Möglichkeiten:
a) 25.♖e1 ♕c5 (oder 25. ... ♖d2);
b) 25.♕:c6 ♖:d1+ 26.♗:d1 ♕:a2 (stärker als 26. ... ♕:e5);
c) 25.♖:d8+ ♕:d8 26.♕:c6 ♕d2;
d) 25.♖:d8+ ♕:d8 26.♕:a7 ♕d2.

In allen Fällen behält der Nachziehende Gegenspiel, der Partieausgang bleibt offen.
Mestel findet eine hervorragende Lösung.
**25.♖:d8+! ♕:d8 26.♗c4!!**
Der Läufer schützt auf dem Feld f1 zuverlässig den König. Die Dame bleibt noch auf dem Feld b7, von dem sie den Bauern b2 deckt. Die Bauern a7 und c6 sind schwach, der Anziehende kann sicher bald einen Freibauern am Damenflügel bilden.
**26. ... ♕d2 27.♗f1 ♔g7 28.a4! a5 29.♕b6 h5**
Die letzte leise Hoffnung von Schwarz besteht darin, mit dem Vorrücken der

g- und h-Bauern die Stellung des weißen Königs zu erschüttern. Andere Chancen gibt es nicht.

**30.♕:a5 ♕:b2 31.♕b4 ♕a1 32.a5 g5 33.a6 g4**

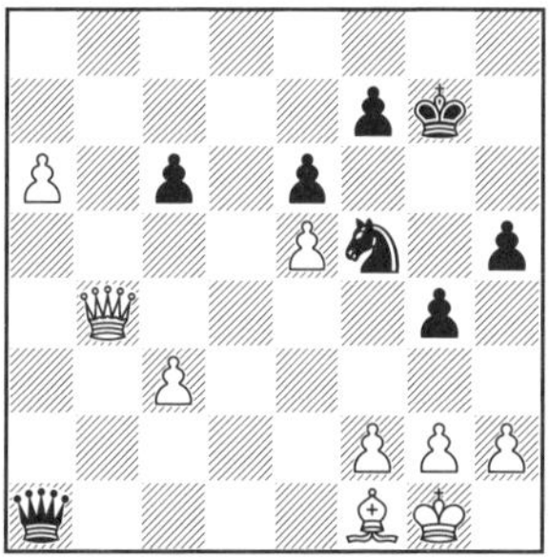

Die Stellung von Schwarz ist völlig hoffnungslos. Es wäre jedoch sehr gefährlich, in diesem Glauben unaufmerksam zu werden und die Varianten nicht mehr zu überprüfen. Beispielsweise würde nach 34.♕b8 ♕c1 35.a7? (richtig 35.♕b6!) und nun 35. ... ♘e3! 36.fe ♕:e3+ 37.♔h1 ♕c1(e1) die Partie remis enden. Stark ist 34.♕b7!, was das Vorrücken des Bauern unterstützt und zugleich die Möglichkeit bietet, den Läufer vom Feld a6 aus zu schützen. Beachtung verdient ebenfalls 34.g3!, wonach kein vernünftiger Zug für den Nachziehenden mehr zu erkennen ist.

**34.♕b6 h4 35.a7??**

Da ist sie, die Ermattung einen Schritt vor dem Sieg. Der Zug g4-g3 musste verhindert werden. Einfach gewonnen hätte 35.g3!

**35. ... g3! 36.♕a6 gf+ 37.♔:f2**

Im Falle von 37.♔h1 ♕c1 38.a8♕ würde Weiß paradoxerweise sogar verlieren – nach 38. ... ♘g3+ 39.hg hg gibt es keine Rettung gegen das Matt durch die Dame auf h6.

**37. ... ♕:c3** (wieder droht Matt) **38.♗d3 ♕d2+ 39.♗e2 ♕d4+ 40.♔e1 ♕c3+ 41.♔f2** Remis.

Wie kann man das Nervensystem für längere Anspannungen trainieren? Hier kommt man wohl ohne physische Vorbereitung nicht aus. „In einem gesunden Körper wohnt ein gesunder Geist". Sicherlich sind Elemente des autogenen Trainings und sogar von Yoga nützlich. Sie können sich auch durch speziell ausgesuchte schachliche Übungen trainieren, in denen eine lange Serie einziger Züge gefunden werden muss. Man kann ferner eine Partie oder ein Turnier spielen mit der inneren Maßgabe, sich während der Partie maximal zu konzentrieren.

## 3. Zeitnot

Fast jeder Spieler kann sich an traurige Geschichten von Zeitnotabenteuern erinnern, in denen die Früchte vorheriger Arbeit vernichtet wurden. Ich zeige ein Beispiel, in dem ein Exweltmeister die eigenen Züge lehrreich kommentiert.

**Aljechin – Tyler**
**Nottingham 1936**

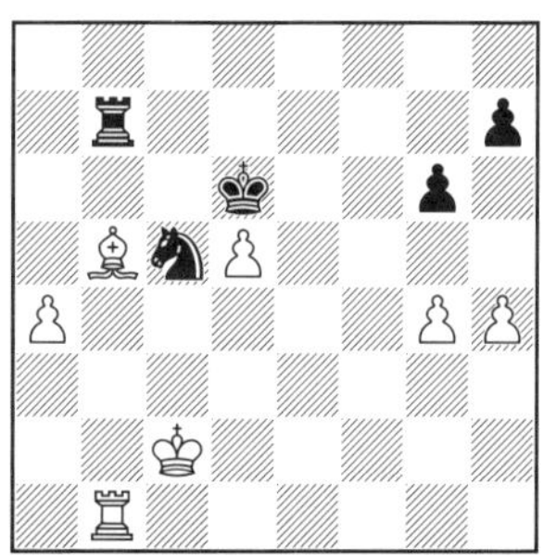

Die Lage von Schwarz ist selbstverständlich hoffnungslos. Auf 46. ... ♔:d5 folgt 47.♖d1+ ♔e6 (47. ... ♔e5 48.♗c6) 48.♔c3. Tyler probiert die letzte Zeitnotchance.

**46. ... ♘:a4 47.♔d3??**

Dazu schreibt Aljechin in dem Turniersammelband:

*„Ein schrecklicher Zug, wobei auch der Umstand, dass Weiß sich in hochgradiger Zeitnot befand, meiner Ansicht nach genausowenig als Rechtfertigung ausreicht wie beispielsweise ein Gesetzesbrecher, der sich darauf beruft, während der Straftat betrunken gewesen zu sein. Die Unfähigkeit eines erfahrenen Meisters, mit der Uhr zurechtzukommen, ist eine genauso schwere Schuld wie ein Rechenfehler.“*

Gewonnen hätte 47.♗:a4 ♖:b1 48.♔:b1 ♔:d5 und nun am einfachsten 49.♗e8! ♔e5 50.h5 ♔f4 (50. ... gh 51.♗:h5) 51.hg hg 52.♗d7.

**47. ... ♔:d5 48.♗c4+ ♔d6 49.♖:b7 ♘c5+ 50.♔e3 ♘:b7**

Bald darauf einigten sich die Partner auf Remis.

Ich werde nicht speziell darüber sprechen, wie gegen die Zeitnot vorgegangen werden kann. Ich erinnere lediglich an zwei Hauptmethoden: **1. „Antizeitnot“-Partien; 2. die Erfassung des Zeitverbrauchs während der Partie mit anschließender Analyse der Ursachen für die Zeitnot.**

Punkte gehen nicht nur in der eigenen Zeitnot, sondern auch in der Zeitnot des Gegners verloren. Das passiert deswegen, weil die bekannten Verhaltensregeln in solchen Situationen häufig vernachlässigt werden. **Wer die bessere Stellung hat, der darf nie auf Zeitnot spielen. Handeln Sie so wie immer, ohne die Zeitnot des Gegners zu beachten.** Warum? Mit einem schnellen Spiel, um dem Gegner die Zeit zum Nachdenken über seine Züge zu nehmen, versetzen Sie sich in genau dieselbe Zeitnot, in der sich Ihr Gegenüber befindet. Der Gegner ist aber in einer schwierigen Situation völlig konzentriert und mobilisiert. Sie dagegen sind eingeschläfert durch den Vorteil in der Zeit und der Stellung, warten auf das Fallen des Blättchens und können nicht mit voller Hingabe agieren.

In Erwartung dieses aufgezeigten psychologischen Effekts begeben sich einige Schachspieler in schwierigen Situationen bewusst in Zeitnot, und dort verändern sie nicht selten den bisher für sie ungünstigen Verlauf des Kampfes.

**Mark Zeitlin – Makarytschew**
**Krasnojarsk 1981**

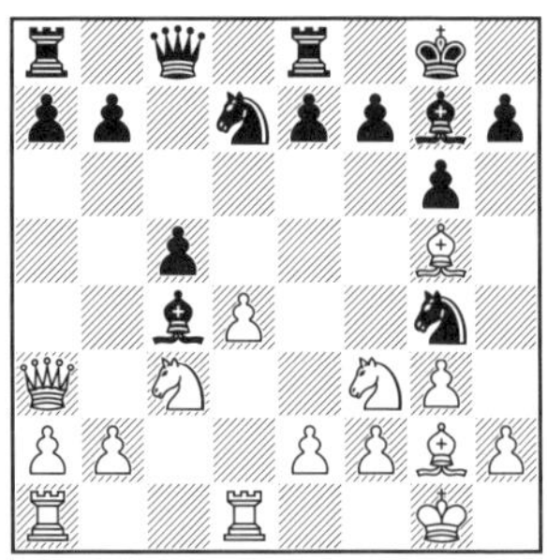

Nach lediglich 14 Zügen ist die Lage von Schwarz äußerst bedenklich, außerdem hat er schon fast seine gesamte Bedenkzeit verbraucht – übrig waren noch 6 Minuten für 26 Züge.

Offensichtlich muss Weiß so rasch als

möglich einen Turm auf c1 stellen, um Druck auf der c-Linie auszuüben. Beim sofortigen 15.♖ac1 ist mit der Antwort 15. ... h6 zu rechnen. Am besten wäre 15.h3! und nach einem Springerrückzug folgt 16.♖ac1. Falls jedoch 15. ... h6, so 16.♗f4 e5 17.de ♘g:e5 18.♖ac1. **Ruhiges Spielen, wobei Sie nur Ihre Stellung verbessern und versuchen, dem Kontrahenten keine Gegenchancen zu bieten, ist am unangenehmsten für einen Gegner, der sich in Zeitnot befindet.**

**15.dc ♘:c5 16.h3**

Falls 16.♖ac1, so 16. ... ♕f5, und für den Nachziehenden eröffnen sich dank der Schwäche des Punktes f2 taktische Möglichkeiten. Deswegen möchte Zeitlin den Springer vorher vertreiben.

**16. ... ♘:f2!?**

Das Figurenopfer stellt die beste praktische Chance von Schwarz dar.

**17.♔:f2 ♗:c3 18.bc ♘e4+ 19.♔g1?**

Dazu schreibt Sergej Makarytschew: *„Einen solchen nachlässigen Umgang mit dem eigenen Material kann man nur durch die Zeitnot des Gegners erklären. Im Falle von 19.♔e1 ♘:g3 (19. ... ♕c7 20.♗f4 e5 21.♘:e5! ♖:e5 22.♗:e4 wäre günstig für Weiß) hätte der Anziehende Mühe mit der Konsolidierung seiner Lage, der Nachziehende könnte jedoch keine volle Kompensation für die Figur nachweisen. Zeitlin bevorzugte – um jeden Preis – den Angriff vor der Verteidigung, vielleicht weil er den Unterschied in der Zifferblattanzeige für den einzigen entscheidenden Faktor hielt?!“*

**19. ... ♗:e2 20.♗f4**

Falls 20.♖d5, so 20. ... e6 21.♖e5 ♗:f3 22.♗:f3 ♘:g5 23.♖:g5 f5, und der weiße Turm wird vom Spiel abgeschnitten.

**20. ... ♗:d1 21.♖:d1 ♕:c3**

Zuverlässiger war sicherlich 21. ... ♕c5+!? 22.♕:c5 ♘:c5 mit der Absicht ♖ac8, f7-f6, e7-e5 und einem vorzüglichen Endspiel für den Nachziehenden.

**22.♕a4 e5!?**

*„Bei 22. ... ♕c5+ 23.♔h2 ♘c3 24.♕c2 entsteht ein scharfes Mittelspiel, in dem die Chancen von Schwarz nicht schlechter sind. Weiß eröffnen sich aber Aussichten für einen Königsangriff, was ich angesichts der Zeitnot als unangenehm empfand. Der Partiezug forciert Tauschoperationen, wobei vorübergehend die starke Stellung des Springers e4 bewahrt bleibt“* (Makarytschew). Wie Sie sehen, kann ein erfahrener Spieler manchmal sogar in Zeitnot Varianten berechnen und auch die Stellung richtig bewerten.

**23.♘:e5**

Schlecht ist 23.♗:e5? ♕e3+!, und nach 23.♕:e4 ef 24.♕:f4 ♕e3+ 25.♕:e3 ♖:e3 26.♖d7 ♖c8 27.♖:b7 ♖c1+ 28.♔f2 ♖a3 entsteht ein unklares Endspiel.

**23. ... ♕c5+ 24.♕d4??**

Symptomatisch: trotz Zeitnot des Gegners (genauer deswegen) unterläuft Weiß das entscheidende Versehen. Nötig war 24.♔h2 ♘c3 25.♕d4 (sonst 25. ... ♖:e5) 25.... ♕:d4 26.♖:d4. Makarytschew gibt folgende Variante an: 26. ... g5! 27.♗:g5! (27.♘g4 gf 28.♘f6+ ♔f8 29.♘:e8 fg+ 30.♔:g3? ♘e2+) 27. ... ♖:e5 28.♗f6 ♖c5 29.♖d7! mit guten Remischancen für den Anziehenden. Nach dem stärkeren 27.♗d2! verdient allerdings die weiße Stellung den Vorzug.

**24. ... ♖ad8! 25.♗e3 ♖:d4 26.♗:d4 ♕c2 27.♖a1 ♖:e5!**

Weiß gab auf. Interessanterweise verwendete Makarytschew für die Züge, die wir sahen, nur drei Minuten – die Hälfte seiner verbliebenen Bedenkzeit.

## 4. Ungenügende Kenntnisse der Endspieltheorie

In den meisten Fällen wird ein Vorteil im Endspiel realisiert. Es liegt auf der Hand, dass wegen mangelnden Theoriewissens hier die Fehlerquote jäh ansteigt.

**Wolff – Browne**
**USA-Meisterschaft, Durango 1992**

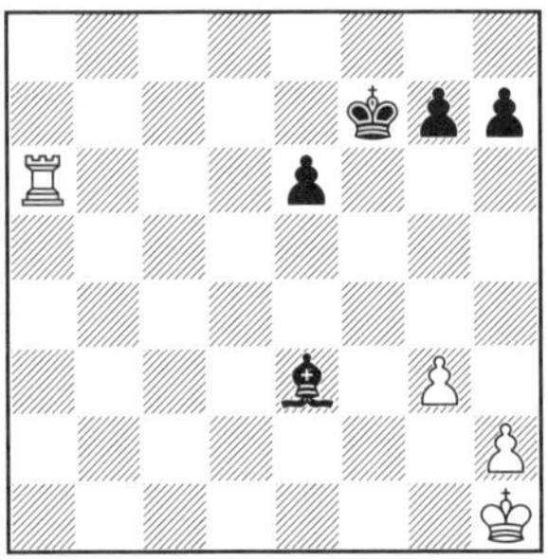

Es ist möglich (obwohl nicht unausweichlich), dass Schwarz den e-Bauern verliert, weswegen man zumindest einige Kenntnisse über das Endspiel mit zwei Bauern gegen zwei Bauern auf einem Flügel haben sollte. Die Hauptschlussfolgerung besteht darin: Mit den Bauern auf h5 und g6 errichtet Schwarz eine uneinnehmbare Festung, da der gegnerische König nicht zu den Bauern vordringen kann.

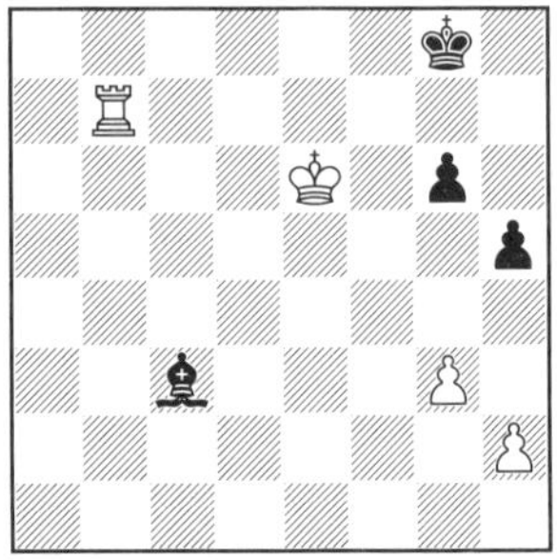

Offensichtlich muss Weiß den Aufbau des gezeigten Verteidigungssystems mittels g3-g4! verhindern. Falls Schwarz am Zug ist, dann muss h7-h5! erfolgen. Doch beide Partner kannten diese Stellung nicht.

**50.♔g2? ♗d4? 51.♔f3? g6?**

Nun verliert Schwarz den e-Bauern (was mit einem Königszug nach f6 verhindert werden konnte), und sein h-Bauer bleibt rückständig.

**52.♔e4 ♗f6 53.♖a7+ ♔g8 54.g4!**

Endlich!

**54. ... ♗c3 55.♖e7 ♗f6 56.♖:e6 ♔f7 57.♖a6 ♗c3?**

Der Läufer gehört nach h4, und anschließend muss h7-h6 folgen. Falls der weiße Bauer auf h3 stände, dann könnte der Anziehende überhaupt nichts unternehmen (diese Festung habe ich einmal mit Gulko bei der Analyse einer seiner Hängepartien gefunden). Mit dem Bauern auf h2 ginge ♔h3 nebst ♔g3 und h2-h4. Dieser Plan lässt sich aber nicht so einfach realisieren, zumal auf h2-h4 mit der Antwort h7-h5! zu rechnen ist.

**58.♖a7+ ♔g8 59.♖d7?**

Falls Patric Wolff während der Partie etwas über das Verteidigungssystem mit dem Läufer auf h4 gewusst hätte, dann wäre sicherlich 59.h4! nebst 60.h5 geschehen.

**59. ... ♗f6 60.♔f4 ♗b2?** (60. ... h6!) **61.♖c7?!** (61.h4!) **61. ... ♗f6 62.g5 ♗d4 63.h4 ♗b2 64.♔g4 ♗e5?!**
Hartnäckiger war 64. ... ♗a3! 65.h5 gh+ 66.♔:h5 ♗b4. Viele Jahre hielt man diese Stellung für remis, vor kurzem hat aber der Schachkomponist Noam Elkies doch einen Gewinnplan gefunden.
**65.♖c6! ♗b2 66.♖a6 ♗c3 67.♖a4! ♗e5 68.h5! ♗c3**
Nutzlos wäre auch 68. ... gh+ 69.♔:h5 ♗d6 (es drohte 70.♖a8+ ♔g7 71.♖a7+ ♔g8 72.♔h6) 70.♖a8+ ♔g7 (70. ... ♗f8 71.g6) 71.♖a7+ ♔g8 72.g6 hg+ 73.♔:g6. Das ist eine weitere theoretisch wichtige Stellung! Schwarz verliert, falls sein König in der Ecke eingesperrt wird (bei einem weißfeldrigen Läufer würde das dagegen remis bedeuten). Wie unschwer zu erkennen ist, scheitert die Flucht aus der Ecke an der ungünstigen Stellung des Läufers: 73. ... ♔f8 74.♔f6 ♔g8 (74. ... ♔e8 75.♔e6) 75.♖g7+ ♔h8 (75. ... ♔f8 76.♖d7) 76.♔g6 mit Gewinn.
**69.h6 ♔f7 70.♖c4 ♗e5 71.♔f3 ♗d6 72.♖c8 ♔e6 73.♖h8! ♔f5 74.♖:h7 ♔:g5 75.♖d7**
Schwarz gab auf.
In der zweiten Ausgabe des „American Chess Journal" kommentiert Großmeister Wolff dieses Endspiel hervorragend. Beim Studium seiner Analysen erfahren Sie beispielsweise, wie der Anziehende mit einem Bauern auf h5 oder g5 gegen einen schwarzen Bauern auf h7 gewinnt. Das ist lehrreich und interessant, aber nicht obligatorisch. Die Festung auf dem letzten Diagramm sollte aber unbedingt zu Ihrem Endspielwissen gehören. Warum gerade diese? Erstens, weil es hier genügt, sich die Stellungsbewertung und die grundlegende Verteidigungsidee (den König nicht an die eigenen Bauern heranzulassen) anzueignen. Man kommt hier ohne komplizierte Varianten aus. Zweitens: Die Einschätzung (remis!) kann man automatisch auf die Stellung mit einem weißen h- oder g-Bauern gegen den Bauern g6 übertragen, da Weiß nach dem Vorstoß g2-g4 auf dem Feld g4 mit einer Figur oder dem Bauern wiedernehmen kann. Das Wichtigste besteht jedoch darin, dass diese Stellung höchst universell und informativ ist. Häufig sind die Bauern der beiden Gegner nicht weiter als bis zur zweiten oder dritten Reihe vorgerückt. Dann wird klar, dass der Nachziehende h7(h6)-h5! und sein Gegenüber g2(g3)-g4! ziehen sollte.

Eine der Methoden, um einen Vorteil zu realisieren, ist der Übergang zu bekannten theoretisch gewonnenen Endspielstellungen.

**Larsen – Torre**
**Interzonenturnier**
**Leningrad 1973**

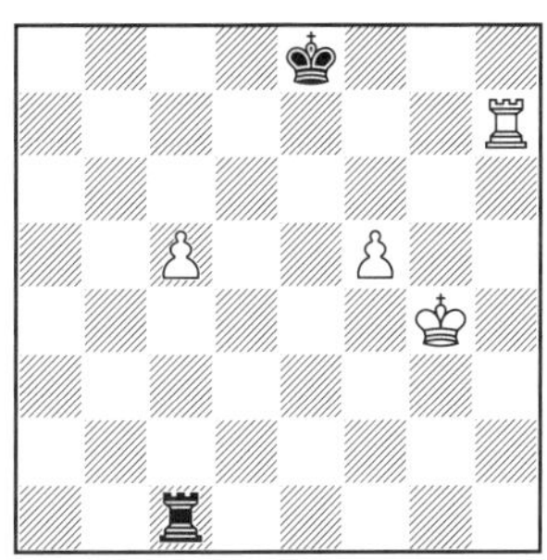

Der einfachste Gewinnweg besteht darin, den Bauern c5 zu opfern. Nach

78.♔g5! ♖:c5 79.♔g6 nebst 80.♖h8+ entsteht ein elementares theoretisches Endspiel, das für den Nachziehenden völlig hoffnungslos ist, da sich dessen König auf der „langen" Seite befindet.

**78.♖c7?!**

Larsen möchte beide Bauern behalten, was selbstverständlich den Gewinn nicht verschenkt. Warum verdient diese Entscheidung dennoch Kritik? Nun, weil nach 78.♔g5! das Spiel zu Ende war und die Larsen gut bekannte Theorie begann. Ein Fehler wäre dann schon unmöglich. Bei dem von ihm gewählten Zug geht das Spiel jedoch in einer unbekannten Stellung weiter, wobei Versehen nicht auszuschließen sind.

**78. ... ♔d8 79.♖c6 ♔d7 80.♖d6+ ♔e7 81.f6+?**

Das ist der entscheidende Fehler, der zum Remis führt. Erforderlich war entweder 81.♖e6+ ♔f7 82.c6 oder 81.♖d5.

**81. ... ♔f7 82.c6 ♔g6 83.♔f3 ♖e1!**

Das ist des Pudels Kern, der König bleibt von seinen Bauern abgeschnitten.

**84.♔f4 ♖e2 85.♖d5 ♖c2 86.♖d6 ♖e2 87.f7 ♔:f7 88.♔f5 ♔e7 89.♖d7+ ♔e8 90.♔f6 ♖e1 91.♖d5 ♖c1 92.♖d6 ♖f1+ 93.♔e6 ♖e1+ 94.♔d5 ♖d1+ 95.♔c5 ♖:d6 96.♔:d6 ♔d8** Remis.

## 5. Schwache Technik bei der Realisierung eines Vorteils

Dieses Problem schauen wir uns genauer an. Großmeister I. Saizew sprach einmal den treffenden Gedanken aus: „Die Technik ist die Kunst der Vergangenheit." Folglich sollte man zwecks Vervollkommnung der Technik die klassischen Beispiele studieren, vor allem die Werke jener Koryphäen, die sich durch ihre Meisterschaft auf diesem Gebiet auszeichnen: Rubinstein, Capablanca, Aljechin, Petrosjan, Andersson... Bei der Analyse ihrer Partien, beim Nachdenken, warum es ihnen so leicht fiel, einen scheinbar kaum sichtbaren Vorteil auszunutzen, begreift man etwas von ihrem Herangehen an solche Situationen. Man erkennt die Prinzipien bei der Realisierung eines Vorteils, denen sie bewusst oder unbewusst folgen, die technischen Mittel, die sie anwandten. Betrachten wir nun einige dieser Prinzipien und Methoden.

**Die maximale Begrenzung der Gegenchancen des Gegners**

***Für jeden Schachspieler ist die Beherrschung des „prophylaktischen Denkens" wichtig – die Fähigkeit, sich ständig zu fragen: „Was beabsichtigt mein Gegner, was könnte sein nächster Zug sein?"*** Besondere Bedeutung gewinnt das prophylaktische Denken bei der Umsetzung eines Vorteils, wenn das Hauptprinzip in der maximalen Einschränkung der Möglichkeiten des Gegners, der Unterbindung jeglichen Gegenspiels besteht. Dabei werden dem Gegenüber keine nützlichen Operationen zur Verbesserung seiner Stellung zugestanden.

Dazu zeige ich zwei Beispiel aus meinen Partien.

**Dworetski – Butnoris**
**Kiew 1976**

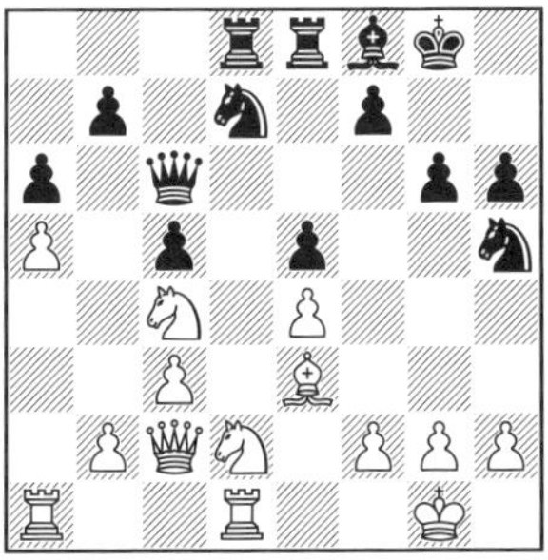

Weiß steht offensichtlich besser. Der Gegner hat einen schwachen schwarzfeldrigen Läufer und in der Folge Probleme auf den weißen Feldern. Wie kann ich meine Stellung verstärken? Naheliegend wäre die Überführung des Springers auf das Feld d5: f2-f3, ♗e3-f2, ♘d2-f1-e3. Beginnen kann man mit 22.f3 oder auch mit 22.♘f1. Sinn hat ebenfalls 22.g3, um dem gegnerischen Springer das Feld f4 zu nehmen. Welcher der drei Züge ist der genaueste?
Hier gilt es aufmerksam herauszufinden, über welche Möglichkeiten Schwarz verfügt und welche Absicht er verfolgt. 22. ... ♘f4 sollte uns nicht zu sehr beeindrucken, weil der Springer nach 23.g3 ♘e6 auf diesem Feld keine Bedrohung darstellt und den schwachen Punkt d5, den Weiß im Auge hat, nicht kontrolliert. Ernster sieht der Versuch aus, am Königsflügel mittels 22. ... ♕e6! nebst 23. ... f5 ein Gegenspiel zu organisieren. Ein Beispiel wäre 22.♘f1 ♕e6 (mit Tempo) und 23. ... f5. In Frage kommt auch 22.g3 ♕e6 23.♕b3 f5!, und für 24.♕:b7? fehlt die Zeit wegen 24. ... f4. Aber nach 22.f3 ♕e6 23.♕b3 stellt das Schlagen auf b7 schon eine ernste Drohung dar, so dass der Nachziehende den Bauern mit Turm oder Dame decken muss. Genau diese Zugfolge erlaubt es also, dem gegnerischen Plan entgegenzutreten.

**22.f3! ♘f4 23.g3 ♘e6 24.♘f1 f6?! 25.♔g2!**

Ein weiterer genauer Zug. Voreilig war 25.♗f2? wegen 25. ... ♘g5 nebst ♕e6.

**25. ... ♔h7 26.♗f2 ♘c7 27.♘fe3**

Weiß hat seinen Plan verwirklicht und das Übergewicht ausgebaut. Beim Partiestudium übersehen wir manchmal solche bescheidenen Züge wie 22.f3! und 25.♔g2! Aber gerade durch sie haben sich die Dinge in dem von Weiß gewollten ruhigen Fahrwasser entwickelt, und der Gegner erhielt keine Möglichkeit, den Kampf zu verschärfen. Eine passive Verteidigung ohne Konterchancen ist nicht jedermanns Sache. In solchen Fällen sind neue Fehler oder Ungenauigkeiten, die der stärkeren Seite die Realisierung eines Vorteils erleichtern, wahrscheinlich.

**27. ... ♘b8 28.♘b6 ♕e6 29.♕a4! ♘b5 30.♖d5 ♖:d5 31.♘e:d5** (droht 32.c4 ♘d4 33.♘:f6+) **31. ... ♖d8 32.♕c4 ♕c6?**

Hartnäckiger war 32. ... ♕d6. Nun landet Weiß den entscheidenden Schlag.

**33.♘e7! ♗:e7 34.♕f7+ ♔h8 35.♕:e7 ♕d6 36.♕f7 g5 37.♗:c5! ♕d2+ 38.♔h3 ♘d7 39.♗e7 ♖g8 40.♘d5! ♖g7** (40. ... g4+ 41.fg ♕g5 42.♘:f6) **41.♕e8+**

Schwarz gab auf.

**Sacharow – Dworetski**
**Ordshonikidse 1978**

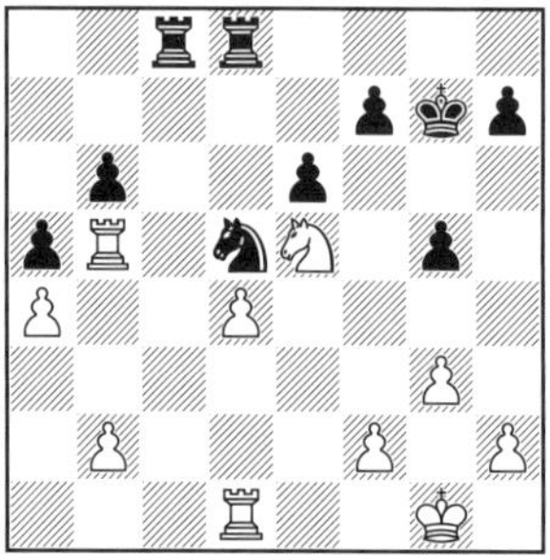

Der große positionelle Vorteil von Schwarz ist offensichtlich. Wenn ich frage, wie der Nachziehende in dieser Stellung fortsetzen soll, dann wird häufig: 29. ... ♖c2 oder 29. ... f6 30. ... ♖c4 vorgeschlagen. Warum auch nicht, für Weiß ist ja kein Gegenspiel zu erkennen.
Versuchen Sie dennoch genau zu überlegen, wie Sie mit den weißen Steinen am Zug spielen würden. Dann finden Sie eine Idee, die günstige Chancen für eine erfolgreiche Verteidigung einräumt – das Manöver ♘e5-g4-e3 mit dem Ziel, den starken Springer auf d5 abzutauschen. Dieser Springer beherrscht die Stellung und zementiert den Damenflügel, wodurch der Turm b5 zu einer passiven Figur wird. Im Falle des Springertausches würde der Turm sofort an Kraft gewinnen und die Bauern b6 und g5 angreifen.
Damit kristallisiert sich der beste Zug heraus – **29. ... h5!**
Schwarz wahrt alle Vorteile seiner Stellung und verhindert die einzige perspektivreiche Idee seines Gegners.
Die Partie endete folgendermaßen: **30.♖d2 f6 31.♘f3 ♖c4 32.b3 ♖c6** (der weiße Turm geriet in eine Falle) **33.h4 g4 34.♘e1 ♘c7 35.♖:h5 ♔g6**
Weiß gab auf.

## Nichts übereilen!

Die innere Einstellung, welcher der Schachspieler bei der Realisierung eines Vorteils folgen sollte, besteht nicht darin, so schnell wie möglich zu gewinnen. Eine Prämie für die minimale Zugzahl wurde noch nicht gestiftet. Man muss danach streben, mit maximaler Zuverlässigkeit zu spielen, alle Reserven der Stellung zu nutzen und die aktiven Möglichkeiten des Gegners weitestgehend einzuschränken. Dabei ist es keine Schande, falls Sie einige zusätzliche Züge machen, sich aber dadurch das Leben erleichtern, d.h. damit dem Ziel näherkommen. Wenn Sie sich im Mittelspiel am Beispiel eines Tigers orientieren könnten, der sich zielstrebig auf seine Beute wirft und sie zerreißt, dann sollten Sie im Endspiel bei der Realisierung eines Vorteils eher wie eine Python vorgehen, die ihr Opfer langsam erwürgt. Das Prinzip „nichts übereilen“ wurde das erste Mal in den von Meister Belawenez vorbereiteten Lehrmaterialien zum Endspiel formuliert (allerdings nicht vollständig ausgearbeitet). Hinter dieser kurzen Formulierung verbergen sich unterschiedliche Aspekte der Endspieltechnik. Mit einigen von ihnen machen wir uns in den nächsten Beispielen vertraut.

Nichts übereilen – heißt keineswegs, dass man sorglos mit den Tempi umgehen darf. Im Gegenteil, jede Chance, ein Tempo zu gewinnen, muss beachtet und genutzt werden.

**Leonhardt – Spielmann**
**San Sebastian 1912**

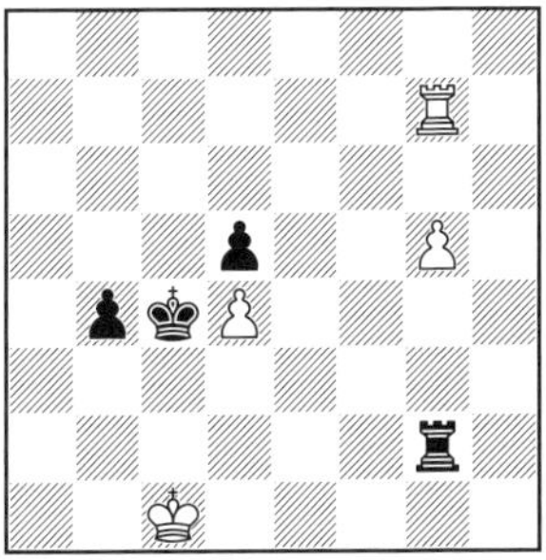

*„Es bedarf einer großen Geistesgegenwart, nicht sofort nach der Beute zu greifen, sondern dies erst nach einigen Vorbereitungszügen zu tun. Der Vorgeschmack des Sieges erschwert häufig eine objektive Stellungsbewertung. Diesem Umstand verdanke ich auch den Verlust eines halben Punktes in einer für mich äußerst wichtigen Partie – ein höchst ärgerlicher Fall in meiner Schachkarriere. Es geschah am Ende des Turniers 1912 in San Sebastian, zu einem Zeitpunkt, als ich hervorragende Chancen besaß, den ersten Preis zu erringen. Ein Sieg gegen Leonhardt hätte mir genügt...“* (Spielmann).

Es folgte:

**1. ... ♔:d4? 2.g6**

Jetzt wurde mir klar, dass Schwarz in Zugzwang geraten war. (Hinzuzufügen wäre, dass sich beide Seiten im Zugzwang befinden, ein beliebiger Zug von Weiß würde dessen Stellung verschlechtern und zum Verlust führen.)

**2. ... ♔d3 3.♖d7 d4 4.g7**

Mit seinem Freibauern auf der 7. Reihe pariert der Anziehende leicht alle Gewinnversuche von Schwarz. Beispielsweise: 4. ... ♔c3 5.♖c7+ ♔b3 6.♖d7 oder 4. ... ♖g1+ 5.♔b2 ♔e3 6.♖e7+ ♔d2 7.♖d7 d3 8.♖e7 ♔d1 9.♖d7 d2 10.♖e7 nebst ♔b1-b2-b1.

**4. ... ♖g6 5.♔b2 ♖g1 6.♔b3** Remis.

Schwarz musste natürlich 1. ... ♔c3! spielen. Auf 2.♔d1 entscheidet am einfachsten 2. ... b3, obwohl auch 2. ... ♔:d4 möglich war. Nach 2.♖c7+ ♔:d4 erobert Weiß den Bauern mit Tempo wegen des Angriffs auf den Bauern g5. Da 3.♖b7 ♖:g5 4.♖:b4+ ♔c3 schlecht wäre, ist die Antwort 3.♖g7 erzwungen. Dann gewinnt der Nachziehende ein weiteres Tempo mit 3. ... ♔c3! 4.♖c7+ ♔d3. Betrachten Sie die Stellung nach 5.♖g7. Weiß hat nichts Nützliches vollbracht, wogegen Schwarz den Bauern d4 vernichtet und seinen König auf d3 postiert hat. Er gewinnt nun leicht mittels 5. ... d4 6.g6 ♖c2+! 7.♔b1 (7.♔d1 ♖c6 8.♖g8 ♔c3 9.g7 ♖c7) 7. ... ♖c6 8.♖b7 (8.♖g8 ♔c3 9.g7 ♖c7) 8. ... ♖:g6 9.♖:b4 ♔c3 10.♖b8 ♖g1+ 11.♔a2 d3.

***Falls der Gegner über kein Gegenspiel verfügt, dann sollte man vor dem Übergang zu entscheidenden Handlungen seine Stellung maximal verbessern, alle auch nur geringfügig nützlichen Züge machen.***

**Réti – Romanowski**
**Moskau 1925**

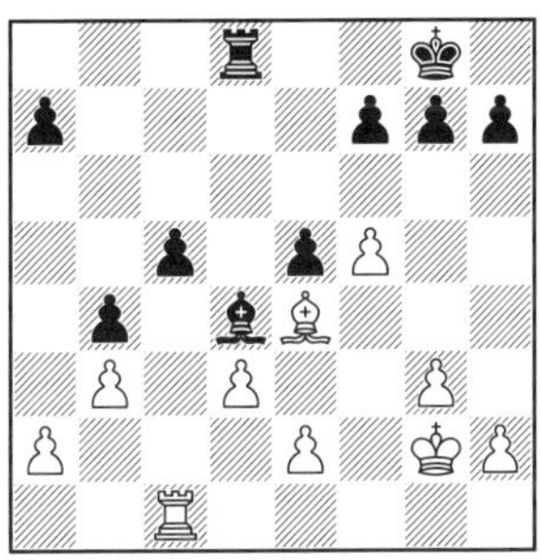

**28.♖c4!**
Weiß plant ♔f3 und e2-e3. Wichtig ist, dass nach dem Läuferwegzug der Bauer c5 hängt. Da er mit dem Turm verteidigt werden muss, kann Weiß mit seinem Läufer eine aktive Stellung auf d5 beziehen und den Turm auf der 4. Reihe zum Königsflügel überführen.
**28. ... ♔f8 29.♔f3 ♖c8 30.e3 ♗c3**
Besser war der Zug ♗b2.

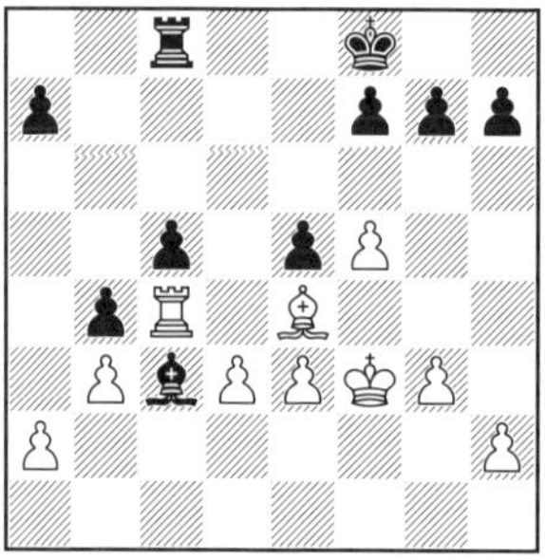

**31.a4!**
Gute Technik! Dieser Zug gehört nicht unmittelbar zum Plan des Anziehenden, er ist aber an für sich nützlich. Der Bauer steht auf a4 besser als auf a2. Das mit dem Turmmanöver nach a6 verbundene Gegenspiel von Schwarz wird damit verhindert. Falls Weiß dagegen den Bauern a7 erobert, dann würde er auf der a-Linie einen Freibauern bekommen. Es ist unwichtig, ob eine der genannten Vorstellungen zum Tragen kommt. Jede Möglichkeit, um die Stellung auch nur etwas zu stärken, muss genutzt werden.
**31. ... ♔e7 32.♗d5 ♖c7 33.♖h4!**
Der schwarze Monarch ist bereit, den Punkt d6 zu besetzen und den Bauern c5 zu decken, deswegen hat es keinen Sinn, den Turm auf dem Feld c4 zu belassen. Er geht zum Königsflügel, um dort einen Bauernsturm zu unterstützen.
**33. ... h6 34.♔e4 ♔f6 35.♖h5** Wegen der Drohung g3-g4, h2-h4 und g4-g5+ muss Schwarz nun etwas unternehmen. In Frage kam 35. ... g6! 36.fg (36.♖:h6? ♔g5) 36. ... ♔:g6 37.♖f5 a5 (verhindert a4-a5-a6 nebst ♖f5-f2-a2-a5-b5). Weiß könnte seine Initiative mittels h2-h4-h5+ und ♖f5-f1-h1-h4-g4 ausbauen, der Partieausgang bliebe aber offen.
Romanowski versucht, das Problem taktisch zu lösen. Die von ihm vorbereitete Kombination wird jedoch effektvoll widerlegt.
**35. ... ♖d7?! 36.g4** (natürlich nicht 36.h4? g6, und der weiße Turm wird gefangen) **36. ... g6 37.♖:h6! ♔g5 38.♖h7 ♔:g4**

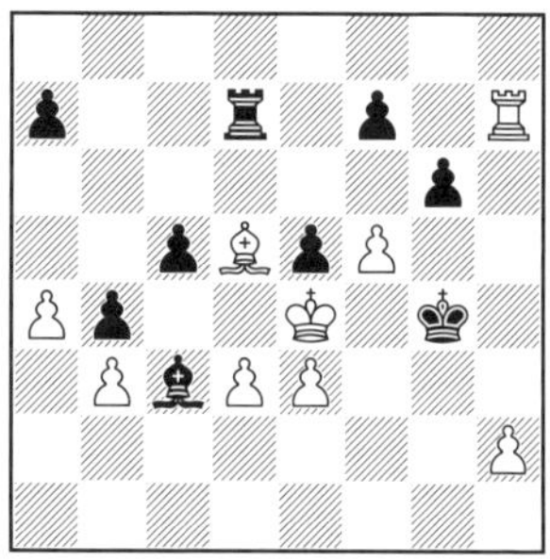

Jetzt ist die Idee von Romanowski klar. Im Falle von 39.fg?? f5 oder 39.♗e6 fe 40.♖:d7?? gf wird Weiß überraschend mattgesetzt. Auf 39.f6 beabsichtigte Schwarz 39. ... ♔g5. Allerdings, das Endspiel mit ungleichfarbigen Läufern nach 40.♗:f7! ♔:f6 41.♗:g6 ♖:h7 42.♗:h7 kann er wahrscheinlich auch nicht halten. Weiß greift an und holt sich den Bauern a7 (eventuell spielt er vorher den Läufer nach c4). Anschließend entscheidet einer der beiden Freibauern auf der a- oder h-Linie den Kampf. Mit dem Bauern auf a2 wäre dieses Endspiel offensichtlich remis. Doch Réti fand eine überzeugendere und schönere Lösung.

**39.♗e6! fe** (39. ... ♖e7 40.♖:f7 ♖:f7 41.fg+) **40.fg! ♖d8 41.♖:a7 ♔g5 42.g7 ♔h6 43.a5**

Dieser Freibauer entscheidet den Partieausgang. Erst jetzt können wir die Bedeutung des Zuges 31.a4! richtig einschätzen. Wenn der Bauer noch auf a2 stände, dann hätte Weiß keine Siegeschance.

**43. ... ♔h7 44.a6 ♖d6** (es drohte 45.♖b7 und 46.a7) **45.h4**

Die letzten Reserven des Anziehenden werden mobilisiert.

**45. ... ♗e1 46.h5 ♗h4 47.h6**

Schwarz gab auf.

In den Fällen, wo der Vorteil von einem der beiden Spieler für den Sieg nicht ausreicht, hilft das Manövrieren, um – ohne den Charakter der Stellung zu ändern – den Gegner vor verschiedenartige, wenn auch nicht allzu schwierige Probleme zu stellen. Sobald dieser dem andauernden Druck nicht mehr standhält und ihm Fehler unterlaufen, ist die Zeit reif für die siegbringenden Aktionen.

Diese Taktik, die Standhaftigkeit des Gegners zu prüfen, ist manchmal auch in Stellungen mit großem Übergewicht angebracht. Indem man sein Gegenüber zu Fehlern provoziert, kann man sich die Realisierung eines Vorteils wesentlich erleichtern.

Michail Botwinnik erinnert sich:

*„Während des 3. Internationalen Turniers in Moskau 1936 beobachtete ich die Hängepartie Capablanca – Ragosin. Der Exweltmeister besaß einen Mehrbauern und damit ein eigentlich gewonnenes Endspiel. Zu meiner Verwunderung unternahm Capablanca aber keine aktiven Handlungen, sondern spielte eher abwartend. Schließlich folgte eine Ungenauigkeit des Gegners, der Kubaner gewann einen zweiten Bauern und bald die Partie.*

*'Warum haben Sie nicht gleich versucht, Ihren Materialvorteil zu verwerten?', fragte ich mutig den hervorragenden Schachvirtuosen. Mein Gesprächspartner lächelte nachsichtig: 'Abwarten war praktischer.'"*

**Dworetski – Kuper**
**Philadephia 1990**

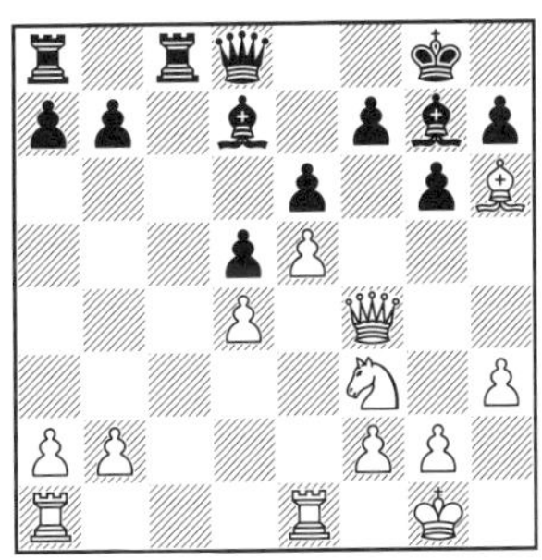

Zweifellos besitzt Weiß einen spürbaren positionellen Vorteil. Er findet einen Plan zur Verwertung des Übergewichts, der zugleich Drohungen auf den schwarzen Feldern am Königsflügel schafft.

**18.♗:g7**

Nicht schlecht ist auch 18.♗g5. Eine ernste Ungenauigkeit wäre 18.♘h2?

wegen der starken Antwort 18. ... f5!.

**18. ... ♔:g7 19.♘h2 h5**

Man musste auch mit dem Gegenspiel in der c-Linie rechnen. 19. ... ♖c2 stößt auf die nachhaltige Erwiderung 20.♘g4 ♕h4 21.♖ac1! ♖ac8 22.♖:c2 ♖:c2 23.g3 (gut ist auch 23.♖c1 ♖:c1+ 24.♕:c1, und die weiße Dame dringt auf der c-Linie in das gegnerische Lager ein) 23. ... ♕:h3 24.♕f6+ ♔g8 25.♕d8+ ♔g7 26.♘f6.

**20.♖ac1 ♖:c1 21.♖:c1 ♖c8 22.♖:c8 ♗:c8 23.g4!**

Das ist es! Ganz schlecht wäre 23. ... hg 24.♘:g4, und falls 24. ... ♕h4 so 25.♕f6+ (das Schach muss nicht gleich erfolgen) 25. ... ♕:f6 26.ef+. Der Bauerntausch auf h5 muss vermieden werden, und auf 23. ... ♕h4 folgt einfach 24.♔g2 und 25.♘f3.

**23. ... g5 24.♕e3 h4**

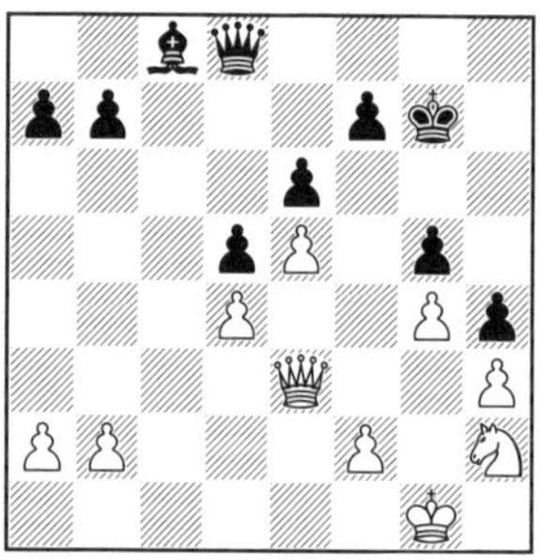

Erst einmal hatte ich nicht die Absicht, den Charakter der Stellung zu ändern. Ich versuchte, mir durch positionelles Manövrieren Vorteile zu verschaffen und beschäftigte die schwarzen Figuren mit der Verteidigung des schwachen Bauern g5; dies um so mehr, da der Zug f2-f4 nicht wegläuft.

**25.♘f3 ♔g6 26.♕d3+ ♔h6**

Hier bemerkte ich, dass ich einen Bauern gewinnen konnte mittels 27.♕d2 (droht 28.♘:h4) 27. ... ♔g6 28.♕c2+ ♔h6 29.♕c1 ♔g6 30.♘:g5 ♕:g5 31.♕:c8. Das Damenendspiel ist wahrscheinlich gewonnen. Wiederum wollte ich die Ereignisse aber nicht forcieren, sondern weiteren Nutzen aus der Enge der gegnerischen Stellung ziehen.

**27.♕a3 a5 28.♕c5 ♔g6 29.♔g2**

Ein gesunder prophylaktischer Zug, der in einigen Varianten ein Schach der schwarzen Dame auf c1 verhindert.

**29. ... b6 30.♕c2+**

Es scheitert 30.♕d6? an 30. ... ♕:d6 31.ed f6!. Falls Schwarz aber den Läufer nach a6 zieht, dann geht die Dame nach d6, wodurch der Anziehende den Kampf sofort entscheiden kann. Aber vielleicht irrt sich ja der Gegner?

**30. ... ♔h6 31.♕c6 ♗a6?**

Er tat es! Richtig war natürlich 31. ... ♔g6. Dann wäre ich wahrscheinlich auf den Bauerngewinn 32.♕c2+ ♔h6 33.♕c1 ♔g6 34.♘:g5 ♕:g5 35.♕:c8 eingegangen. Vorher hätte ich sicher überlegt, ob ich alles aus dem auf dem Brett befindlichen Stellungstyp herausgeholt habe.

**32.♕d6! ♕c8 33.♕e7 ♕g8 34.♕f6+**

Schwarz gab auf. Sehen Sie, wie einfach (eher schneller) ich den Sieg erringen konnte, weil ich die Ereignisse nicht forciert habe.

**Dworetski – Baikow**
**Moskauer Meisterschaft 1972**

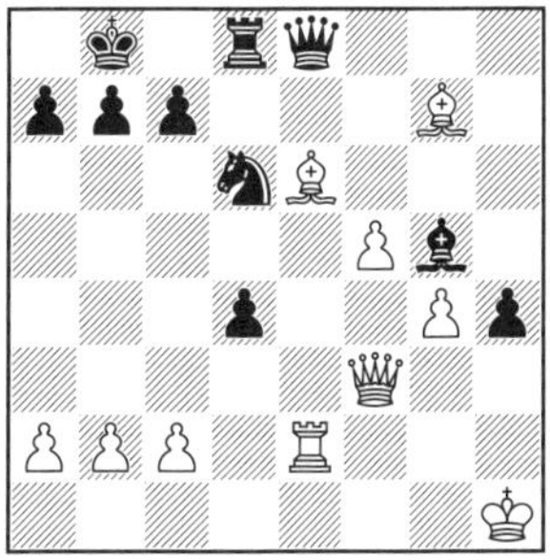

Weiß hat entscheidendes Übergewicht. Wie soll er es aber am besten verwerten, mit 38.♗:d4 oder 38.f6?

***Bei der Wahl zwischen für Sie vorteilhaften Stellungen mit unterschiedlichen materiellen Verhältnissen sollten Sie sich unter sonst gleichen Bedingungen für jene entscheiden, die üblicher ist und eher dem Standard entspricht. Hier verfügen Sie über einen größeren Erfahrungsschatz. Außerdem ist die Wahrscheinlichkeit von Fehlern bei der Stellungsbewertung und im weiteren Kampf geringer.***

Im Falle von 38.f6?! ♗e3 39.f7 ♕:e6 40.f8♕ ♖:f8 gibt Schwarz für den Bauern die Qualität. Zugleich bewahrt er sich aber die Möglichkeit, das Spiel zu verwickeln. Zuverlässiger ist das einfache Nehmen auf d4, wonach die Partie bald zu Ende sein sollte.

**38.♗:d4 ♕a4 39.♗e5 ♘c4**

Der naheliegende Zug 40.♕e4 würde nun den Übergang in ein klar gewonnenes Endspiel forcieren, der Nachziehende könnte eigentlich nur noch aufgeben. Ich sah ihn, überlegte jedoch, ob nicht mehr drin war.

Ich bemerkte, dass 40.b3 durch 40. ... ♘:e5 widerlegt wird. Unverständlicherweise übersah ich diese Möglichkeit auf 40.♖e4. Ich hatte lediglich die Erwiderung 40. ... ♕:c2 im Auge. Nachdem ich den Gegenschlag 41.♗:c7+ entdeckte und dessen Folgen berechnet hatte, machte ich den genannten Zug.

**40.♖e4?? ♘:e5 41.♖:e5 ♕:c2 42.♖d5 ♕c1+ 43.♔h2 ♕:b2+ 44.♔h3 ♖:d5 45.♗:d5 c6**

Hier wurde die Partie vertagt. Die Lage hatte sich völlig gewandelt. Die Stellung ist für Weiß völlig hoffnungslos, nicht nur wegen des gegnerischen Mehrbauern, sondern auch angesichts der gefährdeten Lage des weißen Monarchen. In der Hängepartie konnte ich noch Verwicklungen herbeiführen und mich ins Remis retten.

Der ernste Fehler im 40. Zug war für mich lediglich ein schwer erklärbares Versehen. Anders sah das der Ex-Weltmeister Tigran Petrosjan, dem ich die Partie zeigte. „Erkläre mir bitte, warum Du nicht zum Endspiel übergegangen bist? Du hattest doch keine Zweifel, dass es leicht gewonnen ist. Wenn man eine elementare Lösung sieht, warum soll man dann irgendwelche Varianten berechnen und sich auf einen Schlagabtausch einlassen?“

Die Lehre dieser traurigen Geschichte liegt auf der Hand. ***Die einfachste Art, einen Vorteil zu realisieren und bei der zudem die Gefahr, Fehler zu machen, am geringsten ist, verdient immer den Vorzug. Vermeiden Sie unnötige Verwicklungen und spielen Sie nie auf „Schönheit“.***

Beliebige „Kleinigkeiten“, die die Realisierung eines Vorteils erleichtern, sollten unbedingt beachtet werden. Falls

Sie bis zur Kontrolle nur noch über wenig Zeit verfügen, dann nutzen Sie jede sich bietende Gelegenheit zur Zugwiederholung. Wenn möglich, vertagen Sie die Partie, falls Sie nach der Zeitkontrolle eine gewonnene Stellung haben. Andernfalls könnten Sie wegen Übermüdung einen Fehler begehen und die Stellung verderben.

**Karpow – Kortschnoi**
**22. WM-Partie Bagio 1978**

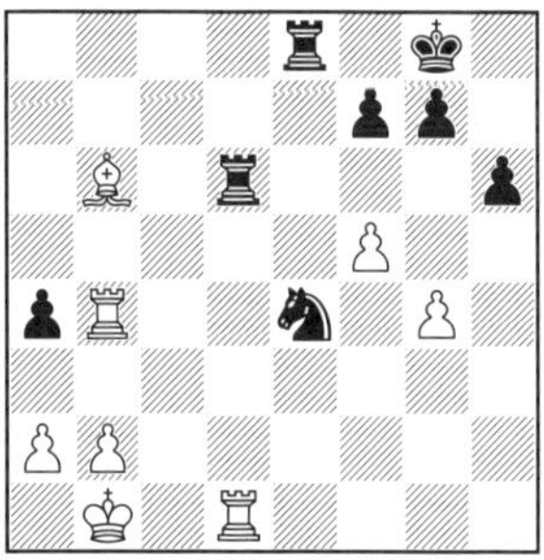

Die weiße Stellung ist absolut gewonnen. Seinen nächsten Zug hätte Karpow abgeben sollen. Der Gegner wäre dann zur Hängepartie wahrscheinlich gar nicht erst angetreten. Der Weltmeister machte jedoch noch einige Züge am Brett und vergab dabei schließlich seinen Vorteil.

**41.♖:d6 ♘:d6 42.♗c7?!**

Weiß verzichtet auf das naheliegende 42.♖:a4 wegen der Antwort 42. ... h5, was aber die Stellungsbewertung nicht verändert. Im Prinzip ist der Wunsch, die genaueste Art der Vorteilsverwertung zu finden, löblich. Dabei müssen die Varianten jedoch genau geprüft werden, was Karpow hier unterließ. Einen ähnlichen Fehler machte übrigens auch Tal in seinen Anmerkungen, als er 42.♖d4 ♘c8 43.♗c5 empfahl. Statt 42. ... ♘c8? zieht Schwarz 42. ... ♖e1+ 43.♔c2 ♖e2+ 44.♔c1 (44.♔d3 ♖:b2 45.♖:d6 ♖:a2) 44. ... a3! 45.♖:d6 ♖:b2, was den Sieg des Anziehenden in Frage stellt. Somit ist das einfache Schlagen des Bauern auf a4 der zuverlässigste Weg zum Gewinn.

**42. ... ♖e1+ 43.♔c2 ♘e8**

Diese unkomplizierte Erwiderung hatte Karpow einfach übersehen. Um weitere Fehler zu vermeiden, hätte er unbedingt hier den Schiedsrichter um den Umschlag für seinen Abgabezug bitten sollen. Der Weltmeister fährt aber im gleichen Stil fort.

**44.♗a5 a3 45.♖b8 ♖e7**

Die Fortsetzung 45. ... ♖e2+ 46.♔d3 ♖:b2 scheitert an 47.♖:e8+ ♔h7 48.♖e2.

**46.♗b4??**

Karpow hielt das Schach auf e2 auch jetzt für ungefährlich. 46.ba (oder 46.b4) gewann dagegen einfach.

**46. ... ♖e2+ 47.♔d3?**

Mit derselben Leichtfertigkeit gespielt. Nötig war 47.♔d2! ab 48.a4 mit guten Chancen auf den Sieg. Es ist schwer zu sagen, was Karpow genau übersehen hat, da beide Möglichkeiten des Nehmens auf b2 dem Nachziehenden Rettung bieten. Kortschnoi, der dies fühlte, vertagte gerade hier die Partie, um dem Gegner nicht zu verraten, für welchen Zug er sich entschied.

**47. ... ab**

In der Variante 47. ... ♖:b2 48.♖:e8+ ♔h7 49.♗:a3 (49.♗c3 ♖:a2 50.♖f8 f6 oder 50.♖e7 ♔g8) 49. ... ♖:a2 spielt Schwarz f7-f6, h7-h6, und er erhält eine unentschiedene Stellung, da zu wenige Bauern auf dem Brett verbleiben.

**48.♗d2**

Falls 48.♗c3, so 48. ... b1♕+! 49.♖:b1 ♖:a2 50.♖b8 ♖g2 51.♖:e8+ ♔h7, und es entsteht etwa die gleiche remisverdächtige Stellung wie in der Variante 47. ... ♖:b2. Weiter könnte geschehen 52.♖e4 h5 53.gh ♖h2 54.♖g4 f6 55.♔e4 ♖:h5, und um g7-g6 zu verhindern, muss der weiße Turm auf der g-Linie bleiben.

**48. ... ♖e7 49.a4 ♖d7+ 50.♔c2 ♔h7 51.♖:b2 h5! 52.gh ♘d6 53.♖a2 ♘:f5 54.a5 ♘d4+ 55.♔c3** (55.♔b1 ♘b3, um den Springer später für den a-Bauern herzugeben) **55. ... ♘c6 56.a6 ♖d5 57.♗f4 ♖f5**

(57. ... ♖:h5? 58.♖h2!) **58.♗d6 ♖d5 59.♗g3 ♖g5 60.♗f2 ♖:h5 61.♔c4 ♘a5+ 62.♔c3 ♘c6 63.♖a4 ♔g8 64.♔c4 ♘a5+** Remis.

## Das Prinzip der zwei Schwächen

Seinem Wesen nach ist dieses Prinzip eine Konsequenz aus dem allgemeineren Prinzip der Vorteilsrealisierung, über das wir gerade gesprochen haben – „nichts übereilen!" ***Wenn der Gegner zur Passivität verurteilt ist, dann versuche man nicht, Erfolg nur an einem bestimmten Punkt zu erzielen. Um diesen zu halten, könnten die Verteidigungsressourcen ausreichen. Spielen Sie breit, nutzen Sie die Schwächen (falls möglich, provozieren Sie neue) auf den verschiedenen Teilen des Bretts. Die Verteidigung fällt dann viel schwerer.***

**Aljechin – Sämisch**
**Baden-Baden 1925**

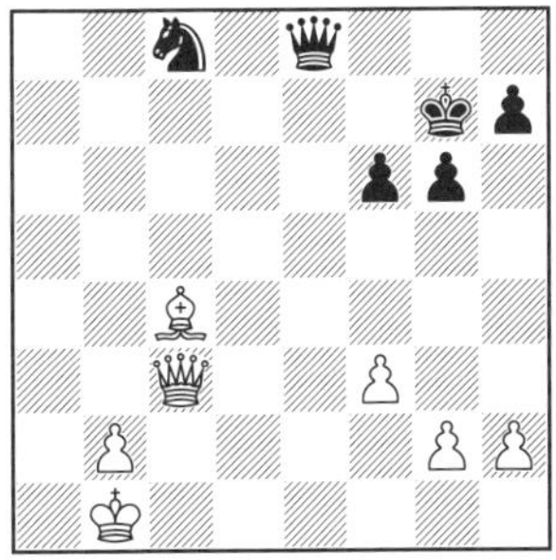

Wie kann man den Mehrbauern verwerten? Soll er bis zum Umwandlungsfeld vorrücken? Schwarz könnte ihn auf dem Feld b6 blockieren. Dabei würde der weiße König entblößt und die Gefahr eines ewigen Schachs auftauchen. Ich erinnere daran, dass Dame und Springer in der Nähe des gegnerischen Königs ein recht gefährliches Tandem sind. Nur bei einem Tausch der Damen könnte der weiße Monarch seinem Freibauern furchtlos zu Hilfe kommen.

**34.♕d4!**

*„Mit diesem und dem nächsten Zug legt der Anziehende den richtigen Gewinnplan fest, der im Vorrücken der Bauern am Königsflügel besteht. Der Freibauer geht erst später vor, nachdem durch den Damentausch die Gefahr eines ewigen Schachs verhindert ist."* Diese konkrete und genaue Stellungsbewertung ist für Aljechin charakteristisch. In seinen Kommentaren kann man viele solcher lehrreicher Momente finden.

**34. ... ♕e7 35.♗d3!**

*„Möglicherweise der schwierigste Zug in der Partie. Er bereitet den Angriff auf den Punkt h7 vor. Schwarz ist jetzt*

*völlig machtlos, er kann nichts unternehmen.*"(Aljechin)

**35. ... ♕c7! 36.g4! ♔f7 37.h4 ♘b6 38.h5 gh 39.gh**

Am Königsflügel konnte dem Nachziehenden eine zweite, recht erhebliche Schwäche zugefügt werden. Die erste Schwäche ist der Freibauer, der jederzeit droht, sich in Bewegung zu setzen. Falls Schwarz nun 39. ... ♔g7 zieht, dann kommt 40.h6+!

**39. ... ♕c6 40.♗e4!**

Natürlich nicht 40.♗:h7? ♕:f3 41.♕:b6? ♕d1+ mit ewigem Schach. Weiß könnte auch gleich den Damentausch erzwingen und nach 40.♕e4 ♕:e4 41.♗:e4 h6 42.♔c2 schrittweise in ein gewonnenes Leichtfigurenendspiel einlenken. Der Textzug ist aber deutlich stärker, da er die Schwäche auf h7 fixiert.

**40. ... ♕b5 41.h6 ♕b3 42.♗c2!**

*„Nach der Festlegung des Bauern h7 ist der Tausch der Damen das wichtigste.*"(Aljechin)

**42. ... ♕b5** (42. ... ♕e6 43.♕e4) **43.♕d3 ♕:d3 44.♗:d3 ♘c8 45.♗:h7**

Schwarz gab auf.

**Kotow – Pachmann**
**Venedig 1950**

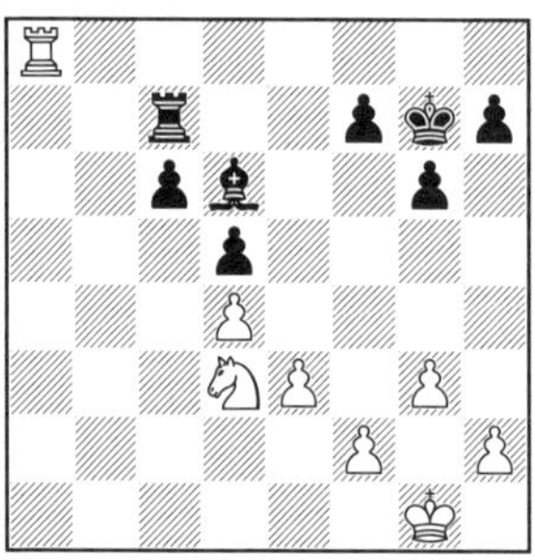

Der Positionsvorteil von Weiß wird durch dessen bessere Bauernstruktur, speziell durch die Schwäche des Bauern c6 bestimmt. Dieser eine Faktor würde jedoch zum Sieg nicht reichen, falls Schwarz hier 42. ... h5! zieht.

**42. ... ♔f6? 43.g4!**

Ein typischer Zug. Weiß fixiert im gegnerischen Lager eine zweite Schwäche – den Bauern h7. Gerade aus diesem Grund war h7-h5 unbedingt nötig. Viel schwächer wäre 42. ... f5? wegen 43.h3 nebst g4. Falls Schwarz hier 43. ... h5 erwidert, dann hat er nach 44.h4 auch eine zweite Schwäche – diesmal aber auf g6.

**43. ... ♔e6** (43. ... ♔g5 44.h3 h5 45.f4+ ♔h4 46.♔g2) **44.♔g2**

***Im Endspiel muss man immer an die Verbesserung der Stellung seines Königs denken.***

**44. ... ♖b7 45.♖e8+** (vor einem Angriff auf h7 ist es nützlich, den schwarzen Turm in eine passivere Stellung zu drängen) **45. ... ♖e7 46.♖h8 f6 47.h4 ♖b7 48.♔f3 ♖f7 49.♖e8+ ♖e7 50.♖d8!**

Weiß möchte seinen Springer nach c5 stellen. Dazu ist es wichtig, den schwarzen Turm an die Verteidigung des Bauern c6 zu binden. ***Die Passivität des Turmes ist ein ernstes Manko im Turmendspiel.***

**50. ... ♖a7 51.♘c5+ ♔e7**

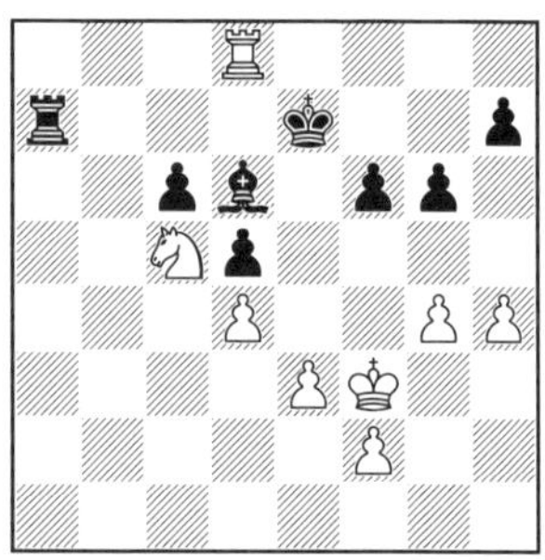

**52.♖c8!**

Feine Technik. Fehlerhaft wäre 52.♖h8 wegen 52. ... ♗:c5 53.dc♖a5! 54.♖:h7+ ♔f8. Jetzt ist der Bauer c6 dagegen angegriffen und Schwarz kann seinen Turm nicht aktivieren. Auf 52. ... ♖c7 ginge nun 53.♖h8. Spüren Sie, wie unangenehm es ist, zwei Schwächen – auf c6 und h7 – gleichzeitig verteidigen zu müssen, und wieviel leichter es wäre, nur den Bauern auf c6 zu decken?

**52. ... ♗:c5 53.dc ♔d7 54.♖h8 ♔e6**

Schlecht wäre jetzt 54. ... ♖a5 55.♖:h7+ ♔e6 (dem König ist der Weg nach f8 versperrt) 56.♖g7. Solche „Kleinigkeiten" spielen eine wichtige Rolle bei der Realisierung eines Vorteils.

**55.♖d8 ♔e7 56.♖d6 ♖a6 57.g5!**

Weiß ebnet seinem König den Weg ins gegnerische Lager.

**57. ... fg 58.hg ♔f7 59.♔g3** (nicht sofort 59.♔f4 ♖a4+ 60.♔e5?? ♖e4 matt) **59. ... ♔e7 60.f3 ♖a3 61.♔f4 ♖a4+ 62.♔e5 ♖a3 63.♖:c6! ♖:e3+ 64.♔:d5 ♖d3+**

Nicht helfen würde 64. ... ♖:f3 65.♖c7+ und 66.♖:h7.

**65.♔e4 ♖c3 66.f4 ♖c1 67.♖c7+ ♔d8 68.♖:h7 ♖:c5 69.♖f7**

Schwarz gab auf.

**Spasski – Kortschnoi**
**5. Matchpartie, Kiew 1968**

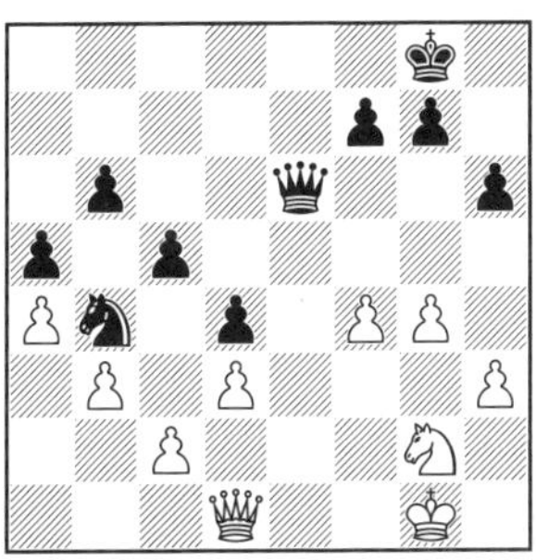

Das Wort hat Großmeister Kortschnoi: *„Trotz einzelner unterlaufener Ungenauigkeiten halte ich mein Spiel in der Mitte der Partie für meine beste Leistung im Match. Den feinen strategischen Plan konnte ich jedoch nicht vollenden – im entscheidenden Moment fehlte das Können. Worin bestand die Aufgabe von Schwarz? Ich erlaube mir, Bondarewski zu zitieren: 'Der schwache Punkt c2 behinderte die Kräfte von Weiß. Eine Schwäche konnte er aber noch verteidigen. Vor Kortschnoi stand die Aufgabe, ein Spiel am Königsflügel aufzuziehen, um im gegnerischen Lager möglichst einen zweiten Angriffspunkt zu provozieren.'*

*Ich verstand, dass der Zug mit dem h-Bauern zu schablonenhaft aussah und nicht der beste sein konnte. Auf die Fortsetzung 29. ... g5 verzichtete ich wegen der konkreten Variante 30.♕d2 f6 31.♕e1! Den besten Zug 29. ... f5! (gezeigt von Flohr) habe ich völlig übersehen! Der Sinn des Zuges besteht nicht nur darin, dass nach einem Tausch auf g4 die f- und g-Bauern noch anfälliger sind. Wichtig ist ebenfalls der Umstand, dass der Nachziehende nach einem Damentausch mit g7-g6 und h6-h5 einen entfernten Freibauern bilden kann."*

**29. ... h5? 30.♔h2 hg 31.hg g6?! 32.g5!**

*„Jetzt ist ein Remis sehr wahrscheinlich: Sowohl am Damen- als auch am Königsflügel ist die Bauernstruktur festgelegt."* (Kortschnoi) Die Partie endete im 51.Zug durch Friedensschluss.

## Der Tausch

Großmeister Kotow erinnerte sich lange an die Ratschläge, die der erfahrene Meister Makogonow ihm und Smyslow vor einer Partie 1950 im Internationalen Turnier in Venedig gegeben hatte. *„Verschärft das Spiel nicht – wozu? Tauscht die Damen, lasst je einen Turm und zwei-drei Leichtfiguren auf dem Brett. Dann werdet ihr leicht gewinnen. Welche Figur tauschen und welche übriglassen? Nur wenige der gegenwärtigen Schachspieler können diese Frage richtig beantworten. In der Taktik sind sie auf der Höhe, aber in dieser Frage übertrefft ihr sie.“*

Bei der Realisierung eines Vorteils muss man ständig über die Zweckmäßigkeit dieser oder jener Tauschoperation nachdenken. Die folgende Regel gibt dazu eine allgemeine Orientierungshilfe.

***Bei einem Materialvorteil sollte die stärkere Seite den Figurentausch und die schwächere den Tausch von Bauern anstreben.***

**Vidmar – Thomas**
**Nottingham 1936**

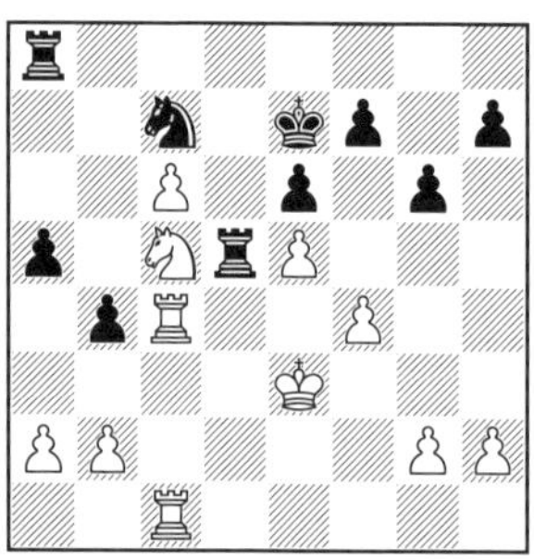

Weiß hat entscheidenden Vorteil. Er sollte den Springer von c5 zurückziehen und das Feld dann mit dem Turm besetzen, um den aktiven schwarzen Turm abzutauschen. In Frage kam 32.♘e4 ♖ad8 33.♖c5 (stark ist auch der prophylaktische Zug 33.g3!?) 33. ... ♖d3+ 34.♔e2 ♖3d4 35.♖1c4. Noch einfacher war offenbar 32.♘d7 (droht 33.♘b6) und 33.♖c5.

Vidmar versuchte dieselbe Idee zu verwirklichen. Er tat das aber höchst ungenau, weil er das mit einem Bauerntausch verbundene Gegenspiel seines Kontrahenten übersah.

**32.♘b7? g5! 33.g3 gf+ 34.gf ♖g8**

Die erste unangenehme Folge des Fehlers von Weiß. Der bisher passive schwarze Turm schaltet sich aktiv ins Spiel ein.

**35.♖4c2 f6!**

Ein weiterer Bauerntausch, wobei diesmal der starke weiße Bauer e5 vom Brett verschwindet.

**36.ef+ ♔:f6**

*„Es versteht sich von selbst, dass die letzten Tauschoperationen die Remischancen von Schwarz wesentlich erhöht haben.“* (Aljechin)

**37.♘c5 ♖g4 38.♘e4+ ♔e7 39.♘f2 ♖g8! 40.♔f3**

Falls 40.♘d3, so 40. ... ♖f5!, was den Zug 41.♘e5 verhindert.

**40. ... ♘b5 41.♖c5 ♖c8**

Nach dem Tausch des Bauern e5 wurde der Freibauer c6 deutlich geschwächt, da Schwarz die Möglichkeit erhielt, diesen mit dem König von d6 anzugreifen.

**42.♖:d5 ed 43.♖c5 ♘d4+ 44.♔e3 ♘f5+!**

Bedeutend schwächer war 44. ... ♘:c6? 45.♖:d5 mit klarem Vorteil für den Anziehenden.

**45.♔d3 ♔d6 46.♖:a5 ♖:c6 47.♖a7 ♖c4 48.♖:h7 ♖:f4**

Schwarz gelang es, noch zwei Bauernpaare zu tauschen. Dabei stehen alle seine übrigen Figuren und Bauern ausgezeichnet. Ein Remis ist nun sehr wahrscheinlich.

**49.♔e2 ♖c4 50.♔d2 ♖d4+ 51.♔e2 ♖c4 52.♔d1 d4**

Einfacher war 52. ... ♖d4+ 53.♔c2 ♖c4+, da 54.♔b3? nicht geht wegen 54. ... ♘d4+ 55.♔a4 b3+ 56.♔a3 ♖a4+! 57.♔:a4 ba.

**53.♔d2 b3!**

Thomas forciert den Tausch eines weiteren Bauernpaares.

**54.ab ♖b4 55.♘d3 ♖:b3 56.♖d7+?!**

Stärker war 56.h4, aber auch dann verteidigt sich der Nachziehende erfolgreich, indem er den Turm aktiviert: 56. ... ♖b8 nebst ♖g8.

**56. ... ♔:d7 57.♘c5+ ♔d6 58.♘:b3 ♘e3!**

Die Zahl der verbliebenen Bauern ist zu gering, als dass Weiß in dem Springerendspiel auf Erfolg hoffen könnte.

**59.h4 ♘c4+ 60.♔c2 ♔e5 61.♘:d4 ♔:d4 62.b4 ♔e4 63.♔c3 ♘b6 64.b5 ♔f5 65.♔d4 ♔g4 66.♔c5 ♘a4+** Remis.

Man muss natürlich beachten, dass die vorhin formulierte Regel zu allgemein ist, um ihr bedingungslos folgen zu können. Im Schachspiel gibt es keine universellen Gesetze. Die Regel ist nur eine Orientierungshilfe. Die konkreten Besonderheiten der Stellung erfordern häufig eine andere Vorgehensweise.

**Ehlwest – Andrianow**
**Tallinn 1981**

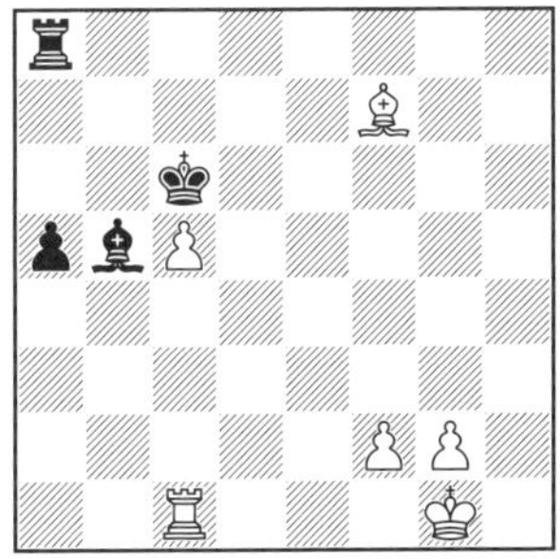

Der Freibauer auf der a-Linie räumt Schwarz gewisse Gegenchancen ein, obwohl der weiße Materialvorteil zum Gewinn reichen müsste. Aber nicht bei dem Plan, den Ehlwest wählte.

**36.♗g6? ♔c7! 37.♗e4? ♗c6 38.♗:c6 ♔:c6**

Der Läufertausch erwies sich als ungünstig, da der weiße Turm nun eine passive Stellung vor dem gegnerischen Bauern einnehmen muss.

**39.♔f1 a4 40.♔e2 a3 41.♔d3 a2 42.♖a1 ♔:c5**

Ein Remis ist jetzt unvermeidlich.
Die Freibauern mussten aktiver genutzt werden: 36.g4!? (droht g5-g6-g7). Weiß konnte auch den König zentralisieren: 36.f3!? a4 37.♔f2.

## 6. Unkonkrete Handlungen im entscheidenden Moment des Kampfes

Nehmen wir an, dass Ihr Gegner über kein Gegenspiel verfügt und Sie entsprechend dem Prinzip „nichts übereilen“ mit Bedacht manövrieren und dabei schrittweise Ihre Überlegenheit ausbauen. Bei hartnäckigem Widerstand des Gegners gelingt es nur selten, die Partie allein mit technischen Mitteln zum Sieg zu führen. An einem bestimmten Punkt muss man vom positionellen Manövrieren zum genauen Variantenberechnen übergehen und den konkreten Weg zum Ziel suchen. Darüber stolpern viele Schachspieler, was auch durch verschiedene Faktoren begünstigt wird. Über die Sorglosigkeit, die im Vorgeschmack des Sieges auftaucht, haben wir schon gesprochen. Verständlich ist auch das Bestreben, mit allen „Bequemlichkeiten“ und ohne übermäßige Anstrengungen zu agieren. Zugleich möchte man dem Risiko ausweichen, im forcierten Spiel einen Fehler zu begehen. Die Schwierigkeit besteht in der Bestimmung des Wendepunktes, wenn schon alles Mögliche aus der Stellung nach dem Prinzip „nichts übereilen“ herausgeholt wurde. Danach muss ein konkreter Plan gefunden werden, um das erzielte Übergewicht bzw. den sich vorteilhaft verändernden Charakter des Kampfes auszunutzen.

Ich bemerkte, dass viele hervorragende Meister des Positionsspiels wie Flohr oder Karpow außerordentlich erfolgreich einen Vorteil gegen Spieler realisieren, die ihnen in der Spielstärke unterlegen sind. Sie manövrieren, verhindern alle aktiven Möglichkeiten des Gegners. Diese wiederum halten das nicht aus, machen Fehler und bringen ihre Stellung selbst zum Einstürzen. Aber gegen Kontrahenten gleicher Klasse gelingt es ihnen häufig nicht, selbst große Vorteile zu verwerten. Gerade deswegen ist es erforderlich, den passenden Zeitpunkt für konkrete und genaue Aktionen nicht zu übersehen. Dies ist aber nicht die stärkste Seite solcher positioneller Spieler.

**Flohr – Keres**
**UdSSR-Meisterschaft**
**Moskau 1950**
**Damenindisch**

**1.♘f3 c5 2.c4 ♘f6 3.g3 b6 4.♗g2 ♗b7 5.0-0 e6 6.♘c3 ♗e7 7.d4 ♘e4?!** (7. ... cd) **8.♕c2** (8.d5) **8. ... ♘:c3 9.♕:c3 ♗f6 10.♗e3 ♘c6?!** (10. ... d6) **11.♖ad1 ♖c8?**

Ein ernster Fehler, nach dem Schwarz spürbar in der Entwicklung zurückbleibt und in eine schwierige Lage gerät. Nötig war die Rochade.

**12.♕a3! ♘a5** (12. ... cd war besser) **13.b3 ♗e7 14.dc f6**

Kein gutes Zeichen, wenn man solche Züge machen muss. Auf 14. ... bc folgt jedoch 15.♘e5 ♗:g2 16.♔:g2 d6 17.♕a4+ ♔f8 18.♘d7+ ♔g8 19.♘:c5.

**15.♗h3 ♔f7**

Es drohte 16.♗:e6, und falls 15. ... ♕c7, so 16.cb.

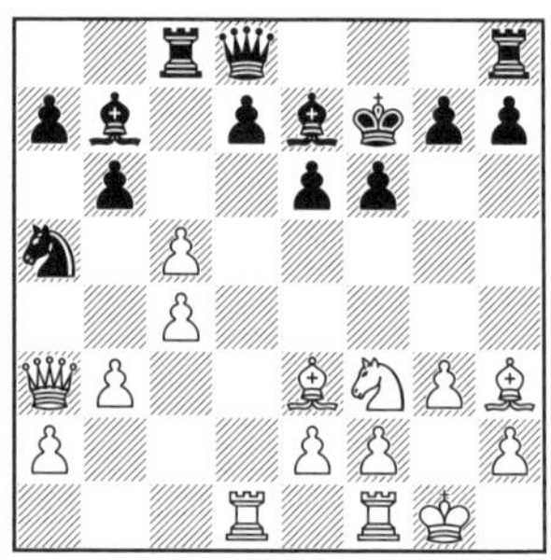

Der weiße Vorteil ist offensichtlich. Neben dem Mehrbauern befindet sich der schwarze König immer noch im Zentrum, zudem sind die Punkte d7 und e6 schwach. Die genannten Faktoren haben aber keinen beständigen, sondern zeitweiligen Charakter. Stellen Sie sich vor, Schwarz zieht bc nebst d7-d6, und schon hätte er seine Lage konsolidiert. Aus diesem Grund ist rasches und entschiedenes Handeln gefragt.

**16.♖d2?**

Lehrreich ist der Kommentar von Großmeister Boleslawski zu diesem Zug: *„Lässt sich in der Stellung wirklich nichts anderes finden als diese rein positionelle Verdoppelung der Türme? Falls Weiß positionell spielen wollte, dann kam 16.♘d4 ♗:c5 17.♕a4 (17.♕c1!? – Dworetski) in Frage. Der Nachziehende musste, um Schlimmeres zu verhindern, auf d4 tauschen. Die Stellung verlangte aber andere Maßnahmen. Nach dem energischen Schlag 16.b4! erhält Weiß einen durchschlagenden Angriff. Das zeigen folgende Varianten:*

*1) 16. ... ♘c6 17.cb (stark ist auch 17.♖d2 – Dworetski) 17. ... ab 18.♕b3 ♘:b4 (18. ... ♗:b4 19.c5 – Dworetski) 19.♗:e6+! ♔:e6 20.♗:b6 ♕:b6 (20. ... ♕e8 21.c5+ ♘d5 22.e4) 21.c5+ ♗d5 22.♖:d5 (22.♕e3+ – Dworetski) 22. ... ♗:c5 23.♖fd1! (Natürlich reicht auch 23.♖:c5+ zum Sieg. Man braucht aber die Varianten nicht mehr zu berechnen, wenn die Bewertung der untersuchten Fortsetzung offensichtlich ist – Dworetski.) 23. ... ♗:f2+ 24.♔g2 ♘:d5 25.♕:d5+ ♔e7 26.♕:d7+ ♔f8 27.♕:c8+ mit Gewinn.*

*2) 16. ... ♘:c4 17.♕:a7 ♘:e3? 18.fe ♗:f3 19.♖:d7.*

*3) 16. ... ♘:c4 17.♕:a7 ♗c6 18.♗:e6+! ♔:e6 19.♘d4+ ♔f7 20.♘:c6 ♖:c6 21.♖:d7 ♕e8 22.cb ♘:e3 23.fe. Mit dominierender Stellung und vier Bauern für die Figur gewinnt Weiß mühelos.*

*4) 16. ... ♘:c4 17.♕:a7 ♗d5 18.♖:d5 ed 19.♕b7 ♔e8 20.♕:d5 ♘:e3 21.fe ♕c7 22.♖d1 ♖d8 23.cb ♕c6 24.b7 ♕:d5 25.♖:d5 ♔f7 26.b5, und die mächtigen Bauern von Weiß entscheiden die Partie.*

*Nach dem Textzug des Anziehenden ändert sich das Bild schlagartig."*

Ich möchte noch hinzufügen, dass nach 16.b4 ♘:c4 die Antwort 17.♕:a7 das Stärkste ist. Schlechter wäre 17.♕b3 (in Erwartung von 17. ... b5? 18.♗:e6+! ♔:e6 19.♘d4+ und 20.♘:b5) wegen 17. ... ♘:e3 18.fe ♗:f3. Auch nach 17. ... ♗d5 18.♖:d5 ed 19.♕d3 ♘:e3 21.fe bleibt im Vergleich zu analogen Varianten mit 17.♕:a7 der Bauer a7 am Leben.

**16. ... bc 17.♖fd1 d6 18.♘e1**

Ein weiterer passiver Zug. Naheliegend war 18.♗f4, was die unbequeme Antwort 18. ... ♖c6 erzwingt (falls 18. ... ♗:f3 19.ef ♘c6, so 20.♗:d6 ♘d4 21.♖:d4 cd 22.♗:e6+! ♔:e6 23.♖e1+).

**18. ... ♕b6**

Der Punkt d6 ist leicht zu verteidigen, und Weiß kann den Angriff auf e6 nicht verstärken. Das Feld f4 wird dem weißen Springer mittels g7-g5 streitig gemacht.

**19.♕c1 h5!** Schwarz ergreift schon die Initiative. Falls 20.♘d3, so 20. ... g5 21.b4 ♕c6.

**20.f3 h4 21.g4 ♘c6 22.♘g2?** (besser 22.♘c2) **22. ... ♘d4 23.♖:d4**

Zum Kombinieren war es schon zu spät. Nun verwertet Schwarz seinen Qualitätsvorteil sicher.

**23. ... cd 24.♗:d4 ♕a6 25.g5 fg 26.f4 g4! 27.♗:g4 h3 28.♕e3 ♖h6 29.♘e1 ♖g6 30.♕:h3 ♕c6 31.♘f3 ♕e4 32.♕g3 ♔g8 33.♖d3 ♖f8 34.♗e3 e5! 35.♕g2 ef 36.♗d2 ♗d8 37.h3 ♖e8**

**38.♔f1 d5! 39.♖d4 ♕b1+ 40.♗e1 dc 41.♖:c4**

Weiß warf angesichts von 41. ... ♗a6 das Handtuch.

Die ganze Partie ist eine eindrucksvolle Illustration des Leitsatzes aus der Theorie von Steinitz: ***Derjenige, der einen Vorteil besitzt, muss angreifen, damit er seinen Vorteil nicht verliert.***

Das Wort „angreifen" muss man hier eher als das Finden einer konkreten Variante, einer forcierten Kombination verstehen. Kurz gesagt, es geht um einen konkreten, energischen Weg, seinen Vorteil zu realisieren.

**Petrosjan – Spasski**
**12. WM-Partie**
**Moskau 1969**

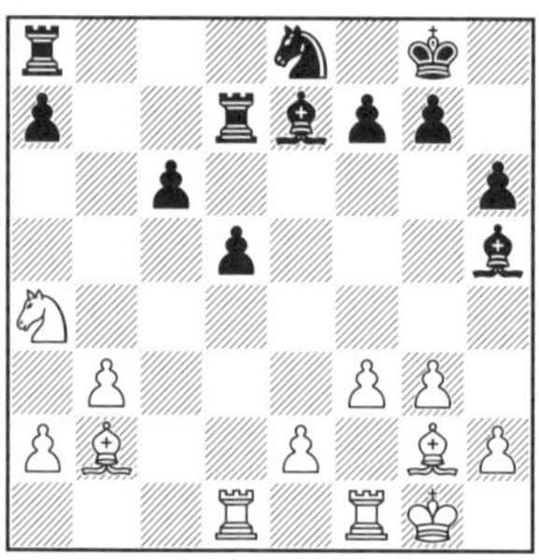

**23.♖c1** Ein natürlicher Zug, wonach Weiß seinen klaren Vorteil behält. Der Bauer c6 ist schwach, der Springer erhält das gute Feld c5 und der Läufer h5 spielt nicht mit.

Kann Weiß aber nicht mit 23.♗h3 genauer agieren? Nach 23. ... ♖b7 24.♖c1 ♖c7 würde er im Vergleich zur Partie mit der Entwicklung des Läufers in eine aktive Stellung ein Tempo gewinnen. Falls aber 23. ... ♖c7, so 24.♗e5 ♗d6 25.♗:d6 ♘:d6 26.e4, da der Turm noch auf d1 steht.

Diesen Turm kann aber auch Schwarz für sich nutzen! Er erobert ihn für zwei Figuren: 26. ... ♘:e4! 27.fe (27.g4 ♘g5) 27. ... ♗:d1 28.♖:d1 de, womit er sich Rettungschancen bewahrt. Für Weiß gab es keinen Grund, sich auf diesen Tausch einzulassen. Petrosjans Zug kann also als der stärkste angesehen werden.

**23. ... ♖c7 24.♗e5 ♗d6 25.♗:d6 ♘:d6 26.♖fd1** (droht sowohl 27.♖:d5 als auch 27.e4 ♘:e4 28.g4) **26. ... ♘b5**

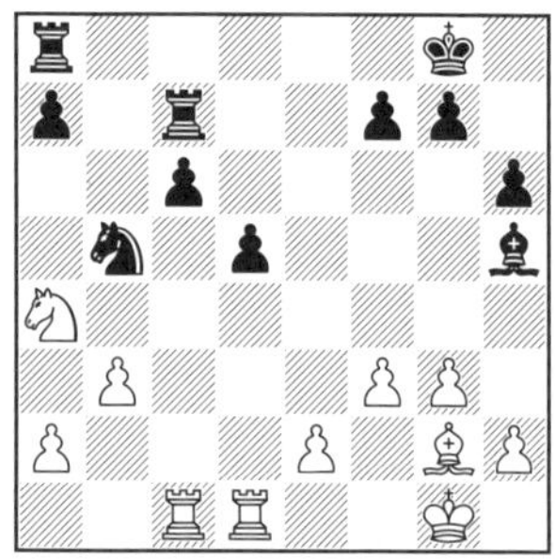

Der Vorteil von Weiß hat sich herauskristallisiert. Ihm stehen nun eine Vielzahl verführerischer Fortsetzungen zur Verfügung. Die stärkste herauszufinden, ist gar nicht so einfach. Falls 27.♘c5 (droht 28.♘a6), so 27. ... a5 28.♘d3 (droht 29 ♘f4 nebst 30.a4 und 31.♘:d5) 28. ... a4 29.♘f4 ♗g6, und ein direkter Gewinn ist nicht zu sehen. Auf 27.♖c5 folgt 27. ... f5 (gegen 28.e4 gerichtet) 28.♖dc1 ♖e7!? (28. ... ♘d4 29.♔f2 ♖ac8) 29.♔f2 ♗e8 oder 29.♖:c6 ♖:e2 30.♗f1 ♘d4!.

Der stärkste Weg – 27.g4! ♗g6 28.f4 basiert auf einer taktischen Feinheit: 28. ... f6 geht nicht (oder auch 28. ... f5) wegen 29.♖:c6!. Im Falle von 28. ... ♗e4 29.♗:e4 de 30.♔f2 ist die schwarze Stellung angesichts der Schwächen auf c6 und e4 hoffnungslos. Nicht besser wäre 28. ... ♗h7 29.f5 (29.♘c3!?) 29. ... g6 30.e4 de 31.♗:e4 ♖e8 32.♘c5 mit erdrückendem Übergewicht wegen der tragikomischen Stellung des schwarzen Läufers und der starken Drohung 33.a4. Weiß hat noch eine andere perspektivreiche Fortsetzung zur Verfügung: 27.♘c3!?, die die Verwundbarkeit der gegnerischen Mittelbauern unterstreicht. Die Idee g3-g4 und f3-f4 kann auch etwas später eingesetzt werden.

**27.♔f2?!**

Petrosjan verstärkt seine Stellung weiter und bringt den König ins Zentrum. Sein Vorteil wird aber nun etwas geringer, weil es dem schwarzen Läufer gelingt, sich an der Verteidigung der Bauern am Damenflügel zu beteiligen.

**27. ... f6! 28.e3** (28.♗f1!?) **28. ... ♗f7 29.♗f1 ♘d6 30.♖c3** (30.♗a6!?) **30. ... ♔f8?**

Ein nicht offensichtlicher Fehler. Vorher musste das wichtige Feld f4 mit 30. ... g5! unter Kontrolle genommen werden. Nach 31.♘c5 a5 32.♖dc1 ♖e7 nebst ♗e8 wäre es dem Anziehenden nicht leicht gefallen, seinen Druck zu verstärken.

**31.♘c5 a5 32.♖dc1 ♖e7 33.♗h3** (droht 34.♘d7+ und verhindert 33. ... ♗e8, worauf 34.♘e6+ und 35.♘d4 folgt) **33. ... ♖aa7**

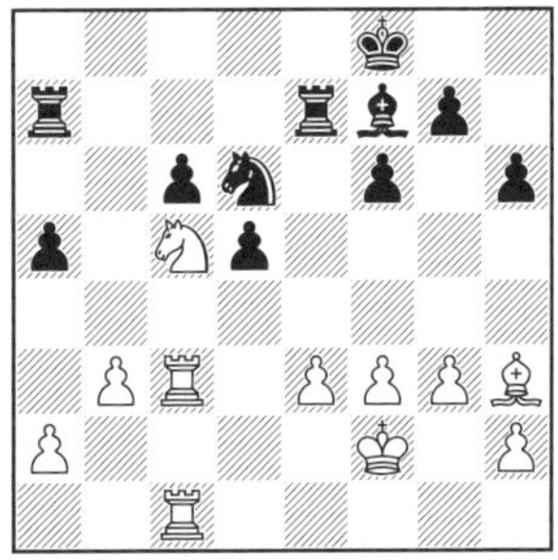

Schwarz hält sich gerade noch. Man spürt, dass die Zeit reif ist, einen konkreten Plan zum Durchbrechen der Verteidigung zu finden. Es gibt diesen, zudem recht einfachen Weg. Nach 34.♘d3! ♗e8 35.♘f4 droht sowohl 36.♘e6+ ♔f7 37.♘d4 als auch 36.♖:c6 ♗:c6 37.♘g6+. Die einzige Verteidigung besteht in 35. ... ♔f7, aber jetzt entscheidet 36.♖:c6! ♗:c6 37.♖:c6 ♘b5 38.♗e6+ ♖:e6 (erzwungen) 39.♘:e6, und die Realisierung des Mehrbauern fällt nicht schwer (auf 39. ... a4 folgt 40.b4).

**34.a4?**

Man darf nur dann in Ruhe die eigene Stellung verschönern, wenn der Gegner in der Zwischenzeit die Verteidigung nicht verstärken kann. In diesem Fall war es nicht zulässig. Das Prinzip „nichts übereilen" darf nicht missbraucht werden.

Offenbar beabsichtigte Petrosjan 35.♘d3 ♗e8 36.♘f4 ♔f7 37.♘e2 nebst ♘d4 und wollte die Erwiderung 37. ... ♘b5 verhindern. Allgemein gesprochen ist es vernünftig, den schwarzen Bauern auf a5 zu fixieren und dem Springer das Feld b5 zu nehmen. Falls man so spielt, dann aber nach dem Rösselsprung nach f4, weil Spasski jetzt diese Hauptgefahr verhindert.

**34. ... g5!** (das Feld f4 wird kontrolliert) **35.♖d1**

Beachtung verdient das Qualitätsopfer 35.♘d3 ♗e8 36.♖:c6 ♗:c6 37.♖:c6 ♘e8 38.♘c5. Petrosjan möchte den Springer auf einen langen Weg – d3-c1-e2 – schicken. In der Zeit gelingt es Spasski aber, seine Kräfte zu aktivieren.

**35. ... ♔g7 36.♘d3 ♗e8 37.♘c1 f5 38.♘e2?!** (besser 38.♗g2 g4 39.f4 mit wahrscheinlichem Remis) **38. ... g4! 39.♗g2 gf 40.♗:f3 ♘e4+ 41.♗:e4 fe**

Schwarz verfügt nun über etwas Initiative angesichts der strategischen Drohung, nach dem Tausch eines Turmpaares den König nach d6 zu bringen. Die Hängepartie endete remis.

**Die Transformation eines Vorteils**

Die beste Art, ein Übergewicht zu nutzen, besteht manchmal darin, den Charakter der Stellung zum eigenen Vorzug zu verändern und dabei auf einige vorhandene Vorteile zugunsten anderer zu verzichten. Diese Methode nennt man „Transformation eines Vorteils".

**Taimanow – Stein**
**UdSSR-Meisterschaft**
**Tbilissi 1966/67**

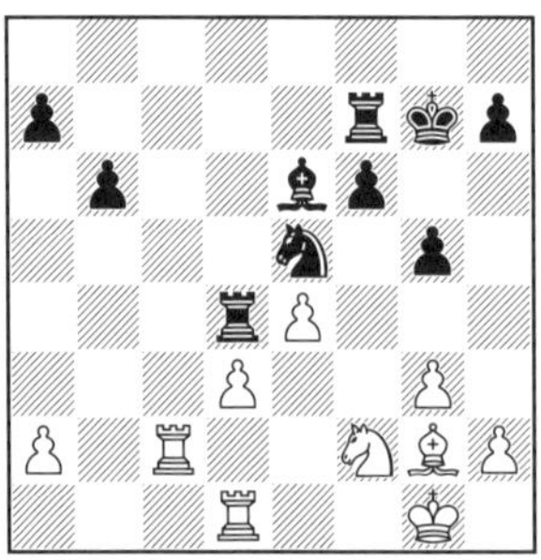

Schwarz besitzt ein großes positionelles Übergewicht. Er blockiert erfolgreich die gegnerischen Mittelbauern. Der Läufer g2 ist „schlecht", und dem weißen Springer mangelt es an Beweglichkeit. Der natürlichste Plan, den sicher auch Stein im Auge hatte, besteht im Vorrücken der Bauern am Damenflügel.

**26.♔f1**

Mit dem Ziel, die Mittelbauern zu befestigen, möchte Weiß seinen König nach e3 und den Läufer bei Bedarf nach f1 beordern. Sein Türme werden entlastet, um sich dem Vorstoß der schwarzen Bauern am Damenflügel entgegenzustellen. Stein hatte zu dem Zeitpunkt sicher den Eindruck, dass sich der Vorteil mit normalen Mitteln nicht so einfach realisieren lässt.

***Wenn der Gegner einen überraschenden Zug macht, der die Realisierung Ihrer Ideen erschwert, dann ist es nützlich sich zu fragen: „Worin besteht der Nachteil des gegnerischen Zuges?"*** Selbst wenn man sich diese Frage stellt, ist es nicht einfach, auf die Entscheidung zu kommen, die Stein fand. Sie entspricht weder dem vorhergehenden ruhigen Kampfverlauf noch dem von Schwarz gefassten Plan.

**26. ... f5!?**

Öffnet die f-Linie, auf der sich im Moment der weiße König befindet, und schafft eine Drohung gegen den weißen Bauern auf d3. Nur ein sehr dynamischer Spieler, der sich von Schablonen nicht einengen lässt, ist zu so einem Zug fähig, der Läufer und Springer des Gegners befreit.

**27.ef ♗:f5 28.♔e2**

Ich hätte gleich den Bauern gegeben und wäre mit dem König nach g1 gegangen.

**28. ... ♘g4!** (droht 29. ... ♘:f2 30.♔:f2 ♗g4+ 31.♔e3 ♗:d1) **29.♖b2 ♘:h2**
Den Mehrbauern zu realisieren ist nicht schwer.
**30.♔e3 ♖a4 31.♗e4 ♗:e4 32.♘:e4 ♘g4+ 33.♔d2 ♘f2** (Sie erinnern sich: Bei einem Materialvorteil ist es zweckmäßig, Figuren zu tauschen.) **34.♘:f2 ♖:f2+ 35.♔c3 ♖a3+ 36.♖b3 ♖a:a2 37.♖b5 ♔g6 38.♖d5 ♖f5 39.♖d6+ ♖f6 40.♖d7 ♖g2 41.d4 ♖:g3+** Weiß gab auf.
Die energischen Aktionen von Stein waren von Erfolg gekrönt. Mir scheint indes, dass der psychologische Effekt der von Schwarz unerwartet unternommenen Operation dabei die Hauptrolle gespielt hat. Deren objektive Kraft ist eher zweifelhaft.
Ernste Beachtung verdient die von Kaidanow vorgeschlagene Antwort 27.♗h3!? Nach 27. ... g4 28.♗g2 geht nicht 28. ... ♘:d3? 29.♖:d3 ♖:d3 30.♘:d3 fe+ 31.♘f4. Wenig verspricht 28. ... fe 29.♗:e4 oder 28. ... f4 29.gf ♖:f4 30.♔e2. Stärker ist 27. ... ♘:d3 in Erwartung von 28.♗:f5?! ♘b4!! 29.♖:d4 ♘:c2 30.♗:e6 ♖:f2+ 31.♔:f2 ♘:d4 mit gewonnenem Leichtfigurenendspiel (schlecht wäre 32.♗f5 ♘:f5 33.ef g4! 34.♔e3 ♔f6 35.♔f4 h5). Weiß verteidigt sich aber mittels 28.ef! ♘:f2 (28. ... ♗:f5 29.♗:f5 ♖:f5 30.♔g2 oder 28. ... ♘b4 29.♖:d4 ♘:c2 30.fe ♖:f2+ 31.♔:f2 ♘:d4 32.♔e3) 29.♖:d4 ♘:h3 30.g4 mit unklarem Endspiel.
Ich denke, auf 27.♗h3 sollte der Läufer zurückgehen: 27. ... ♗d7! Aber auch hier, in der Stellung mit Qualitätsnachteil, behält der Anziehende Rettungschancen: 28.♗:f5 ♗a4 29.♖dd2 ♗:c2 oder ebenso bei einem Bauernverlust nach 30. ... ♘:d3 31.♖d2 ♘:f2 32.♖:d4 ♘:e4 33.g4.

Die stärkste Erwiderung auf 26. ... f5 besteht offenbar in dem kaltblütigen 27.♔e2!. Im Falle von 27. ... f4 28.gf gf wäre 29. ♗h3! nicht schlecht. Und nach 27. ... fe 28.♗:e4 ♘g4 hat Weiß, wie Ph. Schlosser zeigte, den einfachen Zug 29.♖f1! (29. ... ♘:h2 30.♖h1).

Die Umwandlung eines Vorteils – der Verzicht auf vorhandene Stellungsvorzüge im Austausch gegen andere Vorteile – ist eine recht schwierige technische Methode, die ein feines Spielverständnis erfordert. Man muss die Situation richtig bewerten, Vor- und Nachteile der getroffenen Entscheidung genau abwägen, damit der Tausch am Ende wirklich einen Sinn hat. Auch psychologisch ist es nicht leicht, in einer günstigen Stellung eine weitreichende Entscheidung zu treffen und auf bestimmte errungene Trümpfe zu verzichten.

**Petrosjan – Bannik**
**UdSSR-Meisterschaft**
**Riga 1958**

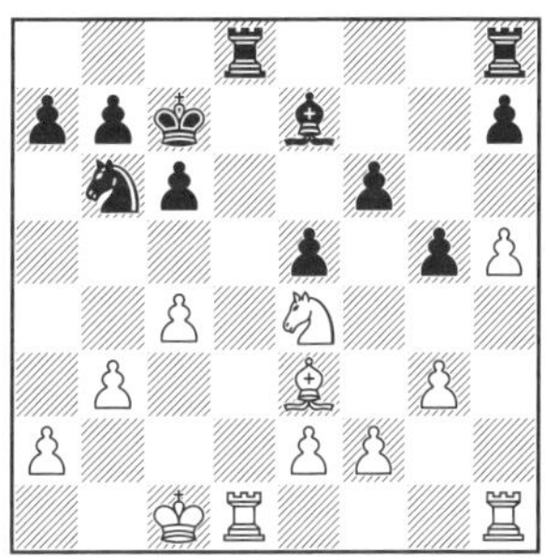

Weiß spielte überraschend **18.♗c5!.** Warum? Hier die Erklärung Petrosjans: *„Bei der Entscheidung des Zuges war es nötig, das Für und Wider genau zu prüfen. Er scheint unlogisch zu sein,*

*weil Weiß freiwillig seinen 'guten' Läufer gegen den 'schlechten' von Schwarz tauscht, anstatt den Läufer gegen den Springer zu geben (18.♗:b6+) und sein Übergewicht zu behaupten. Wenn man jedoch tiefer in die Stellung eindringt, dann wird klar, dass Schwarz nach einem Tausch der Türme auf der d-Linie und der Überführung seines Königs nach e6 seine verwundbaren Felder deckt und eine uneinnehmbare Stellung aufbaut. Der 'schlechte' Läufer spielt keine unwichtige Rolle."*

Meinerseits merke ich an, dass der Anziehende bei 18.g4 ♖:d1+ 19.♖:d1 ♖d8 20.♖:d8 ♔:d8 21.♗:b6+ ab 22.♔c2 ebenfalls gute Siegeschancen besitzt. Er bringt seinen König nach e4 und den Springer nach d3. Weiß könnte einen Bauernvorstoß am Damenflügel inszenieren oder bei Bedarf auch mittels e2-e3 und f2-f4 vorgehen.

**18. ... ♖:d1+**

Falsch ist das von Petrosjan empfohlene Bauernopfer 18. ... ♗:c5 19.♘:c5 ♖he8 20.♖:d8 ♔:d8 21.♘:b7+ ♔c7 22.♘c5 e4 (droht 23. ... a5 und 24. ... ♖e5) wegen 23.♘a6+ ♔b7 24.♘b4 nebst ♘c2.

**19.♖:d1 ♗:c5 20.♘:c5 ♖e8 21.♘e4 ♖e6**

Nicht besser ist 21. ... ♖f8 22.g4 ♖f7 (22. ... ♘c8 23.♘c5 ♖f7 24.♘e6+) 23.♖d6.

**22.g4 a5 23.♖d3 ♘d7 24.♔c2** (24.♔d2!?) **24. ... b6 25.♖f3 ♔d8 26.a3 c5**

Durch die Drohung, den Gegner mit b3-b4 und c4-c5 endgültig einzuengen, provoziert Weiß die Schwächung des Punktes d5.

**27.♔c3 ♔e7 28.♖d3 ♖c6 29.♖d5 ♘f8 30.♘g3 ♘e6 31.♘f5+ ♔e8 32.e3 ♘c7** (nachhaltiger ist 32. ... ♘d8 und 33. ... ♘f7) **33.♖d1 ♘e6 34.♔d3!**

Es ist Zeit, den weißen König zu aktivieren.

**34. ... ♖c7 35.♔e4 ♖c6 36.♘d6+ ♔e7 37.♘f5+ ♔e8 38.♘d6+ ♔e7 39.♘f5+ ♔e8**

***Erfahrene Spieler nutzen bei der Realisierung eines Vorteils nicht selten das Mittel der Zugwiederholung. Das geschieht nicht nur wegen der zusätzlichen Bedenkzeit, sondern auch in der Hoffnung, dass der Kontrahent versucht, den für ihn ungünstigen Partieverlauf zu verändern, dabei auf die Zugwiederholung verzichtet und gleichzeitig seine Stellung selbst weiter verschlechtert.***

**40.a4 ♘d8 41.♘h6!** (verhindert 41. ... ♘f7) **41. ... ♘e6 42.♘g8 ♘f8**

Eine elegante Variante wäre 42. ... ♔f7 43.♖d7+! ♔:g8 44.♔d5.

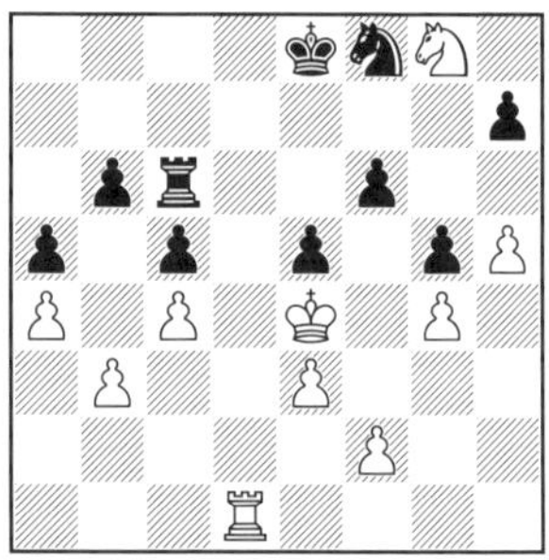

Nicht zu empfehlen ist hier 43.♔d5 ♔d7. Auf 43.♔f5 folgt 43. ... ♔f7 44.♘h6+ ♔g7 45.♖d8 ♘e6 46.♖e8 ♘c7, und Weiß verliert seinen Springer. Wie aber kann die Verteidigung durchbrochen werden? ***Wenn der Gegner zur Passivität verurteilt ist, dann hilft häufig eine der wichtigsten Endspielmethoden – der Zugzwang.***

**43.♖d2! ♔f7**
Im Falle von 43. ... ♘d7 entscheidet 44.♔f5 ♔d8 45.e4 ♔e8 46.f3 ♔d8 47.♖:d7+! ♔:d7 48.♘:f6+. Beachten Sie: Die zwei vorbereitenden Bauernzüge sollten entsprechend dem Prinzip „nichts übereilen!" vor dem Qualitätsopfer erfolgen, um die Stellung maximal zu verstärken.
Auf 43. ... ♖e6 folgt ebenfalls 44.♔f5 ♔f7 45.♖d8 ♖c6 46.♘h6+ ♔g7 47.♔e4! ♘e6 48.♖d7+! ♔:h6 49.♔d5.
**44.♘h6+ ♔e8 45.♘f5 ♘e6 46.♖d6!**
Der Turmtausch erhöht die Gefahr, dass der weiße König in die gegnerische Stellung eindringt und hat letztlich ein gewonnenes Springerendspiel zur Folge.
**46. ... ♖:d6 47.♘:d6+ ♔d7 48.♘b5 ♘g7**
Führt genauso zum Zugzwang wie die Variante 48. ... ♘f8 49.♔f5 ♔e7 50.♘c3 ♘d7 51.♘d5+ ♔f7 52.e4 h6 53.f3.
**49.h6 ♘e8 50.♔d5 f5 51.♔:e5 fg 52.♘c3 ♔e7 53.♘e4 ♔f7 54.♔f5 g3 55.fg g4 56.♘g5+ ♔g8 57.♔e6 ♘c7+ 58.♔d7 ♘a6 59.e4 ♘b4 60.e5 ♘d3 61.e6** Schwarz gab auf.
Ein hervorragendes Endspiel, in dem viele der von uns besprochenen Prinzipien zur Realisierung eines Vorteils angewendet wurden.
Zum Schluss möchte ich Ihnen einige Übungsaufgaben stellen. Versuchen Sie bitte die jeweils technisch sauberste Lösung zu finden.

## Übungen

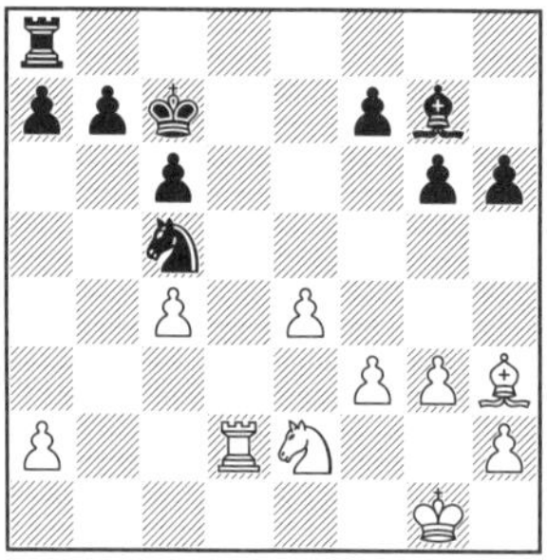

Dia 1 Schwarz am Zug

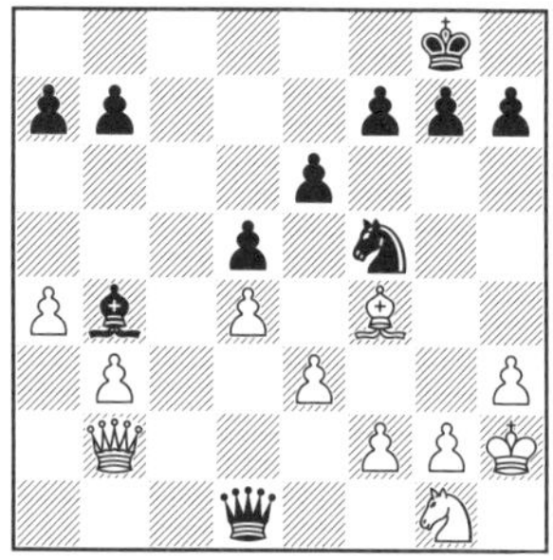

Dla 4 Schwarz am Zug

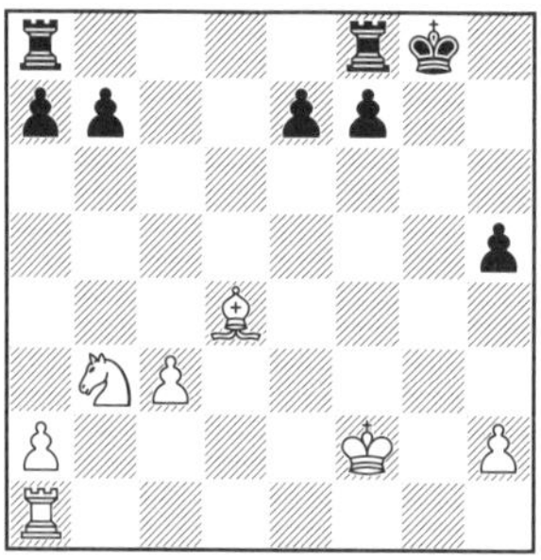

Dia 2 Weiß am Zug

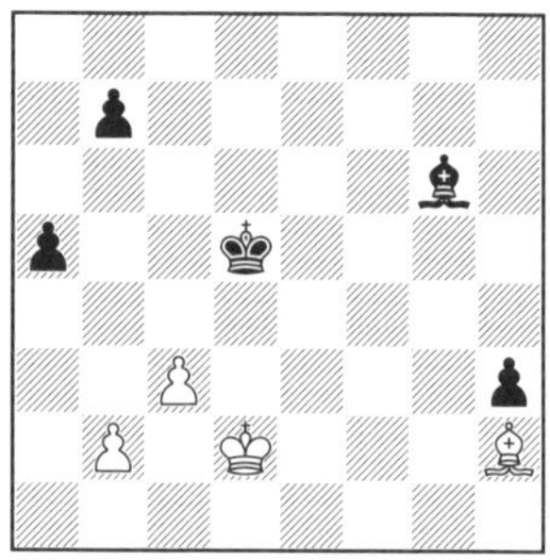

Dia 5 Schwarz am Zug

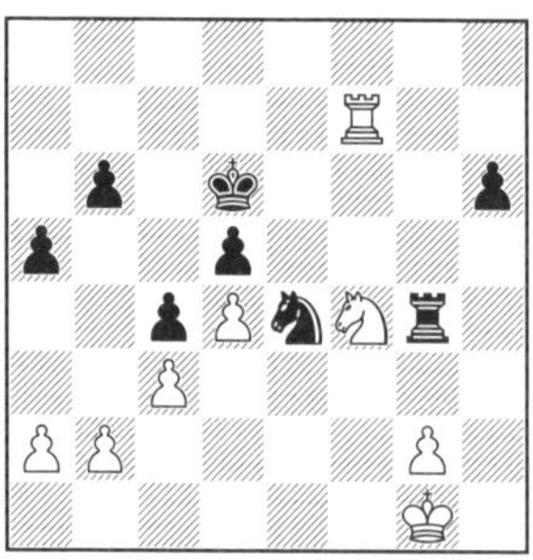

Dia 3 Weiß am Zug

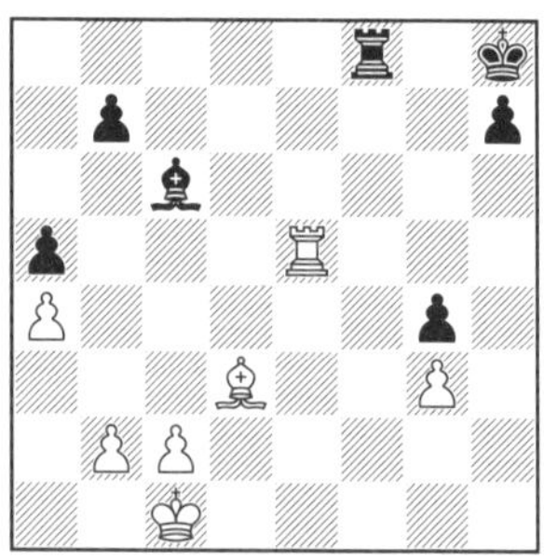

Dia 6 Weiß am Zug

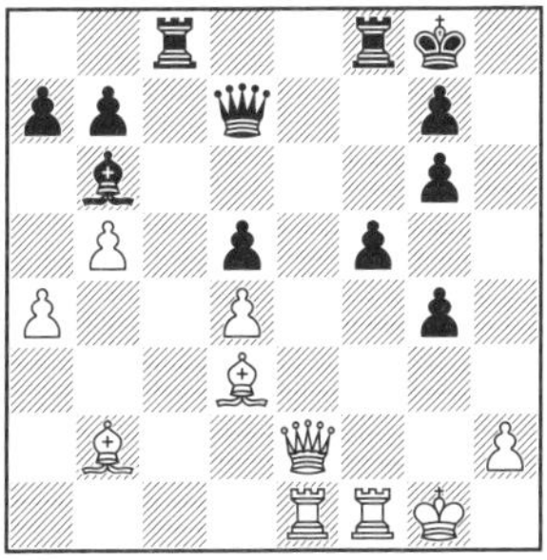

**Dia 7 Weiß am Zug**

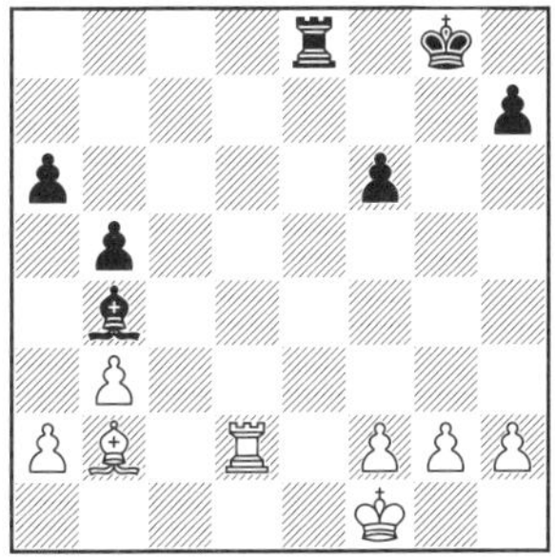

**Dia 8 Weiß am Zug**

## Lösungen

**1. Köberl – Sabó (Budapest 1951)**
**23. ... a5! 24.♘c1 a4!**
Mit dem Vorstoß des a-Bauern verhindert Schwarz das ausgleichende Manöver ♘e2-c1-b3. Außerdem bereitet er damit sowohl die Entwicklung des Turmes mittels ♖a8-a6-b6 oder a4-a3 nebst ♖a4 vor als auch einen Angriff am Damenflügel. Falls nun 25.♘d3, so 25. ... ♖d8 26.♗f1 ♖d4.
Die Partie endete wie folgt: 25.♔f2 a3 26.♔e2 ♗b2! 27.♖c2 (27.♘d3 ♘a4!) 27. ... ♖d8 28.♗f1 ♘a4 29.♘d3 ♘c3+ 30.♔e3 ♘:a2! 31.♘:b2 ♘b4 32.♖c1 ab 33.♖b1 ♘c2+! 34.♔f4 (34.♔e2 ♘a3 35.♖:b2 ♘:c4) 34. ... g5+ 35.♔e5 ♖d6! 36.c5 ♖e6+ 37.♔f5 ♘e3 matt.

**2. Bastrikow – Kiseljow (Swerdlowsk 1946)**
Nichts ergibt 22.♖g1+ ♔h7 23.♖g7+ ♔h6 oder 23.♖g5 f6 (23. ... ♔h6? 24.♗e3) 24.♖:h5+ ♔g6. Der für die Verteidigung von Schwarz wichtige Zug f7-f6 muss verhindert werden.
**22.♖e1 ♖fe8**
Auf 22. ... e6 oder 22. ... ♖ae8 ist 23.♘c5 stark.
**23.♖g1+!**
Jetzt wäre 23. ... ♔h7 24.♖g7+ ♔h6 25.♖:f7 schon schlecht.
Es folgte 23. ... ♔f8 24.♘c5 ♖ed8 25.♖g5! b6 26.♖:h5 e5 27.♗:e5! bc 28.♗f6 ♔e8 29.♖h8+ ♔d7 30.♖:d8+ ♖:d8 31.♗:d8 ♔:d8 32.♔f3 (der entfernte Freibauer garantiert Weiß den Sieg) 32. ... ♔e7 33.♔e4 ♔e6 34.♔f4 f5 35.h4 ♔f6 36.h5 ♔e6 37.♔g5. Schwarz gab auf.

**3. Miles – Nikolac (Wijk aan Zee 1979)**
Nichts ergibt 48.♖f5 ♖g5. Der nichts übereilende Zug 48.a4! verhindert den einzigen vernünftigen Plan des Nachziehenden b6-b5-b4 und bringt den Gegner in Zugzwang. Auf jeden Wegzug des Springers von e4 entscheidet 49.♖f6+. Schlecht ist auch 48. ... ♖g5 49.♖h7, und falls 48. ... ♖h4, so 49.♘g6! und 50.♘e5, jedoch nicht 49.♖f5? wegen der schönen Erwiderung 49. ... ♖h1+!.

**48. ... ♔c6 49.♖f5!**

Es stellt sich heraus, dass 49. ... ♖g5 den Bauern schon nicht mehr schützt angesichts von 50.♘:d5! ♖:f5 51.♘e7+ und 52.♘:f5. Aber **49. ... ♘d6** erlaubte es Weiß, seine Stellung durch **50.♖f6 ♖h4 51.g3 ♖g4 52.♔g2** mit erneutem Zugzwang zu verstärken.

Miles realisierte sein Übergewicht rasch: 52. ... h5 53.♘:h5 ♔d7 54.♔f3 ♖g8 55.♘f4! ♖:g3+ (55. ... ♘e4 56.♘:d5!) 56.♔:g3 ♘e4+ 57.♔g4 ♘:f6+ 58.♔f5 ♘e4 59.♘:d5 ♘d6+ 60.♔e5 ♘f7+ 61.♔f6. Schwarz gab auf.

### 4. Skembris – Torre (Olympiade, Luzern 1982)

Die weißen Figuren verfügen über fast keine Entfaltungsmöglichkeiten. Eine Chance für aktives Spiel gibt es noch: ♕e2! mit der Absicht ♕b5!. Beispielsweise 30. ... h6? (ein pseudoprophylaktischer Zug, der eigentlich nützlich ist, aber nicht die konkrete gegnerische Drohung abwendet) 31.♕e2! ♕:b3 (im Endspiel erreicht Weiß mühelos remis) 32.♕b5 b6 33.♘f3, und die Schwäche auf f7 verspricht ausreichendes Gegenspiel.

**30. ... a6!**

Die einzige aktive Idee des Kontrahenten wird pariert. Schwarz überführt den Springer auf den Damenflügel und schafft dort bald Drohungen.

31.g4 ♘e7 32.♘e2 ♗d2 33.♘g1 ♘c6 (droht 34. ... ♘a5) 34.♗c7 ♘b4 35.♗a5 ♘c2 36.♗:d2 ♕:d2 37.♔g3 ♘:e3! 38.♕a3 ♘d1 39.♘f3 ♕:f2+ 40.♔f4 g5+. Weiß gab auf.

### 5. Gragger – Barcza (Olympiade, Varna 1962, Variante aus der Partie)

Wenn der Freibauer durch den Läufer blockiert wird, dann sieht der Gewinnplan üblicherweise vor, mit dem König zum Freibauer zu gehen. Gleich klappt das hier aber nicht: 1. ... ♔e4? 2.♔e2 ♗h5+ 3.♔f2 ♔d3 4.♗c7! a4 5.♗d6 ♔c2 6.♗a3 mit Remis.

Erst muss der weiße König an die Verteidigung seiner Bauern am Damenflügel gebunden werden. Danach kann der Nachziehende mit seinem König zum anderen Flügel marschieren.

**1. ... ♔c4! 2.♗c7 a4 3.♗e5 ♔b3 4.♔c1 ♗c2!** (4. ... ♗h5 gewinnt ebenfalls) **5.♗d6** (5.c4 b6) **5. ... a3 6.ba ♔:c3** nebst ♗a4, b7-b5 und ♔d3-e2-f3-g2.

### 6. Smirin – Vogt (Saltsjöbaden 1988/89)

Im Falle von 33.♖:a5? ♖f3 34.♖h5 ♖:g3 35.♖:h7+ ♔g8 garantiert der Freibauer auf der g-Linie dem Nachziehenden Konterchancen, die zum Remis ausreichen. Um das Gegenspiel des Kontrahenten zu unterdrücken, müssen die Läufer getauscht werden. Es gewinnt **33.♗e4!**

a) 33. ... ♗:e4 34.♖:e4 ♖g8 (34. ... h5 35.♖e5) 35.♔d2!? nebst ♔e3-f4.

b) 33. ... ♖e8 34.♖:e8+ ♗:e8 35.♗:b7 ♗:a4 36.c4, und Schwarz muss für den Bauern den Läufer geben.

c) 33. ... ♖f1+ 34.♔d2 ♖g1 35.♗:c6 bc 36.♖:a5, und der a-Bauer ist gefährlicher als die gegnerischen Freibauern. Beispielsweise 36. ... ♖g2+ 37.♔d3 ♖:g3+ 38.♔e4 ♖g1 39.♖c5 g3 40.♔f3 g2 41.b3!.

d) 33. ... ♗:a4 34.♖:a5 ♗e8 (34. ... ♗c6 35.♗:c6 bc 36.♖g5+-) 35.♗:b7. Die schwarze Stellung ist hoffnungslos. In der Partie folgte weiter 35. ... ♖f1+ 36.♔d2 ♗g6 37.c4 ♖f2+ 38.♔c3 ♔g7 39.♖g5!, und Schwarz verlor durch Zeitüberschreitung.

Großmeister Bologan fand einen anderen, auch recht viel versprechenden Plan zur Realisierung des weißen Vorteils.

33.♖g5!? ♗:a4 34.♖:a5 (schwächer ist 34.♖:g4 ♗c6) 34. ... ♗c6 35.♖g5! ♗f3 (35. ... ♖g8 36.♖h5) 36.♖h5 ♖f7 37.♔d2. Die schwarzen Figuren sind völlig gebunden. Weiß zentralisiert den König und rückt seine Bauern am Damenflügel vor.

### 7. Smyslow – Botwinnik (3. Matchpartie, Moskau 1954)

Obwohl Schwarz drei Bauern für die Figur hat, ist seine Lage schwierig. Smyslow hätte die Partie im Mittelspiel entscheiden können, wenn er die Bauernkette des Gegners zerstört und mit h2-h3 Linien für seine Figuren geöffnet hätte. Es gewann **27.♕g2!** (droht 28.♖e5) **27. ... ♖fe8 28.h3!.**

In der Partie folgte 27.♕e6+? ♕:e6 28.♖:e6. Normalerweise ist Figurentausch der einfachste Weg, um ein materielles Übergewicht zu verwerten. Aber hier haben wir erstens formal ein materielles Gleichgewicht auf dem Brett. Noch wichtiger ist jedoch zweitens: je weniger Figuren auf dem Brett verbleiben, um so größer wird die Bedeutung der Bauern.

28. ... ♔f7 29.♖fe1. Falls 29.♖e5, so 29. ... ♖fe8, und nach 30.♖fe1 entsteht ungefähr die gleiche Stellung wie in der Partie. Nach 30.♖:d5 folgt dagegen 30. ... ♖e3 31.♗b1 (31.♖d1 ♔e6) 31. ... ♖e2 mit genügend Gegenspiel für Schwarz.

29. ... ♖fe8 30.♖:e8 ♖:e8 31.♖:e8 (31.♖d1 ♖e3 32.♔f2 ♖h3)

31. ... ♔:e8. Weiß kann seine Mehrfigur nicht realisieren, weil sein König nirgendwo eindringen kann. Die schwarzen Bauern stören. Was für ein schönes Abgriffsobjekt waren sie hingegen im Mittelspiel!

32.♗c3 ♔d7 33.a5 ♗d8 34.♗b4 b6 35.a6 ♗f6 36.♗c3 ♔e6 37.♔g2 g5 38.♗e2 g6 39.♗d1 ♗e7 40.♗d2 ♗d8 41.♗e3. Hier wurde die Partie vertagt. Die Gegner einigten sich auf Remis, ohne das Spiel wieder aufzunehmen.

### 8. Dworetski – Silberstein (Ordshonikidse 1978)

Wohin geht der weiße Turm zurück, nach e2 oder d1? Ist das nicht egal, da Weiß in beiden Fällen einen gesunden Mehrbauern behält? So leichtsinnig darf man an die Realisierung eines Vorteils nie herangehen. Ansonsten bleiben wiederholte Enttäuschungen nicht aus. Man muss den Unterschied zwischen den Zügen zumindest versuchen zu erkennen und den auswählen, der irgendwie besser, genauer ist.

Auf 26.♖e2 folgt 26. ... ♖c8. Unnütz wäre 27.♖e6 ♖c2. Bei einem klaren Übergewicht möchte man das Spiel nicht verwickeln oder gar die Bauern am Damenflügel schwächen mittels 27.a3 ♗f8. Eine gute Fortsetzung besteht in 27.g3 ♔f7. Es sei erwähnt, dass der schwarze König dem gegnerischen Turm aktives Spiel auf der e-Linie erschwert. Der schwarze Turm, der auf der c-Linie vom weißen Monarchen entfernt ist, steht dagegen aktiv und behindert die weißen Kräfte.

Ich wollte selbst die c-Linie besetzen.

Deswegen prüfte ich zuerst **26.♖d1! ♔f7 27.♖c1!**.
Nutzlos wäre 27. ... ♗d2 28.♖c7+ und 29.g3. Weiß möchte seine Stellung in Ruhe verstärken mittels g2-g3, ♖c2, ♔g2-f3. Zugleich droht er ständig, mit seinem Turm auf der c-Linie ins feindliche Lager einzudringen. Dabei würde Weiß eine günstigere Stellung erhalten als mit 26.♖e2.
Schwarz darf es sich kaum erlauben, einen zweiten Bauern zu opfern: 26. ... ♖c8 27.♗:f6 ♖c2 28.a4 ba 29.ba (29. ... ♗c5 30.♗d4; 29. ... ♖a2 30.♖a1).
Für alle Fälle hatte ich auch die Möglichkeit, in ein Läuferendspiel überzuleiten: 27.♖c1 ♖:c1+ 28.♗:c1 f5 (28. ... ♔f7 29.♔e2 ♔e6 30.♔d3 ♔d5 31.g4) 29.♔e2 ♔f7 30.♔d3 ♔e6 31.♔d4, und der Anziehende sollte bald den Sieg verbuchen können.
Der weitere Partieverlauf bestätigte, dass meine Einschätzung richtig war, die Realisierung des Vorteils erwies sich als leicht.
27. ... ♖d8 28.♖c2 ♖d1+ 29.♔e2 ♖e1+ 30.♔f3 ♖b1 31.♗d4! ♖d1 32.♔e4 a5 33.g4 ♗d6 34.♖c6 ♗e5 35.♗:e5 (stark ist ebenfalls 35.♗e3 nebst f2-f4) 35. ... ♖e1+ 36.♔d3 ♖:e5 37.f4 ♖d5+ 38.♔e4 ♖d2 39.h4 ♖:a2 (39. ... h6 40.g5 hg 41.hg) 40.♔f5 ♖f2 41.♖:f6+ ♔g8 42.♖a6. Schwarz gab auf.

# Technische Methoden im Kampf der Großmeister

Artur Jussupow

Die Partie, die ich zeigen möchte, wurde im Großmeisterturnier in der spanischen Stadt Linares gespielt. In ihrem ersten Teil führten die Gegner einen schwierigen, durch Manövrieren gekennzeichneten Kampf, der etwa ausgeglichen verlief. Danach kam es zum Endspiel, das für Schwarz etwas besser aussah. Es ist lehrreich, sich mit den typischen Endspielmethoden vertraut zu machen, mit denen es mir gelang, meinen Vorteil erst zu vergrößern und später zu realisieren.

**Salow – Jussupow**
**Linares 1991**
**Réti-Eröffnung**

**1.♘f3 ♘f6 2.g3 d5 3.♗g2 c6 4.0-0 ♗g4 5.c4**

Eine für die Réti-Eröffnung übliche Stellung ist entstanden. Interesse verdient nach meiner Meinung 5.♘e5!? ♗f5 6.c4, weil nach dem Partiezug der aktive Springerausfall schon nicht mehr geht.

**5. ... ♘bd7 6.d3 e6 7.b3 ♗d6 8.♘a3**

Ein unüblicher Plan. Im Falle von e6-e5 würde nun das Manöver ♘a3-c2-e3 einige Schwächen der schwarzen Mittelbauern offen legen. Falls Schwarz auf ein Spiel im Zentrum verzichtet, dann stellt die Idee des Anziehenden jedoch keine Gefahr da.

**8. ... 0-0 9.♘c2 ♖e8** (der Nachziehende verrät seine Spielpläne noch nicht) **10.♗b2 a5**

Weil e6-e5 noch nicht günstig ist, greift Schwarz zu einer anderen für Stellungen dieser Art typischen Idee, um den Damenflügel des Gegners festzulegen. Falls jetzt 11.a3, so 11. ... ♕b6, und es gibt Probleme mit der Verteidigung des Bauern b3.

**11.♖b1!**

Ein tiefer prophylaktischer Zug. Auf 11. ... a4 muss Schwarz neben 12.b4 auch mit der Erwiderung 12.ba!? ♖:a4 13.♗:f6 und 14.♖:b7 rechnen.

**11. ... ♗h5**

Voreilig wäre 11. ... e5 wegen 12.cd cd 13.♘e3 (mit Angriff auf den Läufer) 13. ... ♗h5 14.♘h4. Warum also nicht rechtzeitig zurückgehen!

**12.♘e3**

Weiß bremst erneut den Vorstoß e5. Beide Seiten haben nun Mühe, aktive Handlungen zu entfalten. Wie in solchen Situationen üblich, beginnt ein Lavieren ohne einen klaren Plan. Die Gegner operieren aufgrund „kurzer" positioneller und taktischer Ideen.

**12. ... ♗c5 13.♕d2** (bei 13.d4 ♗f8 wird der Punkt e4 geschwächt) **13. ... ♕b6 14.a3!? ♕a7**

Schwarz beabsichtigt bei Gelegenheit a5-a4. Beispielsweise geht auf 15.♖fd1 die Antwort 15. ... a4 16.b4 ♗:e3 17.fe dc.

**15.♘c2 ♗f8** (weicht wegen des Tempogewinns b3-b4 aus) **16.♗d4** (Beachtung verdient 16.♘e5 mit Ausgleich.) **16. ... ♕b8 17.♗a1** Weiß glaubt, dass er die Stellung seines Läufers verbessert und die Lage der feindlichen Dame verschlechtert hat.

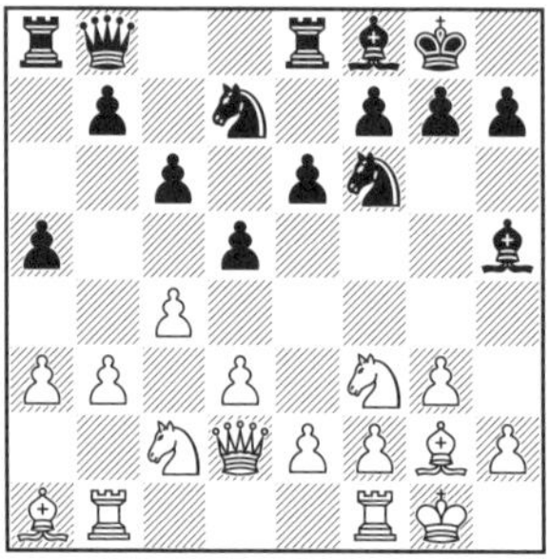

**17. ... e5!?** Nach all den haarigen Manövern hielt ich die Zeit für gekommen, im Zentrum aktiv zu werden. Den Zug ♘c2-e3 brauche ich nicht zu fürchten, weil der Bauer a3 ein Sorgenkind bleibt. Der Vorstoß hat allerdings auch seine Schattenseiten. Der Bauer d5 und das Feld f5 werden geschwächt.

**18.♘h4 ♕d8!?**

Die Gegenüberstellung der Damen kann sich wegen der ungedeckten Stellung der weißen Monarchin für den Nachziehenden als günstig erweisen.

**19.♘f5**

Die Stellung ist ungefähr gleich. Der leichte Druck der weißen Figuren wird durch die bessere Bauernstellung von Schwarz ausgeglichen.

**19. ... ♗g6 20.♘h4 ♗h5 21.♘f5 ♗g6 22.♗h3?!**

Das „Großmeister-Remis“ nach 22.♘h4 wäre der folgerichtige Ausgang. Im Bestreben, den Kampf fortzusetzen, unterläuft Salow ein schwerwiegender Irrtum. Er verliert die Kontrolle über den Punkt e4. Mir gelingt es dagegen, die hängende Lage der weißen Figuren auszunutzen.

**22. ... a4!** (der lang erwartete Vorstoß) **23.cd**

Ich hatte mit dieser Möglichkeit gerechnet und eine einfache Operation vorbereitet. Weiß hat aber auch keine Wahl: Schlecht wäre 23.ba? dc 24.dc ♘e4 (droht 25. ... ♘g5) 25.♕:d7 ♕:d7 26.♘h6+ gh 27.♗:d7 ♖ed8 28.♖:b7 ♘c5 oder 23.b4? dc 24.dc ♘e4 25.♕:d7 (25.♕e3 ♘g5) 25. ... ♕:d7 26.♘h6+ gh 27.♗:d7 ♖e7 28.♗h3 (28.♖bd1 ♘f6) 28. ... ♘d2.

**23. ... ab! 24.♖:b3** (es geht nicht 24.dc bc 25.♖:b7 wegen 25. ... ♘c5 26.c7 ♕d5) **24. ... ♘c5 25.♖bb1 ♘:d5**

Die Stellung von Schwarz ist günstiger, weil der Bauer a3 schwach ist.

**26.♘fe3**

Bei 26.♖fd1 hatte Salow offenbar Respekt vor 26. ... e4!? 27.d4 e3!.

**26. ... ♕g5**

Mit dieser Fortsetzung soll der kleine Vorteil in der Bauernstruktur ausgenutzt werden. In Betracht kam auch 26. ... ♘c7!? 27.♘c4 f6, was die Spannung aufrechterhält.

**27.♗g2 ♘:e3 28.♕:e3**

Beachtung verdient ebenfalls 28.h4!?. Im Falle von 28. ... ♕h6 29.♘:e3! ♖:a3 wird der Bauernverlust durch die schlechte Position der schwarzen Dame kompensiert. Bei einem anderen Rückzug nimmt Weiß auf e3 mit der Dame und vermeidet damit eine weitere Schwächung seiner Bauernstellung.

**28. ... ♕:e3 29.fe**

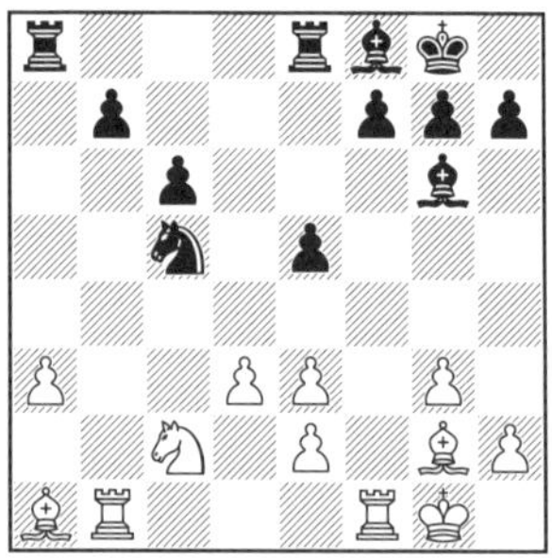

Schwarz hat natürlich das angenehmere Endspiel. Es ist aber gar nicht so leicht, den Vorteil auszubauen.

**29. ... f6** (bereitet ♗f7 vor) **30.♗c3! ♖a7 31.♗b4 ♗f7! 32.♔f2** Salow verteidigt sich entsprechend den Gesetzen des Endspiels. Die Schwächen werden überdeckt und der König geht zum Zentrum.

**32. ... ♘b3 33.♗:f8 ♔:f8 34.♖b2 ♖e7**

Bei Zeitmangel ist es nützlich, den wichtigen Bauern b7 ausreichend zu schützen.

**35.♖fb1 ♘d2!** (durch Zugwiederholung wird Bedenkzeit gewonnen) **36.♖d1 ♘b3 37.♔e1 ♘c5**

Weil der Springer auf b3 nicht gehalten werden kann, überführt ihn Schwarz nach a4, da er beabsichtigt, die Bauern am Damenflügel vorzustoßen.

**38.♖b4 ♘a4 39.♔d2?!**

Ein natürlicher, aber nicht der beste Zug, weil er Schwarz nicht an der Durchführung seines Planes hindert. Stärker ist 39.♖db1! ♗a2 40.♖a1 ♗e6 41.♖ab1, und der Druck auf b7 verhindert c6-c5.

**39. ... c5 40.♖bb1?**

Ein Zeitnotfehler. Bei 40.♖b5! ♗e8 41.♖bb1 b5 könnte Weiß den Läufer in die Verteidigung einbinden: 42.♗d5!

**40. ... ♖d7! 41.♖dc1 c4**

Hier benötigte Salow viel Zeit. Offenbar überlegte er, was das kleinere Übel sei – Bauernverlust oder Passivität. Er wählte das zweite. In der Variante 42.♖b5 cd 43.♘b4 (oder 43.ed ♗c4 44.♖:b7 ♖:d3+) 43. ... de+ 44.♔:e2 ist keine ausreichende Kompensation für den Bauern zu sehen.

**42.♘b4 ♘c5 43.♖c3**

Nicht überzeugend wäre nun 43. ... ♘b3+ 44.♔e1 ♖:a3 wegen 45.dc.

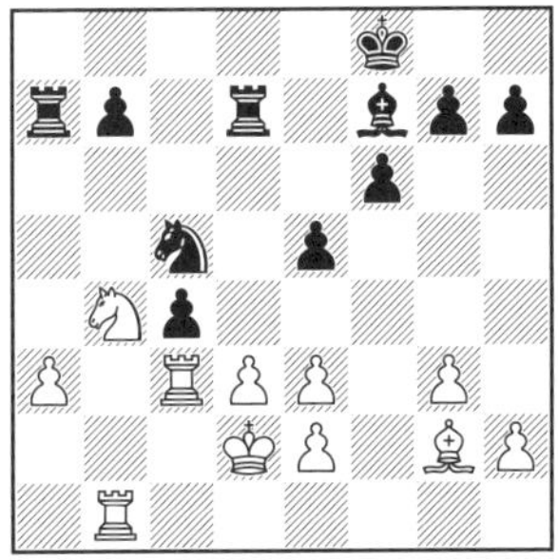

**43. ... e4!**

Formal gesehen, widerspricht der Zug den Regeln (die Bauern gehören auf Felder der dem eigenen Läufer entgegengesetzten Farbe). In Wirklichkeit ist er sehr stark, da er den ♗g2 einsperrt.

**44.d4** (erzwungen) **44. ... h5!**

Nicht schlecht erscheint auch 44. ... ♘b3+ 45.♔e1 ♖:a3 46.♗:e4 ♖a4, wodurch der Springer zurückgedrängt wird. Anschließend rücken die Bauern vor. Dabei werden aber die weißen Figuren aktiviert. Ich wollte jedoch gegen die zweite Schwäche im Lager des Anziehenden spielen.

**45.♔e1** (besser ist 45.h3, um 45. ... f5 mit 46.g4 beantworten zu können) **45. ... ♘a4 46.♖c2 f5**

Der Läufer kann sich weiterhin nicht aus dem Käfig befreien. Nach der Partie sagte Salow ganz offen, dass es ohne den Läufer leichter gewesen wäre, ein Gegenspiel am Königsflügel zu entfalten.

**47.h3** (um den Läufer ins Spiel zu bringen) **47. ... g6!**

Der letzte schwarze Bauer begibt sich auf ein Feld der Farbe des eigenen Läufers. Konkrete Überlegungen sind wichtiger als die Regeln! Es geht darum, auf g3-g4 die Antwort h5-h4! zur Verfügung zu haben.

**48.♘a2 ♖a5 49.g4 h4** (der Käfig ist zu!) **50.♔d2**

Wohl das Einzige. Weiß plant ein Spiel gegen den Bauern h4 mittels 51.gf gf 52.♖f1 nebst ♖f4. Im Falle von 50.♘c3 ♘:c3 51.♖:c3 b5 (nebst ♖da7) hat der Nachziehende praktisch eine Figur mehr.

**50. ... ♔g7 51.♖f1 ♗e6**

Ich verzichtete darauf, den Bauern h4 mit dem König zu schützen, da ich befürchtete, dass er nach 51. ... ♔h6 52.♖f4 ♔g5 53.gf gf 54.♖c1 durch den Turm vom Feld g1 aus angegriffen wird. Stattdessen nutzt Schwarz den Wegzug des weißen Turmes vom Damenflügel und startet dort entscheidende Aktivitäten. All das entspricht vollkommen dem Prinzip der zwei Schwächen.

**52.♖f4 ♘b6 53.gf gf 54.♖:h4**

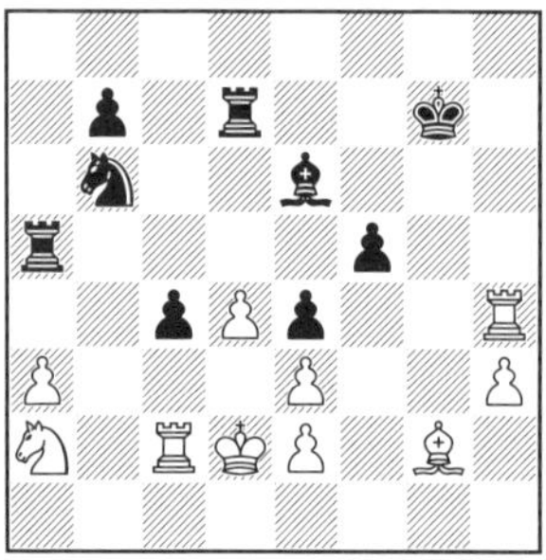

**54. ... c3+**

Der schnellste Weg, den Vorteil zu verwerten. Der Bauer setzt sich dem Angriff dreier Figuren aus, darf aber nicht geschlagen werden. Auf beispielsweise 55.♘:c3 entscheidet 55. ... ♘c4+ 56.♔c1 ♘:e3.

**55.♔c1 ♗b3 56.♘:c3 ♗:c2 57.♔:c2 ♖:a3**

Ich erwartete die Kapitulation, aber plötzlich opfert Weiß den Springer.

**58.♘:e4 fe 59.♗:e4 ♖:e3 60.♗d3 ♖g3 61.♔d2**

Die Zeitkontrolle ist vorüber. Ich entschied, gleich den Zug abzugeben, um irgendwelchen Überraschungen am Brett auszuweichen. Man konnte natürlich mit dem Mehrturm ruhig weiterspielen. Nach meiner Meinung sollte dies in einer gewonnenen Stellung jedoch nicht geschehen. Die Ermüdung nach sechstündigem Kampf führt manchmal zu Fehlern wie 61. ... ♘d5?? 62.♖h7+.

**61. ... ♔g8**

Bleibt festzustellen, dass ich die Abgabestellung trotz des Materialvorteils genau analysiert habe, um mir das Leben in der Hängepartie zu erleichtern. „Stolperstellen" gibt es immer noch.

**62.♔c3**

Nicht das Stärkste. Nun kann Schwarz den Tausch der Leichtfiguren erzwingen.

**62. ... ♘d5+ 63.♔c4 ♘e3+ 64.♔c5 ♖g5+ 65.♔b4 ♘f5 66.♗:f5 ♖:f5 67.e4!?**

In solchen Situationen ist es nützlich sich zu fragen, warum der Gegner nicht aufgibt. Bei 67. ... ♖:d4+?? klappt die letzte Falle von Weiß zu – 68.♔c3 ♖a4 (oder 68. ... ♖fd5) 69.♖g4+!.

**67. ... ♖f1 68.d5 ♖c7** Weiß gab auf.

Die Verwertung des Vorteils in dieser Partie ist recht lehrreich. Schwarz demonstrierte einige der wichtigen Methoden der Kampfesführung in solchen Endspielen:

– Bei Zeitmangel habe ich Züge wiederholt. Später übereilte ich nichts, sondern verstärkte stufenweise meine Stellung.

– Ich beschränkte mich nicht auf eine direkte Attacke gegen eine Schwäche (den Bauern a3), sondern versuchte breit zu handeln, um die Verteidigung des Gegners von verschiedenen Seiten zu erschüttern. Dazu gehören das Spiel gegen den Bauern d3 und das Einsperren des weißen Läufers. Während der Partie von der Verteidigung einer Schwäche auf die Verteidigung einer anderen umzuschalten, ist insbesondere in Zeitnot nicht einfach.

– Nachdem ich eine Gewinnstellung erzielt hatte, habe ich mir nicht voreilig einen Punkt in der Turniertabelle gutgeschrieben, sondern weiter aufmerksam bis zum Ende gespielt.

# Lehren eines Endspiels

Mark Dworetski

Bevor ich zu dem versprochenen Endspiel komme, möchte ich einige Gedanken zum Erlernen des Schachspiels im Allgemeinen äußern.
Am Brett operieren wir mit Zügen und Varianten, die auf unserem Spielverständnis beruhen, das wiederum nicht wenig von der früheren Trainingsarbeit abhängt. Damit die Arbeit produktiv ist, reicht es nicht aus, sich nur die konkrete Information zu merken. Wichtig ist, dass sich auf dieser Basis schachliche Beispiele herausbilden. Die klarsten Beispiele bleiben lange im Gedächtnis – es sind originelle und tiefschürfende allgemeine Ideen, die in genauen und überzeugenden Varianten zum Ausdruck kommen.
Viele für unsere Vervollkommnung wichtige Gedanken findet man in den Partiekommentaren großer Spieler. Beim Studium der Kommentare achte ich manchmal mehr auf die Worte als auf die Züge. Wenn eine Idee auftaucht, die originell, interessant oder irgendwie für mich neu ist, dann schreibe ich mir die Idee zusammen mit der Stellung, in der sie vorkam, auf. Ich notiere auch Ideen, die mir bekannte Gesetzmäßigkeiten oder Bewertungen überzeugend demonstrieren. Es ist nützlich, sie von Zeit zu Zeit zu wiederholen und das möglichst in einer Form, die klar ist und an die man sich leicht erinnern kann. Als Ergebnis verfüge ich über eine recht umfangreiche Sammlung verschiedenster mit ausgezeichneten Beispielen versehener Schachideen.
Besonders die Jugend widmet beim Studium von Schachbüchern oder beim Hören von Vorträgen ihre Hauptaufmerksamkeit den Varianten. Den Wertungen des Autors oder Trainers wird weniger Beachtung geschenkt. Ich bin mir sicher, dass Lernende dabei viel verpassen, denn die wertvollsten Informationen findet man häufig in den Wörtern. Manchmal muss man sogar bei einfachen, scheinbar banalen Sachen innehalten, sie wiederholen und in ihnen neue Seiten entdecken. Auf diese Weise stärken Sie Ihr Schachverständnis.
Selbstverständlich ist die Praxis viel komplizierter als jedes geschriebene Wort. Die meisten Kommentare in den Schachzeitschriften und -büchern sind oberflächlich und manchmal einfach schlampig. Ein erfahrener Meister hat mir einmal gesagt, wie er beim Kommentieren vorgeht. Wenn bei der Arbeit an einer Textseite mehr als zwei Fingerbreit nur Züge folgen, müsse automatisch ein Kommentar eingeschoben werden. Dann schreibt man etwas wie: „die Spanische Partie führt immer zu einem komplizierten und spannenden Kampf", und das Honorar steigt.
Die Fähigkeit, die Beschreibung realer Gefühle und Gedanken von solchen Worthülsen zu unterscheiden, kommt Ihnen nicht nur im Schach zugute.
Häufig trifft man auch das Gegenteil. Der Autor hat interessante Ideen, kann sie aber nicht mit ansprechenden Beispielen verdeutlichen. Wenn ein Großmeister seine Partie kommentiert, gibt

es eigentlich keine Probleme. Die allgemeinen Gedanken sind mit dem konkreten Geschehen eng verbunden. Falls er jedoch einen Artikel oder ein Buch zu einem fremden Thema schreibt, beginnen die Schwierigkeiten, weil möglicherweise kein passendes Material vorhanden ist.

Ich erinnere mich, wie ich das Buch von Suetin „Der Weg zur Meisterschaft" durchblätterte. Die Überschriften zu vielen Kapiteln schienen interessant zu sein, beispielsweise: „Das Spiel nach der Analogie", „Über perspektivlose Stellungen", „Der Verlust der Konsequenz", „Probleme der Zeiteinteilung bei der Zugauswahl" usw. Hier werden wirklich wichtige Fragen der schachlichen Meisterschaft aufgeworfen. Das Buch wäre ausgezeichnet, wenn es darauf Antworten gegeben hätte. Leider ist der Autor faktisch in keines der von ihm angeschnittenen Themen tiefer eingedrungen.

Die richtige Arbeitsweise besteht sicher nicht in der Abfolge – vom Thema zum Beispiel, sondern umgekehrt – vom gut analysierten Beispiel zu den sich daraus ergebenden Verallgemeinerungen. Genau so werden wir ein klassisches Endspiel studieren. Es gehört übrigens zu meinen Lieblingsendspielen.

Das Erbe der bekannten Meister der Vergangenheit ist eine unschätzbare Quelle der Vervollkommnung. Wichtig ist, sich nicht mit einem schnellen Herunterspielen der Buchvarianten auf dem Brett zu begnügen. Es ist nötig, sie zu überprüfen und gedanklich zu verarbeiten. In diesem Fall kann schon relativ wenig Material viele wertvolle und äußerst nützliche Informationen vermitteln.

**Capablanca – Aljechin**
**New York 1924**

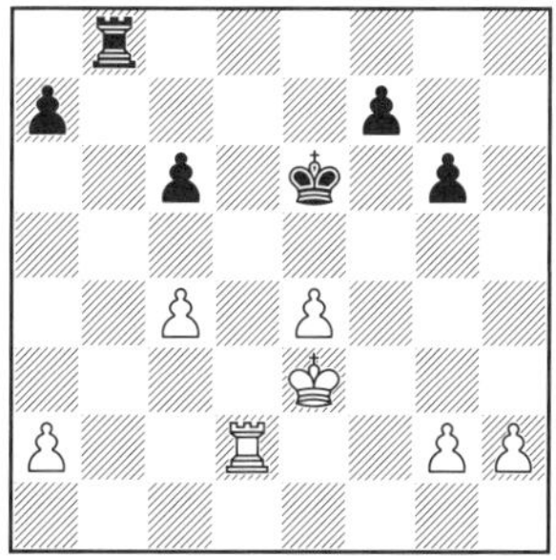

Weiß ist am Zug. Er hat einen Mehrbauern, der aber nicht einfach zu realisieren ist. (Denken Sie an den von Tarrasch halb im Ernst, halb im Scherz formulierten Aphorismus: Turmendspiele können nie gewonnen werden.)

Lassen Sie uns feststellen, welche Züge-Kandidaten wir zur Verfügung haben. Nützlich ist, gleich eine größere Zahl von Ideen zu erfassen. Sonst beginnt das Variantenberechnen zu früh, wobei man schon bald etwas Wichtiges übersehen kann.

Ins Auge fällt der Zug 39.c5 mit der Drohung 40.♖d6+ und Eroberung des Bauern c6.

Der zweite Vorschlag wäre 39.♔d4, um mit dem König an den Bauern c6 zu gelangen.

Ein weiterer Plan besteht in 39.h4 nebst 40.g4, 41.♖h2 usw. Der Turm nimmt hinter dem h-Bauern eine ideale Stellung ein.

Wie Sie sehen, hat Weiß viele verführerische Fortsetzungen. Um die richtige Wahl zu treffen, muss man unbedingt das gegnerische Konterspiel beachten. Gehen wir der Reihe nach vor. Zuerst der Zug 39.c5. Auf 39. ... ♔e5?! folgt

40.♖d7. Im Falle von 39. ... ♖b4?! bringt 40.♖d6+ ♔e5 41.♖:c6 ♖:e4+ nichts wegen 42. ... ♖a4. Viel gefährlicher ist 40.♔f4! nebst 41.♖d6+. Die beste Verteidigung zeigte Aljechin: 39. ... ♖b5! 40.♖d6+ ♔e5 41.♖:c6 (41.♖d7 ♖a5 oder 41. ... ♖:c5) 41. ... ♖a5 nebst 42. ... ♖a3+ und 43. ... ♖:a2+ ... Dank seiner schlagartig erhöhten Figurenaktivität kann Schwarz natürlich nicht verlieren.
Schauen wir uns 39.♔d4 an. Der König darf offensichtlich nicht nach c5 gelassen werden. Weil 39. ... ♔d6 40.e5+ nicht hilft, ist 39. ... ♖d8+ erzwungen. Nach 40.♔c3 sieht die Drohung c4-c5 ernster aus, da der Bauer c5 durch den König gedeckt werden kann. Die Absicht des Anziehenden wird aber leicht verhindert: 40. ... ♖h8! 41.h3 ♖h5 (Beachtung verdient ebenfalls 41. ... ♖h4). Der Turm fühlt sich auf der 5.Reihe äußerst wohl. Er kontrolliert das Feld c5 (falls 42.♔b4, so 42. ... a5+) und könnte jeden der gegnerischen Bauern angreifen. Es wird klar, dass Weiß nichts erreicht hätte.
Bleibt 39.h4 übrig. Auf der Hand liegt die Antwort 39. ... ♖h8! (schlecht wäre 39. ... f5? wegen 40.ef+). Weiß spielt 40.g3 nebst 41.♖h2 und 42.g4. Was kann diesen Plan verhindern? Die Lösung besteht in demselben Turmmanöver: 40. ... ♖h5! 41.♖h2 ♖a5!. Nun wäre 42.g4? schwach wegen 42. ... ♔e5 43.h5 ♖a3+ und 44. ... ♖:a2+. Auf 42.♔f4 folgt 42. ... f6!, um bei g3-g4 den gefährlichsten Bauern des Kontrahenten mittels g6-g5+! zu tauschen.
Wir haben festgestellt, dass alle von uns gefundenen Pläne bei geradliniger Realisierung nichts bringen. Wie kann aber der Kampf um den Sieg fortgeführt werden?
Beachten Sie, dass Schwarz überall durch die Überführung des Turmes auf die 5.Reihe gerettet wurde. Denken wir an die Prophylaxe. Wie können wir die Hauptverteidigungsidee von Schwarz verhindern?
Aljechin empfiehlt den überraschenden Zug **39.h3!!**
Nun würde der h-Bauer bei 39. ... ♖h8 nicht hängen. Weiß antwortet 40.c5. Nach 40. ... ♖h4 kann 41.♖d6+ ♔e5 42.♖:c6 ♖:e4+ nebst 43. ... ♖a4 nicht überzeugen. Sehr stark ist aber 41.♖d8!. Zugleich muss der Nachziehende ernsthaft mit 40.♔d4 rechnen. Beispielsweise: 39. ... ♖b1(b4) 40.♔d4 ♔d6 41.e5+ oder 39. ... f6 40.♔d4 ♖d8+ (40. ... ♔d6 41.c5+ ♔e6 42.♔c4) 41.♔c3 ♖b8 42.c5 ♔e5 43.♖d6 mit klarer Überlegenheit. Gefährlich wäre 39. ... ♔e5 wegen 40.♖d7. Übrig bleibt 39. ... c5 40.♖d5 (falls 40.h4, so 40. ... ♖b4, aber nicht 40. ... ♖h8 41.g3 ♖h5 42.♖h2, und die 5.Reihe ist zu kurz) 40. ... ♖b2 41.g4 (gut ist ebenfalls 41.♖:c5 ♖:g2 42.♖a5) 41. ... ♖:a2 42.♖:c5 ♖a3+ 43.♔d4 ♖:h3 44.♖a5 mit klaren Gewinnchancen für Weiß.
Charakteristisch ist, dass Capablanca – ein Spieler mit einer genialen Intuition – die richtige Entscheidung nicht fand, die Aljechin – ein Spieler ganz anderer Art – gezeigt hatte. So einen Zug wie 39.h3!! kann man nicht intuitiv, aus allgemeinen Erwägungen machen. Man kann ihn nur auf der Basis eines tiefgehenden und konkreten Eindringens in die Geheimnisse der Stellung entdecken.
Viele Jahre später half ich Botwinnik beim Unterricht in seiner Schachschule. Einmal hatte ich auf Bitte von Michail Moissejewitsch eine größere Endspielaufgabe für den jungen Garri Kaspa-

row vorbereitet. Dazu gehörte insbesondere die selbständige Analyse des Endspiels Capablanca – Aljechin. Garri fand noch eine weitere Möglichkeit, die Überführung des Turmes auf die 5.Reihe zu unterbinden – den Zug **39.g3!!**.

Er gefällt mir sogar besser als die Empfehlung von Aljechin, weil er eine zusätzliche aktive Idee enthält: 40.h4!. Nachteile sind dagegen nicht zu erkennen. Beispielsweise gibt es auf 39. ... g5 die angenehme Wahl zwischen 40.h4 und 40.♖f2 mit den Drohungen 41.♖f5 oder 41.♔d4.

Schauen wir, wie die Partie weiterging.

**39.h4?! ♖h8 40.g3 ♖h5! 41.♖h2 ♖a5 42.♔f4** (42.g4? ♔e5; 42.♔d4? c5+) **42. ... f6!**

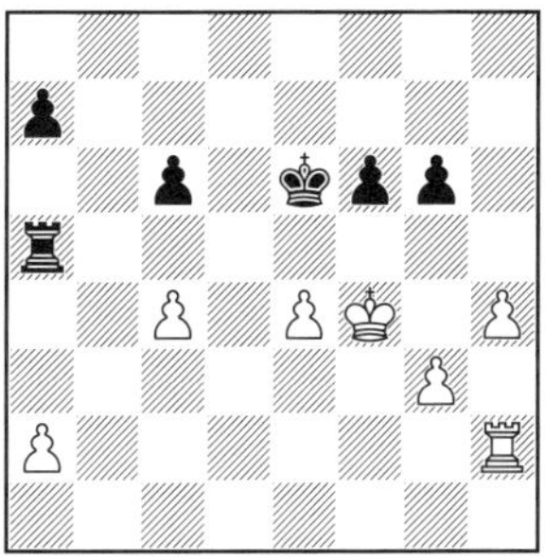

Die Hauptgefahr ist gebannt, auf 43.g4 geht die Antwort 43. ... g5+!. Das Spiel nimmt Manövriercharakter an. Capablanca stellt dem Gegner geschickt ein Problem nach dem anderen, so dass sich Aljechin sehr aufmerksam verteidigen muss.

**43.♖c2 ♖e5**

Sonst wird nach 44.c5 der Turm vom Königsflügel abgeschnitten. Der Anziehende könnte dann an g3-g4 und h4-h5 schon nicht mehr gehindert werden.

**44.c5**

Ein zweischneidiger Zug, aber anders ist die Stellung nicht zu verstärken. Weiß beschränkt die Beweglichkeit des schwarzen Turmes, sein eigener Turm wird aber an die Deckung des Bauern c5 gebunden.

**44. ... ♖h5 45.♖c3**

Es droht ein vorteilhafter Bauerntausch: 46.♖a3 ♖:c5 47.♖:a7.

**45. ... a5! 46.♖c2 ♖e5 47.♖c3 ♖h5 48.♔f3! ♔e7!**

Falsch wäre 48. ... ♔e5? 49.♖a3 oder auch 48. ... ♖e5? 49.g4.

**49.♔g4!**

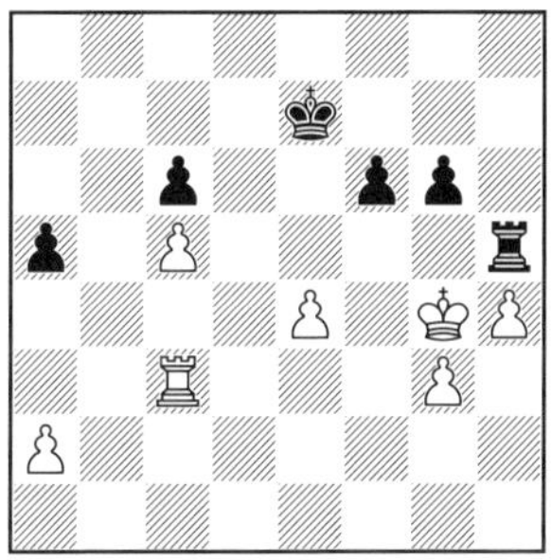

Weiß will seine Stellung mit ♔h3 und g3-g4 verstärken. Was kann man diesem Plan entgegenstellen?

**49. ... ♔f7!**

Auf 50.♔h3 hatte Aljechin 50. ... g5! 51.♔g4 ♔g6 vorbereitet. Weiter wollte er den Bauern h4 tauschen und mit dem Turm zwischen den Feldern e5 und h5 pendeln.

**50.♖c4! ♔g7!**

Mit feinen Manövern zwingt der Anziehende den gegnerischen König (der g6 bewachen muss), sich vom Zentrum zu entfernen. Capablanca sieht, dass der geeignete Moment gekommen ist, um seinen Vorteil umzuwandeln. Er gibt den Mehrbauern, aktiviert dafür aber seinen Turm und drängt den feindlichen König auf die Grundreihe.

**51.♖d4! ♖:c5 52.♖d7+ ♔f8**
Es geht nicht 52. ... ♔h6? 53.♖f7.
**53.♔f4** Genauer ist 53.♖a7, weil Schwarz nun 53. ... ♖c2!? ziehen kann.
**53. ... ♔g8 54.♖a7 ♔f8 55.a4! ♔g8**

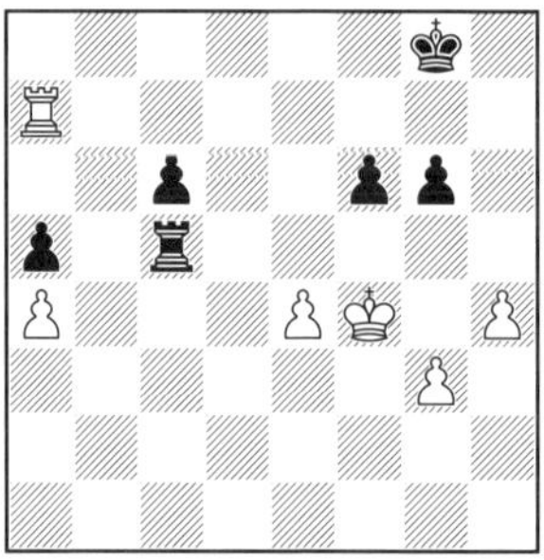

Weiß hat seine Stellung maximal verstärkt und droht, zu entscheidenden Aktionen überzugehen. Die logische Folge seiner bisherigen Strategie bildet die Variante 56.♔e3! ♖c3+ 57.♔d4 ♖:g3 58.♖:a5 ♔f7! (sehr gefährlich wäre 58. ... ♖g4 59.♖a7! ♖:h4 60.a5, und dank des auf der Grundlinie eingesperrten Königs entscheidet der Freibauer auf der a-Linie ) 59.♖a8 (oder 59.h5). Nach Ansicht von Aljechin kann Schwarz die Stellung halten. Auf jeden Fall muss er sich genau verteidigen. Leider wollte Capablanca das Spiel nicht verschärfen. Er wählte einen anderen Plan, der forciert zum Remis führt.

**56.g4?! g5+! 57.hg ♖:g5!**
Natürlich nicht 57. ... fg+? 58.♔e3. Schwarz würde dem Gegner damit einen Freibauern einräumen.

**58.♖a6 ♖c5 59.♔e3 ♔f7 60.♔d4 ♖g5 61.♖:c6 ♖:g4 62.♖c5 ♖g5!**
Hier folgte der Remisschluss angesichts der Variante 63.♖:g5 fg 64.♔e5 ♔g6! 65.♔d6 ♔f7! (bei 65. ... g4 66.e5 müsste sich Schwarz im Damenendspiel verteidigen) 66.♔e5 (66.e5? ♔e8; 66.♔d7 ♔f6) 66. ... ♔g6!.

Mit welchem Thema kann man das Endspiel Capablanca – Aljechin verbinden? Nach kurzer Überlegung erkennen Sie, dass es keine eindeutige Antwort gibt. Beim Studium dieses Endspiels eröffnen sich uns verschiedene Bereiche, die alle für den Schachspieler wichtig sind. Lassen wir Revue passieren, womit wir uns beschäftigt haben. Es ist bzw. zeigt:

### 1) Ein ausgezeichnetes Beispiel für ein Turmendspiel.

Von den vielen für diesen Endspieltyp charakteristischen Bewertungen und Methoden möchte ich die weniger üblichen Ideen, die hier klar zum Ausdruck kamen, anführen. Die offene Linie, die der Turm besetzen will, ist normalerweise eine Vertikale, kann aber auch eine Horizontale sein.

### 2) Ein Beispiel genauer Verteidigung.

Lehrreich ist zu verfolgen, wie Aljechin auch in kritischen Situationen die Geistesgegenwart bewahrte und schrittweise geduldig die auftauchenden Probleme löste.

### 3) Verschiedene Probleme der Realisierung eines Vorteils.

Hier geht es um das Erkennen und die Verhinderung der Konterchancen des

Gegners (vor allem am Beginn des Endspiels), die äußerste Verstärkung der Stellung von Weiß, bevor er den Verlauf des Kampfes ändert, die rechtzeitige Transformation des Vorteils (51. Zug) und schließlich die Notwendigkeit, in einem bestimmten Moment (56. Zug) das positionelle Manövrieren aufzugeben und einen konkreten, genau berechneten Weg einzuschlagen.

### 4) Ein Beweis für die Notwendigkeit prophylaktischen Denkens.

Ohne dem wäre es unmöglich, die glänzende Stellungslösung im 39. Zug zu finden. Im weiteren Verlauf berücksichtigte Aljechin bei der Verteidigung die aktiven Pläne des Gegners und trat diesen entschieden entgegen.

### 5) Anlass, sich Gedanken über Schachspieler mit intuitiven Fähigkeiten zu machen.

Wir haben gesehen, welche Entscheidungen ihnen schwer fallen und welche ihnen verschlossen sind. Die Schlussfolgerung ist naheliegend, dass man auch bei ausgeprägter Intuition seine Fähigkeit weiterentwickeln muss, sich ständig in die konkreten Besonderheiten der Stellung zu vertiefen und bei Bedarf auch die Varianten genau zu berechnen.

Für einen Schachspieler ist es sehr wichtig, die Stärken und Schwächen des Gegners, mit dem man es tun hat, objektiv einzuschätzen. Die Quelle für diese Analyse bilden die von ihm gespielten Partien. Einige davon erweisen sich als besonders informativ.

In den 20er Jahren bereitete sich Aljechin auf den Zweikampf um die Schachkrone gegen Capablanca vor. Zum Abschluss des Turniers 1924 in New York stellte er fest:

*„Ich machte eine äußerst beruhigende Beobachtung, welche für mich eine wirkliche Offenbarung darstellte. Obwohl mich Capablanca in der ersten Partie in der Eröffnung überspielte, im Mittelspiel eine gewonnene Stellung erzielte und im Turmendspiel einen klaren Vorteil bewahrte, glitt ihm der Sieg letztlich aus den Händen. Er musste sich mit Remis begnügen. Das war ein Anlass zum Nachdenken, wenn man berücksichtigt, dass Capablanca die Partie unbedingt gewinnen wollte, um Lasker zu erreichen, der mich am Abend zuvor gerade geschlagen hatte. Ich war überzeugt, dass ich anstelle von Capablanca die Partie auf alle Fälle gewonnen hätte. Mit einem Wort, ich bemerkte bei meinem Gegner eine kleine Schwäche: wachsende Unsicherheit bei hartnäckigem Widerstand! Ich hatte schon früher bemerkt, dass Capablanca manchmal kleine Ungenauigkeiten unterliefen. Ich habe aber nicht geglaubt, dass er diesen Mangel trotz Anspannung aller Kräfte nicht überwinden kann. Das war für mich eine ungemein wichtige Entdeckung für die Zukunft!“*

In der Folge hat Aljechin noch einmal in dem bekannten Artikel „Das New Yorker Turnier 1927 als Prolog zum Weltmeisterschaftskampf in Buenos Aires“ die Bedeutung seiner Partie mit Capablanca unterstrichen. – Diese Partie war übrigens der Ausgangspunkt für mein Verständnis der schachlichen Individualität Capablancas.

Ich führe noch einige Beispiele an, wie Aljechin den Stil seines großen Gegners charakterisiert, die durch das analysierte Endspiel bestätigt werden. Sie erscheinen eventuell etwas übertrieben, was teilweise auf die gespannten persönlichen Beziehungen zwischen beiden Champions zurückzuführen ist. Objektiv gesehen, halte ich die Einschätzungen jedoch für gerecht (selbstverständlich im Allgemeinen und unter Beachtung der hohen Spielklasse, um die es hier geht).

„*... Capablanca ist überhaupt nicht der ausschließliche Meister im Endspiel. Seine Kunst in dem Partiestadium trägt vor allem technischen Charakter. Andere Meister übertreffen oder übertrafen ihn eindeutig in einigen Bereichen des Endspiels (z. B. Rubinstein im Turmendspiel).*

*... Im Schöpfertum Capablancas muss man ein mit den Jahren immer geringer werdendes Eindringen in die Feinheiten der Stellung beobachten. Die Ursache dafür besteht in der unerschütterlichen (ich spreche hier von der Zeit vor Buenos Aires) Überzeugung von der Unfehlbarkeit seiner Intuition. Das traurigste für Capablanca ist, dass sein System, mit 'guten' Zügen zu operieren, fast ausnahmslos ausreichte, weil seine Gegner ihm positionell deutlich unterlegen waren. Dieses Ungestraftsein, als er nicht die besten Züge spielte, hatte Folgen. Einerseits brachte er nicht mehr die notwendige Konzentration beim Denken auf, um elementare Fehler auszuschließen. Andererseits wuchs seine Selbstsicherheit fast ins Unendliche und erreichte teilweise eine Selbstvergötterung ...*“

## Partieanalyse

### Artur Jussupow, Mark Dworetski

**Dworetski:** Auf der Weltmeisterschaft der Jungen bis zum Alter von 14 Jahren belegte Wasja Jemelin den zweiten Platz. Vor ihm konnte sich nur Judit Polgar platzieren. Jemelin hat seine Partie gegen den rumänischen Spieler Gabriel Schwartzman ausführlich kommentiert. Wir werden uns die Partie gemeinsam anschauen.

Warum gerade diese? Erstens ist es immer gut, eine wirklich gewissenhafte Analyse vor sich zu haben. Wenn man eine Phrase liest wie: „der oder der Zug verdiente Beachtung", dann ist jedes Wort vergebens; sicherlich verdiente er das. Ganz anders sieht es aus, wenn der Kommentator zu klären versucht, was richtig bzw. falsch ist. Den Behauptungen von Jemelin kann man zustimmen oder widersprechen, auf alle Fälle bieten sie Stoff zum Nachdenken.

Zweitens passt die Partie gut zu unserem Hauptthema. Aus der Eröffnung mündete die Partie gleich in ein für Weiß günstiges Endspiel. Jemelin hatte es während der ganzen Partie mit dem Problem der technischen Verwertung eines Vorteils zu tun.

**Jemelin – Schwartzman**
**Fond du Lac 1990**
**Französische Verteidigung**

**1.e4 e6 2.d4 d5 3.♘d2 ♘f6 4.e5 ♘fd7 5.c3 c5 6.♗d3 ♘c6 7.♘e2 cd 8.cd f6 9.ef ♘:f6 10.♘f3 ♗d6 11.0-0 ♕c7 12.♗g5 0-0 13.♗h4**

**D:** Beachten Sie die Eröffnungsvariante. Weiß wählte einen der giftigsten Pläne gegen das vom Gegner gespielte System. Genau so: ohne die Züge 12.♘c3 a6. Erstmals sah ich das im Interzonenturnier 1987 in der Partie Zapata – Tschernin.

Es droht der für den Anziehenden vorteilhafte Tausch der schwarzfeldrigen Läufer durch 14.♗g3, z.B. 13. ... ♘g4 14.♗g3 (aber nicht 14.h3? ♖:f3!). Die übliche Reaktion 13. ... ♘h5 ist wegen 14.♕c2 zweifelhaft, denn 14. ... g6 geht nicht wegen 15.♗:g6! hg 16.♕:g6+ ♘g7 17.♘g5. Übrig bleibt nur der befreiende Vorstoß im Zentrum e6-e5. Dann aber ist der Bauer d5 isoliert, der im kommenden Endspiel zur Schwäche neigt.

**13. ... e5 14.de ♘:e5 15.♘:e5 ♗:e5 16.♗g3 ♗:g3**

**Jemelin:** In einer der vorhergehenden Runden in der Weltmeisterschaft erhielt ich dieselbe Stellung. Mein Kontrahent Zifroni zog 16. ... ♗g4. Er tauschte auf e2, und bald darauf konnte ich Druck auf den Bauern d5 ausüben.

17.♕b3 (**D:** stark ist 17.♖c1 ♕d6 18.f3 ♗d7 19.♕d2 mit der Drohung 20.f4) 17. ... ♗:e2 18.♗:e2 ♗:g3 19.hg ♖ac8 (D: 19. ... ♕b6!?) 20.♗f3

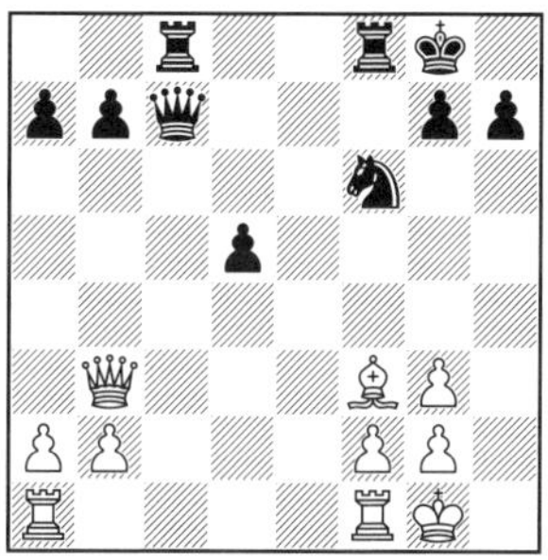

Schwarz opferte einen Bauern, ohne ausreichende Kompensation zu erhalten.
20. ... ♕c4 21.♕:b7 ♖f7 22.♕b3 ♕:b3 23.ab ♖c2 24.♖ab1 ♖b7 25.♖fe1! Mit der Absicht 26.♖e3. Ein Nehmen auf b3 scheitert an ♗d1.
25. ... ♖d2 26.♖ed1 ♖:d1+ 27.♗:d1 ♘e4. Hier unterlief mir der Fehler 28.♗g4? Nötig war 28.♖c1 ♘d2 29.♖c3 ♖e7 30.♗g4 ♖e1+ 31.♔h2 ♘f1+ 32.♔h3 ♔f7 33.♗f5 g6 34.♖c7+ ♔f6 35.♗d3 mit klarem Übergewicht.

**Jussupow:** Warum passierte der Fehler?

**Je:** Mir schien das besser zu sein. Ich übersah einfach einige Details.

Zurück zur Partie.

**17.hg!**

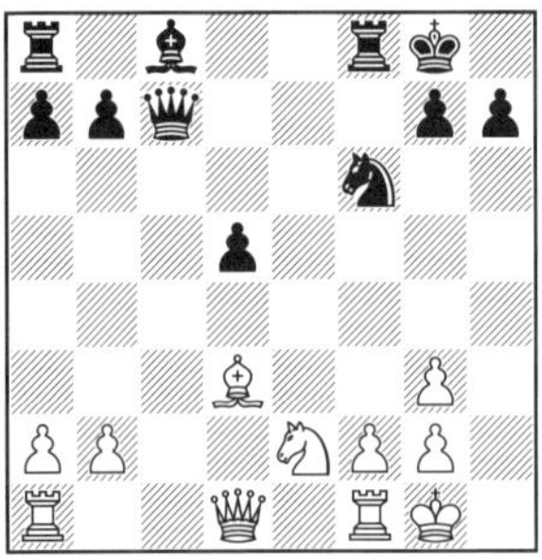

**D:** Merkwürdig, aber das natürliche Schlagen scheint eine Neuerung zu sein! In der schon erwähnten Partie Zapata – Tschernin und in zwei früheren von mir gefundenen Partien, die Radulow bzw. Smyslow gegen Waganjan spielten (Leningrad 1977), schlug Weiß auf g3 mit dem Springer, was etwas schwächer ist. Aber gerade den Zug 17.hg! haben Jussupow und ich seinerzeit analysiert. Ich erinnere mich, dass wir keinen klaren Weg zum Ausgleich fanden.

**Ju:** Vielleicht sollte Schwarz weiteren Tauschoperationen ausweichen und sich auf das Mittelspiel konzentrieren. Etwa 17. ... ♗d7 nebst ♕d6 mit der Hoffnung, bald einen Angriff mit ♘g4 zu organisieren. Aber auch hier verdient die Stellung von Weiß den Vorzug. Im Endspiel ist dessen Vorteil aber noch größer, zumal der Gegner keine Chancen auf ein Gegenspiel besitzt.

**17. ... ♕b6 18.♕b3 ♕:b3 19.ab ♗d7**

**Je:** Zu Bauernverlust führt 19. ... a5 20.b4, beispielsweise 20. ... b6 21.ba ba (21. ... ♖:a5 22.♖:a5 ba 23.♖a1 ♘g4 24.f4) 22.b4 a4 23.♘c3 ♗d7 24.b5 ♖fb8 25.♖:a4 ♖:a4 26.♘:a4, und nun geht nicht 26. ... ♗:b5? wegen 27.♖b1.

**20.b4!**

Verhindert den Zug a7-a5.

**Ju:** Ein wichtiger Moment. Falls der Nachziehende ungestraft den Bauern nach a5 ziehen kann, hätte er seine Probleme gelöst.

**20. .... a6**

**Je:** Der Gegner fürchtet, dass ich b4-b5 spiele und den Bauern auf a7 festlege. Gegebenenfalls versucht er den Läufer auf b5 zu tauschen.

Man könnte sich auch anders verteidigen: 20. ... ♖fc8 nebst ♖c7 und b7-b6. Die Bewertung der Stellung ändert sich dabei jedoch nicht.

**Ju:** Nichts übereilen! Im Endspiel ist es immer wichtig, wie die Bauern stehen. Zeige uns die Varianten, die Du zu Hause analysiert hast.

**Je:** 20. ... ♖fc8 21.f3 ♖c7 22.♔f2 b6.

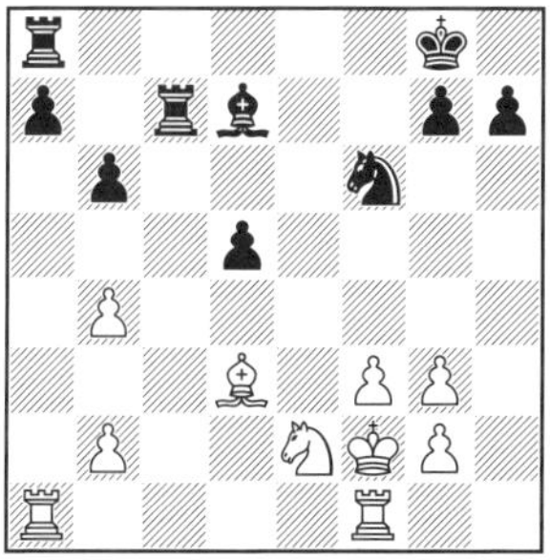

23.♖a6 ♗c8 24.♖a3 a5 25.♖fa1 ♖ca7 (25. ...♖b8 26.ba ba 27.♖1a2 ♖a7 28.♖:a5 ♖:a5 29.♖:a5 ♖:b2 30.♖a8 mit Gewinn) 26.♔e3 ♗d7 27.♔d4 ♔f7 28.♘c3 ♔e6 29.♗b5!, und nach dem Tausch der Läufer ist es unklar, wie die Bauernschwächen verteidigt werden können.

**D:** In den von Jemelin gefundenen Varianten gibt es unter dem Aspekt der Technik für die Vorteilsverwertung einige lehrreiche Momente. Beispielsweise die rechtzeitige Zentralisierung des Königs, die Umwandlung des Vorteils am Ende (Tausch des passiven Läufers, um an die gegnerischen Bauern heranzukommen). Charakteristisch ist der Zug 23.♖a6!. Man könnte auch gleich mit dem Turm nach a3 gehen. Günstig ist jedoch, den Läufer vorher auf einen schlechten Platz zu locken.

**Ju:** Der Zug 29.♗b5 war nicht obligatorisch. Die Stellung am Königsflügel mit 29.g4 zu stärken, sieht auch gut aus. Aber das ist Geschmackssache.

Gehen wir noch einmal zur Stellung nach 23.♖a6 zurück. Schwarz verfügt über eine weitere Idee: 23. ... ♖f8!? (statt 23. ... ♗c8). Der Bauer a7 soll durch den Turm von der Seite gedeckt werden. Probleme gibt es auch hier: 24.♖fa1 ♘g4+ 25.♔g1 ♘e5 26.♖:a7 ♖:a7 27.♖:a7 ♘:d3 28.♖:d7 ♘:b4. Weiß steht besser, weil sein Turm aktiver ist und der Kontrahent mehr Bauernschwächen verteidigen muss. Vielleicht hätte Schwarz aber gerade so spielen sollen?

**21.♘d4**

**D:** Weiß blockiert den Isolani. Wie seinerzeit Larsen bemerkte, kommt auch ein direkterer Plan in Betracht; der Versuch, den Bauern d5 zu erobern: 21.♖a5!? nebst ♖d1 und ♘f4.

**21. ... ♖ac8 22.f3 ♖fe8 23.♔f2 ♖e5**

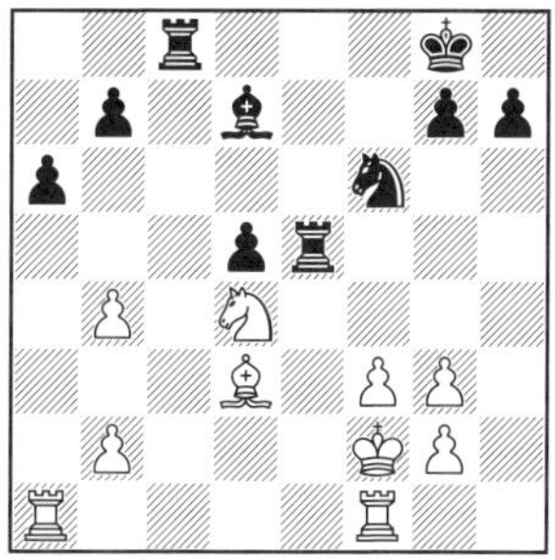

**24.♖fe1?**

**Je:** Ich wollte den König ins Zentrum bringen. Dieser Zug ist aber nicht der beste, stärker war 24.♖fc1!. Falls 24. ... ♖ee8, dann folgt einfach 25.♖c5 mit Vorteil. Der Versuch eines Gegenspiels mit 24. ... ♖f8 bringt nichts. Weiß antwortet 25.♖c7. Das Schach auf g4 ist unzureichend. Schlecht wäre auch 25. ... ♗b5 26.♘:b5 ab 27.♖:b7 ♘e4+ 28.♔g1 ♘:g3 29.♖aa7 ♖g5 30.♗:b5. Auf 25. ... ♗c8 gibt es die Antwort 26.♖ac1, anschließend geht der König nach g1 zurück. Nun ist es unverständlich, warum Schwarz den Turm auf die 7. Reihe gelassen hat.

**Ju:** Hier gilt das alte Prinzip: Im Endspiel ist jene offene Linie wichtiger, die vom König weiter entfernt ist (im Mittelspiel ist es umgekehrt). Deswegen musste Weiß gerade um die c-Linie kämpfen und durfte den Turm, der auf e5 ohne richtige Aufgabe herumstand, nicht tauschen.

**24. ... ♖:e1 25.♔:e1 ♔f7 26.♔d2**

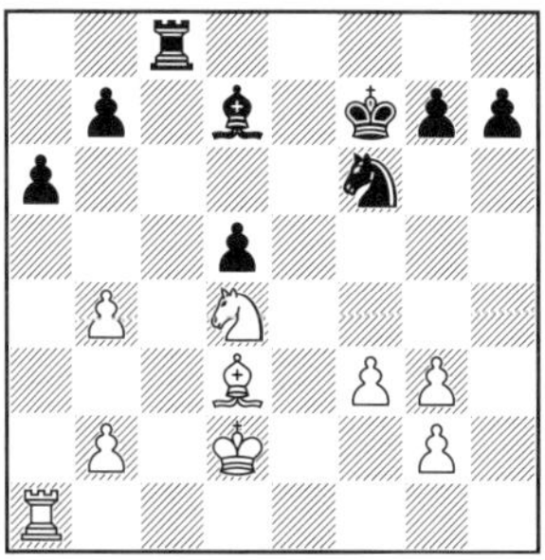

**26. ... g6?!**

**D:** Merkwürdig, Schwarz postiert alle Bauern auf Felder der Farbe seines Läufers.

**Ju:** Die Stellung verdient, über sie etwas genauer nachzudenken. Wir haben es mit einem wichtigen Endspielproblem zu tun: Was muss mit den Bauern passieren? Die vom Nachziehenden gewählte Bauernkonfiguration bestimmt möglicherweise das Schicksal der Partie.

Wenn wir von rein strukturellen Erwägungen ausgehen, dann kommt 26. ... h5!? in Betracht. Für Weiß wäre es nützlich, die Verteidigung des Kontrahenten zu schwächen, Angriffspunkte am Königsflügel zu schaffen. In diesem Sinne ist der Vorstoß g3-g4 recht unangenehm. Der Zug h7-h5 würde das verhindern. Bei h7-h6 hätte Schwarz in einem Springerendspiel mehr Probleme. Nach dem Läufertausch wäre es schwieriger, den Springer vom Feld f5 zu vertreiben.

Wahrscheinlich hätte der Anziehende statt 26.♔d2 den Bauern im vorigen Zug nach g4 rücken sollen.

**Je:** Im Falle von 26. ... h5 würde ich die Stellung einfach verstärken mittels 27.♖e1 und der Drohung 28.♖e5.

**Ju:** Ja, Du schlägst den natürlichsten Plan vor. Sicherlich kann Schwarz den Turmtausch 27. ... ♖e8 anbieten.

**Je:** Dann ziehe ich 28.♖c1, und falls 28. ... ♖c8, so 29.♖:c8 ♗:c8 30.♗f5.

**D:** Das ist ungefährlich wegen 30. ... ♗:f5 31.♘:f5 ♘e8 nebst 32. ... ♔e6. Weiß sollte nicht auf c8 tauschen, sondern besser 29.♖c5! ziehen. Im Falle von 29. ... ♔e7 wäre 30.♗f5 schon sehr unangenehm. Man muss auch an 29. ... g5!? denken, um einem Angriff auf den Bauern g7 zuvorzukommen.

**Ju:** Wasja hat den Zug h7-h6 analysiert. Schauen wir uns die Analysen an.

**Je:** Falls 26. ... h6, so tausche ich nach 27.g4 ♔e7 die Läufer auf f5. Der Springer geht nach f5, wo er nicht vertrieben werden kann. Früher oder später kann sich Weiß der schwachen Bauern b7 oder g7 annehmen. Deswegen hat mein Gegner gleich das Feld f5 unter Kontrolle genommen.

**D:** Ist somit alles klar? In den Anmerkungen bringst Du die Variante 28.♗f5 ♗:f5 29.♘:f5+ ♔f8 30.♔d3. Verlängern wir sie : 30. ... ♖c4 31.b5 ♘d7!, und Schwarz erhält Gegenspiel.

**Ju:** Obwohl der Tausch auf f5 an sich gefährliche Drohungen schafft, gewinnt er noch nicht die Partie. Er hat auch Nachteile, im Lager des Anziehenden bilden sich schwache Punkte, z.B. das Feld c4.

**Je:** Sicherlich müsste Weiß genauer handeln. Ich empfehle 28.♖e1+ ♔d6 29.b3. Das erneuert die Drohung 30.♗f5.

**D:** Erzwingt die Erwiderung 29. ... ♖e8 30.♖c1 (30.♖:e8 ♘:e8) 30. ... ♖c8.

**Je:** Dann geschieht 31.♖:c8 ♗:c8 32.♗f5.

**D:** Macht nichts, noch gibt es eine Verteidigung: 32. ... ♗d7 33.♗:d7 ♔:d7 34.♘f5 ♘e8.

**Je:** Nach 35.♔d3 erhält der Anziehende klaren Vorteil.

**D:** Die Stellung von Schwarz ist wirklich unbequem, aber etwas Gegenspiel bleibt noch. Auf der Hand liegt 35. ... ♔c6, um die weißen Bauern auf der b-Linie anzugreifen.

**Ju:** Es stellt sich heraus, dass der Zug b2-b3 nicht nur Stärken hat.

**D:** Der Läufertausch auf f5 ist eine zweischneidige Entscheidung, weil der „schlechte“ Läufer des Nachziehenden getauscht wird. Natürlich erhält Weiß dafür wichtige Felder und Angriff auf die gegnerischen Bauern. Falls Schwarz aber die unmittelbaren Drohungen parieren kann, bessert sich seine Lage.

**Je:** Noch ein Versuch. Statt dem Schach auf e1 spiele ich 28.♘b3.

**Ju:** Offenbar haben wir Dich überzeugt, auf den Läufertausch zu verzichten. Prüfen wir nach. Die Züge des Kontrahenten sind naheliegend: 28. ... ♔d6 29.♘c5 ♗c6, und falls 30.♖e1, so 30. ... ♖e8. Auf 30.♗g6 ziehe ich 30. ... ♖c7, um den Zug ♖e7 zur Verfügung zu haben.

Dennoch, der Tausch der Läufer auf f5 ist eine gute Idee, man muss sie jedoch genauer realisieren. Sagen wir 28.b3 ♔d6 29.♗f5. Schwarz muss etwas mit dem Springer f6 machen (dort nützt er nichts). Wohin soll er aber gehen?

Fassen wir zusammen. Sowohl bei 26. ... h6 als auch bei 26. ... h5 behält Weiß die besseren Chancen, aber der Nachziehende kann sich verteidigen. Mit scheint, dass er von allen möglichen Bauernzügen am Königsflügel den ungünstigsten gewählt hat.

Es sei hinzugefügt, dass in vielen Varianten der Verteidigungsplan mit der Zentralisierung des Königs verbunden ist, z.B nach d6 oder um die offene c-Linie zu nutzen. Alle diese Ressourcen ergaben sich infolge des Tausches des „falschen“ Turmes im 24. Zug.

Kehren wir zur Partie zurück.

**27.g4 ♘e8**

**Ju:** Der Springer hat auf f6 keine Zukunft, deswegen muss er dort verschwinden. Stellt sich die Frage, ob das gleich nötig war oder erst g4-g5 verhindert werden muss.

**Je:** Besser war 27. ... h6. Auf h7 ist der Bauer schwächer als auf h6. Darauf wollte ich 28.♖h1 ♔g7 29.♘b3 ziehen.

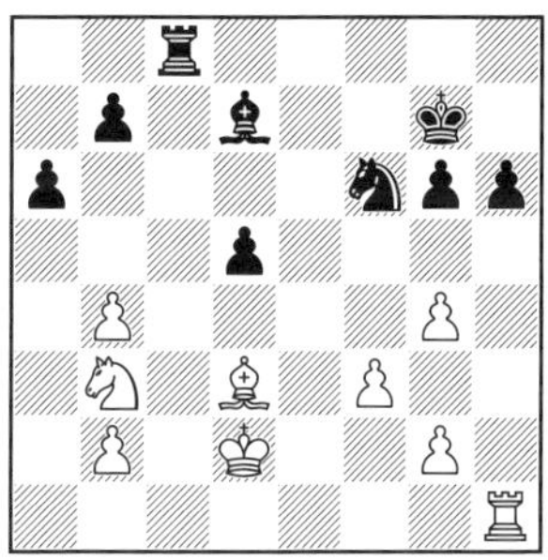

Auf 29. ... ♖e8 folgt 30.♘c5 ♗c8 (schlecht ist 30. ... ♗c6 wegen 31.♖c1 ♖c8 32.♘:a6 ba 33.♗:a6 ♖c7 34.b5) 31.♔c3 ♘d7 32.♔d4. Im Falle von 32.

... ♘:c5 33.bc ♗e6 34.♖e1 ist die Stellung klar gewonnen (b2-b4, ♖e5 ♗d3-c2-b3). Falls aber 32. ... ♘f6, dann folgt 33.♖c1 nebst ♘a4, und der Turm dringt auf der c-Linie ein.

**Ju:** Offensichtlich ist der Vorteil von Weiß deutlich größer geworden. Die aktive Verteidigung 32. ... ♘e5 mit der Drohung 33. ... ♘c6+ muss noch geprüft werden.

**Je:** Das Schach könnte man mit 33.b5! verhindern.

**Ju:** Ja, und nach 33. ... ♘:d3 34.♘:d3 ab 35.♖e1 besitzt der Anziehende entscheidendes Übergewicht. Was kann man sich sonst noch ausdenken? Prüfen wir 33. ... b6!? 34.♘:a6 ♘:d3 35.♔:d3 ♗d7. Vergebens wäre 36.♔d2 ♗:b5 37.♘c7 ♖e2+. Im Falle von 36.♔d4 darf der Bauer nicht genommen werden, möglich ist aber 36. ... ♖e2. Schwarz erhält plötzlich Gegenspiel. Auf diese aktiven Möglichkeiten muss man immer vorbereitet sein.

**D:** Weiß behält dennoch sein großes Übergewicht mittels 36.♘c7 ♖c8 37.♖c1 ♗:b5+ 38.♔d4 oder 38.♔d2. Es droht das Schach auf e6, zudem hängt der Bauer d5. Wenn Weiß den Verwicklungen aus dem Weg gehen will, dann zieht er einfach 32.♘:d7 (statt 32.♔d4) 32. ... ♗:d7 33.♔d4.

**Je:** Ist eine andere Aufstellung für Schwarz nicht günstiger: 29. ... ♖c7 30.♘c5 ♗c8 31.♔e3 b6 32.♘a4 ...

**D:** Moment, Moment, Du übersiehst 31. ... a5!

**Ju:** Außerdem muss Weiß mit 30. ... d4!? (statt 30. ... ♗c8) rechnen. Dies droht 31. ... ♘d5.

**D:** Erinnert Ihr euch, dass Wasja vorher bei der Analyse von 26. ... h6 den Vorstoß des Turmes nach c4 unterschätzt hat, welcher Schwarz ausgezeichnete Konterchancen einräumt. Auch bei einem besseren Endspiel muss man ständig Acht geben, dass der Gegner nicht irgendwo seine Kräfte aktivieren kann. Für Wasja ist meines Erachtens die Unterschätzung der Möglichkeiten des Kontrahenten charakteristisch. Das ist gefährlich und kann den Verlust vieler Punkte bedeuten, insbesondere bei der Realisierung eines Vorteils. Man hat etwas übersehen, und schon lodert das Gegenspiel wieder auf. Vom Vorteil ist nichts mehr übrig.

**Je:** Im Falle von 30. ... d4 kommt 31.♖e1 ♘d5 32.♖e4 in Frage.

**Ju:** Die Antwort ist erzwungen: 32. ... ♘:b4 33.♖:d4 ♘:d3. Ich habe die Bauern getauscht. Das wäre ein Erfolg für Schwarz. Gefährlicher ist jedoch 33.♖e7+! ♔f6 34.♖:d7 ♖:c5. Das Turmendspiel steht nach 35.♖:b7 ♘:d3 36.♔:d3 natürlich schlechter, es ist aber nicht unbedingt verloren.

**D:** Noch ein anderer Verteidigungsplan verdient Beachtung:
29. ... ♗b5!? Beispielsweise 30.♘c5 ♗:d3 31.♔:d3 a5.

**Je:** Dann folgt 32.♘e6+ ♔f7 33.♘d4.

**D:** Natürlich, nach 33. ... ab 34.♖:h6 steht Weiß besser.
Etwas Gegenspiel bietet noch 34. ... ♖c1 oder 34. ... ♔g7 nebst ♘d7. In schwierigen Situationen lohnt sich eine solche Verteidigung. Der Spielverlauf ändert sich abrupt. Für einige materielle oder positionelle Zugeständnisse werden die eigenen Kräfte aktiviert.
Weiß kann dem Gegner einen Doppelbauern zufügen: 30.♗:b5 ab 31.♘c5. Es könnte folgen 31. ... b6 32.♘e6+ ♔f7 33.♘d4 ♖c4 34.♔d3 h5.

**Ju:** Leider hat Weiß nach 35.b3! großes Übergewicht.
**D:** Ja, richtig. Offenbar besteht der beste Verteidigungsplan in 29. ... ♖c7! Einige Zweifel habe ich noch zum Zug 29.♘b3. Lohnt es, den Springer von dem ausgezeichneten Feld d4 wegzunehmen? Beachtung verdient meiner Meinung nach 29.♖e1 ♔f7 30.♖e5 ♖e8 (es droht 31.g5) 31.♖:e8 und 32.♔e3.
**Ju:** Welche Schwierigkeiten Schwarz auch im Weiteren erwarten, klar ist, dass 27. ... h6 nötig war. Die Perspektive, am Königsflügel mittels g4-g5 eingeschnürt zu werden, ist zu unangenehm.

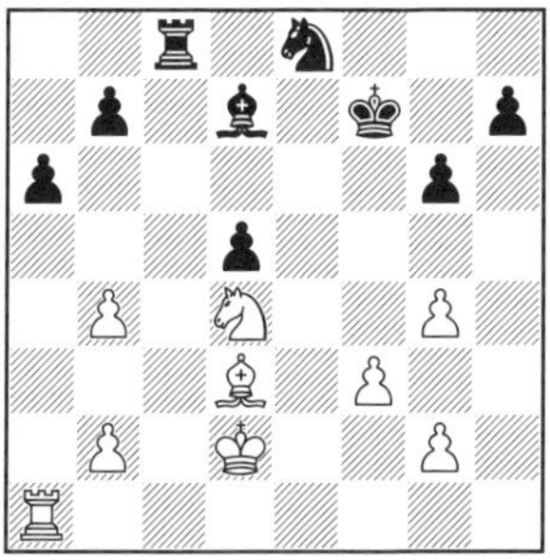

**28.♖a5?**
**Je:** Vorher musste 28.g5! geschehen, um den Bauern h7 zu fixieren. Danach war zu entscheiden, wohin der Turm gehört. Nach c5 oder nach h1.
**28. ... ♗e6** Die andere Möglichkeit besteht in 28. ... ♘c7. Dann folgt 29.g5 ♔e7. Hier sollte der Turm nach a1 zurückgehen und 31.♖h1 drohen. Bei dem ungenauen 30.♖c5?! entsteht nach 30. ... ♔d6 31.♖c1 ♘e6 (31. ... ♔e5 32.♔e3 ♘e6 33.f4+!, und nun geht nicht 33. ... ♘:f4? 34.♘f3+) 32.♖:c8 ♗:c8 33.♘:e6 ♗:e6 ein gewonnenes Läuferendspiel.

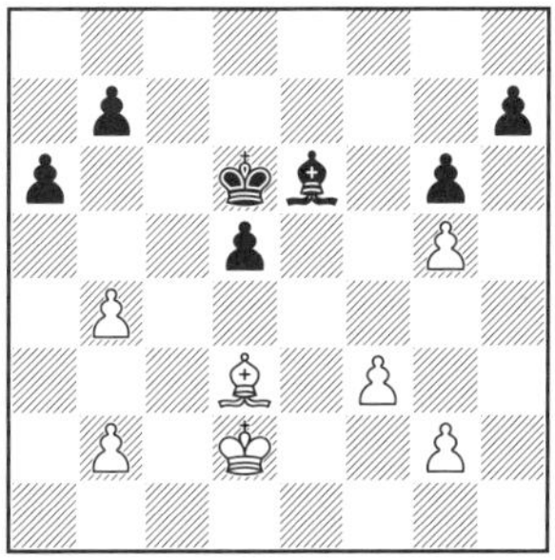

**Ju:** Du hast hier eine sehr tiefgehende und interessante Analyse, zeige sie uns bitte.
**D:** Gut, dass die Analyse vorliegt. Am einfachsten wäre hier die Feststellung: „Weiß ist im Vorteil". Vorteil, nun gut, aber reicht er zum Sieg? In Spielsituationen hat es keinen Sinn, diese Frage zu beantworten. Es reicht zu erkennen, ob unsere Stellung besser oder schlechter geworden ist und ob wir aus ihr das Maximale herausgeholt haben. Falls aber eine Stellung entsteht, die man genau bewerten kann, dann sollte man versuchen, in der Analyse die Wahrheit zu finden.
34.♔e3 ♗f5 35.♗e2 ♔e5 36.f4+ ♔d6 37.♗f3 b6.
**Je:** Die Bauern gehören nicht auf weiße Felder.
38.♔d4 ♗e6 39.g3 a5 40.ba ba. Nun muss ich mit dem Läufer die Diagonale h3-c8 besetzen und die Bauern am Königsflügel vorstoßen.
41.♗g2 (Zugzwang) 41. ... ♗f7 42.♗h3 ♗e8 43.♗c8.
**Ju:** Schwarz würde den Läufer von c8 mit 43. ... ♔c7 wieder vertreiben. Dann kommt jedoch 44.♗e6. Wenn man diese Stellung hätte, aber mit dem Läufer auf f7 ... Ich sehe leider nicht, wie das zu erreichen ist.

**D:** Falls 42. ... ♗g8 (statt 42. ... ♗e8), so 43.f5!

**Je:** Der Gegner muss mit dem Zug f4-f5 rechnen. Auf 43. ... ♗a4 beispielsweise entscheidet 44.f5 ♗c2 45.f6 ♗b3 46.f7 ♔e7 47.♗e6 und 48.♗:d5.

**44.g4 ♗e8 45.♗b7 ♗f7**

Nach 45. ... ♗d7 46.♗:d5 ♗:g4 47.♗g8 verliert der Nachziehende den Bauern h7.

**46.f5 ♗g8 47.♗a6 ♗f7 48.♗d3 ♗e8 49.♗b1 ♗f7**

Schlecht ist 49. ... a4 50.♗c2 mit Zugzwang.

**50.♗a2 ♗g8 51.♗b3 ♗f7 52.♗a4** Erneut Zugzwang.

**52. ... ♗g8 53.fg** (53.♗e8 ♔e7) **53. ... hg 54.♗e8 ♗e6** (54. ... ♗h7 55.♗f7) **55.♗:g6 ♗:g4 56.♗f7 ♗f3**

Verfrüht wäre jetzt 57.g6? ♗h5 58.♗e8 ♗g4 59.g7 ♗e6 60.♗g6 ♗g8 61.♗f5 ♔e7 62.♔e5 d4! mit Remis.

**57.♗g8! ♗e4 58.b3 58. ... ♗c2** (58. ... ♗f3 59.g6, 58. ... ♔c6 59.♔e5 mit der Drohung ♗g8-e6-f5) **59.♗:d5 a4 60.ba ♗:a4 61.g6 ♗c2 62.g7 ♗h7 63.♗a2 ♔e7 64.♔e5 ♔e8 65.♔f6**

Und Weiß erringt die Oberhand.

**D:** Eine bemerkenswerte Analyse. Der weiße Läufer bewegt sich gemütlich auf dem ganzen Brett hin und her. Die Hauptvariante ist länger als 30 Züge! Hat sich da wirklich kein Fehler eingeschlichen? In einem Artikel behauptete Bent Larsen, dass lange Varianten niemals fehlerfrei sind. Wenn er diese sieht, wird ein Killerinstinkt in ihm wach, und er versucht die ganze Analyse sofort zu widerlegen.

**Ju:** Kehren wir noch einmal zur Stellung nach 58.b3 zurück. Der weiße Bauer b3 ist verwundbar, das sieht verdächtig aus. Da alles andere verliert, versuchen wir den weißen König nach e5 durchzulassen.

58. ... ♔c6! 59.♔e5 ♔c5 60.♗e6 ♔b4! Die Aufgabe des Nachziehenden besteht darin, den Läufer für den g-Bauern zu geben. Weiß hat zwei Züge zur Verfügung: 61.♗:d5 und 61.♗f5.

a) 61.♗f5 ♗:f5 (61. ... ♔:b3 62.g6) 62.♔:f5 d4. Beide Bauern erreichen gleichzeitig das Umwandlungsfeld.

b) 61.♗:d5 ♗c2 (oder 61. ... ♗g6 62.♔f6 ♗c2). Wie soll der Anziehende seine Stellung nun verstärken?

**D:** Vielleicht sollte Weiß statt 59.♔e5 einen anderen Plan wählen: 59.♗f7 und 60.g6. Jetzt kann der schwarze Läufer nicht über f3 nach h5 gelangen. Im Falle von 59. ... ♔b5 geht 60.♗:d5 ♗g6 61.♔c3 mit der Drohung 62.♗c4+ und 63.♗d3.

**Je:** Noch einfacher wäre 60.g6 ♗:g6 61.♗:g6 ♔b4 (61. ... a4 62.♗e8+) 62.♗c2. Völlig hoffnungslos ist 60. ... ♔b4 61.g7 ♗h7 62.♗:d5, und der weiße König gelangt nach h6.

**Ju:** Ja, das stimmt. Ich kann aber den Verteidigungsplan ändern. Auf 59.♗f7 ziehe ich 59. ... ♔d6! 60.g6 ♔e7 61.♔e5 ♗c2 mit Remis.

Scheinbar entsteht eine Stellung mit beiderseitigem Zugzwang. Weiß könnte 59.♗e6 probieren (bei 59. ... ♔b5 60.♗:d5 fanden wir einen Gewinn) 59. ... ♔d6 60.♗f7.

**D:** Schwarz erwidert 60. ... ♗f3. Diese Stellung hatten wir schon nach dem 56.Zug, der weiße Bauer steht jetzt jedoch auf dem Feld b3.

**Ju:** Somit ist bisher kein Gewinnweg zu erkennen. Wasja, schau Dir das zu Hause noch einmal an. Du solltest die Analyse bis zum Ende fortführen. Kehren wir nun zur Partie zurück.

**29.b5!?**

**Je:** Hier habe ich zu schnell gezogen. Vorher hätte ich die gegnerischen Bauern mit 29.g5! festlegen müssen.

**Ju:** Du hast ein Aktion am Damenflügel begonnen, bevor Du am Königsflügel fertig warst.

**Je:** Ich habe mich verrechnet. Ich dachte, dass ich in der Variante 29. ... ab 30.♖:b5 ♘d6 31.♖b6 ♔e7 mittels 32.♘b5 einen Bauern gewinne. Ich übersah die Antwort 32. ... ♖c6.

**Ju:** Und auch nach 32. ... ♘:b5 geht der Bauer nicht verloren (33.♖:b7+? ♘c7).

**29. ... ab 30.♖:b5 ♘d6**

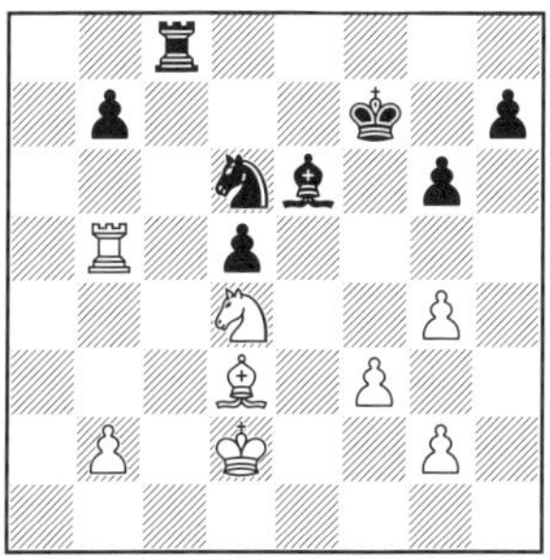

**31.♖b6?**

**D:** Ich habe die Partie direkt beobachtet. Von der Seite dringt man natürlich nicht in alle Details ein, einen allgemeinen Eindruck gewinnt man aber dennoch. Mir schien, dass der Turm des Anziehenden nicht gut steht. Zwischen den gegnerischen Figuren und Bauern ist es ihm etwas zu eng, wodurch sich für den Kontrahenten bald gute Rettungschancen eröffnen. Ohne den schwarzen Springer wäre der Turm auf b6 ausgezeichnet platziert und der schwarze Turm an die Verteidigung des Bauern b7 gebunden. Der Springer d6 schränkt die Beweglichkeit des weißen Turmes erheblich ein.

Viel stärker ist 31.♖a5!. Der Turm geht entweder nach a7 oder über a1 nach h1. Vorher wird natürlich das Feld c4 mit b2-b3 überdeckt. Unnütz wäre 31. ... ♖c4 32.♘c2. Im Falle von 31. ... ♘c4+ 32.♗:c4 ♖:c4 33.♔d3 (beabsichtigt 34.♖b5) erweckt der weiße Vorteil keinen Zweifel.

**31. ... ♔e7 32.g5 ♗d7 33.♔e3 ♗c6**

**D:** Schwartzman verhält sich die ganze Partie über passiv. Ich hätte 33. ... ♖c1!? gespielt. Der Turm muss den Gegner beunruhigen, ihn daran hindern, seine Stellung in Ruhe zu verstärken. Die Aktivität des Turmes ist eines der wichtigsten Prinzipien im Endspiel.

**Je:** Weiß würde 34.♘e2 erwidern und damit ♔d4 und ♘f4 vorbereiten. 34. ... ♖d1 scheitert an 35.♘c3.

**D:** Möglich ist aber 34. ... ♖h1! 35.♔d4 ♗c6 36.♘c3 ♖h4+ oder 36.♘f4 ♖d1. Deine Figuren stehen schön. Ein Fortschritt ist aber nicht leicht zu erreichen, weil der schwarze Turm stört.

**Je:** Das Schach auf h4 könnte durch 36.f4 verhindert werden.

**D:** Dann geschieht 36. ... ♖d1, und auf 37.♘c3? käme ♘f5+.

**Ju:** Es geht hier weniger um konkrete Züge. Klar ist, dass Weiß vom richtigen Weg abgekommen ist. Sein Turm steht passiv, er greift nur den gut gedeckten Bauern b7 an. Stände er auf a1, wäre das ganze Gegenspiel nicht möglich. Im Gegenteil, der weiße Turm könnte von h1 oder e1 Drohungen aufstellen.

Ein Vorteil wird normalerweise Schritt für Schritt aufgebaut, aber ebenso schrittweise kann man ihn auch verlieren. Gerade hier hat Weiß einen Großteil seines Übergewichts durch solche „Kleinigkeiten“ wie die falsche Stellung seines Turmes vergeben. Der Turm spielt in dem entstandenen Endspiel eine außerordentlich große Rolle. Beide Spieler haben die Bedeutung dieses Umstandes unterschätzt.

**Je:** Der Zug 35.♔d4 war nicht nötig. Besser ist es, den Turm über b4 zu befreien.

**D:** Dabei würdest Du aber Zeit verlieren. Außerdem zwingt der Zug ♔d4, den schwarzen Läufer in eine passive Lage auf c6. Im Falle von 35.♖b4 müsste man ständig mit einem Tausch der Leichtfiguren auf f5 rechnen.

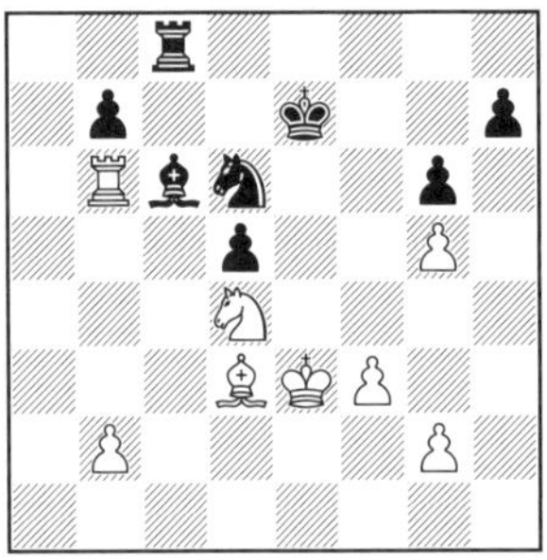

**34.♘:c6+?**

**Je:** Sicherlich musste man den Turm wegziehen. Ich hatte es einfach satt, gegen den Läufer zu spielen und tauschte ihn ab.

**D:** Siehst Du, mit dem Turm auf der a-Linie würde Dich der Läufer überhaupt nicht stören. So aber wird der Turm durch den Läufer behindert. Trotzdem war der Tausch nicht angebracht.

**34. ... ♖:c6?**

**Je:** Gute Remischancen bietet 34. ... bc!. Nach 35. ♔d4 ist 35. ... ♖c7! die genaueste Antwort. Schwächer wäre 35. ... ♔d7 36.♔c5 (36.♔e5 ♖e8+ 37.♔f6?? ♖e7, und der König zappelt im Mattnetz) 36. ... ♖c7 37. ♖b8.

**D:** Dennoch sieht der Königszug natürlicher aus, da er den Turm von der Verteidigung des Bauern befreit. Man müsste 35. ... ♔d7 36.♔c5 ♘f7! überprüfen. Der gegnerische König ist auf c5 zu stark, man sollte versuchen, ihn zu vertreiben. Falls 37.♖b7+, so 37. ... ♖c7. Und auf 37.f4 folgt 37. ... ♘d8 38.f5 ♔c7!. Weiß behält die besseren Chancen. Das Spiel wird aber nicht einseitig und verläuft recht spannend.

**Ju:** Vielleicht sollte Weiß doch die Türme tauschen: 37.♖b7+ ♖c7 38.♖:c7+ ♔:c7 39.f4.

**D:** Ich muss mit dem Springer nach b7 gehen, jedoch nicht unbedingt über d8. Zu probieren wäre der Weg über 39. ... ♘d6, um f4-f5 zu verzögern.

**Ju:** Dann geschieht 40.g4 ♘b7+ 41.♔d4 ♔d6 42.f5.

**D:** Der g-Bauer geht verloren, aber dafür erhält der Nachziehende Spiel im Zentrum: 42. ... c5+ 43.♔e3 c4 44.fg hg 45.♗:g6 ♔e5 nebst d5-d4+. Wenn es gelingt, den Damenflügel abzutauschen, dann ist das Remis nicht mehr weit.

**Je:** In dem Leichtfigurenendspiel habe ich noch eine Verteidigungsidee geprüft. Nach f4-f5 folgt ♘f7, das Schlagen auf g5 und der letzte weiße Bauer wird durch den Springer blockiert.

**Ju:** Ein guter Plan. Offenbar verfügt Schwarz wirklich über große Remisaussichten.

**Je:** Auch bei dem Zug 35. ... ♖c7 sehe ich nicht, wie Weiß gewinnen kann. Beispielsweise 36.♖b8 ♖c8 37.♖:c8 ♘:c8 38.♔c5 ♔d7 39.f4 ♘d6 40.b4 ♔c7

41.♗b1 ♔d7 (schlechter ist 41. ... ♘f7 42.b5 cb 43.♗a2) 42.g4 ♔c7 43.♔d4 (43.f5 ♘f7) 43. ... ♔d7 44.♔e5 ♔e7.

**Ju:** Das Nehmen auf c6, das die Bauern von Schwarz vereint, war unnötig. Danach sollte die Partie remis enden.

**Je:** Schwartzman hatte nur noch wenig Zeit, deswegen wollte ich irgendwie die Stellung verändern.

**Ju:** Häufig genug erweist sich dieses Herangehen als falsch. In der Regel sollte man in gegnerischer Zeitnot danach streben, die stärksten Züge zu machen. Das ist immer noch die wirksamste Strategie.

Zeige bitte, was in der Partie geschah.

**35.♖b4 ♖c7 36.♔d4 ♔e6 37.♖b6 ♖c1**

**Je:** Der Gegner glaubte mir wohl, dass die Stellung nach 37. ... ♖c6 verloren war. In der Tat musste er gerade so ziehen. Er befand sich aber in starker Zeitnot.

**Ju:** War es beiderseitige Zeitnot?

**Je:** Nein, ich hatte noch etwas Zeit.

**Ju:** Nach welchem Zug war die Kontrolle, dem 40.?

**Je.** Dem 50.

**Ju:** Nun, dann stand seine Sache schlecht. In Zeitnot kann man so eine Stellung kaum retten.

**38.f4 ♖d1 39.g4 ♔e7 40.♖b3** (droht 41.♔:d5) **40. ... ♔e6 41.♔c5**

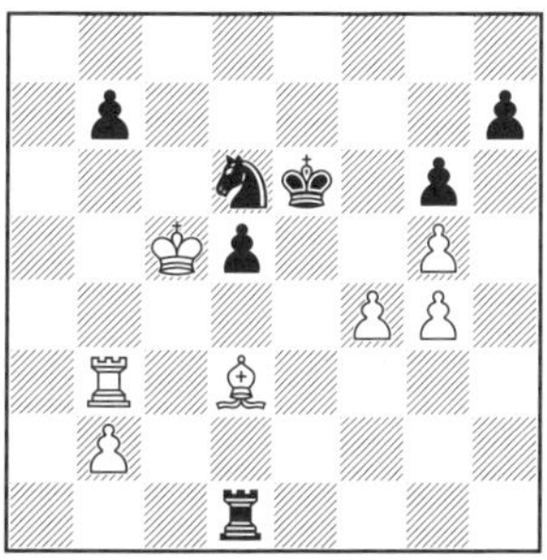

**41. ... ♖g1**

**Je:** Ein Turmendspiel wäre hoffnungslos: 41. ... ♘e4+ 42.♗:e4 de 43.♖b6+ ♔f7 44.♖:b7+ ♔e6 (44. ... ♔g8 45.♖e7) 45.♖b5 ♖e1 46.♔d4 e3 47.♖b3 e2 48.♖e3+ ♔d6 49.♔e4 ♖g1 50.♖:e2 ♖:g4 51.♖h2.

**D:** Der schwarze König hätte zu seinen Bauern am Königsflügel zurückgehen müssen: 48. ... ♔f7 (statt 48. ... ♔d6?). Beispielsweise 49.♔e4 ♔f8 50.♔f3 (50.b4 ♖b1 51.♖:e2 ♖:b4+) 50. ... ♖f1+ 51.♔:e2 ♖:f4 mit Remis. Nach 49.♔e5 ♔g7 50.b4! (50.♔e6? ♖f1; 50.f5 ♔f7! oder 50. ... ♖g1) 50. ... ♖b1 51.♖:e2 ♖:b4 52.♖d2 ♖b7 (52. ... ♖b5+ 53.♖d5) 53.♔e6 kann Weiß offenbar gewinnen, obwohl die ganze Variante ziemlich kompliziert ist.

Einfacher führt sicherlich 47.♔e4 (statt 47.♖b3) zum Ziel; falls 47. ... e2, so 48.♔f3.

**42.♗c2 ♖c1**

**Ju:** 42. ... ♖:g4 verliert wegen 43.♖b6. Könnte man aber nicht mit 42. ... ♖g2 Weiß das Leben schwer machen? Falls 43.♖e3+ ♔d7 44.♗a4+, so 44. ... b5. Im Falle von 43.♗d3 kehrt der Turm nach g1 zurück. Die Stellungsbewertung ist mir noch unklar, aber eine Verteidigung sollte möglich sein.

**Je:** Trotzdem, Weiß muss besser stehen.

**Ju:** Ja, aber die Frage erscheint nun in einem anderen Licht: Gibt es einen forcierten Gewinn, oder kann sich Schwarz erfolgreich verteidigen? Sein Turm spielt nun aktiver mit, er greift Deine Bauern an. Von einer klaren Überlegenheit des Anziehenden kann keine Rede mehr sein. Nötig ist eine konkrete Prüfung, ob die Verteidigung von Schwarz überwunden werden kann.

**43.♖c3 ♖e1 44.♖h3 ♖e2?**
**Ju:** Warum? Nötig war der Rückzug nach c1. Was hättest Du dann gemacht?
**Je:** Den Läufer mittels 45.♖h2 gedeckt.
**Ju:** Schwarz kann 45. ... ♘c4 antworten. Obwohl nach 46.♖e2+ die Erwiderung 46. ... ♔d7 schlecht wäre wegen 47.♗a4+. Es geht aber 46. ... ♔f7 angesichts von 47.♔:d5? ♖:c2!. Das Ergebnis der Auseinandersetzung wäre nun offen. Mit 44. ... ♖e2? ist Dir der Gegner großzügig entgegengekommen, weil er Dir erlaubt, den Läufer zu aktivieren. Ohne dessen Zeitnot wärst Du sicher für Deine positionellen Fehler 28.♖a5?, 31.♖b6?, 34.♘:c6? bestraft worden.
**45.♗d3 ♖:b2 46.♖:h7**

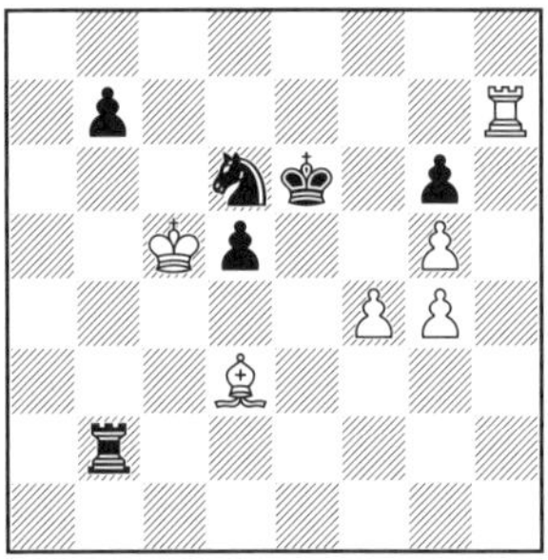

**46. ... b6+**
**Je:** Möglich ist auch 46. ... ♘e4+ 47.♗:e4 de. Mir gelingt es aber, den g-Bauern zu verspeisen und den e-Bauern aufzuhalten. Beispielsweise 48.♖h6 e3 49.♖:g6+ ♔f7 50.♖f6+ ♔e7 51.f5 ♖g2 52.♖e6+ ♔f7 53.g6+ ♔g7 54.♖:e3 ♖:g4 55.♖e7+ ♔f6 56.♖f7+ ♔e5 57.g7.
**D:** Weiß nutzt die Stellung des schwarzen Monarchen aus und rückt seinen Bauern mit Tempogewinn vor. Eine Prüfung verdient 49. ... ♔d7 50.f5 ♖g2. Vielleicht ist das eine Verluststellung, vielleicht jedoch auch nicht.
**Ju:** Das war sicher die letzte Chance von Schwarz.
**47.♔c6 ♘c8 48.f5+ ♔e5 49.fg ♖b3 50.♗f5 ♖c3+ 51.♔d7 b5 52.g7 ♘b6+ 53.♔e8 ♖a3 54.g8♕** Schwarz gab auf.

**D:** Welche Eindrücke vermittelt das Endspiel?
**Ju:** Es ist äußerst lehrreich und enthält einige interessante Momente.
Das erste Problem, mit dem die Partner konfrontiert wurden, war die Frage, wohin die Bauern gehören. Die Auseinandersetzung begann am Damenflügel. Weiß drohte mit dem Zug b3-b4 den Gegner einzuengen. Dieser fand nichts Besseres als die Antwort a7-a6. Im Prinzip sollte man bei weißfeldrigen Läufern die Bauern auf den schwarzen Feldern halten.
Dann tauchte ein analoges Problem mit den Bauern am Königsflügel auf. Wahrscheinlich musste die Aktivierung der weißen Bauern mit g3-g4 durch h7-h5 verhindert werden. Schwarz hat wohl die für ihn ungünstigste Aufstellung gewählt und musste sich mit einer eingeschnürten Stellung abfinden.
Interessant ist auch der Turmtausch. Man darf nicht vergessen, dass Türme im Endspiel offene Linien besetzen sollen, die vom gegnerischen König entfernt sind. Dadurch kann er den Turm nicht am Eindringen auf der Linie hindern.
Die Partie hätte eine Demonstration des Prinzips der zwei Schwächen werden können, falls Wasja rechtzeitig die zweite Schwäche am Königsflügel mit g4-g5 festgelegt hätte (die erste Schwäche ist der Isolani im Zentrum). Wenn

er so vor dem Zug b4-b5 gespielt hätte, dann konnte er die gegnerische Verteidigung überzeugender durchbrechen. Zugleich hat er das Prinzip „nichts übereilen“ verletzt, das eine maximale Verstärkung der Stellung fordert, bevor man zu aktiven Handlungen schreitet, die den Charakter des Kampfes verändern.

Das Hauptthema des weiteren Partieverlaufes bestand in der Aktivität der Türme, die nicht nur in Turmendspielen sehr wichtig ist. Weiß stellte seinen Turm nach b6, wo er fast nichts ausrichtete. Auch Schwarz bummelte mit der Aktivierung seines Turmes.

Wie es normalerweise wiederholt im Endspiel vorkommt, mussten die Folgen eines Figurentausches in dieser oder jener Form abgewogen werden. Dabei waren beide Spieler nicht immer auf der Höhe.

Starken Eindruck hinterlässt die Analyse des Läuferendspiels. Es ist keine Schande, dass wir hier Schwachpunkte ausgemacht haben. Bei der Lösung so schwieriger Probleme sind derartige Versehen praktisch nicht auszuschließen.

Die Kommentare sind insgesamt sehr aussagekräftig, obwohl ich den Eindruck habe, dass Wasja am Ende etwas müde wurde und die Ressourcen des Gegners unterschätzte.

Wichtig ist es, in Stellungen, wo Sie einen kleinen Vorteil haben und der Gegner über kein Gegenspiel verfügt, auf jede Möglichkeit zu achten, mit der der Kontrahent aktives Spiel erlangen kann. Es darf ihm nicht erlaubt werden, ein zweischneidiges Spiel zu entfachen. Hervorragende Beispiele dazu findet man in den Partien Karpows. Er hätte Schwarz nie gestattet, mit dem Turm nach c1 zu gelangen.

**D:** In dem Fall hat sich die Unterschätzung der Möglichkeiten des Kontrahenten vor allem auf die Varianten ausgewirkt und weniger auf die Partie selbst. Der Grund dafür bestand vielleicht darin, dass sich der Gegner passiv verhielt. Diese Schwäche hat Jemelin in anderen Partien des Turniers sehr gestört. Denken wir nur an die Partie gegen Zifroni, deren erste Hälfte wir gezeigt haben. Das deutlich bessere Endspiel mit einem Mehrbauern ging sogar verloren! In der letzten Runde – der Gegner war schon überspielt – unterlief ihm ein grober Schnitzer, der den Sieg kostete. Im Ergebnis lag er um einen halben Punkt hinter Judit Polgar zurück. Als ich die Partie beobachtete, hatte ich den Eindruck, dass Weiß Probleme mit der Technik bei der Realisierung eines Vorteils hatte. Der Eindruck konnte auch täuschen. Um das zu prüfen, war die gezeigte Analyse für mich sehr interessant. Wir haben uns nun überzeugt, dass der Anziehende sich wirklich einige positionelle Patzer leistete. Die Realisierung eines Vorteils gehört zu den Schwächen Jemelins. Das passiert üblicherweise bei Spielern, die die gegnerischen Ressourcen unterschätzen. Mit diesem Problem muss er sich ernsthaft beschäftigen.

# Teil IV

# Endspielpraxis

# Aus dem Schaffen unserer Schüler

A. Jussupow

Wir haben schon in den vorhergehenden Büchern unterstrichen, dass die ernsthafte Analyse der eigenen Partien eine der wichtigsten Reserven für die Vervollkommnung des Schachspielers darstellt. Die weiter unten gezeigten Beispiele wurden von den Schülern selbst kommentiert sowie im kollektiven und individuellen Unterricht einer kritischen Analyse unterzogen. Die Ergebnisse dieser Diskussion bilden die Grundlage für dieses Kapitel. Sicher findet der Leser in den Endspielen der Schüler viel Nützliches und Interessantes. Die Beispiele enthalten erfolgreiche Lösungen und typische Fehler.

### Ungleichfarbige Läufer

Zwei Beispiele von Wadim Swjaginzew bilden eine gute Ergänzung für unser Kapitel über die Theorie von Endspielen mit ungleichfarbigen Läufern.

**Baikow – Swjaginzew (14 Jahre) Moskau 1990**

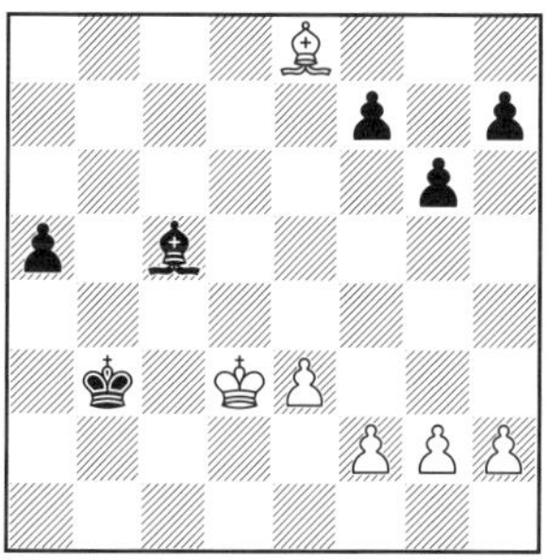

Nach dem natürlichen **49.♗:f7+** musste sich Schwarz passiv verteidigen, weil 49. ... ♔b2? verliert wegen 50.f4 a4 51.e4 a3 52.e5 a2 53.♗:a2 ♔:a2 54.♔c4 ♗a3 55.g4 ♔b2 56.f5 gf 57.gf ♔c2 58.f6 ♗b2 59.f7 ♗a3 60.e6. Nach der Überführung des Königs auf das Feld d7 nebst e6-e7 hat der Nachziehende keine Verteidigung.

Das richtige **49. ... ♔b4** führte zu einer interessanten Situation. Sie eindeutig zu bewerten, ist gar nicht so einfach. Weiß rechnet damit, bald zwei verbundene Freibauern zu haben. Andererseits sind uns die starken **Remistendenzen** solcher Endspiele bekannt: Ein kleiner Materialvorteil reicht für einen Sieg nicht unbedingt aus.

Versuchen wir einige Besonderheiten der Stellung herauszuarbeiten. Zwei Details könnten Schwarz helfen, sich zu verteidigen:

1) Der Freibauer auf der a-Linie kann den weißen Läufer ablenken oder dessen Beweglichkeit beschränken. Das würde indirekt die auf den weißen Feldern platzierten Bauern am Königsflügel schützen.

2) Das Schlüsselfeld h8 ist für den weißen Läufer unzugänglich. Dadurch kann sich Schwarz nur mit dem König gegen König, Läufer und h-Bauern halten, was in vielen Endspielen eine wichtige Verteidigungsressource bedeutet.

Im Prinzip kann man die weiteren Ereignisse ahnen. Weiß rückt seine Bauern auf der e- und f-Linie vor, zu denen sich bei Bedarf der g-Bauer gesellt. Schwarz muss bestrebt sein, den Vorstoß zu stoppen und im Idealfall eine Blockade auf den schwarzen Feldern errichten. Sein König steht jedoch ungünstig und kann vorläufig nicht an der Verteidigung teilnehmen.

**50.f4 a4 51.e4**

Weiß beabsichtigt 52.e5 nebst ♔e4, g2-g4 und f4-f5. Nichts ergibt 51.♗g8 wegen 51. ... a3.

**51. ... ♗g1!**

Eine dem Leser (aus dem Kapitel über ungleichfarbige Läufer) schon bekannte Verteidigungsmethode: „**Bauern im Visier**".

**52.h3**

Logischer erscheint 52.e5. Nach 52. ... a3 würde der Nachziehende entsprechend den Analysen von Swjaginzew die Stellung jedoch halten. Hier sind seine Varianten:

53.h3 (unnütz wäre 53.h4 h5!? 54.♔e4 ♗f2 55.f5 gf+ 56.♔:f5 ♗:h4 mit Remis) 53. ... ♔c5 54.♔e4 ♗f2! 55.♗a2 ♗h4 56.g4 (56.♔f3? ♔d4!).

Schlecht wäre jetzt 56. ... ♗e1? 57.f5 ♗h4 58.f6 ♗g5 59.♗b3 ♗h4 60.♔f4 h6 61.f7 ♗e7 62.h4 sowie 63.h5, und der weiße König gelangt auf das Feld g8. Nötig war 56. ... ♔c6!, um den König an die Freibauern anzunähern. Nun stellt sich heraus, dass selbst zwei Freibauern zum Sieg nicht reichen.

57.f5 ♔d7 58.♔f4 ♔d8 59.f6 h6! 60.♔e4 ♔e8 61.♗b3 ♔d8 62.♔d5 (oder 62.♔d3 ♗g5 63.♔c2 a2!! 64.♗:a2 ♗f4 65.e6 ♗e5) 62. ... ♗g5 63.♔e6 ♔e8 64.♗a2 ♗h4 65.♗b1!? ♔f8 66.♔d7 ♗g5 67.♔c6 ♔f7 68.♗a2+ ♔e8 69.♗b3 ♔d8 70.♔c5 ♗h4 (70. ... ♔c7? 71.f7 ♗e7+ 72.♔d5 und 73.♔e6) 71.♔b4 a2!! 72.♗:a2 ♗g3 73.e6 ♗e5 74.f7 (74.e7+ ♔e8) 74. ... ♔e7 mit offensichtlichem Remis.

Nützlich ist, sich das Ablenkungsbauernopfer anzuschauen, das dem Nachziehenden erlaubt, eine uneinnehmbare Festung zu errichten. Das ist eine typische Methode, die in der uns bekannten Studie von Timman vorkommt. Hier wird das Prinzip verdeutlicht, dass **Stellungsnuancen wichtiger sind als Material**.

**52. ... ♗h2?!**

In der Partie hat sich dieser Zug als richtig erwiesen, Schwarz musste aber mit der Antwort 53.f5! rechnen. Auf 53. ... g5 oder 53. ... a3 käme unangenehm 54.♔d4. Nach 53. ... gf 54.ef ♔c5 (54. ... ♗e5 55.♔e4 ♗f6 56.♔d5 a3 57.♔d6) 55.♔e4 ♔d6 folgt 56.f6. Zuverlässiger war 52. ... a3 53.e5 ♔c5, was das Spiel zu den schon untersuchten Varianten führt.

**53.♔e3?! ♔c5 54.♗a2 a3 55.g4**

Mehr praktische Chancen verspricht 55.♔f3 und 56.g3.

**55. ... ♔c6! 56.e5**

Weder 56.h4 h6! noch 56.g5!? reicht zum Sieg aus. Der Textzug erlaubt Schwarz, die Stellung gleich zu vereinfachen.

**56. ... g5! 57.fg ♗:e5 58.♔e4 ♔d6 59.♔f5 ♗g7 60.h4 ♔e7 61.h5 ♗c3 62.g6** (62.h6 ♗d2!) **62. ... h6 63.g5 hg 64.h6 ♔f8**

Und die Gegner einigten sich auf Remis.

Insgesamt spielte Swjaginzew geschickt. Er hat seine Kräfte rechtzeitig konzentriert und durch einen Angriff auf die gegnerischen Bauern die Pläne von Weiß durchkreuzt. Hat aber der Anziehende alle seine Ressourcen mobilisiert? Kehren wir zur Stellung nach dem 49. Zug von Schwarz zurück.



**Baikow – Swjaginzew,** Moskau 1990

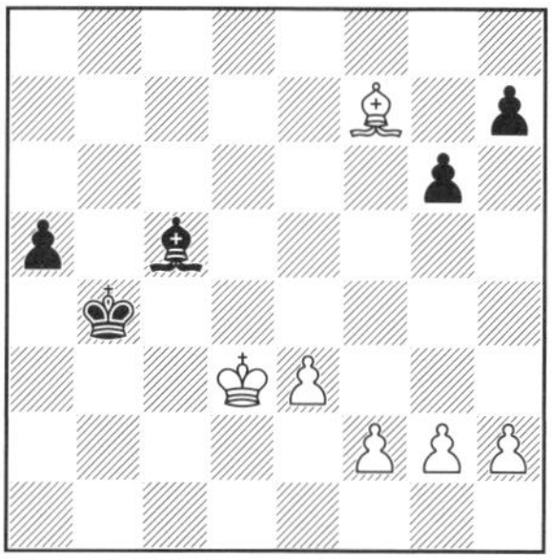

Im Kapitel **„Realisierung eines Vorteils“** hat Mark Dworetski auf das wichtige Prinzip **„Nichts übereilen“** hingewiesen. Eine Seite dieses Prinzips besteht in der Aufmerksamkeit gegenüber „Kleinigkeiten“. **Man darf auch nicht die geringste Möglichkeit, seine Stellung zu verstärken oder die gegnerische zu schwächen, außer Acht lassen.**
In der Diagrammstellung kann Weiß die feindliche Bauernkette mittels **50.♗g8!** schwächen. Dazu füge ich zwei Bemerkungen an:
Erstens muss er sich mit diesem Angriff beeilen, da bei dem a-Bauern auf der 4. Reihe der Bauer h7 schon immun ist wegen des Vorstoßes a4-a3. Hier besteht übrigens kein Widerspruch zu dem genannten Prinzip. „Nichts übereilen“ bedeutet ja nicht, auf der Stelle zu treten. Das Wesen des Prinzips besteht darin, zu versuchen, vor entscheidenden Veränderungen der Stellung das maximal Mögliche aus der vorhandenen Struktur herauszuholen.
Die zweite Bemerkung bezieht sich auf das Endspiel mit ungleichfarbigen Läufern. Wir wissen, dass es für die **verteidigende Seite in der Regel günstig ist, die Bauern auf Feldern der Farbe des eigenen Läufers zu halten**. Dieses Beispiel zeigt, **dass man den Regeln nicht blindlings, sondern nur unter Beachtung der konkreten Stellung folgen darf**. Der Plan des Anziehenden sieht vor, die Bauern am Königsflügel vorzustoßen. Der Umstand, dass der Bauer g6 ungeschützt ist, zwingt Schwarz, diesen vorzurücken oder abzutauschen. Dabei erhält der Gegner das Schlüsselfeld f5. Das war offenbar das kleine Detail, das im Gewinnplan von Weiß fehlte.
**50. ... h6 51.f4**
Verfrüht wäre 51.♗f7 g5 52.♔e4? wegen 52. ... ♔c3!. Jetzt kann Schwarz, falls er sich wie in der Partie verteidigt, schon keine Festung mehr aufbauen: 51. ... a4 52.e4! ♗g1 53.e5 a3 54.h3 ♔c5 55.g4 ♔c6 56.f5 gf 57.gf ♔d7 58.♔e4 ♗c5 59.f6 ♔e8 60.♔f5 ♔f8 61.♗c4 ♗b4 62.e6 h5 63.♔g5 usw.
Seine Lage wird auch nicht erleichtert durch 51. ... ♗d6 52.g3 (mit der Drohung e3-e4-e5) 52. ... g5. Darauf wäre z. B. möglich 53.f5 ♔c5 54.♔e4 ♔c6 55.♗b3! ♗c5 56.♔e5! ♗:e3 57.♔e6 nebst 58.f6.
Dennoch sind die Verteidigungsreserven nicht erschöpft (erinnern wir uns an die **„Remistendenzen“** in Endspielen mit ungleichfarbigen Läufern). Probieren wir **51. ... ♔b5!**

Im Fall von 52.♗f7 g5 53.f5 ♔c6 kann sich der schwarze König rechtzeitig am Kampf gegen die Freibauern beteiligen. Beispielsweise 54.f6 a4 55.♔e4 ♔d7 56.g4.

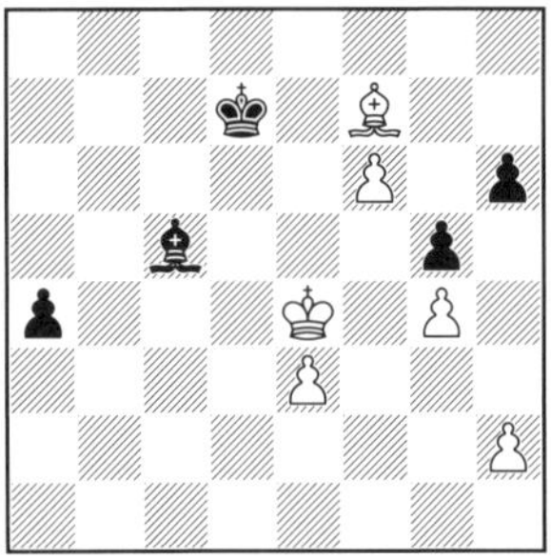

Das schablonenhafte 56. ... a3 reicht nun nicht wegen 57.♗a2! ♔e8 (57. ... ♗b6 58.♔f5! ♗:e3 59.♔g6 ♗d4 60.f7 ♔e7 61.♔:h6 oder 59. ... ♔e8 60.♔:h6 ♔f8 61.♔h5 ♗d2 62.h4 gh 63.♔:h4) 58.♔d3!! ♔d7 59.e4 ♔d6 60.♔c4, und gegen 61.e5+ gibt es keine Rettung. Bei 57.♗b3? (statt 57.♗a2!) findet sich übrigens eine Verteidigung 60. ... a2! 61.♗:a2 ♗a3.

Nötig war 56. ... ♗b6!! 57.♗c4 ♔e8! Nun hilft weder 58.♔d3 ♗d8 noch 58.♔f5 ♗:e3 59.♔g6 ♗d4.

**52.e4! ♗g1! 53.e5!** (53.h3? ♗h2) **53. ... ♗:h2 54.♔e4 a4!**

Sonst gewinnt leicht 55.♗f7 g5 56 f5.

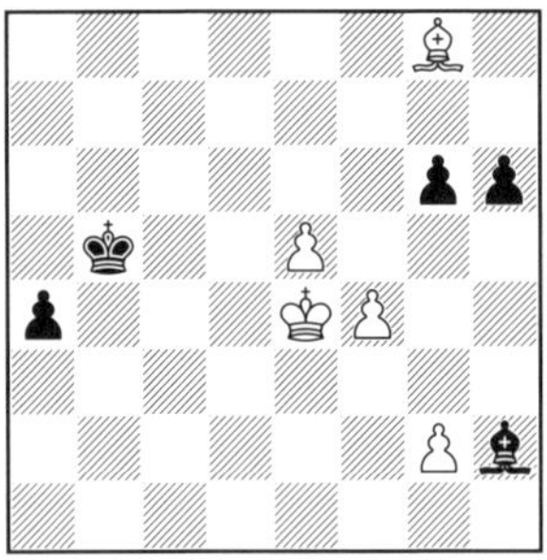

Das primitive 55.g4? ♔c6 56.f5 gf+ 57.gf ♔d7 58.f6 ♔e8 59.♗c4 a3 60.♔f5 (60.♔d5 ♔f7!) 60. ... ♔f8 61.e6 ♗d6 62.♔g6 ♗b4 63.♔:h6 ♗c5 führt zum Unentschieden. Der weiße Läufer kann das wichtige Feld e8 nicht kontrollieren. Aus diesem Grund ist der König von Schwarz in der Lage, den weißen Monarchen daran zu hindern, seinen Bauern zu Hilfe zu kommen.

Studienartige Wendungen tauchen in der folgenden Variante auf: 55.e6?! ♔c6 56.♔e5 ♗g3! (sonst 57.e7 ♔d7 58.♔f6) 57.♗f7 ♗h4 58.♗:g6 (58.g3 a3!) 58. ... ♔c7! (aber nicht 58. ... a3? 59.♗b1 ♔c7 60.f5). Nach 59.♗c2 verliert das naheliegende 59. ... a3 60.♗b3 ♔d8 wegen 61.♔f5! ♗g3 (61. ... ♔e7 62.♔g6) 62.♔f6. An dem Bauern darf man sich nicht festhalten, wichtiger ist die Blockade: 59. ... ♔d8! 60.♗:a4 ♔e7 61.♔f5 ♗e1 62.♗b3 ♗d2 mit Remis. Am gefährlichsten ist 59.g3! a3! 60.gh! (60.♗b1 ♗:g3) 60. ... a2 61.e7 a1♕+ 62.♔f5 ♕b1+ 63.♔f6. Ich kann aber keinen Sieg für Weiß finden, z. B. 63. ... ♕b4! 64.f5 ♕:h4+ 65.♔f7 ♕c4+ 66.♔g7 ♕d4+ 67.f6 ♕d7 68.♔f8 (68.♗f5 ♕e8 69.♗e6 ♔d6; 68.♗f7 ♕g4+ 69.♔f8 ♕b4) 68. ... ♕d6 69.♔g8 (es droht 70.e8♘+!) 69. ... ♕e6+ (oder 69. ... ♔b6).

**55.♗f7! a3 56.e6! a2 57.e7 a1♕ 58.e8♕+**

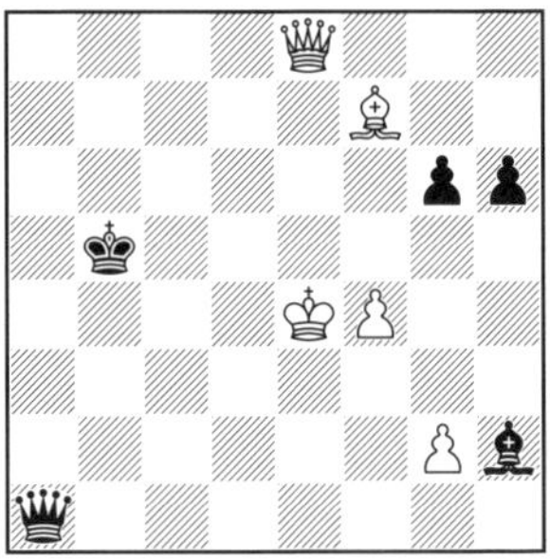

**Baikow – Swjaginzew,** Moskau 1990

Diese Stellung entsteht offenbar forciert. Schwarz kann nicht mattgesetzt werden. Deswegen verfolgt der Anziehende das Ziel, die Damen zu tauschen, den g-Bauern zu gewinnen und den schwarzen Läufer für den e-Bauern zu erobern. Dieser Plan ist mit etwas Mühe realisierbar.

**58. ... ♔c5 59.♕c8+ ♔b6 60.♕b8+ ♔c5 61.♕c7+ ♔b5 62.♕b7+!**

Nichts ergibt 62.♗e8+ ♔a6! 63.♕c6+ ♔a7 64.♕c5+ ♔b8!.

**62. ... ♔c5 63.♕d5+! ♔b6 64.♕d6+ ♔b7** (schlecht ist 64. ... ♔b5 65.♗e8+) **65.♗d5+ ♔c8 66.♗e6+ ♔b7 67.♕d7+ ♔b6 68.♕d8+ ♔c5 69.♕c7+ ♔b5 70.♗d7+ ♔b4**

Der Rückzug nach a6 (wie in der analogen Stellung mit dem Läufer auf e8) verliert jetzt: 70. ... ♔a6 71.♕c6+ ♔a7 72.♕c5+ ♔b7 73.♗c6+ ♔c7 74.♗b5+ ♔b7 75.♕c6+ ♔b8 76.♕d6+ ♔b7 77.♗c6+ ♔b6 78.♗d5+ ♔b5 79.♕c6+ usw.

**71.♕b6+ ♔a3 72.♕a5+ ♔b2 73.♕:a1+ ♔:a1 74.♗e8 ♔b2**

Oder 74. ... g5 75.f5 ♗d6 76.♗h5 ♔b2 77.f6 ♔c3 78.♔d5 ♗a3 79.f7 ♔d3 80.g4 nebst ♔e6-d7-e8.

**75.♗:g6 ♔c3 76.f5 ♔c4 77.f6 ♔c5 78.f7 ♗d6 79.♗h5 ♗f8 80.♔f5 ♔d6 81.♔g6 ♔e7 82.♔h7 ♔f6 83.♔g8 ♔e7 84.g4**

Und Schwarz befindet sich im Zugzwang.

Damit haben wir die Gewinnmöglichkeit von Weiß offensichtlich bewiesen, wofür eine 35 Züge lange Analyse nötig war (die ich zusammen mit Dworetski erarbeitet habe). Solche lange Varianten sind selten fehlerfrei. Es ist gut möglich, dass der Leser eine Verteidigung für Schwarz oder auch einen kürzeren Gewinnweg für den Anziehenden findet.

(Als das Manuskript sich schon im Druck befand, wurde tatsächlich eine weitere Verteidigungsreserve gefunden: In der Variante 51. ... a4 52.e4 ♗g1 53.e5 rettet sich der Nachziehende mit 53. ... ♔c5! 54.h3 h5!!. Nun hat Weiß nichts von 55.♔e4 ♔c6 56.f5 gf+ 57.♔:f5 wegen 57. ... h4. Der Plan, nach dem Tausch der h-Bauern verbundene Freibauern zu bilden, reicht ebenfalls nicht zum Sieg: 55.g4 hg 56.hg ♔c6 57.♔e4 ♔d7 58.f5 gf+ 59.gf ♗c5 60.f6 a3 61.♗b3 ♗b4 62.e6+ ♔e8 63.♔d5 ♔d8 64.♔c6 a2 65.♗:a2 ♗c3=.

Die Möglichkeiten von Weiß sind übrigens auch noch nicht erschöpft. So kommt 52.g4 statt 52.e4 in Frage. Bisher wurde kein eindeutiges Fazit erzielt.)

**Swjaginzew (17) – Onischuk**
**Berlin 1993**

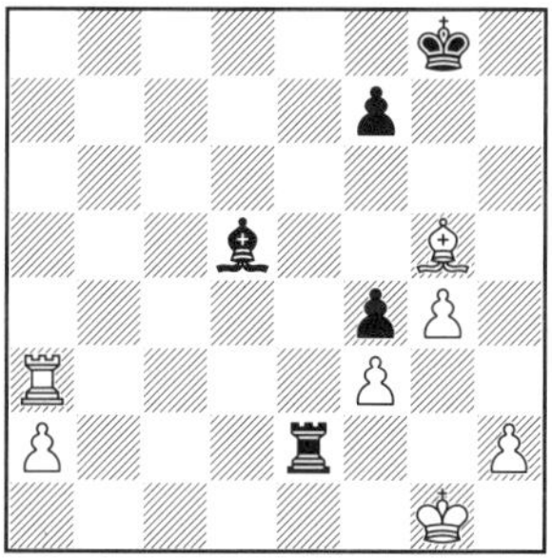

Wie soll sich Schwarz verteidigen: 35. ... ♖:a2 oder 35. ... ♖e3. Mit anderen Worten, ist seine Stellung nach 35. ... ♖e3 verloren? In der Partie beantwortete der Nachziehende die Frage mit „ja" und spielte 35. ... ♖:a2 36.♖d3! ♖a1+

37.♔g2 ♖a2+ 38.♔h3 ♗c4 39.♖d8+ ♔g7 40.♗:f4 ♗f1+ 41.♔g3 ♖g2+ 42.♔h4 ♖f2 43.g5!. Weiß behielt zwei Mehrbauern, weil 43. ... ♖:f3 mit 44.♗e5+ ♔g6 45.♔g4 widerlegt wird. Die Partie gewann der Anziehende im 100. Zug.

Schauen wir uns die Folgen des Turmtausches an. Nach **35. ... ♖e3 36.♖:e3 fe** wäre 37.♗:e3?? ♗:a2 38.♔f2 ein grober Fehler. ♖rotz der zwei Mehrbauern von Weiß ist die Stellung remis.

Bei passiver Verteidigung 38. ... ♗b3 39.♔g3 ♗d1 („**Bauern im Visier**") erwarten Schwarz einige Gefahren, wie die folgenden Varianten illustrieren:

a) 40.h4 ♔g7 41.h5 ♔h7 42.♗d4 ♗e2 43.g5 ♗d1 44.♗f6 ♗e2 45.♔f4 ♗d1 46.♔e4 ♗c2+ 47.♔e5 ♗d1 48.♔f4 ♗e2 49.h6 ♔g6 50.♔e4 ♗d1 51.f4 ♗c2+ 52.♔e5 ♗b1. Nun ergibt nichts 53.f5+ ♔h7 54.♗e7 ♗c2 55.♔f6 ♗b1 56.♗b4 ♗c2 57.♗d2 ♗b1 58.♔e5 ♗c2 59.g6+ fg 60.f6 ♗b3 61.♔d6 ♔g8. Etwas listiger wäre 53.♔d6 mit der Drohung, dass der König nach g8 geht. Der Nachziehende pariert jedoch die Gefahr mittels 53. ... ♔h7! 54.♔e7 ♔g8 55.♗c3 ♗c2 56.♔f6 ♗b1 57.f5 ♔h7!.

b) 40.f4!? ♔h7 41.f5 ♗e2 42.♔f4 ♔h6 43.♔e5+ ♔g7 (bei dieser Struktur darf der König nicht nach f6 gelassen werden, da Weiß sonst zu g4-g5-g6 kommt) 44.g5 ♗d1 45.h4 ♗e2 46.♗d4 ♗d1 47.♗c5 ♗g4 (möglich war ebenfalls 47. ... ♗c2, weil auf 48.h5 die Antwort 48. ... ♗d1! 49.h6+ ♔h7 50.♔f6 ♗c2 geht) 48.♗b4 ♗d1 49.♔d6 ♗c2! 50.♗c3+ ♔g8 51.♔e5 ♔g7 52.h5 ♗d1! 53.h6+ ♔h7 54.♔f6 ♗c2 mit Remis wie in der vorigen Variante.

Der einfachste Weg, eine **Festung zu bauen**, besteht in 38. ... f5! Weiter kann folgen:

39.♔g3 fg 40.fg ♔h7 41.h4 ♗e6 42.h5 ♗d7 43.♔h4 ♗e6 44.g5 ♗f7;

39.h3 ♔f7 40.♔g3 fg 41.hg ♔g6 42.f4 ♗e6;

39.g5 ♔g7 40.h4 ♔g6 41.♔g3 ♗b3 42.♔f4 ♗d1;

39.gf ♗b1 40.f6 ♔f7 41.♗d4 ♗h7. Im Weiteren manövriert Schwarz entsprechend der Situation mit dem König auf den Feldern f7-g8 oder mit dem Läufer auf der Diagonalen b1-h7 bzw. den Feldern h7-g8.

Natürlich ist es für den Anziehenden vorteilhaft, den a-Bauern zu behalten. Das wichtigste Prinzip bei der Realisierung eines Vorteils – **das Prinzip der zwei Schwächen –** gilt auch in Endspielen mit ungleichfarbigen Läufern (Genaueres zu dem Prinzip siehe im Kapitel „**Realisierung eines Vorteils**"). Ein Freibauer auf der a-Linie und ein weiterer am Königsflügel zerreißen die gegnerische Verteidigung. Der Umstand, dass Weiß etwas von seinem Materialvorteil verliert, spielt keine wesentliche Rolle: **die Nuancen der Stellung sind wichtiger als das Material**. Nach **37.a4 ♗:f3** kann der Anziehende wählen zwischen 38.a5!? und 38.h3.

Nach 38.h3 e2 39.♗d2 ♗b7! 40.♔f2 ♗a6 wäre der Läufer von Schwarz ideal postiert. Weiß sähe sich dagegen mit einigen Schwierigkeiten konfrontiert. Schlecht wäre 41.g5? ♔g7 42.h4 ♔g6 43.♔e3 wegen 43. ... f6! 44.gf ♔:f6 45.♔d4 ♔e6 46.♔c5 ♔d7 47.♔b6 ♗d3 48.a5 (48.♔b7 ♗e4+ 49.♔b8 ♔c6) 48. ... ♔c8 49.♔a7 ♔c7 50.h5 ♗c4 51.h6 ♗d3 52.♗e1 ♔c8 53.♗g3 ♗e4 54.a6 ♗d3 55.♔b6 e1♕ 56.♗:e1 ♔b8.

Richtig ist 41.♔e3 f6!? 42.♔d4 ♔f7 43.♔c5 ♗b7 44.a5. Falls nun 44. ... ♗g2 45.h4 ♗f3 46.a6! ♗:g4 47.a7 ♗f3, so nicht 48.♔b6? ♔g6 49.♔c7 ♔h5 50.♗e1 f5 51.♔b8 f4 52.a8♕ ♗:a8 53.♔:a8 f3 54.♔b7 ♔g4 55.♔c6 ♔h3 56.h5 ♔g2 57.h6 f2 mit Remis. Dagegen führt 48.♔d4! ♔g6 (48. ... ♔e6 49.♔e3 ♗d5 50.h5) 49.♔e3 ♗b7 50.♔:e2 ♔h5 51.♗e1 zu einem leichten Gewinn. (Der König geht zum Bauern a7.)

Hartnäckigeren Widerstand bietet 44. ... ♔e6! 45.♗e1! (45.♔b5? ♗g2 analog der oben gezeigten Variante) 45. ... ♗g2 46.h4 ♗f3 47.a6 ♗:g4 48.♔d4 ♗f3 49.♔e3 ♗c6 50.a7 f5 51.♔:e2 f4 52.♔d3, und Weiß muss noch technische Probleme überwinden.

Stärker ist **38.a5! ♗:g4 39.a6 ♗f3.** Nach 39. ... e2 40.♔f2 ♗f3 41.♗d2 ♗c6 42.h4 hat Schwarz keine Rettung gegen den Plan des Anziehenden: Vorrücken der Bauern nach h6 bzw. a7, Schlagen des Bauern e2 und Marsch des weißen Königs zum Damenflügel. Wichtig ist, dass der weiße Läufer auf einer Diagonalen sowohl seinen Bauern schützt als auch den gegnerischen Freibauern am Vorgehen hindert.

**40.a7** (gut ist ebenfalls 40.♗:e3) **40. ... ♔f8**

Die einzige Hoffnung des Nachziehenden besteht in der Überführung seines Königs zum Bauern a7. In dem Fall würde es ihm reichen, seinen Läufer gegen den h-Bauern zu opfern.

**41.h4 e2** (41. ... ♔e8 42.h5 ♔d7 43.h6) **42.♔f2**

Und Schwarz kann sich gegen den aufgezeigten Plan von Weiß nicht wehren. Somit erkennen wir, dass der Turmtausch zum Verlust führt, obwohl der Gegner noch bestimmte Schwierigkeiten überwinden muss.

## Aus der Eröffnung ins Endspiel

Die folgende Trainingspartie wurde in einer früheren Unterrichtsveranstaltung, die sich mit der Eröffnung beschäftigte, gespielt. Wir haben den jungen Meistern vorgeschlagen, „ihre Karten“ vorher aufzudecken, d. h., dem Gegner mitzuteilen, welche Eröffnung sie spielen werden. Dann sollten sie sich die Empfehlungen der Theorie zu der geplanten Eröffnungsvariante aneignen, aktuelle Partien analysieren und neue Ideen finden, um dem Partner eine Überraschung zu präsentieren.

Im heutigen Schach werden Eröffnungsdiskussionen manchmal erst nach zwei oder gar drei Dutzend Zügen im tiefen Endspiel entschieden. So geschah es auch in dem folgenden Beispiel.

### Kirjakow (15) – Swidler (14)
### Daugawpils 1990

**1.d4 ♘f6 2.c4 g6 3.♘c3 ♗g7 4.♘f3 d5 5.cd ♘:d5 6.e4 ♘:c3 7.bc 0-0 8.♖b1 c5 9.♗e2 ♘c6 10.d5 ♘e5 11.♘:e5 ♗:e5 12.♕d2 b6 13.f4 ♗g7 14.c4 e5 15.♗b2** (eine Alternative ist 15.0-0) **15. ... ef** Die andere Möglichkeit 15. ... ♕d6 kam in der Begegnung Komarow – Smejkal, Bad Mergentheim 1989 vor, die im 48. Band des Informators veröffentlicht wurde.

**16.♕:f4**

Schlecht wäre 16.♗:g7? wegen des Zwischenschachs 16. ... ♕h4+, und falls 17.g3 fg 18.♕h6, so 18. ... g2+!.

**16. ... ♕e7 17.0-0 ♗d7 18.♗d3 ♖ae8**
Das letzte Wort in der Variante ist der sofortige Läufertausch. In der Partie Sakajew – Ftacnik, Dortmund 1992, erzielte Schwarz nach 18. ... ♗:b2 19.♖:b2 f6 20.♗c2!? ♖ae8 (mit der Idee f6-f5) Ausgleich. Statt 20. ... ♖ae8 ist das von Stohl im Informator Bd. 48 empfohlene 20. ... ♕e5 21.♕:e5 fe weniger exakt, weil Weiß mit dem von Kirjakow gezeigten 22.♖fb1! in Verbindung mit der Drohung a2-a4-a5 bessere Aussichten behält.

**19.♗f6!?**
Das ist genauer als 19.♗:g7 ♔:g7 20.a4 f5 mit Ausgleich, wie geschehen im Treffen Waiser – Stohl, Biel 1989.

**19. ... ♗:f6 20.♕:f6 ♕:f6 21.♖:f6 ♔g7 22.♖bf1!?**
Schlechter wäre 22.♖d6 ♗a4 23.♖f1 f6 – Stohl.

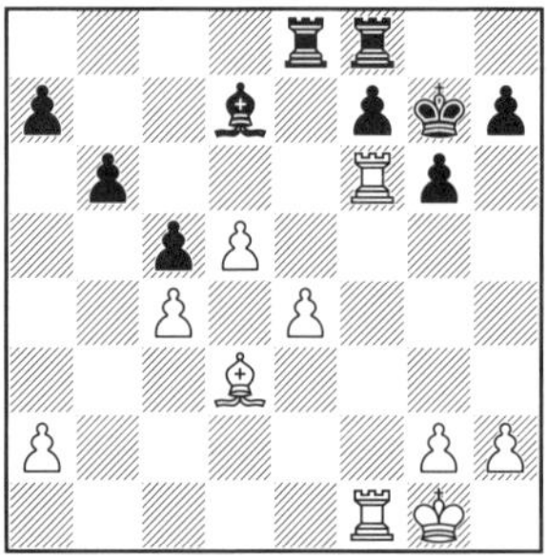

In dem entstandenen Endspiel besitzt Weiß die Initiative. Natürlich ist der Druck auf der f-Linie für sich noch nicht zu unangenehm für Schwarz. Das Problem liegt eher darin, dass der Gegner über einen einfachen Plan verfügt, seine Stellung am Damenflügel zu verstärken. Weiß möchte mit ♗c2, a2-a4-a5 im Lager von Schwarz eine zweite Schwäche provozieren. Beachtung verdient deswegen der folgende Vorschlag von Stohl, den Charakter des Kampfes zu ändern: 22. ... ♗f5!? 23.ef ♔:f6 24.fg+ ♔g7 (24. ... ♔e5?? 25.g7) 25.gh ♖e3. Falls nun 26.♗f5, so 26. ... ♖d8 27.♖f4 ♖ee8. Nach 26.♖d1 hat der Nachziehende die Wahl:
a) 26. ... f5 27.d6 ♔:h7 28.d7;
b) 26. ... ♖d8 27.♔f2 ♖e5 28.a4 a6 29.♖b1 (Stohl);
c) 26. ... ♖e5!? (nebst b6-b5, f7-f5) 27.g4 b5 28.♗f5 bc 29.♔f2!?
Mit dem Textzug kann Schwarz seine Probleme nicht lösen.

**22. ... ♖e5 23.♖6f3**
Die Möglichkeit des Zuges ♗f5 geht Kirjakow so auf die Nerven, dass er den Turm aus seiner aktiven Stellung entfernt. Genauer war 23.♖1f4!. Nun würde auf 23. ... ♗f5 einfach 24.♖c6 folgen.

**23. ... ♗g4**
Weiß möchte am Damenflügel aktiv werden mittels 24.♗c2 sowie 25.a4 oder 25.♖a3. Das Hauptproblem der schwarzen Stellung besteht darin, dass der eigentlich gute Läufer kaum mitspielt. Das einzige Objekt für ein Gegenspiel ist der Bauer e4. 23. ... f5? scheitert aber an 24.g4. Deswegen kommt die Überführung des Läufers nach g6 in Betracht: 23. ... f6 nebst g6-g5 und ♗e8-g6.

**24.♖3f2 ♗d7?!**
Hier war es für 24. ... g5! mit der Idee ♗h5-g6 noch nicht zu spät. Die Abwartetaktik macht sich dagegen nicht bezahlt.

**25.a4** (25.♗c2!?) **25. ... ♖ee8 26.♗c2**
Auf 26.a5 geht 26. ... ba 27.♖a1 (27.♖b1 ♖b8) 27. ... a4 28.♗c2 ♖e5. Aufmerk-

samkeit verdient aber 26.h4. Beeinflusst durch das indifferente Spiel des Gegners, möchte Kirjakow „mit allen Bequemlichkeiten" spielen. Dabei unterschätzt er folgenden Befreiungsvorstoß.

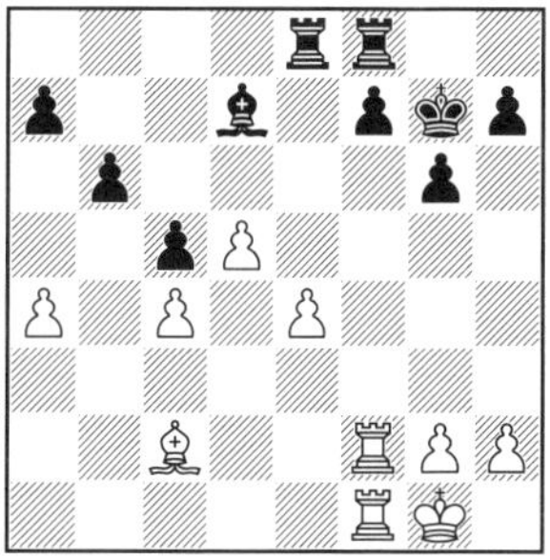

**26. ... f5!**

Eine feine Lösung der Verteidigungsprobleme, deren Bewertung von dem entstehenden forcierten Bauernendspiel abhängt.

**27.ef ♗:f5 28.♗:f5 ♖:f5 29.♖:f5 gf 30.♖:f5 ♖e4! 31.d6! ♖d4 32.♖d5 ♔f6!**

Verlieren würde 32. ... ♖:d5? 33.cd ♔f7 wegen 34.g4 ♔e8 35.g5 ♔d7 36.h4 ♔:d6 37.h5 ♔:d5 38.g6 hg 39.h6.

**33.♖:d4 cd 34.♔f2 ♔e6 35.♔e2**

Weiß nutzt nicht alle Gewinnchancen. Schwieriger war die Aufgabe des Gegners bei 35.♔f3 ♔:d6 36.♔e4 ♔c5 37.♔d3. Nach 37. ... ♔b4 38.♔:d4 ♔:a4 39.♔c3! hat Schwarz scheinbar schlechte Karten. Ihn rettet jedoch eine ungewöhnliche Verteidigung.

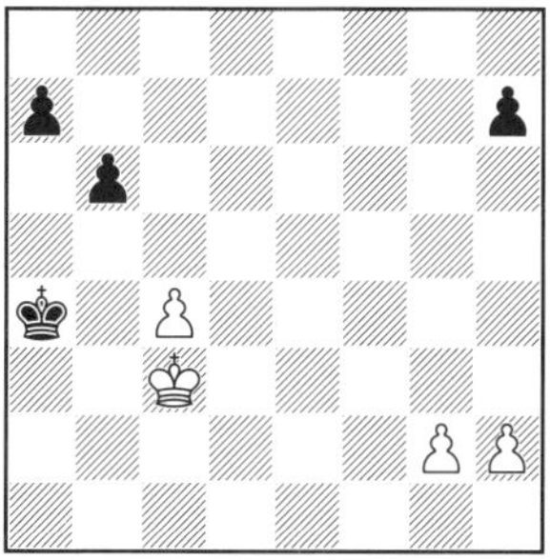

39. ... b5 40.g4 a6!! (oder 39. ... a6 40.g4 b5!, aber nicht 40. ... ♔a3?? wegen 41.c5!! mit Gewinn) 41.h4 (41.cb ♔:b5) 41. ... ♔a3. In dem nach 42.c5 b4+ 43.♔d2 b3 44.c6 b2 45.c7 b1♕ 46.c8♕ entstehenden Damenendspiel müsste sich der Nachziehende halten können.

**35. ... ♔:d6 36.♔d3 ♔e5!**

Nun würde 36. ... ♔c5? wegen 37.g4 verlieren.

**37.g3 h6! 38.h3 h5! 39.g4 hg 40.hg ♔f4 41.♔:d4 ♔:g4 42.♔d5**

Zum Remis führt ebenfalls 42.a5 ♔f4! 43.a6 (43.ab ab 44.♔d5 ♔e3) 43. ... ♔f5 44.♔d5 ♔f6 45.♔c6 ♔e6 46.♔b7 ♔d7.

**42. ... ♔f4!**

Aber nicht 42. ... ♔f5??, weil 43.a5! ba 44.c5 zum Sieg reicht.

**43.♔c6 ♔e5 44.♔b7 ♔d6 45.♔:a7 ♔c7**

Remis

### Der Tausch

Lohnt es sich, die Damen zu tauschen und ins Endspiel überzuleiten? Wie sind die Folgen eines Turmtausches zu bewerten? Während der Partie muss man oft solche Fragen beantworten. Es überrascht nicht, dass im Endspiel, wo nur noch wenige Figuren übrig bleiben, die richtige Lösung eines Tauschproblems an Bedeutung gewinnt.

**Mugerman – Makarjew (14)**
**Moskau 1989**

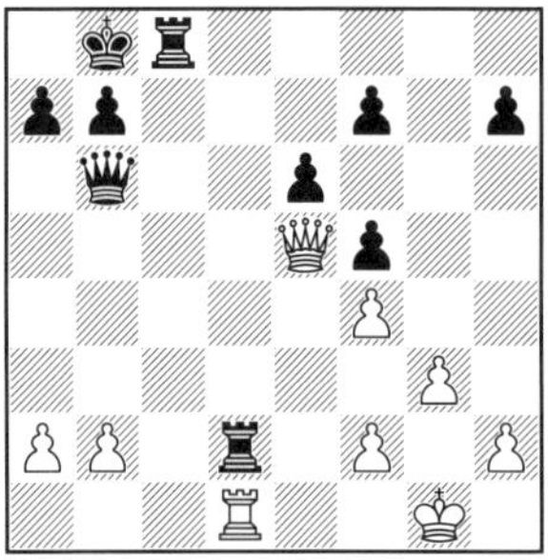

Schwarz muss beachten, dass seine Bauernstruktur am Königsflügel entwertet ist. Im Endspiel könnten seine Bauern für den feindlichen König eine leichte Beute werden. Deswegen war geboten, die Damen nicht zu tauschen. Nach dem richtigen 25. ... ♔a8 26.♖:d2 ♕c6 (mit der Absicht 27. ... ♕c1+, 27. ... ♕f3 oder 27. ... a6) erhält er Gegenspiel.

**25. ... ♕c7 26.♖:d2 ♕:e5?**

Wiederum ungenau. Der Tausch auf e5 verbessert lediglich die Bauernstruktur von Weiß. Er erhält einen starken Bauern auf e5, der zwei Bauern von Schwarz blockiert. Stärker war 26. ... f6!, worauf der Anziehende mit 27.♕e3 die etwas besseren Aussichten behält. Das Bauernendspiel ist nach 27.♕:c7+ ♔:c7 28.♖c2+ (28.♔g2!?) 28. ... ♔d7 29.♖:c8 ♔:c8 30.♔g2 ♔d7 31.♔h3 ♔e7 32.♔h4 ♔f7 33.♔h5 ♔g7 34.f3 h6! remis: 35.g4 ♔h7 36.g5 hg 37.fg ♔g7. Falsch wäre dagegen 34. ... ♔h8? (statt 34. ... h6!) 35.♔h6 ♔g8 36.g4 ♔h8 wegen 37.h3! (aber nicht 37.h4? ♔g8 38.g5 e5!) 37. ... ♔g8 38.h4 (Zugzwang) 38. ... ♔h8 39.g5 fg 40.hg mit Gewinn.

**27.fe**

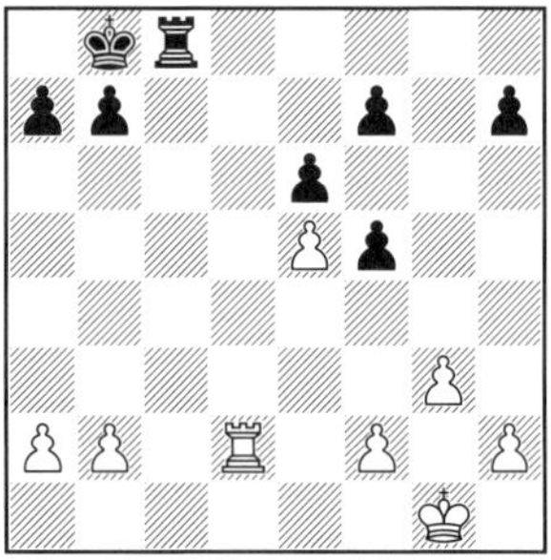

Trotz des materiellen Gleichgewichts ist die Lage von Schwarz kritisch. Wie kann der Marsch des weißen Königs zu den geschwächten Bauern am Königsflügel verhindert werden? In der Partie konnte der Nachziehende dieses Problem nicht lösen. Nach 27. ... ♖c1+? 28.♔g2 ♔c7 29.f4 ♖a1?! 30.a3 ♖c1 31.♔h3 ♖c5 32.♔h4 ♖d5 33.♖c2+ ♔d8 34.♔g5 erhielt er ein hoffnungsloses Endspiel.

Die Stellungsbewertung hängt vor allem davon ab, ob der Monarch von Schwarz zum Königsflügel gelangt. In dem Fall muss er den Turmtausch zulassen. Nach **27. ... ♔c7 28.♖c2+** (28.♔g2? ♖g8 mit einer für den Nachziehenden annehmbaren Stellung) **28. ... ♔d7 29.♖:c8 ♔:c8** entsteht ein interessantes Bauernendspiel. Der weiße König nimmt die gegnerischen Bauernschwächen ins Visier. Der schwarze Monarch eilt seinen Bauern zu Hilfe.

**30.♔g2 ♔d7 31.♔h3 ♔e7**

Ein aktives Gegenspiel käme zu spät: 31. ... ♔c6 32.♔h4 ♔d5 33.f4 ♔e4 34.♔g5 ♔f3 35.♔f6 ♔g2 36.♔:f7 ♔:h2 37.♔:e6 ♔:g3 38.♔:f5 h5 39.e6.

**32.♔h4**

Nun muss Schwarz wählen: 32. ... ♔f8 oder 32. ... f6.

32. ... ♔f8 33.♔h5 ♔g7 34.♔g5 (aber nicht 34.f3? wegen 34. ... f6!) 34. ... h6+ 35.♔h5 ♔h7 36.f3 (später wird klar, dass es besser ist, die Züge 36.b4 b5 wegzulassen) 36. ... f6 (im Falle von 36. ... ♔g7 37.g4 fg 38.fg ♔h7 39.g5 hg 40.♔:g5 **entscheidet der entfernte Freibauer den Kampf**) 37.ef e5 38.g4 e4 (nicht retten würde auch 38. ... f4 39.g5 e4 wegen 40.g6+ ♔g8 41.♔:h6 ef 42.g7 f2 43.♔g6 und 44. f7 matt!) 39.fe fe 40.♔h4 ♔g6 41.♔g3 ♔:f6 42.♔f4 e3 43.♔:e3 ♔g5 44.♔f3 ♔h4 45.♔f4 ♔h3 46.g5 hg 47.♔:g5 ♔:h2 48.♔f4 ♔g2 49.♔e5 ♔f3 50.♔d6 ♔e4 51.♔c7 b5 52.♔b7! (falsch wäre 52.♔c6 b4 53.♔b5 b3 54.ab ♔d3 55.♔a6 ♔c2 56.b4 ♔b3 oder 54.a4 ♔d3 55.♔b4 ♔c2 56.♔a3 a5 patt!) 52. ... ♔d3 (52. ... a5 53.♔b6) 53.♔:a7 b4 (53. ... ♔c2 54.b4 ♔c3 55.a3) 54.♔b6 ♔c2 55.b3, und Weiß gewinnt.

Schwieriger gestaltet sich die Aufgabe von Weiß bei

**32. ... f6 33.ef+ ♔:f6 34.♔h5 ♔g7**

34. ... ♔e5 35.♔h6 ♔e4 36.♔:h7 ♔f3 37.♔g6 ♔:f2 38.♔f6 ♔g2 39.♔:e6 ♔:h2 40.♔:f5 ♔:g3 41.♔e5 führt das Spiel zu einer schon untersuchten Variante.

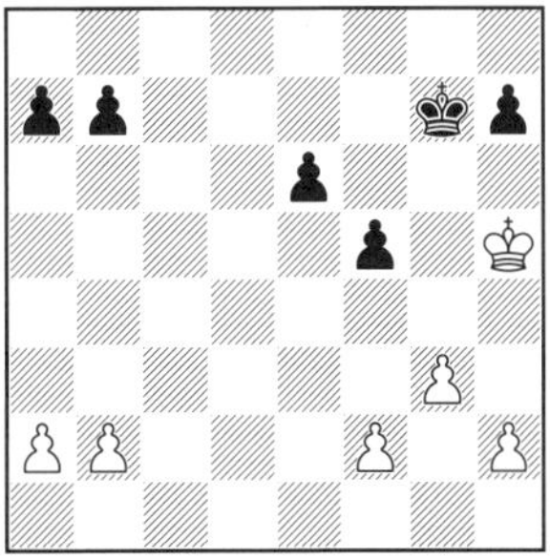

Nichts bringt jetzt 35.♔g5 wegen 35. ... h6+ 36.♔h5 (36.♔f4 ♔f6) 36. ... e5 oder 35.f3 wegen 35. ... ♔f6! 36.g4 fg 37.fg ♔e5. Logischer erscheint die Verstärkung der Stellung mittels **35.h3.**

**35. ... h6**

Die weiteren Varianten verdeutlichen, dass jeder Bauernzug am Damenflügel die Aufgabe des Gegners erleichtert. Beispielsweise 35. ... a5 36.a4 h6 37.g4 fg 38.hg ♔h7 39.f4 ♔g7 40.g5 hg 41.fg e5 42.♔h4 ♔f7 43.♔g3 ♔g6 44.♔g4 e4 45.♔f4 e3 46.♔:e3 ♔:g5 47.♔d4 ♔f5 48.♔c5 ♔e4 49.♔b6 ♔d4 50.♔:b7 ♔c5 51.♔a6 ♔b4 52.b3.

**36.g4** (aber nicht 36.f3?? e5 37.g4 f4)

**36. ... fg 37. hg ♔h7**

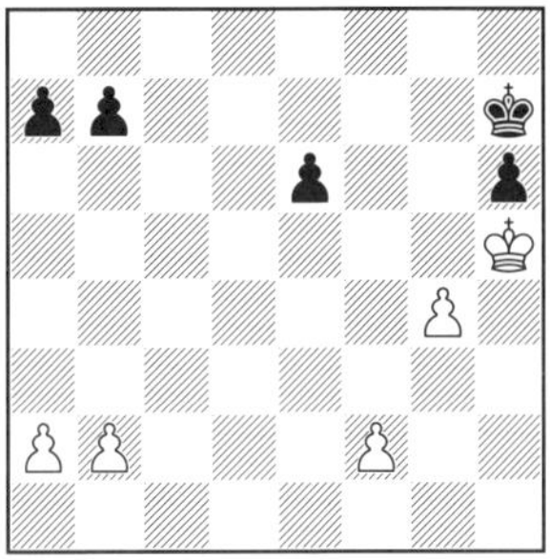

Das direkte 38.f4? führt nicht zum Ziel. Nach 38. ... ♔g7 39.g5 hg 40.fg e5

41.♔h4 ♔h7 42.♔g3 ♔g6 43.♔g4 e4 44.♔f4 e3 45.♔:e3 ♔:g5 46.♔e4 ♔f6 47.♔d5 ♔e7 kommt der weiße König nicht an die gegnerischen Bauern am Damenflügel heran. Nun wird klar, warum diese auf ihren Ausgangsfeldern a7 und b7 verbleiben müssen.

Remis ergibt ebenfalls 38.g5? hg 39.♔:g5 ♔g7 40.♔f4 ♔f6 41.♔e4 e5 (jedoch nicht 41. ... ♔f7? 42.♔e5 ♔e7 43.f3 ♔d7 44.♔f6 ♔d6 45.f4 ♔d7 46.♔f7 ♔d6 47.♔e8 b5 48.b4, und falls 48. ... e5, so 49.f5 mit Gewinn) 42.♔d5 ♔f5 43.b4 (auf 43.f3 geht sowohl 43. ... ♔f6 als auch 43. ... ♔f4 44.♔e6 ♔:f3 45.♔:e5 ♔e3 46.♔d6 ♔d3 47.♔c7 b5) 43. ... b5 44.♔c5 a6 45.♔d5 e4 46.a3 ♔f4 47.♔e6 ♔g4! 48.♔e5 ♔f3.

***Erinnern wir uns an das Prinzip „Nichts übereilen". Die Stellung lässt sich eventuell durch ein Vorrücken der Bauern am Damenflügel verstärken.***

**38.b4!** (der Zug hätte auch früher geschehen können) **38. ... ♔g7**

Schwarz muss sich abwartend verhalten, sonst gewinnt Weiß, indem er auf der anderen Brettseite einen entfernten Freibauern bildet (f2-f4, g4-g5).

**39.b5 ♔h7 40.a4 ♔g7 41.a5 ♔h7 42.b6 ab 43.ab ♔g7**

Aus der Sicht des ersten Planes (Bildung eines entfernten Freibauern) hat sich die Situation nicht verändert. Für den zweiten Plan erweist sich die Verstärkung der Stellung jedoch als wichtig.

**44.g5! hg 45.♔:g5 ♔f7 46.♔f4 ♔f6 47.♔e4 ♔f7**

Ebenso wenig hilft 47. ... e5 48.♔d5 ♔f5 49.♔d6 ♔f4 50.♔c7 ♔f3 51.♔:b7 ♔:f2 52.♔c6 e4 53.b7+-.

**48.♔e5 ♔e7 49.f3!**

Beachtenswert ist, dass Weiß nur dank der zwei vorhandenen Reservetempi gewinnen kann.

**49. ... ♔d7 50.♔f6 ♔d6** (oder 50. ... ♔c6 51.♔:e6 ♔:b6 52.f4 ♔c7 53.f5 ♔d8 54.♔f7 b5 55.f6 b4 56.♔g8 b3 57.f7, und der Bauer verwandelt sich mit gleichzeitigem Schachgebot zur Dame) **51.f4 ♔d7 52.♔f7 ♔d6 53.♔e8**

Indem er die „seitliche Opposition" einnimmt, hat der weiße König das **Umgehungsmanöver** vollendet.

**53. ... ♔c6 54.♔e7 ♔:b6** (oder 54. ... ♔d5 55.♔d7) **55.♔:e6 ♔c7 56.f5 ♔d8 57.♔f7**

Der Zug 27. ... ♔c7 führt somit zu einem objektiv verlorenen Bauernendspiel. Am Brett lassen sich die Varianten wohl nicht bis zu Ende berechnen. Die Wahrscheinlichkeit von Fehlern bliebe hoch. Auf jeden Fall gab die Fortsetzung 27. ... ♔c7 mehr Rettungschancen als das in der Partie gespielte 27. ... ♖c1+?.

Schwarz verfügt aber noch über eine weitere Verteidigungsmöglichkeit. Mit 27. ... f4!? konnte er den Charakter des Kampfes verändern und – wie die Varianten zeigen – die Partie halten:

a) 28.♖d7?! f3!;

b) 28.gf ♖c4 29.♖d8+ ♔c7 30.♖h8 ♖:f4 31.♖:h7 ♔c6 32.♔g2 ♔d5 33.♔g3 ♔:e5 34.♖h5+ f5! 35.♖h4 ♖:h4 36.♔:h4 ♔f4 37.♔h5 ♔f3 38.♔g5 f4 39.h4 e5 mit Remis;

c) 28.♔g2 fg 29.hg (29.♔:g3 ♖g8+ und 30. ... ♔c7) 29. ... ♖c5 30.f4 (ungefährlich ist ebenfalls 30.♖d7 ♖:e5 31.♖:f7 h5 oder 30.♖d8+ ♔c7 31.♖f8 ♖c2) 30. ... ♔c7 31.♔h3 (oder 31.♔f3 h5!? 32.♖h2 ♔d7) 31. ... h6!? 32.♔g4 ♖c1, und es gelingt dem weißen König nicht, zu den schwarzen Bauern vorzudringen.

# Arithmetik von Bauernendspielen

Mark Dworetski

Eine Stellung mit zwei gegenüber stehenden Randbauern und einem entfernten Freibauer kommt in der Praxis recht häufig vor. Deshalb ist es nützlich, wenn man sie schnell und genau beurteilen kann. Der Gewinnplan für Weiß ist offensichtlich: Sein König läuft zum Randbauern. Der Gegner muss indessen den Bauern am anderen Flügel vernichten und danach mit seinem König in die Ecke eilen, um den Randbauern aufzuhalten. In welchen Fällen gelingt ihm das?

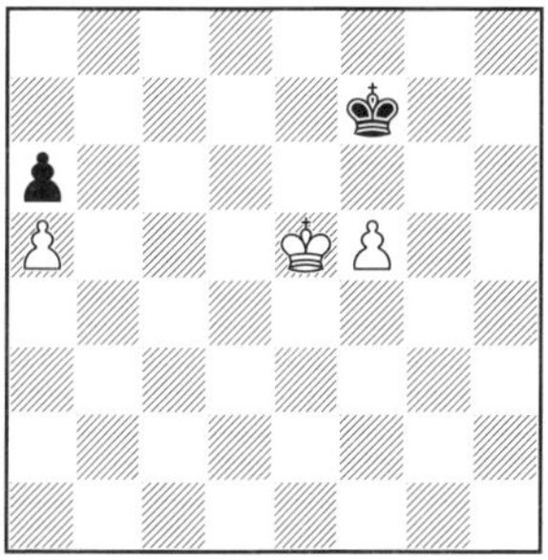

Weiß gewinnt

**1. ♔d5 ♔f6 2. ♔c6 ♔:f5 3. ♔b6 ♔e6 4. ♔:a6 ♔d7 5. ♔b7**

Jetzt setzen wir die Bauern am Damenflügel um eine Reihe zurück. (Diagramm rechts oben)

Man erkennt unschwer, dass die Position danach remis ist:

**1. ♔d5 ♔f6 2. ♔c5 ♔:f5 3. ♔b5 ♔e6 4. ♔:a5 ♔d7 5. ♔b6 ♔c8**

Stellen wir den f-Bauern und die beiden Könige jedoch um eine Reihe nach unten oder nach links, dann verliert Schwarz erneut. Was geschieht aber,

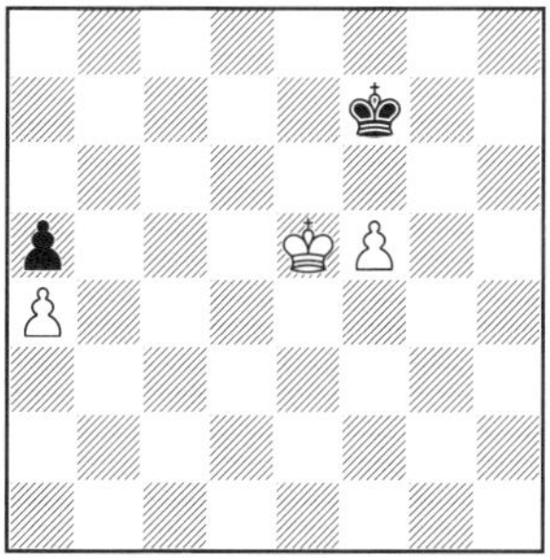

wenn die Bauern am Damenflügel noch weiter zurückgesetzt werden?

Hat man eine Stellung vor Augen, ist es natürlich leicht, Antwort auf jede dieser Fragen zu geben. In der Praxis kommen solche Situationen aber häufig am Ende langer Varianten vor, die wir vorher durchrechnen müssen. Verlängert sich die Berechnung noch um einige Züge, so kann sich dies als schwierig erweisen. Darum sollten wir möglichst lernen, eine Position gleich beim ersten Ansehen einschätzen zu können.

Eine einfache Methode der schnellen Stellungsbeurteilung wurde von Walter Bähr im Jahre 1936 aufgezeigt. Ich finde diese Regel aber nicht optimal. Zudem gilt sie nicht für die Fälle, wenn der König nicht seitlich von einem Freibauern, sondern vor ihm steht. Deshalb schlage ich eine etwas andere Methode der schnellen Bewertung solcher Stellungen vor.

1) Die erste Regel fällt mit der analogen Regel von Bähr zusammen: ***Hat***

***der Randbauer der stärkeren Seite die Mitte des Bretts überschritten, so wird der Gewinn immer erreicht.*** Folglich kann man mit einem Blick auf das erste Diagramm feststellen, dass die Stellung gewonnen ist.

2) Die Stellung auf dem zweiten Diagramm nennen wir „normal". Was macht sie dazu?

a) Zwischen den Bauern des Damenflügels verläuft eine unsichtbare Demarkationslinie, welche die obere und untere Hälfte des Bretts teilt.

b) Dcr schwarze König strebt zum Feld c8, er gelangt ohne Zeitverlust dorthin. Das geschieht deshalb, weil der Freibauer entweder schon die entscheidende Diagonale h3-c8 überquert hat oder sich auf ihr befindet.

***Eine „normale" Stellung ist remis.***

3) Jede Verschiebung des Bauern am Königsflügel um ein Feld zurück bedeutet ein Tempo zugunsten von Weiß. Beispielsweise erhält er mit einem Bauern auf f4 ein Tempo und mit einem Bauern auf e4 zwei Tempi. Denn ein zusätzliches Tempo bekommt die stärkere Seite noch, wenn ihr König nicht seitlich, sondern vor dem Bauern steht.

Dagegen bringt jede Verschiebung der Damenflügelbauern nach unten im Vergleich zur „normalen" Stellung der schwächeren Seite ein Tempo ein. Stehen die Bauern auf a3/a4, erhält Schwarz ein Tempo, bei einer Stellung auf a2/a3 sind es zwei.

***Weiß gewinnt nur, wenn das Verhältnis der Tempi, die mit der genannten Methode errechnet werden, zu seinen Gunsten ausfällt.***

Meine Formulierung klingt vielleicht etwas schwierig und sperrig, aber wenn Sie sich einmal daran gewöhnt haben, können Sie diese Methode leicht anwenden.

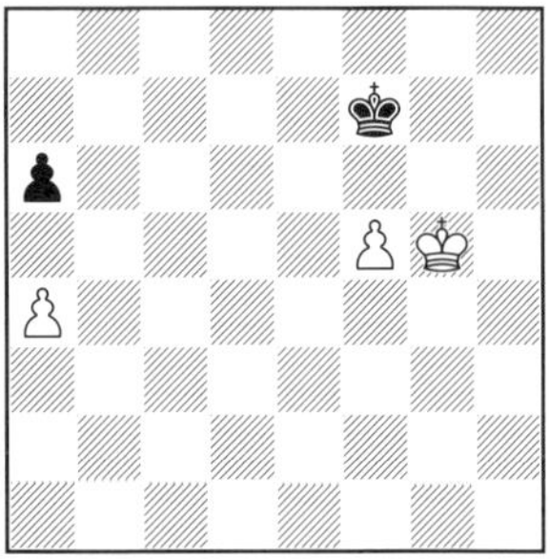

Weiß am Zug gewinnt

Nach **1.a5!** hat der Bauer die Brettmitte überschritten.

Zieht Schwarz, so ergibt sich ein Remis. Nach **1. ... a5!** entsteht eine „normale" Stellung.

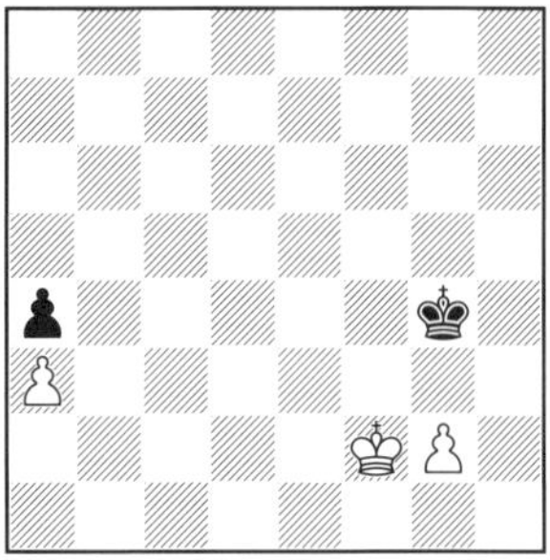

Weiß gewinnt

Er verfügt über zwei Tempi, denn der Bauer g2 ist zwei Felder von g4 entfernt. Schwarz hingegen hat nur ein Tempo. Werden die Bauern am Damenflügel jedoch um ein Feld nach unten gesetzt, ergibt sich das Verhältnis 2:2, und die Stellung ist schon remis.

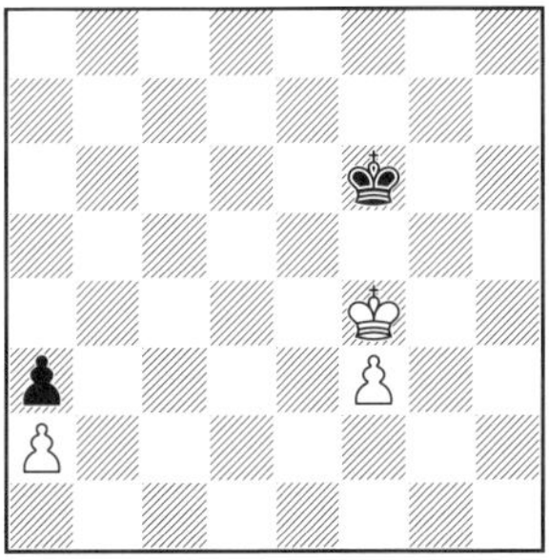

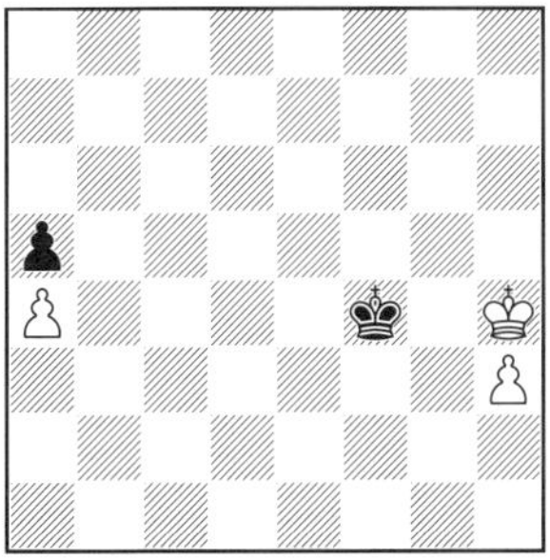

Hier ist natürlich Weiß am Zug. (Wäre es Schwarz, so müsste er die Opposition aufgeben, und Weiß könnte den f-Bauer in eine Dame verwandeln). Weiß gewinnt, weil es 3:2 für ihn steht. (Zwei Tempi gibt der Bauer f3 und noch eins die Stellung des Königs vor dem Bauern.)

Es gewinnt **1. ♔e4! ♔e6 2. ♔d4(d3).** Ein grober Fehler wäre hier 1. ♔e3? ♔e5(f5), weil dann eine Stellung mit gleichem Tempo-Verhältnis entsteht. Der weiße König befindet sich jetzt nicht mehr vor dem Bauern, sondern seitlich von ihm. Also 2:2, das bedeutet Remis.

Noch ein nützliches Detail. Nehmen wir einmal an, der weiße Freibauer ist ein Randbauer. Sein König steht vor ihm, aber der feindliche König sperrt seinen Visavis auf der h-Linie ein.

***Die Situation ist die gleiche, als ob der König seitlich von dem Bauern steht.***

(Diagramm rechts oben)

Entsprechend der oben erläuterten Regel endet die Sache remis.

Tatsächlich spielt Schwarz nach **1. ... ♔f5 2. ♔h5** (eine „normale" Stellung ergibt sich wieder nach 2. ♔g3 ♔g5) nicht 2. ... ♔f6? 3. ♔g4, und Weiß erhält ein Extratempo, weil der König vor dem Bauern steht , sondern **2. ... ♔f4! 3. h4** (3. ♔g6 ♔g3) **♔f5 4. ♔h6 ♔f6 5. ♔h7 ♔f7(f5) 6. h5 ♔f6!** usw.

Jetzt betrachten wir kompliziertere Endspiele, in denen die Beherrschung der von mir genannten Regel die Variantenberechnung bedeutend erleichtert.

**Priworotzki – Peterson**
**Riga 1967**

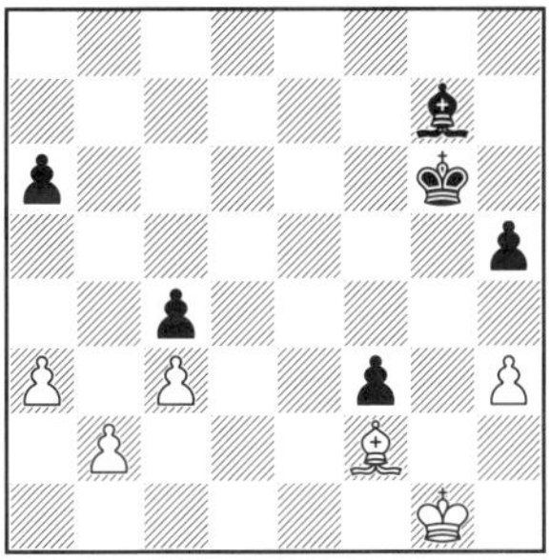

Das positionelle Übergewicht von Schwarz ist offensichtlich und sein Plan klar: ♔g6-f5-e4 nebst Angriff mit Läufer oder König auf die Bauern am Damenflügel. Weiß kann diese Absicht verhindern, indem er den Tausch der Läufer anbietet, was allerdings eine genaue Berechnung erfordert.

**1. ♗f2-d4! ♗g7:d4+**

1. ... ♗h6 2. ♔f2 ♗c1 3. ♔:f3 ♗:b2 4. a4 mit Ausgleich.

**2. c3:d4 ♔g6-f5**
**3. ♔g1-f2 ♔f5-e4**
**4. d4-d5!**

Sonst geschieht 4. ... ♔:d4 5. ♔:f3 ♔d3.

**4. . . . ♔e4:d5**
**5. ♔f2:f3 ♔d5-d4**
**6. ♔f3-e2 c4-c3**

Auf 6. ... h4 7. ♔d2 a5 folgt 8. ♔c2 oder 8. a4. Nicht jedoch 8. ♔e2?? c3 9. b:c3+ ♔:c3, und Schwarz gewinnt.

**7. b2:c3+ ♔d4:c3**
**8. h3-h4!!**

Nur so! Sonst spielt Schwarz selbst 8. ... h4!, kassiert den Bauern a3 und gewinnt, weil sein Bauer am anderen Flügel die Brettmitte überschritten hat. Nach dem Partiezug ergibt sich eine „normale", das heißt Remis-Stellung.

**8. . . . ♔c3-b3**
**9. ♔e2-d3 ♔b3:a3**
**10. ♔d3-c3**

Das Spiel führte zum letzten von uns betrachteten Lehrbeispiel.

**10. . . . a6-a5**
**11. ♔c3-c4! ♔a3-a4**
**12. ♔c4-c3 ♔a4-b5**
**13. ♔c3-b3**

Remis.

Bei der Analyse dieses Endspiels ergaben sich Stellungen der einen oder anderen Art, die wir vorher schon untersucht haben. Wenn man sie nicht mechanisch bewertet, die weiter vorn gezeigte Regel nutzt und sich bemüht, die Varianten bis zum Ende zu führen, dann muss Weiß jedes Mal ein Dutzend Züge weiter rechnen, was überhaupt nicht einfach ist.

Noch schwierigere Probleme standen vor den Kontrahenten im folgenden Endspiel.

**Matanović – Botwinnik**
**Belgrad 1969**

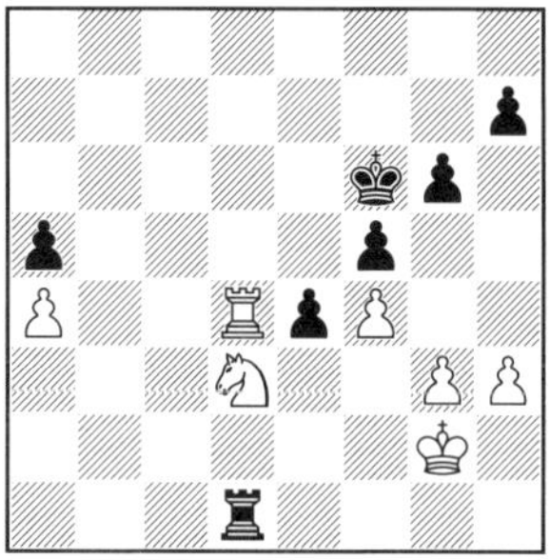

In seinem Partiekommentar analysiert Michail Botwinnik zwei Handlungswege für Weiß:
43. ♖d5 und 43. ♖d6+ ♔e7 44. ♖a6. Es gibt aber noch einen dritten Weg: 43. ♔f2!, zum Beispiel 43...e:d3 44. ♔e3 ♖a1 (44. ... ♖g1 45. ♔f2) 45. ♖:d3 ♖:a4 46. ♖d6+ mit nachfolgendem 47. ♖a6, und Weiß muss ein Remis erreichen.

Aber vergessen wir diese Möglichkeit und versuchen einmal, den genaueren der beiden Turmzüge auszuwählen. Zunächst ist es unbedingt nötig, kurz die Varianten zu überschlagen, die Unterschiede zwischen ihnen zu zeigen sowie ihre Vorzüge und Nachteile zu vergleichen.
Im Fall von 43. ♖d6+ ♔e7 44. ♖a6 führt 44. ... ♖:d3 45. ♖:a5 oder 44. ... ♖d2+ 45. ♘f2 e3 46. ♔f3! (möglich ist auch 46. ♖:a5 ♖:f2+ 47. ♔g1) 46. ... e2 (46. ... e:f2 47. ♔g2) 47. ♖a7+ zu einem klaren Remis.

Sehr unangenehm für den Anziehenden ist aber das Schlagen auf d3 mit dem Bauern: 44. ... e:d3! 45. ♖:a5 ♔d6. Jetzt wäre 46. ♔f2? schlecht wegen 46. ... ♖g1!. Weiß muss 46. ♖a8 spielen, was dem schwarzen König erlaubt, sich seinem Freibauern auf der d-Linie zu nähern. Ist dieses Turmendspiel verloren oder remis? Auf Anhieb kann man das nicht sagen. Das heißt, es ist Zeit, hier die Berechnung abzubrechen und sich nach einer alternativen Möglichkeit umzusehen.

**43. ♖d4-d5! ♖d1-d2+!**

Jetzt wäre das nach 43. ... e:d3 44. ♖:a5 entstehende Turmendspiel bereits ungefährlich für Weiß: 44. ... d2 45. ♖d5 oder 44. ... ♔e6 45. ♖e5+ ♔d6 46. ♔f2 d2 (46. ... ♖g1 47. ♖e3) 47. ♔e2 ♖g1 48. ♔:d2 ♖:g3 49. ♖e3. Dafür ergab sich, dank der Springerfesselung auf der d-Linie, ein Zwischenschach mit dem Turm, das Schwarz den Übergang in ein vorteilhaftes Bauernendspiel verspricht.

**44. ♔g2-f1 ♖d2:d3**
**45. ♖d5:d3**

Ein erzwungener Tausch, weil sonst der Bauer g3 verloren geht.

**45. . . . e4:d3**
**46. ♔f1-f2**

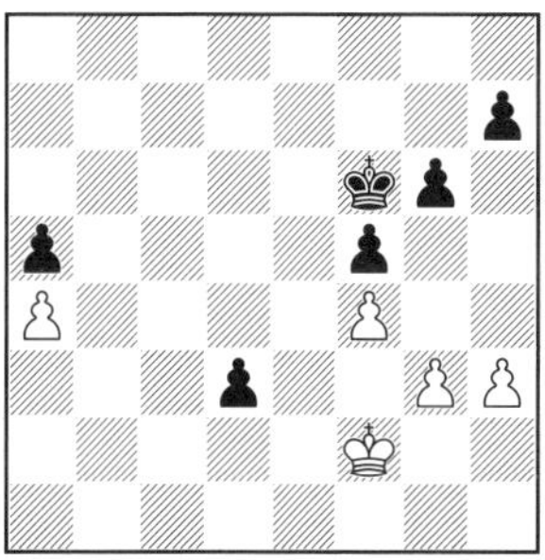

Leider ist auch hier nicht sofort klar, ob sich Weiß retten kann. Aber Bauernendspiele haben gewöhnlich einen forcierteren Charakter als Turmendspiele. Hier kann man eine Variante in der Regel bis zum Ende durchrechnen und eine genaue Stellungsbeurteilung abgeben. Deshalb müssen wir unsere Bemühungen gerade auf die Berechnung des Bauernendspiels richten. Erweist es sich als remis, so erfolgt der Zug 43. ♖d5. Ist es verloren, dann muss man schweren Herzens mit 43. ♖d6+ ♔e7 44. ♖a6 in ein unangenehmes Turmendspiel einwilligen. (Ich wiederhole noch einmal, dass wir vereinbart haben, den Zug 43. ♔f2 zu vergessen.)

In dem Bauernendspiel verfügt Schwarz über zwei Pläne: Er marschiert mit dem König ins Zentrum in der Hoffnung, den Gegner in Zugzwang zu bringen, oder er versucht den Durchbruch g6-g5 am Königsflügel. Der erste Weg ist, wie man sich leicht überzeugen kann, völlig harmlos:
46. ... ♔e6 47. ♔e3 ♔d6 (47. ... ♔d5 48. ♔:d3 h6 49. g4) 48. ♔:d3 ♔d5 49. g4 h6 (auf 49. ... f:g4 geschieht 50. h:g4 h5, es gibt 51. f5!, obwohl auch 52. g:h5 g:h5 53. ♔e3 nicht verliert) 50. g5! h:g5 (50. ... h5 51. h4) 51. f:g5 f4 52. h4 ♔e5 53. ♔e2 mit Ausgleich.

**46. . . . g6-g5!**
**47. f4:g5+!**

Fehlerhaft wäre 47. ♔e3? g:f4+ 48. g:f4 ♔e6 49. h4 ♔d5 50. ♔:d3 h5.

**47. . . . ♔f6:g5**
**48. ♔f2-e3 h7-h5**
**49. ♔e3:d3 h5-h4**

Die nach 49. ... f4 50. g:f4+ ♔:f4 entstehende Situation sahen wir schon im vorigen Beispiel. Der weiße König schafft es nicht, den a-Bauern zu attackieren, doch das ist auch nicht nötig. Es genügt, den feindlichen König auf der h-Linie einzusperren, zum Beispiel: 51. h4 (oder 51. ♔d4) 51. ... ♔g4 52. ♔e4 ♔:h4 53. ♔f4 mit Remis.

**50. g3:h4+ ♔g5:h4**

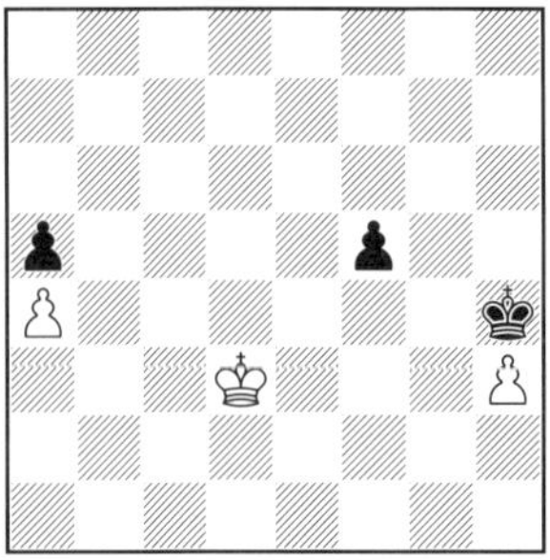

Welchen der beiden natürlichen Züge 51. ♔e3 oder 51. ♔e2 soll man tun? Denken wir wieder an die gelernte Regel. Nach dem Gewinn des h-Bauers erhält Schwarz entsprechend unserer Arithmetik ein Tempo, weil der f-Bauer sich ein Feld über der Schlüsseldiagonale c1-h6 befindet.

Weiß rettet sich nur, wenn er diesen Bauern dazu zwingt, nach f4 zu gehen.

Es wird klar, dass 51. ♔e2? verliert: 51. ... ♔g3 (Zugzwang) 52. h4 (52. ♔f1 ♔:h3 53. ♔f2 ♔g4, und Schwarz verfügt schon über zwei Mehrtempi) 52. ... ♔:h4 53. ♔f3 ♔g5 54. ♔g3 ♔f6 55. ♔f4 ♔e6 56. ♔f3 ♔d5 usw.

**51. ♔d3-e3! ♔h4-g3**

**52. ♔e3-e2**

Jetzt aber gerät Schwarz in Zugzwang, und er muss seinen Bauern nach vorn rücken.

**52. . . . f5-f4**

**53. ♔e2-f1 ♔g3:h3**

**54. ♔f1-f2 ♔h3-g4**

**55. ♔f2-g2**

Es ergibt sich eine „normale“ Remisstellung. Alexander Matanović konnte das Bauernendspiel nicht genau berechnen und zog es deshalb vor, die Türme auf dem Brett zu lassen. Schauen Sie, wohin das führte.

**43. ♖d6+? ♔e7 44. ♖a6 e:d3! 45. ♖:a5 ♔d6 46. ♖a8 ♔c7** (Schwarz wiederholt die Züge, um Zeit zum Nachdenken zu gewinnen.)

**47. ♖a5 ♔c6 48. ♖a8 ♔c5 49. ♔f2 ♖a1! 50. ♖d8**

Rettungschancen bot nur die Fortsetzung 50. ♔e3!? ♖g1! 51. g4 f:g4 52. h:g4 ♖:g4, und jetzt wahrscheinlich 53. f5.

**50. ... ♔c4 51. ♔e3 ♖e1+** (51. ... ♖g1? 52. ♖d4+) **52. ♔f2 ♖e2+ 53. ♔f3 ♖e6! 54. a5 ♔c3 55. ♖c8+ ♔d2!** (nur nicht 55. ... ♔b3? 54. a6! d2 55. ♖d8 ♔c2 56. a7 oder 54. ... ♖:a6 55. ♔e3 ♖d6 56. ♔d2) **56.h4**

Laut Botwinniks Analyse rettet sich Weiß auch nicht durch 56. ♖c7 h5 (56. ... ♖e1? 57. a6 ♖a1 58. a7) 57. ♔f2 ♔d1 58. ♔f3 d2 59. ♔f2 ♖e2+! 60. ♔f1 ♖e3 61. a6 (oder 61. ♔f2 ♖a3 nebst ♖a1-c1) 61. ... ♖:g3 62. a7 ♖a3 63. ♔f2 h4 64. ♔f1 ♖a4 65. ♔g2 ♔e2 66. ♖e7+ ♔d3 67. ♖d7+ ♔e3.

**56. ... ♖e1! 57. a6 ♖a1**

Auf 58. ♖c6 entscheidet jetzt 58. ... ♔e1 59. ♖e6+ ♔f1 60. ♖d6 (60. ♔e3 ♖e1+) 60. ... d2 61. ♖:d2 ♖a3+, und Weiß wird matt! Zum gleichen Finale führt auch 58. ♖a8 ♔e1 59. a7 d2 60. ♖e8+ ♔f1 61. ♖d8 ♖a3+.

**58. ♖c7 ♔e1 59. ♔g2 ♖:a6 60. ♖e7+ ♔d1 61. ♖:h7 ♖a2+ 62. ♔f1 d2 63. ♖c7 ♖a1 64. ♔f2 ♖c1**

Weiß gab auf.

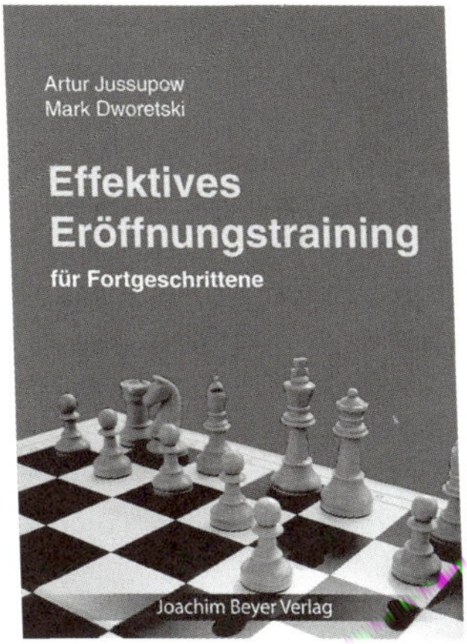


**Artur Jussupow/Mark Dworetski**

## Effektives Eröffnungstraining für Fortgeschrittene

**288 Seiten, gebunden**

Das vorliegende Werk des erfolgreichen Autorengespanns Jussupow und Dworetski, wendet sich an Spieler, die die Anfangsgründe des Schachs hinter sich gelassen haben und sich vertiefend dem Thema Eröffnungsbehandlung widmen möchten. Effektives Eröffnungstraining fällt allerdings nicht in die Kategorie der üblichen Eröffnungsmonografien. Vielmehr zielt es darauf ab, allgemeine Prinzipien und Methoden des Eröffnungskampfes darzustellen, die effektive Bewältigung schachlicher Arbeit aufzuzeigen, Hilfestellung beim Aufbau eines Eröffnungsrepertoires und bei der Erarbeitung von Neuerungen zu geben und den Stoff anhand von Beispielen und Übungen zu verinnerlichen. Die Autoren wollen nicht zum mechanischen Erlernen von Varianten anregen, sondern zum eigenständigen Studium von Eröffnungssituationen und -problemen, zur kreativen Analyse der vom Leser bevorzugten Systeme. Dies ist ihrem erklärten zentralen Anliegen untergeordnet, den geistigen Reichtum des Schachspiels zu vermitteln und die Entwicklung der Schachkultur zu fördern. Die Autoren lassen den Leser an ihren großmeisterlichen Gedankengängen teilhaben, und in ihren Kommentaren zeigen sie ein ausgewogenes Verhältnis von verbalen Erläuterungen und untermauernden, aber nicht ausufernden Varianten. Effektives Eröffnungstraining bietet damit eine empfehlenswerte Vorbereitung auf eine nachfolgende Spezialisierung mit Hilfe von Monografien und (heute verbreiteten) elektronischen Datenbanken.

Artur Jussupow (*1960), Weltklasse-Großmeister russischer Herkunft, lebt seit 1991 in Deutschland und hat sich zunehmend als Autor anspruchsvoller Schachbücher und als Trainer (Jussupow Schachakademie in Weißenhorn) betätigt.

Mark Dworetski (*1947), russischer Internationaler Meister, bedeutender Schachautor und Trainer (u.a. von Jussupow), führte 1990-92 gemeinsam mit Jussupow eine Schule für junge Schachspieler in Moskau. Effektives Eröffnungstraining basiert auf Trainingslehrgängen an dieser Schule.

## Weitere Bücher aus unserem Verlag

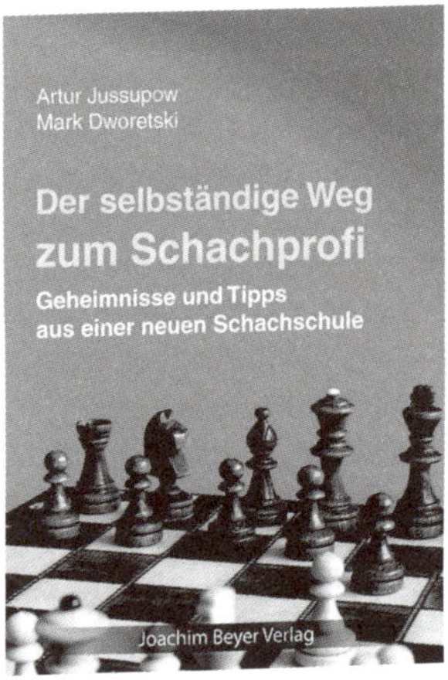


**Artur Jussupow / Mark Dworetski**

### Der selbständige Weg zum Schachprofi

**172 Seiten, 140 Diagramme, gebunden**

Artur Jussupow, Internationaler Großmeister und Spitzenspieler in der deutschen Bundesliga, Trainer der Jugend und Mark Dworetski, ebenso ein Spitzenspieler und Trainer im internationalen Schach legen hier ihr Grundlagenwerk vor, welches wohl immer noch zu den stärksten Büchern gehört, was in den letzten Jahren auf dem deutschen Schachbuchmarkt erschienen ist. Nach dem großen Erfolg der ersten Auflagen werden hier Neuerungen eingebracht um das Buch auf den heutigen Stand zu bringen.

Die Verfasser eröffnen Einblicke in die Lehrinhalte der berühmten russischen Schachschule, deren Absolventen vielfach zur Weltspitze aufsteigen. Einblicke, die zu Impulsen für das eigene, schöpferische schachliche Wachstum des Lesers werden. Spitzenautoren wie M. Schereschewski, A. Kosikow und G. Kaidanow bereichern mit ihren Beiträgen die Vielfalt dieses Lehrbuchs.

Geeignet für fortgeschrittene Anfänger.

Artur Jussupow, IGM und Kandidat zur WM 1993 sowie Mark Dworetski, ein Spitzenspieler im internationalen Schach, legen hier ein Grundlagenwerk vor, welches wohl zu den stärksten Büchern gehört, die in den letzten Jahren erschienen sind. Nach dem großen Erfolg der ersten Auflagen werden hier Neuerungen eingebracht, um das Buch auf den heutigen Stand zu bringen.

Der zentrale Inhalt des Buches sind Analysen eigener Partien und das Studium der Schachklassiker, angereichert mit Übungs- und Zusatzmaterialien. Hinzu treten Ratschläge profilierter Großmeister, die zu Impulsen für das eigene, schöpferische Wachstum und zur schachlichen Vervollkommnung des Lesers werden.